U0451177

西北师范大学简牍研究院
中国历史研究院田澍工作室
甘肃简牍博物馆
西北师范大学历史文化学院
联合资助出版

简牍学与丝路文明研究丛书

西北师范大学

高荣 ○ 著

简牍与秦汉邮驿制度研究

中国社会科学出版社

图书在版编目（CIP）数据

简牍与秦汉邮驿制度研究/高荣著．—北京：中国社会科学出版社，2023.5
（西北师范大学简牍学与丝路文明研究丛书）
ISBN 978-7-5227-2152-1

Ⅰ.①简… Ⅱ.①高… Ⅲ.①邮政—经济史—研究—中国—秦汉时代 Ⅳ.①F632.9

中国国家版本馆 CIP 数据核字（2023）第 118927 号

出 版 人	赵剑英
选题策划	宋燕鹏
责任编辑	金　燕
责任校对	李　硕
责任印制	李寡寡

出　　版	中国社会科学出版社
社　　址	北京鼓楼西大街甲 158 号
邮　　编	100720
网　　址	http://www.csspw.cn
发 行 部	010-84083685
门 市 部	010-84029450
经　　销	新华书店及其他书店
印　　刷	北京明恒达印务有限公司
装　　订	廊坊市广阳区广增装订厂
版　　次	2023 年 5 月第 1 版
印　　次	2023 年 5 月第 1 次印刷
开　　本	710×1000　1/16
印　　张	23.25
插　　页	2
字　　数	346 千字
定　　价	128.00 元

凡购买中国社会科学出版社图书，如有质量问题请与本社营销中心联系调换
电话：010-84083683
版权所有　侵权必究

目　录

前　言 …………………………………………………………（1）

本世纪秦汉邮驿制度研究综述 ………………………………（1）
秦汉的邮与邮人 ………………………………………………（18）
张家山汉简所见的亭及其吏员
　　——秦汉亭制研究之一 …………………………………（36）
论秦汉的都亭与乡亭
　　——秦汉亭制研究之二 …………………………………（48）
"十里一亭"说考辨
　　——秦汉亭制研究之三 …………………………………（60）
秦汉驿的职能考述 ……………………………………………（72）
简牍所见秦汉驿制诸问题考述 ………………………………（85）
汉代"传驿马名籍"简若干问题考述 …………………………（96）
论秦汉的置 ……………………………………………………（107）
汉代西北边塞的邮驿建置 ……………………………………（136）
秦汉邮书管理制度初探 ………………………………………（150）
秦代的公文记录 ………………………………………………（171）
简牍所见秦汉邮书传递方式考辨 ……………………………（182）
秦汉邮驿的管理系统 …………………………………………（198）
秦汉邮驿交通建设与管理 ……………………………………（212）

秦汉的传信
　　——兼论传的演变 …………………………………………（232）
论秦汉的传舍 ……………………………………………………（247）
汉代甲渠候官邮程考 ……………………………………………（263）
汉简所见的"候史" ………………………………………………（272）
论汉代的督邮 ……………………………………………………（287）
敦煌悬泉汉简所见河西的羌人 …………………………………（300）
简牍所见秦代刑徒的生活及服役范围 …………………………（314）
汉代武威郡治考辨 ………………………………………………（330）
西汉居延郡县建置考 ……………………………………………（343）

后　记 ……………………………………………………………（361）

前　言

秦汉时期是我国统一多民族中央集权国家形成发展的重要时期。为进一步巩固和加强对全国各地的有效管理，秦汉王朝在地方上推行郡县乡里的管理体制，在边疆少数民族地区还"因其故俗"，设置了"治民比郡"的属国和"主蛮夷"的道。鉴于匈奴势力强盛，甚至威胁京城安全，秦汉王朝通过大规模的移民实边、驻军屯田，不断充实关中和北方、西北地区人口，并因山川地理形势修筑道路和亭障烽燧，形成了以长安为中心四通八达的道路交通网络和便捷高效的信息传递系统，为保障从中央到地方政令的畅通和军事情报的传达，维护边疆稳定、促进经济文化交流奠定了坚实基础。特别是汉武帝武力反击匈奴和张骞通西域后，汉朝在同匈奴的作战中占据主动，与西域各国的联系也更加密切，丝绸之路日益畅通繁荣。史称汉朝"立屯田于膏腴之野，列邮置于要害之路。驰命走驿，不绝于时月；商胡贩客，日款于塞下"[①]。这些布列于"要害之路"的邮置亭驿，为使者商旅往来和公文信息传递提供了有力的支撑和保障。但是，由于文献记载语焉不详，人们对于秦汉邮驿机构设置、邮书传递、邮驿管理系统和管理制度的了解都非常有限。20世纪初以来，随着大量简牍材料的发现和公布，对秦汉邮驿制度及相关问题的研究，也日益受到学术界的关注，特别是20世纪70年代以后，新发现的睡虎地秦墓竹简、里耶秦简、张家山汉简、尹湾汉简、居延肩水金关汉简和敦煌悬泉置汉简等，为秦汉邮驿制度的研究提供了更为丰富翔实的

---

① 《后汉书》卷88《西域传》，第2931页。

简牍与秦汉邮驿制度研究

新材料，本书取名为《简牍与秦汉邮驿制度研究》，就是利用文献记载和简牍新材料，并借鉴学界研究成果，探讨秦汉邮驿及制度管理等问题。

本书内容分为四个部分，第一部分为研究综述与邮驿机构篇。《本世纪秦汉邮驿制度研究综述》一文，是对20世纪秦汉邮驿制度研究的回顾与展望，文章分三个阶段回顾了近一个世纪以来国内学术界（也有少量日本学者的研究成果）秦汉邮驿制度研究的主要成就、争论的焦点和存在的薄弱环节。因本文完成于20世纪即将结束的1999年，故称"本世纪"。鉴于各地公文往来大多借助邮驿机构而进行，学界对此又有不同认识，这一部分主要是对秦汉邮驿机构的渊源流变及其职能和相互关系进行考证辨析。总体而言，秦汉邮驿机构可分为邮、亭（燧）、驿、置四种，均具有传递公文和接待过往使者、吏员的职能，但又各有侧重。邮、驿、置三者为专门的邮驿机构，亭以"司奸盗"为主要职责，同时兼顾邮驿事务。亭不是指某个单一的建筑，而是包括亭在内的一系列建筑及其附属设施，亭有一定的辖区，故称亭部。其布局不是单纯以距离或以里居计，而是在综合地理位置、道里远近和人口多少等多种因素基础上设置的。亭有都亭、乡亭、门亭、市亭、边亭等类别，但不论哪一类亭，其职能都不是单一的，故其分类不以其职能而是按所处位置为准。除了交通主干道上与邮同处一地的邮亭和设在"畏害""险狭"及"近边不可置邮"之地的亭直接参与公文传递外，其他地方亭的邮驿功能主要表现在为过往者提供休息和食宿之便。入宿亭舍者身份不同，其待遇也有区别。

邮为"行书舍，谓传送文书所止处"。主要承担诏令文书和一些紧急而重要公文的递送任务。远距离的公文传递，大多采用"以邮行"的方式。邮需对"有县官事"者提供饮食和住宿服务，故都备有供"传送文书"者止宿的房舍和炊饮所需的设施，还有一定数量的"邮人"（边塞地区为"邮卒"）和"邮吏"。充当邮人者，既不是"高爵"的豪民，也不是穷困的贫民，而是有一定财力且"辨护伉健者"。邮人不以口数而以户数计，他们专司邮务，不服其他徭役，有的还享有减免田租和刍、蒿税等优待。

驿的出现不始于秦汉,至迟在周初就已有了以马递为主的驿。但在西汉前中期,由于马匹缺乏,很多驿曾一度被省并,故西汉公文传递多"以邮行",而东汉则多用"驿马"传书。除了直接承担公文递送任务外,驿主要是为某些特殊身份者出行提供车马服务,如皇帝特派的使者、奉旨到前线赴任的将领、向朝廷奏报紧急要务的州郡长吏或边地将官、与周边国家或内附少数民族部落往来的使者、向朝廷贡献方物的人员等。驿隶属于县,但其规模小于置,在边塞地区也受候长调度。

置是秦汉时期规模最大的综合性邮驿机构,负有传递公文和接待过往使者官员之责,不仅有房舍、厨、厩等附属设施和机构,而且有丞、尉、啬夫、佐等专门吏员。置隶属于所在的县,置内各种事务如公文传递、车马粮草供应及吏员调遣任免等,均由县廷决定。郡作为县的上级组织,虽不直接干预置事,但通过派驻郡府属吏的方式,对置的事务进行监督。

"传"的出现虽然很早,但汉代已不再有传的建置,当时的传大多是指传车、传马、传信(符传)或传舍。由于传可泛指邮驿或与邮驿有关之事,故用于使者、官民往来的符节和车马、房舍均可冠以"传"字,称为符传、节传、传信、传车、传马和传舍等。除了"某某传舍"或"某某传舍啬夫"外,文献和简牍材料中并无以传名称"某某传"者,也无传吏、传卒(人)的记载。因此,汉代的传只是一种泛指,并非具体的邮驿机构。

第二部分为邮书运行与管理篇,主要探讨秦汉公文收发、传递与管理。

一是公文运行管理。秦及汉初的公文记录,虽已包含文书的起发与送达时间及递送者职、名等基本要素,但尚未形成严密规范的收发文记录模式。西汉中期以后,随着统一多民族国家疆域的空前辽阔和中央集权的进一步加强,不仅建立了全国范围快速、高效的信息传递系统,而且逐渐形成了一整套行之有效的邮书寄发、运行、签收和考核制度。如在邮书寄发前要进行封缄、登记;邮书运行期间,要详细记录邮书性质、数量、种类、收文者、发文者、封泥是否完好和邮书受付时间、传递者等内容。邮书送达目的地后，要签收登记，拆发邮书须作启封记录。如果邮书递送误期或封泥破损，要进行查核并追究责任，对邮书失期责任者的处罚，视其情节轻重而有不同。为切实保证邮驿安全高效运转和政令军情及时传递，各级邮驿组织都有严格的月报、年报等考核制度。

二是邮书传递方式。秦汉邮书传递有"以邮行""以亭行""以次行""亭（燧）次行""轻足行""行者走"和"吏马驰行"等多种方式。"以邮行"和"以亭行"的文书未必由邮、亭传递，它只表明此种邮书的递送者可在沿途邮、亭得到食宿或交通等便利，与发文者派专使递送或由邮亭吏卒接力传递并无直接关系。"以邮行"者一般邮程较长，而"以亭行"者似乎主要在边塞地区，且传递距离相对较短；"以邮行"者既有朝廷诏令、军事情报、司法刑狱等重要而紧急的公文，也有地方郡县的一般公文和官民上书言事的普通文书。"以次行"者指依次传递的文书，因传递范围或中转区间不同，又有"以县次传""以道次传""以亭次行"和"以燧次行"之别；"以次行"者既有上级的露布文告，也有下级的上呈文书；"以次行"者可在所经的县（道）、亭（燧）中转交接，但仅限于承担文书递送任务者，并非所有亭燧。"轻足行"和"行者走"的文书均为步递，前者距离较近，可直接送达；后者距离较远，需中转或多人接力传递。"吏马驰行"或"吏马行"者为紧急而重要的文书，需要快速递送；至于是否用马或由"吏"递送，则因时、因事、因地而异，与此种传递方式并无直接关系。"故行"文书强调投递结果，即要求务必送达，对其运行过程并无特别要求。

三是邮驿管理。秦汉时期已形成了一套从中央到地方严密完善的邮驿管理制度体系。中央由丞相府（东汉为尚书台）总领全国邮驿事务，典属国（汉成帝以后为大鸿胪）则负有实际管理的责任，地方邮驿事务寓于行政系统之中，故各地邮驿组织均由所在郡县政府管理，在边塞地区则实行郡府（太守、都尉）、候官、部、燧的分级管理体制。各地邮驿机构吏员配置、车马粮秣等物资供应、道路桥梁及各种邮亭馆舍的建造维修等，所需人财物等主要由地方政府征发徭役赋税解决，规模较大、一郡难以胜任者，则由中央调拨或由朝廷下诏向邻近郡县征调人徒物资，少部分由各邮驿组织自行筹措。

四是与邮驿事务有关的传（信）与传舍。传是用木片或绢帛制作的官民出入门关河津的凭证，又称为传信。其上注明持传者姓名、身份、出行事由、目的地（有的还要注明随行车马，即"所赍操及所适"）及沿途可享受的食宿车马等便利条件。传信的发放有严格的程序，百姓因私出行，先由所在的乡出具无违法和逋欠赋税等事（即"毋官狱征事""更赋皆给"）的证明后，再由县廷签发；公务出行者所需传信，根据其身份和就近原则，分别由御史大夫府和地方郡、县（或与其同级的都尉府及候官、仓、库等）签发。因传为出入往来之凭证，后来凡与之有关的车马食宿等均可与传连称为"传车""传马""传食""传舍"等。传舍是为公务往来者提供食宿和交通便利的官方设施，某些达官贵人或朝廷征召者也可凭传信入住，但平民百姓不得入住传舍。传舍的接待对象不同，其所提供的服务也有别。传舍设在县城或交通要道上，但本身并不承担公文或信息传递任务。

第三部分为邮驿吏员杂考，其中涉及郡督邮、边塞部候史以及在各邮驿机构服杂役的刑徒和已汉化的河西羌人。

汉代督邮为郡国守相自辟的属吏，最初只负责督送邮书，又称都吏、督邮掾、邮书掾。汉武帝为加强对地方强宗豪右和郡国二千石官员的监察，在全国设立了十三州部刺史，督邮就成为郡国守相监察所属县、邑、道的亲信和耳目，其职责遂由督送邮书而扩大到分部监察属县，举凡所部各县的政令、赋税、民俗、治安、边塞戍务，均为督邮监察范围，其权限进一步扩大，地位也大为提高，成为"郡之极位"。汉代候史是边塞防御组织的基层官吏，常以候长副贰的身份处理部内各项事务，但与候长之间不是一般的主官与属吏的关系，候史负责起草部内文书，有时主理一燧或数燧事务，故未必与候长同驻一地；候长空缺或休假、取宁不在署时，则由候史代理其职。秦汉时期刑徒的服役范围非常广泛，几乎被用于社会生产生活的各个领域，从事屯垦、放牧、修桥治道、筑城、伐薪等各种杂役。对刑徒从事公文传递则有一定限制，如睡虎地秦墓竹简《行书律》就规定："行传书、受书，……隶臣妾老弱及不可诚仁者

简牍与秦汉邮驿制度研究

勿令。"也就是说，非老弱而又诚实可靠的隶臣妾，可以用于传送公文。居延、敦煌汉简中就有很多刑徒递送公文的记载，敦煌悬泉汉简"归义羌人名籍"等简册则显示，在敦煌、酒泉等地有很多"归义"羌人，其中就有在悬泉置当差者，说明这些"归义"羌人也从事各项邮驿事务。

第四部分共有《汉代武威郡治考辨》和《西汉居延郡县建置考》两篇文章，主要是对汉代武威郡治移徙和居延郡县建置的考证，其内容与邮驿管理密切相关，故作为"附录"置于文末。

收入本书的24篇文章，大部分来自我的博士学位论文。《秦代刑徒的生活和服役范围》和《汉简所见的候史》两篇文章，则是我与导师张荣芳先生合作完成的，征得先生同意，也收入本书。这些文章大多是我1996—1999年、2003—2006年在中山大学攻读硕士和博士学位期间完成的，可以说是我在中大研习秦汉史的总结。由于学力所限，对秦汉邮驿制度及相关问题的认识还很不全面，研究也有待进一步深入，尤其是一些简牍新材料未能及时补充。这次结集出版，除了校对文字外，只对个别篇目作了一些修改和补充，文章结构和基本观点没有改变，敬请读者批评指正。

本世纪秦汉邮驿制度研究综述

秦汉时期，为巩固多民族封建国家的统一局面，加强各地区之间尤其是中央与地方、内地与边疆的联系，中央政府建立了一套较为严密完善的邮驿制度。但是，由于文献记载零散不足，给这一课题的研究带来很大困难。本世纪以来，随着大量秦汉简牍、封泥和碑刻等的发现，为秦汉邮驿制度的研究提供了许多弥足珍贵的新材料，极大地促进了该课题研究的进一步深入。迄今为止，对秦汉邮驿制度的研究虽不及该时期其他领域诸多问题的研究那样细致深入，但与前相比，仍然取得了可喜的成就。以下就本世纪秦汉邮驿制度研究的发展历程和主要成就及存在的不足作简要介绍。

一

本世纪秦汉邮驿制度的研究，大致可分为三个阶段。本世纪初到1949年新中国建立为第一阶段，此阶段虽屡有秦汉简牍出土，但公布较晚。如《斯坦因第三次中亚考察所获汉文文书》，1953年始由大英博物馆公开发表，黄文弼《罗布淖尔考古记》1948年出版，劳榦《居延汉简考释》之《释文之部》和《考证之部》分别于1943年和1944年由四川南溪石印，直到1949年始由商务印书馆铅印《居延汉简考释·释文之部》。因而，此阶段的研究主要是依据文献材料，利用简牍材料的研究者不多。有关研究成果主要有《中国邮政发达简史》[①]、杨志章《中国邮政

---

① 佚名：《中国邮政发达简史》，《中外经济周刊》1923年第29期。

简牍与秦汉邮驿制度研究

制度考》①、张梁任《中国历代邮制概要》②、楼祖诒《中国邮驿发达史初稿导言》和《整理邮驿史料之商榷》《汉代邮驿交通史略》《先秦邮驿交通史略》③、贺昌群《烽燧考》④、孙毓棠《汉代的交通》⑤、吕思勉《汉世亭传之制》⑥、严耕望《汉代之亭制》⑦、劳榦《论汉代之陆运与水运》和《释汉代之亭障与烽燧》⑧、王国维《简牍检署考》和《敦煌汉简跋十一》⑨。有关著作还有王国维《流沙坠简·屯戍丛残》⑩、张梁任《中国邮政》⑪、白寿彝《中国交通史》⑫ 和楼祖诒《中国邮驿发达史》⑬ 等。这些论著对秦汉邮驿制度的研究还只是初步的，除楼祖诒等人以秦汉邮驿制度为题进行专门研究外，其他学者多是附带论及，偶有专门探讨也显得很零散，因而缺乏对秦汉邮驿制度较为系统全面的探讨；至于对某些具体问题深入细致的探讨，则显得更加薄弱。

值得一提的是，此阶段日本学者浜口重国和伊藤德男分别在1935年和1941年的《东洋学报》第22卷第4期和第28卷第3期上发表了《汉代的传舍——特别是其设置地点问题》和《汉代之邮》两篇文章，对汉代邮驿

---

① 杨志章：《中国邮政制度考》，《学林》1925年第1卷第9期。
② 张梁任：《中国历代邮制概要》，《东方杂志》1935年第32卷第1期。
③ 楼祖诒：《中国邮驿发达史初稿导言》《整理邮驿史料之商榷》《汉代邮驿交通史略》《先秦邮驿交通史略》，分别载《交通杂志》1935年第3卷第11期、1936年第4卷第4期、第4卷第8期及1937年第5卷第1期。
④ 贺昌群：《烽燧考》，原载中央大学《文史哲》季刊1940年第2期，后收入《贺昌群史学论著选》，中国社会科学出版社1985年版。
⑤ 孙毓棠：《汉代的交通》，原载《中国古代社会经济论丛》1943年第1辑，后收入《孙毓棠学术论文集》，中华书局1995年版。
⑥ 吕思勉：《汉世亭传之制》，《学林》1941年第4辑。
⑦ 严耕望：《汉代之亭制》，《大公报》1946年9月10日。
⑧ 劳榦：《论汉代之陆运与水运》《释汉代之亭障与烽燧》，分别载《中央研究院历史语言研究所集刊》第16本、第19本。
⑨ 《简牍检署考》一文是王国维1912年寓居日本时撰写，由日本学者铃木虎雄翻译为日文，发表在京都文学会《艺文》杂志之第4、5、6期，其中文稿在1914年《云窗丛刊》刊出，收入《王国维遗书》第6册，上海书店1983年版；王国维：《敦煌汉简跋十一》，王国维：《观堂集林》卷17，中华书局1959年版。
⑩ 王国维：《流沙坠简·屯戍丛残》，该书1914年在日本东京初版，1934年在国内再版。
⑪ 张梁任：《中国邮政》，商务印书馆1936年版。
⑫ 白寿彝：《中国交通史》，商务印书馆1937年版。
⑬ 楼祖诒：《中国邮驿发达史》，中华书局1940年版。

制度进行了探讨，虽未能看到全文，但后来森鹿三和大庭脩在各自的文章中都引用并进一步支持了他们的观点，因而得以了解文章的梗概。①

1949年新中国建立到1976年为第二阶段（1966—1976年"文化大革命"期间，难以划入哪一阶段，姑附于此）。此阶段有关研究论著的数量不多，但不乏颇有价值的研究成果，而且研究的广度和深度都超过了以前，这与居延汉简的出版是密不可分的。1957年和1960年，劳榦在台湾先后出版了《居延汉简》图版之部和释文之部的重订本。此间，科学出版社于1959年出版了由中国科学院考古研究所根据部分居延汉简的照片整理释读的《居延汉简甲编》，共收入居延汉简2555枚，其中有照片、释文和索引。虽然这些版本都很不完整（1930年，西北科学考察团在额济纳河流域破城子等地共获汉代简牍一万多枚），但却为更多的研究者提供了文献所不载的许多新材料，而且还可将释文与照片互参，为有关问题的深入研究创造了条件，此阶段对汉代邮驿制度的研究几乎全都是由此而引发的。其中代表性的成果主要有：劳榦《汉代的亭制》②、陈直《汉晋过所通考》③、陈梦家《汉简考述》④、楼祖诒《汉简邮驿资料释例》⑤、陈邦怀《居延汉简考略》⑥和陈公柔、徐苹芳《关于居延汉简的发现和研究》⑦。人民邮电出版社还于1958年出版了楼祖诒《中国邮驿史料》。此外，国外学者的多篇论文也在国内翻译发表，主要有：藤枝晃《汉简职官表》、鲁惟一《汉代的一些军事文书》⑧、永田英正《居延汉简集成之一》《居延汉简集成之二》和《居延汉简烽燧考——特以甲

---

① 森鹿三《论居延简所见的马》、大庭脩《汉代的啬夫》，见中国社会科学院历史研究所战国秦汉史研究室编《简牍研究译丛》（第1辑），中国社会科学出版社1983年版。

② 劳榦：《汉代的亭制》，台北：艺文印书馆1976年版，第735—746页。

③ 陈直：《汉晋过所通考》，《历史研究》1962年第6期。

④ 陈梦家：《汉简考述》，原载《考古学报》1963年第1期，后收入陈梦家《汉简缀述》，中华书局1980年版。

⑤ 楼祖诒：《汉简邮驿资料释例》，《文史》第3辑，中华书局1963年版，第123—144页。

⑥ 陈邦怀：《居延汉简考略》，《历史教学》1964年第2期。

⑦ 陈公柔、徐苹芳：《关于居延汉简的发现和研究》，《考古》1960年第1期。

⑧ 藤枝晃《汉简职官表》、鲁惟一《汉代的一些军事文书》，二文均见中国社会科学院历史研究所战国秦汉史研究室编《简牍研究译丛》（第1辑），中国社会科学出版社1983年版。

渠候官为中心》①、森鹿三《论居延汉简所见的马》和大庭脩《汉代的啬夫》② 等。

此阶段的研究大多立足于汉简材料，又不拘泥于汉简；既有总体全面的论述，也不乏对个别问题深入细致的研究。举凡汉代邮驿制度的渊源流变、邮驿组织机构、邮书传递方式、管理制度、邮路与邮站及汉代邮驿在邮政史上的地位和作用等均有论及。如劳榦在前一阶段研究的基础上，从亭的布置、建筑、行政及都亭和传舍四个方面对汉代的亭制进行了研究。陈梦家《汉简考述》一文，根据居延汉简所见的邮书资料，列出了邮程和邮站表，对汉代的邮书记录、运行和管理进行了探讨，把汉代邮书课的内容归纳为邮书传递方向、邮书性质、封数及其装束、发文者封泥印章、所诣即收文者、邮站和传递者姓名、邮站收发时刻、规定的邮程及时限、传递方式和其他等10个方面，从而将汉代邮驿制度的研究从较为宽泛抽象的概论引入更为具体细致的深入探讨。而楼祖诒则将汉代邮驿制度置于邮政发展长河中，进行纵向考察和横向比较，论述了汉代邮驿制度承前启后、继往开来的关键作用。相比之下，日本学者更注重从细小问题入手，进行严密的考证和分析，其中不乏真知灼见。如永田英正通过对陈梦家据以立论的居延汉简材料进行重新考释和分析，指出了陈梦家先生所列邮站表中的错误，颇具说服力。虽然第二阶段的研究成果仍存在一些不足甚至错误，但与第一阶段相比，确有很大推进和突破，很多方面对后来的研究者也颇多启发。

从1976年至今为第三阶段。这一阶段，大量秦汉简牍先后出土，释文也相继公布。

1975年12月，在湖北省云梦县睡虎地第11号秦墓出土了1155枚秦简，其中《秦律十八种》中的《语书》《仓律》《田律》《行书》《金布

---

① 永田英正：《居延汉简集成之一》，中国社会科学院历史研究所战国秦汉史研究室编《简牍研究译丛》（第1辑），中国社会科学出版社1983年版。永田英正《居延汉简集成之二》及《居延汉简烽燧考——特以甲渠候官为中心》，均载中国社会科学院历史研究所战国秦汉史研究室编《简牍研究译丛》（第2辑），中国社会科学出版社1984年版。

② 森鹿三《论居延汉简所见的马》、大庭脩《汉代的啬夫》，均见中国社会科学院历史研究所战国秦汉史研究室编《简牍研究译丛》（第1辑），中国社会科学出版社1983年版。

律》《传食律》和《内史杂》等篇中有许多秦代邮驿的律文。这些材料由《文物》1976 年第 6—8 期首次公布后，1978 年又由文物出版社出版了《睡虎地秦墓竹简》。由于此前从未有秦简出土，故其史料价值极大。此后，又有多批汉代简牍出土，释文也相继公布或出版，有的则经重新校释整理而再版，其中与邮驿有关的主要有 1984 年公布的《敦煌酥油土汉代烽燧遗址出土的木简》和《甘谷汉简考释》。① 文物出版社继 1984 年、1985 年出版林梅村等编著的《疏勒河流域出土汉简》《楼兰尼雅出土文书》后，又于 1987 年和 1990 年先后出版了谢桂华、李均明、朱国炤校释的《居延汉简释文合校》上、下册和甘肃省文物考古研究所等四单位联合整理编著的《居延新简》；1988 年，兰州大学出版社出版了甘肃省文物考古研究所编、薛英群等注的《居延新简释粹》；甘肃人民出版社于 1991 年出版了吴礽骧、李永良、马建华释校的《敦煌汉简释文》；1997 年，中华书局又出版了由连云港市博物馆等四单位编著的《尹湾汉墓简牍》（此前，《文物》1996 年第 8 期刊登了《尹湾汉墓简牍释文选》）。

随着大量新材料尤其是云梦秦简、居延新简、敦煌汉简和尹湾汉简的公布、出版，学术界对秦汉邮驿制度的研究也取得了前所未有的丰硕成果。其中有很多学者充分利用新资料，在吸收已有成果的同时，还补充、纠正了以往研究中的不足和错误。这一阶段的研究论著甚多，不能一一列举，择其要者有：熊铁基《秦代的邮传制度——读云梦秦简札记》②、高敏《秦汉邮传制度考略》《论秦汉时期的亭——读〈云梦秦简〉札记》和《论论尹湾汉墓出土〈东海郡属县乡吏员定薄〉的史料价值——读尹湾汉简札记之一》③、李均明《汉简所见"行书"文书述略》

---

① 敦煌县文化馆《敦煌酥油土汉代烽燧遗址出土的木简》、张学正《甘谷汉简考释》，二文均载甘肃省文物工作队、甘肃省博物馆编《汉简研究文集》，甘肃人民出版社 1984 年版。
② 熊铁基：《秦代的邮传制度——读云梦秦简札记》，《学术研究》1979 年第 3 期。
③ 高敏：《秦汉邮传制度考略》，《历史研究》1985 年第 3 期；高敏：《论秦汉时期的亭——读〈云梦秦简〉札记》，原载中华书局编辑部编《云梦秦简研究》，中华书局 1981 年版，后收入高敏《云梦秦简初探》（增订本），河南人民出版社 1981 年版；高敏：《论论尹湾汉墓出土〈东海郡属县乡吏员定薄〉的史料价值——读尹湾汉简札记之一》，《郑州大学学报》1997 年第 2 期。

《封检题署考略》[①]、侯灿《劳榦〈居延汉简考释·简牍之制〉平议》[②]、徐乐尧《居延汉简所见的边亭》[③]、何双全《两汉时期西北邮政蠡测》[④]、张玉强《汉简文书传递制度述论》[⑤]、宋会群、李振宏《汉代居延地区邮驿方位考》[⑥]、曹尔琴《中国古都与邮驿》[⑦]、谢桂华《尹湾汉墓简牍和西汉地方行政制度》和《尹湾汉墓新出〈集簿〉考述》[⑧]、周振鹤《西汉地方行政制度的典型实例——读尹湾六号汉墓出土木牍》[⑨]、卜宪群《秦汉公文文书与官僚行政管理》[⑩]、大庭脩《再论"检"》[⑪] 等。这一阶段出版的专著主要有：刘广生主编《中国古代邮驿史》[⑫]、王子今《秦汉交通史稿》[⑬]、中国公路交通史编审委员会编著《中国古代道路交通史》[⑭]、马楚坚《中国古代的邮驿》[⑮]、臧嵘《中国古代驿站与邮传》[⑯]、杨鸿年《汉魏制度丛考》[⑰] 等。

这些论著从不同角度，对秦汉邮驿制度进行了较为全面深入的探讨，

[①] 李均明：《汉简所见"行书"文书述略》，见甘肃省文物考古研究所编《秦汉简牍论文集》，甘肃人民出版社1989年版；李均明：《封检题署考略》，《文物》1990年第10期。

[②] 侯灿：《劳榦〈居延汉简考释·简牍之制〉平议》，见甘肃省文物考古研究所编《秦汉简牍论文集》，甘肃人民出版社1989年版。

[③] 徐乐尧：《居延汉简所见的边亭》，甘肃省文物工作队、甘肃省博物馆编：《汉简研究文集》，甘肃人民出版社1984年版。

[④] 何双全：《两汉时期西北邮政蠡测》，《西北史地》1990年第2期。

[⑤] 张玉强：《汉简文书传递制度述论》，《人文杂志》1994年第5期。

[⑥] 宋会群、李振宏：《汉代居延地区邮驿方位考》，《河南大学学报》1993年第1期。

[⑦] 曹尔琴：《中国古都与邮驿》，《中国历史地理论丛》1994年第2辑。

[⑧] 谢桂华：《尹湾汉墓简牍和西汉地方行政制度》，《文物》1990年第10期、1997年第1期；谢桂华：《尹湾汉墓新出〈集簿〉考述》，《中国史研究》1997年第2期。

[⑨] 周振鹤：《西汉地方行政制度的典型实例——读尹湾六号汉墓出土木牍》，《学术月刊》1997年第5期。

[⑩] 卜宪群：《秦汉公文文书与官僚行政管理》，《历史研究》1997年第4期。

[⑪] 大庭脩：《再论"检"》，李学勤主编：《简帛研究》（第1辑），法律出版社1993年版。

[⑫] 刘广生主编：《中国古代邮驿史》，人民邮电出版社1986年版。

[⑬] 王子今：《秦汉交通史稿》，中共中央党校出版社1994年版。

[⑭] 中国公路交通史编审委员会编著：《中国古代道路交通史》，人民交通出版社1994年版。

[⑮] 马楚坚：《中国古代的邮驿》，商务印书馆1997年版。

[⑯] 臧嵘：《中国古代驿站与邮传》，商务印书馆1997年版。

[⑰] 杨鸿年：《汉魏制度丛考》，武汉大学出版社1985年版。

提出了许多独到的见解,在某些方面填补了空白。如熊铁基先生充分利用云梦秦简和有关文献与汉朝制度相互参证,对秦代邮传的作用、交通工具和传递方式、传食和馆舍以及符传等进行研究,勾勒出秦代邮驿制度的基本线索和内容,论证了秦汉邮驿制度是前后相承的,从而填补了长期以来秦代邮驿制度研究中的空白。高敏先生通过对秦汉邮驿制度的系统考察,认为虽然春秋战国就已形成邮驿制度,但其迅速发展和组织机构的逐渐完备,还是在秦汉时期。日本学者大庭脩在总结了王国维、原田淑人、劳榦、侯灿和李均明等人研究成果的基础上,对汉代检署制度进行了再探讨,提出了自己独到的见解。其他学者的论著也多有创新,不再赘举。

二

回顾本世纪秦汉邮驿制度的研究状况,可谓多角度、多层次、全方位。但研究的主要问题与成果,基本上可以概括为如下几个方面:

(一) 邮驿机构

关于秦汉邮驿机构,普遍认为可分为邮、传、亭、驿四种,但就相互间的关系和异同,则又众说纷纭,莫衷一是。高敏等认为,邮、驿、亭、传的差别,主要是职能和设置距离的不同。邮、亭均具有邮传机构与专政机构两方面的职能,而传、驿则主要是邮递性质的机构;邮是五里一个,亭是十里一个,驿、传则是三十里一置。此外,就规模而言,驿、传较邮、亭为大,除有食厨、传舍以供食宿,还有厩置以供车马;至于驿、传之别,则"传用乘车而驿用乘马而已"①。白寿彝认为,邮和亭是不同的。亭是供客止宿的地方,邮是传书的机关,也可供人止宿,郡县各行政组织间的文书、上封事、奏疏均可用邮;驿也是传达消息的设备,与邮相似,二者的不同是在传书的方法上。邮有邮人,可以负完

---

① 高敏:《秦汉邮传制度考略》,《历史研究》1985年第3期。

全传寄的责任；驿则只供给传书者以交通工具，传书人仍须由发书者派遣；驿主要用马，传则用车，以供政府官员或持证之人因公乘坐，其作用和驿不同，而制度与驿相类，都是在一定距离供给交通工具的改换。①森鹿三认为："西汉时期既采用继承前代的传车制度，又采用逐渐盛行的驿骑制度。""传就是传递，是以交通线上适当设置的车站来替换马的意思，同时又把这种替换车马的地点叫做传。又因为替换车马需要停下一次，因此这个地点也叫做置，并且村落的边界有接受和传递文书的设备，因而也叫做驿。此外，这个地点还有行人的住宿设备，因而也叫做亭。"②实际上是说邮、驿、亭、传、置可以互称，不过由于间隔距离不同，传书方式各异，一般是十里一亭，五里一邮，三十里一驿。邮亭为戍卒步递，驿则用马传递紧急公文。陈直也认为，两汉传递文书，邮驿并称。按其实际，则步递为邮，马递曰驿；邮与亭相近，故联称邮亭，驿则因设站长短分为驿、置两种，大者称驿，小者为置。③陈梦家则认为，"邮为传递文书的专门机构，它与亭、传、置、驿并为大道上有关交通的设置，且往往重叠于一处互相通用，……邮站多数为隧，少数为亭、驿、关"④。臧嵘认为，驿置是指长途传递信件文书的设施，通常以轻车快马为主，紧急和重要的文书都由驿置传递，而邮则专指短途步行传递文书的方式。⑤马楚坚与此相反，认为邮为秦汉驿传机构，专责担任长途官文书的传递，而以马为主要交通工具。⑥《中国古代道路交通史》的作者也认为："邮传不承担步递的任务，而以传车、马为主要交通工具"，置于交通干线上的邮亭是驿传的基层组织，其主要任务是通信，只有靠近交通干线的亭长才兼管驿传，并非所有亭长都负

---

① 白寿彝：《中国交通史》，商务印书馆1937年版。
② 森鹿三：《论居延汉简所见的马》，中国社会科学院历史研究所战国秦汉史研究室编：《简牍研究译丛》（第1辑），中国社会科学出版社1983年版。
③ 参阅陈直《居延汉简研究》，天津古籍出版社1986年版，第44页。
④ 陈梦家：《汉简考述》，原载《考古学报》1963年第1期，后收入陈梦家《汉简缀述》，中华书局1980年版。
⑤ 臧嵘：《中国古代驿站与邮传》，商务印书馆1997年版。
⑥ 马楚坚：《中国古代的邮驿》，商务印书馆1997年版。

有驿传的责任，因此，邮亭的数量远比普通的亭少，传则主要用来运送官物。① 刘广生等人还认为，由于秦的统一带有强制性，全国一律，通信组织只有邮，邮是通信系统的总称。因而，传也可以纳入邮的范畴。两汉是从传车向骑乘过渡演变的时期，汉初基本承袭秦制，以后分工渐细，传与驿置也有所区别。传舍以迎送过往官员，提供饮食车马为主要职责，本身不直接承担通信，通信组织主要是驿置和邮亭。由于二者行进路线大致相同，故又将新开邮路上的通信组织统称为邮驿，但邮亭以步行传递为主。所谓"十里一亭""五里一邮"，并非指长度而言，而是指闾里；邮亭的间隔距离要远超过五里和十里的长度，驿置则用以传递紧急而重要的公文，以轻车快马为主，一般间隔三十里左右。②

（二）邮驿管理系统

关于秦汉邮驿的管理系统，大致有三种观点。楼祖诒认为，秦汉因袭周制，在中央由太仆掌舆马邮驿事务。到东汉时，太仆之职并入司徒。地方除郡县外，其下的乡官组织也都负有管理邮驿事务之责。③ 刘广生等认为秦汉邮驿管理在中央由丞相总负其责，但九卿之一的少府则是实际的中央收发机关的首脑，九卿中的卫尉、大鸿胪（景帝时称大行令）也与邮传有密切关系。此外，兼管邮驿事务的还有御史大夫，主要是通过巡行和对使用邮传的使者发放"封传"进行监察。东汉时由太尉负责，其下的法曹仅负责邮驿科程式，即法律制度和规章，这是由邮驿主要是为军事通信服务所决定的。至于具体通信则由尚书台负责。在地方均由太守、县令掌管，但具体主管文书的属吏是令史，公文的经办人是郡县内分管某科事务的属曹。此外，在边疆地区尚有一套由都尉兼管的

---

① 中国公路交通史编审委员会编著：《中国古代道路交通史》，人民交通出版社1994年版。
② 刘广生主编：《中国古代邮驿史》，人民邮电出版社1986年版。
③ 楼祖诒：《汉代邮驿交通史略》，《交通杂志》1936年第4卷第8期。

候官、候燧组织。① 曹尔琴也认为，西汉邮驿由丞相总管，九卿中的卫尉、大鸿胪都直接执行邮驿事务；② 东汉九卿属三公，卫尉乃太尉所属，其下属法曹主邮驿科程式。高敏等认为秦时中央由隶属于典客的行人掌管邮驿事务，西汉时先后改典客为大行令、大鸿胪，其下的行人（武帝时改为大行令）、驿官令、丞主管邮驿事务；东汉时改由太尉府下的法曹掌之。地方上的各郡国都分设诸部督邮掌管邮驿事务；至于县、乡，未见有专管邮驿事务的官吏，大约与邮传事业具有全国性质不宜分割于各县、乡主管有关。但驿道所经之地，仍设有专门官吏主持其事。因此，"秦汉时从中央的'典客'（后改为大鸿胪）、'行人'令和太尉府下的'法曹'，到郡国的督邮，再到每个驿站的'厩啬夫''传舍啬夫''邮书掾'等'吏'，构成了一个不同于地方行政系统的邮传管理系统"③。孙毓棠也认为，汉代邮驿管理在中央总辖于最高军事长官太尉，在地方则总归于太守管理，其下还有几个督邮掌管。④ 陈梦家认为，交通系统的关驿与军备系统的仓、库及城官都是隶属于都尉府的。⑤

（三）邮书传递方式

秦汉时期邮书传递，就其所用的交通工具而言可分为步递、马递、车递和船递，而以前三种最普遍。但就具体方式而言，又可分为"以邮行""以次行""以亭行""亭次行""隧次行""马驰行"和"轻足行"等，对此，学者解释各异。高敏认为，以邮行即通过邮亭机构，由五里一邮，邮人居间的"邮人"传递，不必由官府另外派人，以邮行者多为远距离传递，汉代边郡烽燧间的文书往来，多采用"以邮行"。"以次行"或"以次传"即依次传递，按道里远近又可分为"以县次传"和"以隧次传"两种，前者以县为换文距离，后者按驿道两旁烽隧逐一传

---

① 刘广生、赵梅庄编著：《中国古代邮驿史》（修订版），人民邮电出版社1999年版，第121—123页。
② 曹尔琴：《中国古都与邮驿》，《中国历史地理论丛》1994年第2辑。
③ 高敏：《秦汉邮传制度考略》，《历史研究》1985年第3期。
④ 孙毓棠：《孙毓棠学术论文集》，中华书局1995年版，第356—372页。
⑤ 陈梦家：《汉简缀述》，中华书局1980年版，第37页。

递。与"以邮行"不同的是,"以次行"的传递者可能是官府专门派出的人员;"以轻足行"即用善于行走者步行传递,只适用于近距离传递;"以亭行"同"以邮行"一样,是通过邮、亭机构逐亭传递;"驰行"是用车快速传递;"吏马驰行"是以吏乘快马传递,多用于边郡紧急文书。① 劳榦更强调以不同方式传递文书的轻重缓急。认为"以亭行或以隧次行者,则就亭隧而传递,以邮行当由驿马传递,而云吏马驰行,则紧急公文矣"。"邮并不等于亭,邮是'吏马驰行',专司传递文书的,……'以邮行'的只是普通的公文,用常法来传递,而'以亭行''隧次走行''吏马驰行'便显然可以看出重要性的层次了。"② 森鹿三认为,"以县次传"与"隧次行""以邮行""以亭行""以次行""次行"等,都是指戍卒步行传递公文说的,"马驰行"和"马行"则是利用三十里一置的驿马传递紧急公文。陈直认为,"以邮行"即由驿递寄发,"以亭行"由乡亭递寄,"以次行"即沿途露布之官示。③ 王国维也认为,"隧次行""次行"就是"以次行"的"露布不封之书"。持此说者还有黄文弼、楼祖诒等,但楼祖诒也强调投递速度的差别,认为"隧卒是走的,邮人驿卒是骑马的,比较需要加快的才'以邮行''以亭行',这在速率上是有区别的"④。徐乐尧的解释与上述诸家多有不同,他认为"以次行"就是以候官或候长所居传递,这种文书或许是都尉府通告各候官、候官通告各候长的文书,并非各隧亭都要停留。"以亭行"的文书则系都尉府、候官、候长通告各亭的文书,故依亭逐个传递。以次行或以亭行的文书多以人步行投送,但也并不完全排除用马传递。由于以邮行的文书距离较远,在边塞地区多以驿马、传马传递,这种文书并不像黄文弼等先生所说是普通文书,而是重要文书。⑤

---

① 高敏:《秦汉邮传制度考略》,《历史研究》1985 年第 3 期。
② 参阅劳榦《论汉代之陆运与水运》《释汉代之亭障与烽燧》,分别载《中央研究院历史语言研究所集刊》第 16 本、第 19 本。
③ 陈直:《汉书新证》,天津人民出版社 1979 年版,第 55—56 页。
④ 楼祖诒:《汉简邮驿资料释例》,《文史》第 3 辑。
⑤ 徐乐尧:《居延汉简所见的边亭》,甘肃省文物工作队、甘肃省博物馆编:《汉简研究文集》,甘肃人民出版社 1984 年版。

（四）关于亭制

关于汉代的亭制，历来存在两种截然相反的观点：一种意见认为，汉代的亭是属于地方行政系统中乡以下的一级机构，劳榦、严耕望等均主此说。① 另一种意见则认为，汉代的亭与乡、里为不同性质、不同行政的系统，王毓铨力主此说。② 并在80年代以后得到越来越多的学者的支持，他们多认为亭是直隶于县，负责维持社会治安和兼顾邮传的机构。③ 而徐乐尧则认为，"汉代之亭乃是兼有传烽报警、邮驿、治安与经济管理等多种职能的机构"④。

不仅对亭的性质有不同认识，对亭的建置及其与邮的关系，也存在很大分歧。劳榦把亭分为附有传舍和邮的都亭（用A表示），附邮的传舍之亭（用B表示）和附邮的无传舍之亭（用C表示），另以D表示邮，把邮亭作如下排列⑤：

县城—五里—十里—五里—十里—五里—十里—五里—十里—五里—十里—五里—县城

A—D—C—D—C—D—B—D—C—D—C—B—A

---

① 参阅劳榦《释汉代之亭障与烽燧》，《中央研究院历史语言研究所集刊》第19本，1948年；严耕望《汉代地方行政制度》，《"中央研究院"历史语言研究所集刊》第25本，1954年。

② 王毓铨：《汉代"亭"与"乡"、"里"不同性质不同行政系统说》，《历史研究》1954年第2期。

③ 参阅高敏《论秦汉时期的亭——读〈云梦秦简〉札记》，原载中华书局编辑部编《云梦秦简研究》，中华书局1981年版，后收入高敏《云梦秦简初探》（增订本），河南人民出版社1981年版；高敏《论论尹湾汉墓出土〈东海郡属县乡吏员定簿〉的史料价值——读尹湾汉简札记之一》，《郑州大学学报》1997年第2期；谢桂华《尹湾汉墓简牍和西汉地方行政制度》，《文物》1990年第10期、1997年第1期；谢桂华《尹湾汉墓新出〈集簿〉考述》，《中国史研究》1997年第2期；周振鹤《西汉地方行政制度的典型实例——读尹湾六号汉墓出土木牍》，《学术月刊》1997年第5期。

④ 徐乐尧：《居延汉简所见的边亭》，甘肃省文物工作队、甘肃省博物馆编：《汉简研究文集》，甘肃人民出版社1984年版。

⑤ 劳榦：《汉代的亭制》，《"中央研究院"历史语言研究所集刊》第22本，1950年。

这种排列虽在形式上合于"十里一亭""五里一邮"之说，但《汉官仪》在"五里一邮"之后还有"邮间相去二里半"之语。这样，不仅劳榦的上述排列与此不符，就从"五里一邮，邮间相去二里半"一句本身也难以理解。

为此，严耕望先生援引《史记·留侯世家索隐》："《汉书旧仪》云：'五里一邮，邮人居间，相去二里半'"之语，认为"邮间相去二里半"当为"邮亭间相去二里半"之误，《汉旧仪》《汉官仪》皆脱"亭"字，《索隐》又将"亭"误为"人居"，从而导致了"五里一邮，邮间相去二里半"这样"殊不可解"的矛盾。为此，严先生又将邮亭作如下排列：①

这样似乎解决了《汉官仪》中的矛盾。但据新出土的尹湾汉墓简牍材料来看，亭与邮属于同一系统，亭的数目远高于邮，为邮的 20 倍有余，这说明邮的规模要大于亭，这与上述文献记载完全相左。劳榦还认为，"邮亭之制与亭隧之亭相通""故汉世亭传之设，所以供国家之急，达施政之宜"②。在此以前，王国维、贺昌群分别利用不同材料，得出了"汉时邮递之制，即寓于亭隧之中"的结论。③但是，徐乐尧在对居延地区甲渠河南道邮路和肩水金关以南邮路进行重新考察后认为，"边塞的邮路并非寓于全部候望亭隧之中。因为两者的着眼点不完全相同，候望塞隧的设置主要考虑军事的需要，而邮驿固然也应考虑安全条件，但更主要的是应利于交通"④。

---

① 严耕望：《汉代地方行政制度》，《"中央研究院"历史语言研究所集刊》第 25 本，1954 年。
② 劳榦：《论汉代之陆运与水运》，《"中央研究院"历史语言研究所集刊》第 16 本，1948 年。
③ 王国维：《敦煌汉简跋十一》，《观堂集林》卷 17，中华书局 1959 年版，第 853—854 页；贺昌群：《烽燧考》，原载中央大学《文史哲》季刊 1940 年第 2 期，后收入《贺昌群史学论著选》，中国社会科学出版社 1985 年版。
④ 徐乐尧：《居延汉简所见的边亭》，甘肃省文物工作队、甘肃省博物馆编：《汉简研究文集》，甘肃人民出版社 1984 年版。

（五）邮件之检署

王国维是研究检署的第一人。他认为检分书牍之检和封囊之检两种，二者大小、形制不尽相同，就是同为书牍之检也有差别，然其上均有刻齿、封泥，盖印后以绳束之。检上所题之字谓之署，"所题但所予之人与所遗之物，不题予者姓名也"①。此后，劳榦又对封检形式与特征进行考述，把封检分为封函与书囊两种，但他仅从封检形制和方式进行区别，并未指出何者为封函之检署，何者为书囊之检署。为此，侯灿对劳榦所举52例简进行重新考释，并按其形制和书写格式进行排比分类，认为劳榦仅以检署形状的长狭宽博划分是不确切的，于是根据书写方式将检署分为7类。其中5类为封函检署，均在同一简面由发文单位书写受简单位、人名和传递方式，其他文字则为受文单位所写；另一类是受文单位收文后的检署，第7类才是书囊检署，在简的上部书写受文单位，下部并列书与"廪名簿""谷簿"等囊中文书名称。②李均明将封检题署分为文书与实物两大类，并将封检内容和作用概括为五：（1）署收件者机构、职官名、姓等以标明收件者，私人信件同时还署有寄件者；（2）根据邮件的主次缓急及客观需要，标明传递方式；（3）记录寄件者与收件时间、送件人以供查核；（4）标明被封缄文书的类别；（5）标明被封缄实物的类别、数量和所有者。对于一些未见封泥槽的函封，他认为或因不便保存而在收件后削去或截断，也可能是采用函封与封检分体方式。他还指出，除封缄文书和物品外，门户、车辆、牲畜均可施以封检。③大庭脩鉴于历来关于检的研究之不足，写了《再论"检"》，把检分为物品检和书信检，物品检表明内装之物，具有禁止窥探内里的含义；书信检写明收信人具有书署的意味。有封泥的检在某种意义上具有受印的性质，而封以私印的检署则表明该公文由无官印的候长、士吏等签发，限

---

① 王国维：《简牍检署考》，见《王国维遗书》（第6册），上海书店1983年版。
② 侯灿：《劳榦〈居延汉简考释·简牍之制〉平议》，甘肃省文物考古研究所编：《秦汉简牍论文集》，甘肃人民出版社1989年版。
③ 李均明：《封检题署考略》，《文物》1990年第10期。

于候官内部传递,故收件者多非正式的"甲渠候官",而是"甲渠官"这样的形式。①

(六)秦汉邮驿的地位和作用

关于秦汉邮驿的地位和作用,论者多持肯定意见。王国维就盛赞汉代"邮书制度之精密",楼祖诒进一步论证了汉代邮驿上承秦制而加以改进,下启唐宋元朝而多所发展。汉代邮驿中存在着殷周文化、徐楚文化和先秦法制的影子,而唐律中的"驿使稽程"、宋代"始许臣僚以家书附递"及元朝的"长引隔眼"、封泥、印花等制,均可从汉代邮驿中找到最初的雏型。此外,古罗马的邮驿建置竟与汉朝一模一样,因此,"汉代邮驿在中国邮政史中占了继往开来的关键地位,在和古罗马邮政、东西洋文化交流当中,也起了相互推动的进步作用"②。孙毓棠也称秦汉邮驿交通系统已"发展到了相当完善的地步"。发达的邮驿交通不仅增强了行政效率和中央政府坚强的统治力量,促进了商业的兴盛和都市的繁荣,有利于人员流动和知识传播,而且对开阔眼界、统一信念,加强全国文化的统一等,都具有重要意义。高敏在肯定秦汉邮驿制度对于强化封建中央集权制度、促进信息交流和边疆开发以及统一多民族国家的巩固与发展等方面的积极作用的同时,还分析了它的局限性:其一,严格的关防制度,妨碍和限制了正常的信息传递与物资交流;其二,传车供应的等级限制,大大降低了信息传递的社会意义;其三,各级官吏把邮传机构作为贪赃枉法、剥削百姓的手段,抵销和降低了邮传的积极作用。当然,对秦汉邮驿制度的研究决不仅限于上述几方面,只不过这些方面相对而言更引人注意或分歧较大,至于其他方面的研究成果则相对较为分散或意见较为一致,故不再介绍。

---

① 大庭脩:《再论"检"》,李学勤主编:《简帛研究》(第1辑),法律出版社1993年版。
② 楼祖诒:《汉简邮驿资料释例》,《文史》第3辑。

三

本世纪秦汉邮驿制度研究的成就巨大，已如上述。但这决不意味着对此课题的研究已经终结。相反还有许多问题至今仍然疑而未决，需要作进一步的研究。此外，在以往的研究中也还存在一些不足和偏颇，以下几个方面则应予重视。

第一，要加强对秦代邮驿制度的研究。以往的研究重点大多集中于两汉，对秦朝邮驿制度则较少论及。实际上，秦汉制度是一脉相承的，所谓"汉承秦制"，也包括继承秦的邮驿制度。从有关的文献记载及云梦秦简和居延等地汉简材料来看，汉代邮驿制度的很多方面确实是由秦制发展而来的，如邮亭的设置、传舍的供应及邮驿的管理等。但是，"汉承秦制"也并不是说汉朝完全"承秦不改"。和其他各项制度一样，汉朝在继承秦朝邮驿制度的同时，还对秦制进行了较大改革。如《晋书·刑法志》云："秦世旧有厩置、乘传、副车、食厨，汉初承秦不改，后以费广稍省，故后汉但设骑置而无车马。"可见，不仅汉制与秦制不同，就是前后汉之间也是有差别的。只注重对汉制的研究而忽视对秦制的探讨，难以认识制度本身的前后延续性和继承性；过分强调秦汉制度之"异"与"同"，割裂前后的联系或简单地将秦汉制度进行比附，以汉制的研究代替对秦制的探讨，都会使研究走向歧路和偏颇。只有对秦汉邮驿制度作全面深入的考察，才能正确认识其发展变化的轨迹。在这方面，楼祖诒、高敏、熊铁基等多位学者都已做过有益的探索。

第二，应重视对邮驿经费和人事管理等方面的研究。秦汉邮驿制度规模庞大，体系完整，所需经费极为浩繁。然而，对秦汉邮驿的经费来源、筹措渠道、征集方式、分配原则及具体的使用与管理等问题的认识，至今仍然是很模糊的。与秦汉军费、杂役等的研究相比，都显得相当薄弱。邮驿系统的正常运转，离不开人的活动，但在以往的研究中，对邮驿事务承担者的身份、来源、待遇、管理等问题均缺乏较为深入的研究，有些方面甚至全然不知，这种状况必然会影响对其他相关问题的认识。

对邮书传递方式的不同解释，从某种程度讲即源于对邮书传递者身份认识的混乱和模糊。

第三，要加强对邮驿资料本身的整理和研究。史料是历史研究的基础，史料本身的真伪和可信性直接影响到研究者认识的正确与否。有些文献记载与简牍材料大相径庭，甚至同一材料也前后矛盾，这种情况在文献和简牍材料中均有发现，如被研究者普遍引用的"十里一亭，五里一邮，邮间相去二里半"的记载就是明证。还有关于邮亭的规模，据文献记载，邮的规模小于亭，而尹湾汉墓简牍材料则显示，邮的规模远大于亭。当然，我们不能据此而轻率地怀疑材料的真实性。实际上，有些材料本身并没有问题，只是人们理解有误而已。不论是文献记载还是简牍材料，它所反映的史实都有一定的时空限制。居延、敦煌等地远处边陲，其制度未必与内地完全一致，利用这些简牍材料，要首先判断它所反映的是全国通则，还是边郡特例；是追述往事还是直陈当时。如果不加区别，有意或无意扩大材料的外延，将不同时期、不同地区的材料拼凑罗列在一起，就难免会犯以点代面，以偏概全的错误。总之，运用材料外延的统一是非常必要的，如果不解决材料间的矛盾，相关问题的研究就无从谈起。

——原载《中国史研究动态》1999年第6期

秦汉的邮与邮人

秦汉的邮是用以传达信息和递送公文的专门机构。但是，长期以来，人们对于邮的设置及其内部组织等问题的认识，则依然是模糊的。20世纪70年代以来大量秦汉简牍的出土，尤其是近年来甘肃敦煌悬泉置汉简、江苏连云港尹湾汉墓简牍、湖北江陵张家山汉简和湖南龙山里耶秦简及长沙走马楼吴简的陆续公布，为秦汉时期邮驿制度研究的进一步深入，提供了许多颇有价值的新材料。以下利用文献记载和考古新材料，试就秦汉时期邮的设置及邮人、邮吏的配备等问题进行探讨。

一

邮的出现很早，在一些先秦文献中就曾提到。如《孟子·公孙丑（上）》引孔子曰："德之流行，速于置邮而传命"，说明邮是用于布宣政令、传递消息的机构。《墨子·杂守篇》又云："筑邮亭者圜之，高三丈以上。"可见邮还筑有很高的亭，故称邮亭。研究表明，秦汉的邮亭制度实际上源于先秦时期的"邮表畷"，而这一制度则可上溯到商周时期。对此，清代阮元、程恩泽等人已有论及。阮元认为，就"邮"字本身而言，"邮从邑、从垂。垂，远边也。垂从土从𠂹。𠂹，草木华叶垂，象形也。盖古者边垂疆界，其始必正其四至焉。四至之边，必立木为表𠂹，缀物于上，以准远近之望而分疆界焉。此垂之所以从𠂹，邮之所以从垂也"。他还就《礼记·郊特牲》中"飨农，及邮表畷禽兽"一语，提出了自己的看法："《郊特牲》所谓'邮表畷'者，'邮'乃为井田上道里

秦汉的邮与邮人

可以传书之舍也,'表'乃井田间分界之木也,'畷'乃田两陌之间道也。凡此皆古人飨祭之处也。而'邮表畷'之古义,皆以立木缀毛裘之物垂之,分间界行列远近,使人可准视望、止行步而命名者也。"① 杨向奎、李中清先生基本肯定了阮元的考证,并认为"表即树木而缀以裘,故'邮'之本义为缀旒"。但邮又有供人居止的传舍,"邮表畷"实为西周的"陪敦"(即"附庸",指筑有屋舍以为防御工事的城垣)演变而来,甲骨文中的㐭实即"亭"字,其上半为楼形,下半从京(即高丘),意为高丘上建楼;至于"表"字不见于甲骨文和金文,或因隶定失传,后人不识原字所致。因此,先秦时期的"邮与亭是一种制度,亭有表即邮,而邮皆有亭"②。揆诸前述《墨子·杂守篇》所云,其说可取。作为一种邮驿机构,邮和亭都具有传递公文和供人止宿的功能,也都有房舍建筑。虽然最初的邮都筑有亭,但有亭之处未必都是邮。因此,尽管邮和亭有时会重叠在一起,人们习惯上也将二者连称为邮亭,汉代甚至有人将邮称为邮亭。③ 但是,邮与亭还是不同的。而所谓"邮亭",是指有邮之亭,并不是说邮与亭可以互称。邮亭高三丈以上,或可视为当地的标志性建筑,故可用以名地。当时已有以邮名地、以邮为姓者。如春秋时期的晋大夫王良,因封于邮邑,即以邮为姓,称邮良,又称邮无恤、邮无正。④ 邑以邮

---

① 阮元:《揅经室集·揅经室一集》卷1《释邮表畷》,中华书局1993年版,第15、18页。
② 杨向奎、李中清:《论"邮表畷"与"街弹"》,载尹达等主编《纪念顾颉刚学术论文集》(上册),巴蜀书社1990年版,第172—185页;另可参阅杨向奎《宗周社会与礼乐文明》(修订本),人民出版社1997年版,第172—185页。
③ 《汉书》卷27中《五行志·中》载:"成帝永始元年二月,河南街邮樗树生枝如人头。"但荀悦《汉纪》卷26《孝成皇帝纪》则云:"永始元年……二月,河南邮亭樗树生枝,状如人头。"班固和荀悦均为东汉时人,他们同记一事,但一称"邮",一云"邮亭",可知在时人眼里,邮即邮亭。此外,在《史记》《汉书》中所记地处咸阳西之"杜邮",在《水经注》卷17《渭水》中又被称为"杜邮亭"。
④ 《左传·哀公二年》:"邮无恤御简子,卫太子为右。"杜预注云:"邮无恤,王良也。"孔颖达疏:"古者车驾四马,御之为难,故为六艺之一。王良之善御,最有名,于书传多称之。"[(清)阮元校刻《十三经注疏》,中华书局1980年版,第2156页]《国语》卷15《晋语九·邮无正谏赵简子无杀尹铎》注云:"无正,晋大夫邮良,伯乐也。"(上海师范大学古籍整理研究所校点:《国语》,上海古籍出版社1998年版,第491—492页)《孟子》卷6上《滕文公下》:"赵简子使王良与嬖奚乘",赵歧注:"王良,善御者也。"(《十三经注疏》(转下页)

· 19 ·

名，当即源于该地为邮所在。以封邑为姓氏，在先秦时期是屡见不鲜的。王良的封邑以邮命名，继之又以封邑——邮为姓，表明当时邮的设置已为人们所习见。

秦汉时期，邮的设置更为普遍，王充《论衡》卷十一《谈天篇》有云："二十八宿为日月舍，犹地有邮亭为长吏廨矣。邮亭著地，亦如星舍著天也。"同书卷五《感虚篇》亦云："星之在天也，为日月舍，犹地有邮亭，为长吏廨也。"① 以天上的星宿喻指地上的邮亭，足见邮亭之设已很繁密，且已形成网络。史书中屡见有以邮名地者，如秦时咸阳有杜邮，② 汉代长安有曲邮，河南郡有街邮，蜀郡严道有邛邮、白沙邮，南阳郡新野县有黄邮；③ 居延汉简有柳中邮、邮里、桃邮里，④ 尹湾汉墓简牍有"山邮"，⑤ 敦煌悬泉汉简中有"石靡邮""悬泉邮"（Ⅹ一一六）⑥ 等。《后汉书》卷六八《郭太传》注引《风俗通》曰："汉改邮为置。

（接上页）第2710页）《汉书》卷64下《王褒传》"王良执靶"注引张晏曰："王良，邮无恤，字伯乐。"晋灼曰："靶音霸，谓辔也。"师古曰："参验《左氏传》及《国语》、《孟子》，邮无恤、邮良、刘无止、王良，总一人也。"

① 黄晖：《论衡校释（附刘盼遂集解）》，中华书局1990年版，第232、484页。

② 对杜邮的位置，各书记载不尽相同。如《史记》卷73《白起列传》称："出咸阳西门十里，至杜邮。"司马贞"索隐"说："杜邮，今在咸阳城中。"张守节"正义"又云："今咸阳县城，本秦之邮也，在雍州西北三十五里。"《汉书》卷62《司马迁传》注引李奇说："（杜邮，）地名，在咸阳西十里。"同书卷76《王尊传》注引颜师古说："杜邮，地名，在咸阳也。"《史记》卷71《甘茂列传》记，武安君"去咸阳七里而立死于杜邮"。此"七里"或为"十里"之误。而《水经注》卷17《渭水》则云："渭水北有杜邮亭，去咸阳十七里，今名孝里亭。"

③ 参阅《史记》卷55《留侯世家》，第2046页；《汉书》卷40《张良传》，第2035页；《汉书》卷27中《五行志中》，第1413页；《史记》卷118《淮南衡山列传》，第2142页；《汉书》卷44《淮南厉王刘长传》，第2142页；《水经注》卷33《江水》，《汉书》卷99上《王莽传上》，第4066页；《后汉书》卷17《岑彭列传》，第657页；卷18《吴汉列传》，第679页；卷22《朱佑列传》，第770页及《水经注》卷31《淯水》，第550页等。

④ 参阅谢桂华、李均明、朱国炤《居延汉简释文合校》，文物出版社1987年，简文如下："旦入将记当□从□长听以柳中邮累长孙即"（H280.20）、"河东襄陵阳门亭长邮里郭强，长七尺三寸"（H37.42）、"河南郡荥阳桃邮里公乘庄盱，年廿八，长七尺二寸，黑色"（H43.16＋43.18）、"□□北邮"（H75.10B）。以下凡出此书者，均在简号前加H表示，不另注。

⑤ 连云港市博物馆、东海县博物馆、中国社会科学院简帛研究中心、中国文物研究所：《尹湾汉墓简牍》，中华书局1997年版，第139页。以下征引尹湾汉简均出此书，故只在引文后面的括号中标页码，不再注书名。

⑥ 胡平生、张德芳编撰：《敦煌悬泉汉简释粹》，上海古籍出版社2001年版，第95页。以下凡出该书材料，均在简文序号前加Ⅹ表示，并标注其在本书中的页码。

置者，度其远近之间置之也。"但在敦煌悬泉汉简和连云港尹湾汉墓简牍中，则均为邮、置并存；而上引《论衡》所云，亦可证东汉时邮亭之设依然很普遍。因此，所谓"改邮为置"，并非去"邮"而设"置"。

汉代邮的设置，大致是以都城长安为中心，沿交通线向各地延伸，因此人们习惯上又将位于长安新丰西的曲邮称为"邮头"。① 至于邮与邮的间隔距离，人们的认识并不一致。据《后汉书》志第二十八《百官五》注引《汉官仪》云："设十里一亭，亭长、亭候；五里一邮，邮间相去二里半，司奸盗。"②《史记》卷五十五《留侯世家》："留侯病，自疆起，至曲邮。"《索隐》引《汉官旧仪》云："五里一邮，邮人居间，相去二里半。按：邮乃今之候也。"③ 但是，正如严耕望先生所说："既云'五里一邮'，又云'邮间相去二里半'，殊不可解。"为此，严先生认为，"邮间相去二里半"当作"邮亭间相去二里半"。《汉旧仪》《汉官仪》皆脱"亭"字，而司马贞《史记索隐》又将"亭"误作"人居"。然而，所谓"五里一邮，邮亭间相距二里半"之说，也只能视为"规制"而已，"事实上之距离决不如此规律也"④。楼祖诒先生却认为，《索隐》引《汉官旧仪》"五里一邮，邮人居间，相去二里半"之说，"乃极有意味之解释"。中间加上"人居"二字，"与邮政运输分段原则相符合。盖每一邮置的'邮人'分段往返，正常维持交通的原则，在'五里'的中点'居间'正是二里半，这样解释，便是合乎规律。而且照全文语气上讲，也是一贯的"⑤。但是，不论是严先生的"邮亭说"，还是楼先生的"邮人居间说"，都只是通过对文字的解释，以解决邮亭的排列问题。虽然都力求文从字顺，事实上却难以令人信服。

---

① 参阅《史记》卷55《留侯世家》"索隐"及《汉书》卷40《张良传》注。
② 《后汉书》志28《百官五》，第3624页。
③ 《史记》卷53《留侯世家》，第2046页。
④ 严耕望：《中国地方行政制度史（甲部）·秦汉地方行政制度》，北京联合出版公司2020年版，第61—62页。严先生在附注中引劳榦先生按语认为，每一邮各管五里之道路，而邮舍居中，故云"邮间相去二里半"。至于"邮人居间"的"人居"二字并非正文，而是解释"邮"字的附注，意指"邮内有居人"。但劳先生又指出：此"姑备一说，尚未敢论定也。"
⑤ 楼祖诒：《中国邮驿史料》，人民邮电出版社1958年版，第30页。

简牍与秦汉邮驿制度研究

尹湾6号汉墓所出《集簿》，记载了西汉末年东海郡的吏员、辖域和户口等情况，其中"亭六百八十八，卒二千九百七十二人；邮卅四，人四百八，如前。界东西五百五十一里，南北四百八十八里，如前"①。可知东海郡的幅员和邮、亭建置都是沿袭以往，并没有新的变化。如按"十里一亭""五里一邮"的设置原则，亭与邮的比例为1∶2。东海郡东西长551里，南北宽488里，大约应有亭2684所，邮5368所。但据《集簿》所载，东海郡共有亭688所，而邮仅34所，远少于应设邮、亭的数量；尤其值得注意的是，邮的数量非但没有亭的两倍，甚至不及亭的二十分之一。如果说，西汉后期"上计簿，具文而已"②，其统计数字不可尽信，但亭多邮少应属实情。因为即使郡县官员弄虚作假，也不至于将邮、亭大小和数量多少完全颠倒。而且，《吏员簿》中详细记载了亭长和邮佐的员额，也显示亭的数量远比邮多。因此，前引文献中关于"十里一亭""五里一邮"之说，是不足凭信的。张家山汉简关于置邮的规定，也可为其佐证。如《二年律令·行书律》载：

十里置一邮。南郡江水以南，至索（?）南水，廿里一邮。（二六四）

畏害及近边不可置邮者，令门亭卒、捕盗行之。北地、上、陇西，卅里一邮；地险狭不可邮者，（二六六）得进退就便处。③

《二年律令》虽出自湖北，但内容却涉及全国各地，足证其并非区域性的法令。其中对各地邮的设置距离的不同规定，充分考虑了各郡间的地区差异，不论是可信度还是可行性，都是值得肯定的。律令显示，各地的邮并不是等距离分布，而是根据实际情况有十里、二十里和三十

---

① 参阅《尹湾汉墓简牍》第77页。同书79—84页《东海郡吏员簿》所载亭长总数为689人，与《集簿》所载688亭之数不合。出现这种差别，当是统计对象不同的缘故。大概《集簿》所载仅为东海郡38个县邑侯国所置亭，《吏员簿》则包括下邳铁官所属的亭长1人。
② 参阅《汉书》卷8《宣帝纪》所载"黄龙元年（公元前49年）二月诏"，第273页。
③ 张家山二四七号汉墓竹简整理小组：《张家山汉墓竹简〔二四七号墓〕（释文修订本）》，文物出版社2006年版，第45页。

· 22 ·

里之别。其中最近距离为"十里置一邮",或许是针对长安等交通发达、人口密集、公文往来频繁的地区而言的;南郡长江以南至索南水一带,是二十里置一邮;而北地、上郡和陇西等西北边郡,则间隔三十里置一邮;某些环境险恶、位置偏狭的地区,还可因地制宜,变通处理;在靠近边塞的地方,甚至可以不设邮,而由负责治安的门亭卒、捕盗等人承担邮人的职责,居延和敦煌汉简中有很多亭燧吏卒递送和受付邮书的记录,可能即属此类。如果说,仅以张家山汉简《二年律令·行书律》尚不足以代表整个秦汉时期的情况的话;那么,尹湾汉墓简牍记载的东海郡所辖邮、亭数目和邮佐设置则说明,汉初以来因地制宜的设邮原则至西汉末年依然未变。而且,邮的数量多少似乎与所在县乡的大小无关(详后)。

二

《说文》云:"邮,境上行书舍也。"以后的注家多取此说,如唐人颜师古就采《说文》之说,或曰"邮,行书之舍,亦如今之驿及行道馆舍也"。或称"邮,行书舍,谓传送文书所止处,亦如今之驿馆矣"①。此两处解释虽然文字稍异,但文意全同,即认为邮是供传递文书者歇息止宿之所,类似于唐代的驿馆。《汉书》卷十二《平帝纪》载,元始五年(5)诏令"二千石选有德义者以为宗师。考察不从教令有冤失职者,宗师得因邮亭书言宗伯,请以闻"。晋灼曰:"宗伯,宗正也。"师古曰:"邮,行书舍也。言为书以付邮亭,令送至宗伯也。"② 同书卷七十五《京房传》又载,建昭二年(前37)二月,汉元帝诏令魏郡太守京房"止无乘传奏事。房意愈恐,去至新丰,因邮上封事"。颜师古注云:"邮,行书者也,若今传送文书矣。"③ 据此,邮既是"行书舍",也是"行书者";不仅为过往者提供舍宿方便,而且还直接从事文书传递工

---

① 参阅《汉书》卷83《薛宣传》及卷89《黄霸传》注,第3397、3630页。
② 《汉书》卷12《平帝纪》,第358页。
③ 《汉书》卷75《京房传》,第3164—3165页。

作。除了建造有供人住宿的房舍外，各邮还需有一定数量的工作人员，以保证各项事务的正常运转。就文献记载和简牍材料来看，秦汉的邮确实都配有专门的邮人。如湖南龙山里耶秦代简牍有"邮人得行""启陵邮人"等①的记载，敦煌新出汉代简牍中有"样相邮人青辟付赤土邮人语"②，尹湾汉墓简牍记东海郡共有"邮卅四，人四百八"（YM6D1，P77）③。王充《论衡》卷二十七《定贤篇》云："邮人之过书，门者之传教也，封完书不遗，教审令不误者，则为善矣。儒者传学，不妄一言，先师古语，到今具存，虽带徒百人以上，位博士、文学，邮人、门者之类也。"④

关于邮人的配置，张家山汉简《二年律令·行书律》有如下规定：

> 一邮十二室，长安广邮廿四室，敬（警）事邮十八室。有物故、去，辄代者有其田宅。有息，户勿减。令邮人行制书、急（二六五）书，复，勿令为它事。……邮各具席，设井磨，吏有县官事而无仆者，邮为炊；有仆者，叚（假）器，皆给水浆。（二六七）
>
> 复蜀、巴、汉（？）中、下辨、故道及鸡劕中五邮，邮人勿令繇（徭）戍，毋事其户，毋租其田一顷，勿令出租、蒭稾。（二六八）⑤

一般认为，张家山汉简《二年律令》的"二年"是指吕后二年（前186）。但是，在《二年律令》中，有29条律文带有"盈"字，即未避

---

① 湖南省文物考古研究所等：《湖南龙山里耶战国—秦代古城一号井发掘简报》，《文物》2003年第1期。湖南省文物考古研究所等：《湘西里耶秦代简牍选释》，《中国历史文物》2003年第1期。两处释文大致相同，可参阅。以下凡引里耶秦简均参阅此《发掘简报》和《简牍选释》，不另注。

② 何双全：《敦煌新出简牍辑录》，李学勤主编：《简帛研究》（第1辑），法律出版社1990年版。又见胡平生、张德芳编撰《敦煌悬泉汉简释粹》，上海古籍出版社2001年版，第94页。

③ 连云港市博物馆、东海县博物馆、中国社会科学院简帛研究中心、中国文物研究所：《尹湾汉墓简牍》，中华书局1997年版。以下凡出此书者均在有关内容后的括号内注明简号和所在页码，不再注书名。

④ 黄晖：《论衡校释（附刘盼遂集解）》，中华书局1990年版，第1114—1115页。

⑤ 张家山二四七号汉墓竹简整理小组《张家山汉墓竹简〔二四七号墓〕（释文修订本）》，第45—46页。

汉惠帝刘盈名讳；而且"盈"字的用法也完全袭自秦律。这为我们提供了两条信息："一是张家山二四七号汉墓汉律竹简的年代应为汉惠帝元年之前，而非吕后二年。二是汉初律（汉惠帝元年以前）基本上袭自秦律。"① 史载："汉承秦制，萧何定律，除参夷连坐之罪，增部主见知之条，益事律《兴》《厩》《户》三篇，合为九篇。"② 另据《汉书》卷二十三《刑法志》载："汉兴，高祖初入关，约法三章曰：杀人者死，伤人及盗抵罪。蠲削烦苛，兆民大说。其后四夷未附，兵革未息，三章之法不足以御奸，于是相国萧何攈摭秦法，取其宜于时者，作律九章。"可知汉初之律确实采自秦法。萧何"攈摭秦法"，大概也只是除去"参夷连坐"等"烦苛"之条，至于张家山汉简《二年律令·行书律》，应属"宜于时者"之列，很可能就取自睡虎地秦简中的《行书律》③。因此，将其视为秦及汉初的律令，也是可取的。④

由上引《二年律令·行书律》可知，秦汉时有专门负责递送紧急文书和为过往官员等提供食宿服务的邮人。邮人以户计，一般每邮有12户人家，在某些特殊地区可适当增加邮人户数。如在官署林立、邮务繁杂的京城长安或其他承担紧急要务的地区，每邮分别有18户和24户邮人。如因邮人死亡或其他原因而出现缺额，要及时由其他人户补充，替补者同时享有前任邮人的田宅。以后，即使邮人家庭人口增殖，也不能减少各邮的邮人户数。邮人专司邮驿事务，除拥有田宅外，他们及其家人还可享受免服其他徭役的优待，像巴、蜀、汉中、下辨、故道等地五邮的

---

① 曹旅宁：《张家山汉律研究》，中华书局2005年版，第1—12页。
② 《晋书》卷30《刑法志》，第922页。
③ 睡虎地秦墓竹简整理小组：《睡虎地秦墓竹简》，文物出版社1978年版，第103—104页。
④ 高敏先生已经指出：张家山汉简《奏谳书》所反映的汉初法律，同秦律有着直接的继承关系。尤其是从高祖元年至高祖十一年（前202—前196）间的法律，则是全部继承秦律而来的，这不论是在立法精神，还是在刑名、执法机构、下级小吏名称和计赃定罪的等级等方面，都有明显的反映。至于《二年律令》所收诸律，"几乎是同秦律大同小异的"，有不少内容就是秦律的翻版。说见高敏《汉初法律系全部继承秦律说》《〈张家山汉墓竹简·二年律令〉中诸律的制作年代试探——读〈张家山汉墓竹简〉札记四》，二文分别载中国秦汉史研究会编《秦汉史论丛》（第6辑）（江西教育出版社1994年版）和《史学月刊》2003年第9期。后收入高敏《秦汉魏晋南北朝史论考》，中国社会科学出版社2004年版。

邮人还可免除一顷土地的田租、刍稾，但必须保证朝廷诏书和其他紧急公文的安全及时送达，同时还要为各类因公过往人员提供相应的饮食服务。如果延误时间不能按时送达邮书或毁坏文书封泥，则要视其情节轻重予以惩处。上引张家山汉简《行书律》规定："令邮人行制书、急书"，睡虎地秦简《行书律》又云："行命书及书署急者，辄行之；不急者，日觱（毕），勿敢留。留者以律论之。"① 意即凡是命书及标有急字的文书，都要立即递送；非紧急文书也要在当天送出，不得积压滞留。违者要按有关律令论处。据《史记》卷六《秦始皇本纪》载，秦统一后，始皇帝下令改"'命'为'制'，'令'为'诏'"。《集解》引蔡邕曰："制书，帝者制度之命也，其文曰'制'。"② 睡虎地秦简《行书律》中称为"命书"，显然在秦统一以前。此"命书"即秦国国君发布的命令，相当于秦汉时期作为"帝者制度之命"的"制书"；而"书署急者"，应即张家山汉简中的"急书"。秦简"留者以律论"的具体内容不详，但在张家山汉律和居延汉简中均有明确规定。如《二年律令·行书律》规定：

> 发致及有传送，若诸有期会而失期，乏事，罚金二两。非乏事也，及书已具，留弗行，行书而留过旬，皆（二六九）盈一日罚金二两。（二七〇）
> □□□不以次，罚金各四两，更以次行之。（二七一）
> 邮人行书，一日一夜行二百里。不中程半日，笞五十；过半日至盈一日，笞百；过一日，罚金二两。邮吏居界过书，（二七三）弗过而留之，半日以上，罚金一两。……诸行书而毁封者，皆罚金（二七四）一两。书以县次传，及以邮行，而封毁，□县□劾印，更封而署其送徼（檄）曰：封毁，更以某县令若丞印封。（二七五）③

---

① 睡虎地秦墓竹简整理小组：《睡虎地秦墓竹简》，第103页。
② 《史记》卷6《秦始皇本纪》，第236—237页。
③ 张家山二四七号汉墓竹简整理小组：《张家山汉墓竹简〔二四七号墓〕》（释文修订本）》，第46—47页。

居延汉简中也有类似记载：

简1. 不中程百里罚金半两过百里至二百里一两过二百里二两
　　　不中程车一里夺吏主者劳各一日二里夺令□各一日
　　　　　　　　　　　　　　　　　　　　　　E. P. S4. T2：8B①

本简出土于汉代甲渠候官所属第四燧遗址，简文书于居延都尉府就某候官递送公文严重超期而责其调查上报的文书背面，应是处理延误文书所遵循的一般原则，而非临时性的规定，或即秦简《行书律》所谓"留者以律论之"之类的"律"。从上引居延汉简和张家山汉律的规定来看，对于滞留和延误邮书者，视其情节轻重要受到笞 50—100 或罚金一至二两的处罚。

由于传递"制书"和"急书"等关系重大，故对于邮人的选拔，也有一定的标准。如睡虎地秦简《行书律》就规定："隶臣妾老弱及不可诚仁者勿令"②，即不能派隶臣妾年老体弱者或不足信赖者递送文书。这一规定，无疑也是为了保证邮书传递的安全准确和及时有效。湘西里耶古城一号井发现一枚记载补充邮人空缺的简，简文如下：

卅二年正月戊寅朔甲午，启陵乡夫敢言之：成里典、启陵邮人缺，除士五（伍）成里匄、成，（成）为典，匄为邮人，谒令、尉以从事，敢言之。　　　　　　　　　　　　　　　　T1⑧157 正面

正月戊寅朔丁酉，迁陵丞昌郄之启陵，廿七户已有一典，今有（又）除成为典，何律令？应尉已除成、匄为启陵邮人，其以律令。／气手／正月戊戌日中守府快行。正月丁酉旦食时隶妾冉以来，

---

① 见甘肃省文物考古研究所、甘肃省博物馆、文化部古文献研究室、中国社会科学院历史研究所编：《居延新简》，文物出版社 1990 年版。以下凡此种简号均出此书，不另注。本简所记处罚规则与张家山汉简《行书律》的有关内容不尽相同，可能与时间先后不同有关，也可能是地区差异所致。

② 睡虎地秦墓竹简整理小组：《睡虎地秦墓竹简》，第 104 页。

欣发，壬手。 T1⑧157 背面

本简正面是秦始皇卅二年（前215）正月十七日启陵乡拟以本乡成里士伍成、匄分别补成里典和启陵邮人空缺一事而向其上级迁陵县令和县尉呈送的汇报文书。研究表明："战国时代秦国的啬夫制度和秦汉时代的啬夫制度是一脉相承的。"秦汉时的"乡有秩啬夫"往往省去"啬夫"而称为"乡有秩"，而"乡啬夫某"又常省略为"乡某"，如睡虎地秦简《封诊式》有"乡某爰书"，其"乡某"意即"乡啬夫某"；而江陵凤凰山10号墓所出木牍中屡见的"西乡偃"，则是"西乡啬夫偃"的省称。① 因此，上引里耶秦简中的"乡夫"可能也是"乡啬夫"之省称。本简背面则是本月二十日由迁陵县丞昌签署的批复。该批复认为某里廿七户人家已有一名里典，如今又以成为里典，不合律令，故不予批准；县尉已任命成、匄二人为启陵邮人，启陵乡应按有关律令执行。由此可见，邮人的选拔是由所在的乡提名推荐，再经县廷批准任命的。值得注意的是，本简中启陵乡的文书是呈送县令和县尉而不是县令、丞，县廷的批复虽照例由县丞签发，但启陵邮人的最终任命却是由县尉决定的。这种情况可能与当地位处边地、远离秦都有关，邮人在负责递送诏令公文和接待过往"有县官事"者的同时，还负有逐捕奸盗维持治安的责任。前述张家山汉简《行书律》中"畏害及近边不可置邮者，令门亭卒、捕盗行之"的规定，或可为此提供佐证。

居延汉简中又有邮卒，如下简：

简2. 正月辛已鸡后鸣九分，不侵邮卒建受吞远邮卒福，壬午禺中当曲卒光付收降卒马印 E.P.T51：6

简中的"不侵""吞远"均为居延甲渠候官所辖部、燧名，"当曲"

---

① 裘锡圭：《啬夫初探》，《云梦秦简研究》，中华书局1981年版，第226—301页。江陵凤凰山10号墓简牍可参阅弘一《江陵凤凰山十号汉墓简牍初探》，《文物》1974年第6期。

为不侵部所属燧,"收降"则为居延候官所属燧。"不侵""吞远"二燧均称"邮卒",可知此二燧同时也是邮。"当曲""收降"虽单称为"卒",但他们均参与邮书的受付,可见他们名称虽异,职责则同。吞远—不侵—当曲—收降是当地最重要的公文传递路线之一,这在居延汉简中多有反映。如下简:

简3. ☐十一月癸亥蚤食不侵卒受王受吞远卒赐
　　☐日失付当曲卒☐下铺八分☐收降卒发　　　　　H56.41

简4. 三月丁未人定当曲卒乐受收降卒敞,夜大半付不侵卒贺,鸡鸣五分付吞远卒盖　　　　　　　　　　　　　　H104.44

2、3、4三简均为邮书课记录,所记邮书传递路线完全相同。简2中的不侵、吞远邮卒,在3、4两简中均作不侵卒、吞远卒,可知邮卒也可简称为卒。由此推论,此三简中的当曲卒和收降卒实际上也都是邮卒。类似的例证也见于敦煌悬泉置简:

简5. 入西书八,邮行。……永平十五年三月九日人定时,县(悬)泉邮孙仲受石靡邮牛羌。　　　　　　　　　　X116

与2、3、4简一样,简5也是邮书课记录。简中的孙仲与牛羌分别属悬泉邮和石靡邮,他们直接从事邮书传递工作,应与简2中的建和福一样,都是承担公文传递的邮卒。这从悬泉置所出的另一枚邮书课简可得到印证:

简6. 出东书八封,板檄四,杨檄三。四封太守章,一封诣左冯翊,一封诣右扶风,一封诣河东太守,一封诣酒泉府……九月丁亥日下铺时,临泉禁付石靡卒辟非　　　　　　　　　　X109

据简5可知,"石靡"为邮名。故简6中接受邮书的"石靡卒辟非",其身份也是邮卒无疑。由此也可印证,简5中"县(悬)泉邮孙仲"和"石靡邮牛羌"的身份,均为邮卒。另据X108简可知,"临泉"为亭名,则简6所见的"临泉"和"石靡"也应是亭。敦煌和居延均属边防前沿,其基层组织往往带有浓厚的军事色彩,表现在公文传递方面也是军政合一,很多亭燧既是边塞防御的军事据点,也是传递文书的邮站。正如上述2、3、4诸简所见的"吞远""不侵""当曲""收降"等地名一样,5、6二简中的"县(悬)泉""石靡"和"临泉"等,也都既是亭燧名,又是邮站名,而"县(悬)泉"同时还是置名。这些亭燧吏卒既负有候望御敌之责,又要保证邮书传递的顺利进行。在简牍文书中,他们有时被称为"××亭卒""××邮卒"或"××卒",或者像简5中的"悬泉邮孙仲""石靡邮牛羌"那样省去"卒"字,直接写机构和人名。这种现象,正是边塞与内地不同环境的反映。"邮卒"既有卒的身份,又司邮人之责。正所谓:"汉时邮递之制,即寓于亭燧中,……可见当时邮书制度之精密矣。"①

"邮卒"还见于长沙走马楼吴简。在已公布的31枚"邮卒"简中,26枚有明确纪年,且基本上都集中在黄龙、嘉禾年间。其中有一简云:

简7. 领二年邮卒田六顷五十亩,亩收限米二斛,合为吴平斛米一千三百斛。　　　　　　　　　　　　　　　　　5-1635②

"限米"是对屯田征收的租税,③ 本简中有"邮卒田",足见"邮卒"也从事屯田。此外,根据大多数简中都有某年"邮卒限米"或"邮卒"某年"限米"字样来看,"邮卒"的身份与通常和"限米"相联系的"吏""乡吏""郡吏子弟""客""复客""卒""兵"和"郡卒"

---

① 王国维:《观堂集林(外二种)》卷17《史林九·敦煌汉简跋十一》,中华书局1959年版,第855页。
② 长沙市文物研究所、中国文物研究所、北京大学历史系走马楼简牍整理组:《长沙走马楼三国吴简·竹简(壹)》,文物出版社2003年版。
③ 于振波:《走马楼简中的限米与屯田》,《中国社会科学院研究生院学报》2004年第1期。

等，可能有某些共同之处。① 前引张家山汉简《二年律令·行书律》中有授邮人以田宅和免其一顷土地田租的优惠，只是一为"邮人"，一为"邮卒"，身份应有所不同。但是，当时正值三国鼎立，军事对抗非常激烈，在许多方面（如户籍管理、租税赋役征收等）都带有浓厚的战时特征。为了与曹魏抗衡，孙吴与刘蜀结成了同盟，但双方关系仍然貌合神离；就内部而言，吴国时常受到武陵蛮叛乱的困扰。而长沙为吴国边郡，既是蜀汉觊觎之目标，又当讨伐武陵蛮之要道，实为吴国政治军事之要区。据《三国志》卷六十《吴书·吕岱传》载，建安二十年（215），孙权克定长沙等三郡后，奉命镇守长沙的吕岱与鲁肃一起平定了醴陵、攸县等地的叛乱。至孙权黄龙三年（231），再命吕岱"还屯长沙沤口。会武陵蛮夷蠢动，岱与太常潘浚共讨定之"。同书卷五十二《步骘传》载，汉献帝延康元年（220），孙权命步骘"将交州义士万人出长沙。会刘备东下，武陵蛮蠢动，权遂命骘上益阳。备既败绩，而零、桂诸郡犹相惊扰，处处阻兵，骘周旋征讨，皆平之"。在此形势下，长沙地区的邮驿交通就显得尤为重要，将其纳入军事系统也在情理之中。因此，居延汉简和走马楼吴简中的"邮卒"，或可视为特定地区、特殊环境下的产物，但就传递邮书的职能而言，与内地的"邮人"并无不同。

三

各邮除设有邮人而外，还有负责邮驿事务的各级吏员，张家山汉简《行书律》称之为"邮吏"。见于记载的邮吏有"督邮掾"（H16.4A）、"督邮书掾""督邮史""外邮掾"（YM6D5反，P101）、"邮书掾""邮书史"和"邮书令史"（Ⅹ一二0、Ⅹ一二一）、"邮佐"（YM6D2，P79—82）等。《后汉书》卷二十五《卓茂传》注引《续汉志》："郡监县有五部，部有督邮掾，以察诸县也。"同书卷八十二上《方术列传·

---

① 王子今：《走马楼简所见"邮卒"与"驿兵"》，《吴简研究》（第1辑），崇文书局2004年版，第317—326页。

高获传》"急罢三部督邮"条注引《续汉书》曰："监属县有三部，每部督邮书掾一人。"又据《汉书》卷八十三《朱博传》载，朱博"为督邮书掾，所部职办，郡中称之"。可见，"督邮掾"即"督邮书掾"，又简称"督邮"或"都吏"，为郡府属吏。①"汉代郡制，凡出督外部之掾均不称曹。……督邮。督邮掾、督邮书掾之称时见碑传，亦绝无缀曹为称者。"但《后汉书》志第二十三《百官五》"州郡"条本注云："其监属县，有五部督邮曹掾一人。"参以《高获传》注引《续汉书》所记，可知《百官志》中"督邮曹掾"之"曹"实为"书"之误。②此外，汉代郡府属吏多见"有同曹掾、史并列，史恒次于掾；诸曹掾、史尽列，则先列诸曹掾，然后因已列曹掾之次序历举诸史；且或掾仅一人，史分左、右、中者"。故可将汉代郡府掾、史概括为："吏分诸曹治事，掾为曹长，史之地位在掾之下，副掾理事者。"③上述"督邮掾"与"督邮史"，即属此种掾、史关系。至于"外邮掾"，或即"督邮掾"的别称，因其出督外部，故名"外邮掾"。

"邮书掾"一职见于《曹全碑》④碑阴第二层。同碑碑阴第一层又两见"督邮"，可见"邮书掾"应不同于"督邮"，而是另一职官。同样的例证也见于文献记载。如《后汉书》志第二十九《舆服上》"驿马三十里一置"条注云：

　　臣昭案：东晋犹有邮驿共置，承受傍郡县文书，有邮有驿，行传以相付，县置屋二区，有承驿吏，皆条所受书，每月言上州郡。《风俗通》曰："今吏邮书掾、府督邮，职掌此。"

---

① 督邮为郡属吏，分部循行，督察县政，号称"郡之极位"。其职掌涉及所部各县政令、教化、赋税、民俗、治安乃至边塞戍务等诸多领域，督送邮书只是其中的一个方面。参阅拙作《论汉代的督邮》，载《中山大学学报》（社会科学版）1999年第3期。

② 参阅严耕望《中国地方行政制度史（甲部）·秦汉地方行政制度》，北京联合出版公司2020年版，第143—144页；陈梦家《汉简所见太守、都尉二府属吏》，《汉简缀述》，中华书局1980年版，第119—121页。

③ 严耕望：《中国地方行政制度史（甲部）·秦汉地方行政制度》，北京联合出版公司2020年版，第112—113页。

④ 高文：《汉碑集释》，河南大学出版社1997年版，第475页。

"府督邮"即郡府之督邮,《风俗通》将邮书掾与府督邮并列,说明二者并非同职异名,而是各为一职。此正可与《曹全碑》所记相印证。从文中"县置屋二区,……每月言上州郡"的记载来看,"邮书掾"可能为县属吏,他与分部循行、出督外部的郡督邮职任相似,但各有所属,职责权限和管辖区域也有大小之别。大致说来,邮书掾上隶于县,而督邮(掾)则不受县廷约束;前者专责一县邮书往来,后者则在督察所部县政的同时,也兼司邮驿事务。而敦煌悬泉置简所见的"邮书史"一职,也与"督邮史"相类,为掾之副贰。只不过一属于郡,一隶于县而已。简言之,"邮书史"乃"邮书掾"之副贰,亦为县属吏。

"令史"之职在文献和简牍材料中都有记载,尤其常见于居延、敦煌等地汉简,为县、候官一级或郡守、都尉府专司草拟和收发公文等事务的秘书人员。[①] "邮书令史"则仅见于敦煌悬泉汉简,其具体职责不详,但就其职名而言,当与邮书掾、史一样,为县廷属吏。以"令史"职责度之,或为专门负责某县或某一邮站文书起草、往来登记等事务的小吏,而且很可能常驻所属县廷或邮站,而不像郡督邮掾、史和县邮书掾、史那样,需往来各地巡视督察。

"邮佐"见于尹湾汉简。它与官佐、乡佐和佐皆属佐史秩阶,地位相等,"其职务当以所在命名,在县称官佐,在乡称乡佐,在邮称邮佐,在盐铁官则仅称佐"[②]。东海郡共辖三十八个县邑侯国、一百七十个乡,共设邮三十四处,但只有六个县邑侯国设有邮佐,其中下邳、郯、费和临沂各有两名邮佐,利成、兰旗各有一名邮佐,其他县邑侯国则未设邮佐。但是,并不是设邮之处非置邮佐不可,而不设邮佐的县乡也未必没有邮,这从东海郡三十四邮仅有十名邮佐亦可得到印证。邮佐的职责在于协助长官处理本邮事务,因此,是否设立邮佐以及邮佐的人数多少应与邮的规模大小和邮务轻重多少有关。如果某县设两名邮佐就意味着该县应

---

① 参阅[日]森鹿三著,姜镇庆译《关于令史弘的文书》,中国社会科学院历史研究所战国秦汉史研究室编:《简牍研究译丛》(第1辑),中国社会科学出版社1983年版。
② 廖伯源:《简牍与制度——尹湾汉墓简牍官文书考证》卷2《汉代郡县属吏制度补考》,台北:文津出版社有限公司1998年版,第67—73页。

有两个较大的邮，而未设邮佐则说明该县乡没有邮的设置，或者虽置邮但规模不大。在尹湾汉简所见设有两名邮佐的县中，下邳与剡均设千石县令，足见其为大县；费县长秩四百石，而临沂长秩仅三百石，与千石县令秩级相差很大，但均置两名邮佐。利成长和兰旗相均为四百石，秩级高于临沂长，但其所在县和候国却均只有一名邮佐。至于海西县，虽位列各县邑侯国之首，其县令秩千石，远高于秩三、四百石的县长、国相；而且与下邳一样，海西县也设有一丞二尉，秩皆四百石，但并无邮佐之设。可见邮的数量多少和规模大小与县邑侯国的地位高低和境域广狭并无直接关系。从《集簿》中先列县邑侯国都官数，次举乡里数，最后为亭、邮数目及其员额的情况来看，亭、邮应属同一系统而与乡里不同。《集簿》在历数东海郡太守、都尉、令、长、相及丞、尉等长吏和卒史、属等属吏员额后，又记"佐使亭长千一百八十二人"。其中"邮佐"即属"佐使"之列。将官佐、乡佐、邮佐等诸"佐使"与亭长并列，可见他们秩级相当。《东海郡吏员簿》所记诸"佐使"与亭长的位次，也基本上都是按牢监、尉史、官佐、乡佐、邮佐和亭长这样的顺序排列的。除了临沂县邮佐位居乡佐之前外，其他邮佐都位列乡佐之后、亭长之前。这种基本固定的前后次序，显然不是随意排列的，而是他们实际地位的反映。这表明，虽然诸"佐使亭长"秩级相当，但其身份地位仍然是有差别的。

邮在秦汉时期虽不是唯一的，但却是最主要的邮驿机构。张家山汉简《行书律》中诸如"书不当以邮行者，为送告县道，以次传行之"和"书不急，擅以邮行，罚金二两"之类的限制性规定，以及人们把所有经邮驿系统传递的文书、物品都称为邮书、邮件的事实，均可为其佐证。秦汉简牍中就有很多"以邮行"的公文记录，文献所记汉代官民上书，也多"因邮上封事""因邮奏"或"因邮亭书言"。[①] 尤其是皇帝的诏书、中央和地方郡县间的紧急文书、长距离传递的文书和其他重要公文，大多是经邮传递的。因此，作为专门的邮驿机构，秦汉的邮在传递信息，

---

① 《汉书》卷75《京房传》，第3164页；《后汉书》卷1下《光武帝纪下》，第85页；《汉书》卷12《平帝纪》，第358页。

保证政令军情的畅通，维护中央集权制统治和促进经济发展等方面都发挥了积极而重要的作用。而各地邮亭的有序分布，邮人（卒）、邮吏的合理配置，则是整个邮驿系统得以顺利运转的重要保证。

——《简牍学研究》第 4 辑，甘肃人民出版社 2004 年版

张家山汉简所见的亭及其吏员

——秦汉亭制研究之一

秦汉的亭制，涉及地方基层组织、社会治安、军事和邮驿交通等各个方面，向来是学界关注的焦点之一。但因文献记载不详，又多有歧义，故学界对此问题的认识也有很大分歧。① 张家山汉墓大量法律文书的出土，为秦汉亭制研究的进一步深入，提供了弥足珍贵的新材料。本文在各家研究的基础上，利用张家山汉简的新材料，探讨秦汉的亭及其吏员设置。

一 亭的职能补述

亭具有逐捕盗贼和供客止宿的功能，已为人们所熟知。但是，亭还具有门关和邮驿组织的职能，却并未引起人们的重视。虽然也有学者如高敏②、

---

① 参阅劳榦《释汉代之亭鄣与烽燧》《汉代的亭制》，《劳榦学术论文集甲编》，台北：艺文印书馆 1976 年版，第 699—720、735—746 页；严耕望《中国地方行政制度史甲部：秦汉地方行政制度》，北京联合出版公司 2020 年版，第 58—66 页；王毓铨《汉代"亭"与"乡"、"里"不同性质不同行政系统说》，《历史研究》1954 年第 2 期；高敏《秦汉时期的亭》，《云梦秦简初探》，河南人民出版社 1981 年版，第 269—285 页；傅举有《有关秦汉乡亭制度的几个问题》，《中国史研究》1985 年第 3 期；李均明《关于汉代亭制的几个问题》，《中国史研究》1988 年第 3 期；周振鹤《从汉代"部"的概念释县乡亭里制度》，《历史研究》1995 年第 5 期；张金光《秦的乡官及乡亭里研究》，《历史研究》1997 年第 6 期；岳庆平、苏卫国《从尹湾汉简看秦汉乡亭制度诸问题》，《文史》2001 年第 1 辑。

② 高敏：《秦汉时期的亭》，《云梦秦简初探》，河南人民出版社 1981 年版，第 269—285 页；高敏：《试论尹湾汉墓出土〈东海郡属县乡吏员定簿〉的史料价值——读尹湾汉简札记之一》，《郑州大学学报》（哲学社会科学版）1997 年第 2 期。

谢桂华①等先生已经指出：秦汉的亭除维持社会治安外，也兼有"邮传"的性质。他们主要是从亭处于交通要道又有供客止宿的亭舍立论的，并未论及亭还直接从事文书传递。以下据张家山汉简的新材料，对此试作说明。

（一）检查过往者

张家山汉简《二年律令·津关令》云：

> 丞相上备塞都尉书，请为夹豁河置关，诸漕上下河中者，皆发传，及令河北县为亭，与夹豁关相直。·阑出入、越之，及吏（五二三）卒主者，皆比越塞阑关令。·丞相、御史以闻，制曰：可。（五二四）②

"备塞都尉"又见于《二年律令·秩律》，其秩与御史大夫和郡守、都尉等同为二千石，但位列郡守、尉之前，可见其地位之尊。备塞都尉请求在黄河以南的夹豁河设关，同时在与夹豁关隔河相对的河北县置亭，以加强对往来船只的控制和管理。故对无证出入关亭者及有关责任者，均按"越塞阑关令"论处。这表明，在河北县所设之亭，不仅在地理位置上"与夹豁关相直"，而且其职任也与夹豁关相当，都负有对过往者进行检查验问之责。

亭吏卒对过往者进行盘查讯问，也见于文献记载。《墨子·号令篇》云："诸城门若亭谨候视往来行者符，符传疑若无符，皆诣县廷言，请问其所使，其有符传者善舍官府。"③《墨子》"城守"各篇作于秦惠文王十三年（前325）以后至秦昭王时期，④ 则"亭谨候视往来行者符"的规

---

① 谢桂华：《尹湾汉墓新出〈集簿〉考述》，《中国史研究》1997年第2期。
② 张家山二四七号汉墓竹简整理小组：《张家山汉墓竹简［二四七号墓］》（释文修订本），文物出版社2006年版，第88页。
③ 岑仲勉：《墨子城守各篇简注》，中华书局1958年版，第116页。
④ 李学勤：《秦简与〈墨子〉城守各篇》，中华书局编辑部：《云梦秦简研究》，中华书局1981年版，第324—335页。

定至迟在战国后期已经出现。《津关令》中的备塞都尉建议增设之亭的职责也是沿袭以往旧制，与其他各亭并无不同。居延汉简所见的许多传文书中，也有诸如"移过所县邑门亭河津关，毋苛留，敢言之"（495.12）、"门亭坞辟市里，毋苛留止，如律令"（E. P. T50∶171）、"门亭毋河（苛）留，如律令"（E. P. F22∶698B）之类的习语，① 表明过往门亭与出入河津关、坞辟市里一样，都要查验通行证。汉代对过往河津关亭者的盘查非常严格，就连达官显贵也不例外。《汉书·李广传》载，李广与一随从夜归，"还至亭，霸陵尉醉，呵止广，广骑曰：'故李将军。'尉曰：'今将军尚不得夜行，何故也！'宿广亭下"②。《后汉书·酷吏周纡传》又载，汉章帝皇后之弟窦笃从宫中归，"夜至止奸亭，亭长霍延遮止笃，笃苍头与争，延遂拔剑拟笃，而肆詈恣口"③。霸陵尉以"今将军尚不得夜行"为由，拒李广于亭下；止奸亭长敢于执剑阻止窦笃，且被视为"奉法"行为，说明亭盘查讯问过往行人为其职责所在。所以，当奉常亭长斩杀企图仗势夜闯其亭的大司空士后，王莽却下令："亭长奉公，勿逐"④，也就不足为奇了。

（二）传递文书

汉简中常见亭长、亭卒收发或递送公文的记录，而且很多公文都采用"以亭行"的传递方式。各举一例如下：

南书一辈一封 张掖肩候诣肩水都尉府·六月廿四日辛酉日蚤食
时沙头亭长 受騑北卒音日食时二分沙头卒宣付騑马卒同　　　505.2
甲渠候官以亭行 居延仓长 七月辛未第七卒欣以来

E. P. T51∶140

---

① 谢桂华、李均明、朱国炤编：《居延汉简释文合校》，文物出版社1987年版，第594页；甘肃省文物考古研究所等：《居延新简》，文物出版社1990年版，第163、522页。
② 《汉书》卷54《李广传》，第2443页。
③ 《后汉书》卷77《周纡传》，第2495页。
④ 《汉书》卷99《王莽传》，第4135页。

但是，不论是简牍还是文献资料中，都不见有以亭传递文书的规定。张家山汉简《二年律令》的有关资料，正好弥补了这些缺失。其《行书律》云：

> 令邮人行制书、急（二六五）书，复，勿令为它事。畏害及近边不可置邮者，令门亭卒、捕盗行之。北地、上、陇西，卅里一邮；地险陕不可邮者，（二六六）得进退就便处。
>
> 书不急，擅以邮行，罚金二两。（二七二）
>
> 书不当以邮行者，为送告县道，以次传行之。①

律文显示，当时各地都设置邮，但邮间距离不尽相同。邮专门负责诸如制书、急书等重要或紧急公文的传递，其他不应由邮递送的文书，则交有关县道"以次传行之"。如擅自以邮传递非紧急公文，将受到罚金二两的惩处。在那些比较危险或靠近边境无法设邮的地方，则由捕盗（即求盗）等亭吏卒代替。《津关令》又云：

> 御史言，越塞阑关，论未有□，请阑出入塞之津关，黥为城旦舂；越塞，斩左止（趾）为城旦；吏卒主者弗得，赎耐；令、（四八八）丞、令史罚金四两。智（知）其请（情）而出入之，及假予人符传，令以阑出入者，与同罪。非其所□为□而擅为传出入津关，以□（四八九）传令阑令论，及所为传者。县邑传塞，及备塞都尉、关吏、官属、军吏卒乘塞者□其□□□□日□□牧□□（四九〇）塞邮、门亭行书者得以符出入。制曰：可。（四九一）②

该律令大意是对没有符传或冒用他人符传阑越塞、关津者和相关责

---

① 张家山二四七号汉墓竹简整理小组：《张家山汉墓竹简〔二四七号墓〕（释文修订本）》，第45—46页。

② 张家山二四七号汉墓竹简整理小组：《张家山汉墓竹简〔二四七号墓〕（释文修订本）》，第83页。

任人，要按有关法令论处。对于"塞邮"和"门亭行书者"，只要有符就可以出入这些地方。这里所谓的"门亭行书者"，应即《行书律》二六六简中的门亭卒、捕盗之类。此规定以制书形式下达，显然不是一时一地之举，而是在"畏害""险狭"及"近边"各地普遍执行的法令。因此，居延、敦煌汉简中"以亭行"的文书，当是沿袭汉初旧制的反映。

（三）供给饮食

供客止宿是亭的基本职能之一。但是，亭还可供饮食，却往往被人们忽略了。《续汉书·百官志五》"亭里"条引《风俗通》曰："亭，留也。盖行旅宿会之所馆。"但"宿会"二字在《太平御览》卷一九四、《北堂书钞》卷七九所引《风俗通》及《汉书·高帝纪上》注引颜师古说中，均作"宿食"。"會""食"二字形近易混，"宿會"当为"宿食"之讹。张家山汉简《传食律》中，就有邮驿组织为不同身份、事由的过往者提供饮食的标准，不仅可与睡虎地秦简《传食律》的内容互为补充，而且有助于对秦汉亭制的认识。其中有云：

> 使非有事及当释驾新成也，毋得以传食焉，（二二九）而以平贾（价）责钱。非当发传所也，毋敢发传食焉。为传过员，及私使人而敢为食传者，皆坐食臧（赃）为盗。（二三○）
> 丞相、御史及诸二千石官使人，若遣吏、新为官及属尉、佐以上征若迁徙者，及军吏、县道有尤急（二三二）言变事，皆得为传食。[①]

这两条律文都是对饮食供应的具体规定，前者要求各邮驿机构为过往者供给饮食应依律执行，不得营私舞弊；后者则规定了享受"传食"

[①] 张家山二四七号汉墓竹简整理小组：《张家山汉墓竹简〔二四七号墓〕（释文修订本)》，第39—40页。

者的条件,即除了丞相、御史及两千石官派出的使者、官吏外,新官上任和各种调动、应征的小吏,以及军吏和县道地方政府报告紧急事件者,也可享受"传食"。这与《置吏律》中"郡守二千石官、县道官言边变事急者,及吏迁徙、新为官、属尉、佐以上毋乘马者,皆得为(二一三)驾传"①的规定,可互相参证。结合《传食律》和文献记载来看,秦汉的亭也是依律供给饮食的。如"高祖以亭长为县送徒骊山……到丰西泽中亭,止饮"②;《后汉书·陈忠传》载,吴郡督邮冯敷邀施延"入亭,请与饮食";同书《应奉传》注引谢承《后汉书》记,应奉等到京师上计,途经颍川郡纶氏都亭,亭长胡奴名禄者供以饮浆等,均为其例。③

二 亭吏名实考辨

关于亭的吏员,一般都根据《史记·高祖本纪》之《集解》和《汉书·高帝纪上》注所引应劭说,认为有亭长一人,亭卒二人。"其一为亭父,掌开闭埽除,一为求盗,掌逐捕盗贼。"④但是,应劭的说法在各书中却有很大差异。如司马贞《索隐》引应劭云:

> 旧亭卒名"弩父",陈、楚谓之"亭父",或云"亭部",淮、泗谓之"求盗"也。⑤

《北堂书钞》卷七九引应劭《风俗通》云:

> (亭)吏旧名负弩,今改为长者,一亭之长率之也。

---

① 张家山二四七号汉墓竹简整理小组:《张家山汉墓竹简〔二四七号墓〕(释文修订本)》,第37页。
② 《汉书》卷1上《高帝纪》,第7页。
③ 《后汉书》卷46《陈忠传》、卷48《应奉传》,第1558、1607页。
④ 《史记》卷8《高祖本纪》,第346页;《汉书》卷1上《高帝纪》,第6页。
⑤ 《史记》卷8《高祖本纪》,第347页。

> 亭长者,一亭之长率也。为率吏,陈、楚、宋、魏谓之亭父,齐海谓之师也。①

《后汉书·百官志五》"亭里条"注引应劭《风俗通》:

> 亭吏旧名负弩,改为长,或谓亭父。②

上述各家的分歧主要有二:一是"亭父"和"求盗"是否为同一职名?二是"亭父"的身份是"卒"还是"吏"?《索隐》将"亭父"和"求盗"都视为亭卒,《北堂书钞》和《百官志》所引均未言及"求盗",但都把"亭父"当作亭吏,是亭长的别称,为"一亭之长率"。就地域而言,《索隐》关于"淮泗谓之求盗"说,固然与"高祖为亭长……令求盗之薛"的本文相符;但这并不等于陈、楚等地没有求盗。如张家山汉简《二年律令·捕律》云:

> 盗贼发士吏、求盗部者,及令、丞、尉弗觉智(知),士吏、求盗皆以卒戍边二岁,令、丞、尉罚金各四两。(一四四)

律文规定,对发生"盗贼"事件的直接责任者士吏和求盗,给予戍边二岁的惩罚,显示"求盗"是全国普遍采用的职名,而不是某一地区的方言。云梦睡虎地和江陵张家山一带均属"楚地",在这里出土的秦汉法律文书中,曾不止一次地出现过"求盗"之名,③《奏谳书》中就有两个案件直接涉及求盗(三六—四八简、七五—九八简)。睡虎地秦简《封诊式》之《盗马》《群盗》和《贼死》爰书中,都有求盗抓捕罪犯或报告案情的例证。可见"求盗"的称谓在"楚地"是确实存在的,

---

① 虞世南:《北堂书钞》,中国书店1989年版,第292页。
② 《后汉书》卷118《百官志五》,第3624页。
③ 睡虎地秦墓竹简整理小组:《睡虎地秦墓竹简》,文物出版社1978年版,第147、150、151、179、253、255、264页。

《索隐》把"亭父"与"求盗"视为不同地区对亭卒的称谓，是不足凭信的。

"求盗"的身份，从"高祖为亭长……令求盗之薛"的史实和张家山汉简《奏谳书》的案例，均可断定其为亭长下属。前引《行书律》二六六简中与"门亭卒"并列的"捕盗"，亦属亭卒无疑，应即《捕律》和《奏谳书》中的"求盗"。

就基层吏员而言，其称谓因地域不同而有差异是完全可能的。但是，出土张家山汉简和睡虎地秦简的古"楚地"，却不见有"亭父"之名，足证司马贞《史记索隐》中陈、楚之地称"亭父"之说不可信。据《后汉书·陈忠传》注引谢承《后汉书》，沛国蕲县人施延"到吴郡海盐，取卒月直，赁作半路亭父以养其母。是时吴会未分，山阴冯敷为督邮，到县，延持帚往"①。是吴郡一带确有以"掌开闭扫除"为职的"亭父"。但其究属亭吏还是亭卒，尚不能断定。若依前引应劭说，则此"掌开闭扫除"者为亭卒。任安在武功，先"为求盗、亭父，后为亭长"的事例，似乎亦可证成其说。②但仅此一例，尚不能断定"亭父"身份为卒。而且，史书中亭长亲自洒扫迎客者也不乏其人。③《秦律杂抄》有"求盗勿令送逆为它，令送逆为它事者，赀二甲"的规定，当与其"掌逐捕盗贼"的职任有关。身为亭父的施延亲自"持帚"洒扫迎接，与"勿令送逆为它事"的"求盗"显然不同，足见二者职任有别，不能互称。而前述各书所引应劭说，也都认为亭父是亭长的别称。虽与《方言》"楚、东海之间亭父谓之亭公，卒谓之弩父"之说不尽吻合，但已将"亭父"与"卒"明确区分开来。可见"亭父"身份应属"亭吏"而非"亭卒"，或即"亭长"的别称。

睡虎地秦简和张家山汉简中又有校长。如《封诊式·群盗》爰书云："某亭校长甲、求盗才（在）某里曰乙、丙缚诣男子丁。"张家山汉简《奏谳书》之七五—九八简的案例中，也有求盗甲和布二人。可知某

---

① 《后汉书》卷46《陈忠传》，第1558页。
② 《史记》卷104《田叔传》，第2779页。
③ 《后汉书》卷81《李充传》、卷83《逢萌传》，第2685、2759页。

亭有一名"校长"，两名"求盗"。《二年律令·秩律》也有两处提到校长：

> 汾阴、汧……东园主章、上林骑，秩各六百石，有丞、尉者半之，田、乡部二百石，司空及卫官、校长百六十石。（四五一……四六三、四六四简）
> 轻车司马、候，厩有乘车者，秩各百六十石；毋乘车者及仓、库、少内、校长、髳长、发弩，卫将军、卫尉士吏，都市亭厨有（四七一）秩者及毋乘车之乡部，秩各百廿石。①

简中吏员主要有两类：一类是由县派出的诸啬夫和驻在县城的都市、亭、厨啬夫，另一类是卫官、发弩及卫将军、卫尉之士吏等武吏，故与之并列的校长当亦为县府派出的武职小吏。这从简牍和文献材料中也可得到印证。如《封诊式·群盗》爰书和《奏谳书》所见亭校长，均率求盗、发弩"徼循"和抓捕罪犯，案件最终由县论处。在《奏谳书》中，或以校长之名代指亭名。如江陵县之池亭，因其校长名池，故称其所在之亭为池亭（参见三六—四八简）；或径将亭的长官称为校长，并以校长某代指亭的辖区。如新郪县公粱亭之长即校长丙，故该亭之辖区（即公粱亭部）又被称为"校长丙部"（参见七五—九八简）。这里的校长，实际上是履行亭长的职责和权利。至于秦汉文献所见的校长，一为军中执法的小吏，一为"主兵戎盗贼事"的诸陵园令、丞属吏。② 从其隶属于县和稽拿罪犯并偏重武事的特点分析，校长很可能就是由亭尉演变而来的。《封诊式·群盗》爰书中校长"徼循到某山"和《二年律令·秩律》将校长与"都市亭厨有秩者"并列，则似乎说明校长仅限于城外之乡亭。

亭尉始见于《墨子·备城门》："百步一亭……亭一尉。"同书《杂

---

① 张家山二四七号汉墓竹简整理小组：《张家山汉墓竹简〔二四七号墓〕》（释文修订本）》，第73—74、80页。
② 《后汉书》卷58《傅燮传》、卷115《百官志二》，第1878、3574页。

守》云："亭尉、次司空，亭一人。"贾谊《新书·退守》也有梁、楚二国边亭置尉的例证。秦汉时不见亭尉，却又出现了亭校长。其职责从偏重候望御敌变为以徼循、止盗为主，虽不像亭尉那样带有浓厚的军事色彩，但仍属武吏。彭越初起时在军中设校长一职，或可视为亭尉旧制的孑遗。此外，战国至秦代，还常把某部长官称为啬夫，如县道啬夫即县道令、长，亭也不例外。汉以后，亭不再兼管市务，也不再有亭啬夫之名。① 睡虎地秦简《效律》的"亭啬夫"，实即亭长。由此看来，亭尉、啬夫、校长和亭长的称谓之间似有一定的延续性。战国时称亭尉，秦统一后战事渐息，其职掌遂以维持社会治安为主，职名也由亭尉改称校长（都亭则称亭长）；入汉以后，都亭、乡亭之长均称亭长，校长则仅为陵园令、丞的属吏而已，至于张家山汉简所见的"校长"，不过是沿袭秦制罢了。此间，亭的长官由亭尉、啬夫、校长演变为亭长，与其职掌的变化不无关系。

三　亭长地位的下降

汉代亭长的地位呈日益下降的趋势，在前揭高敏先生的论文中已经指出。张家山汉律的有关内容，为进一步认识汉代亭长地位的下降，提供了更为具体的新材料。据前引《二年律令·秩律》四七一、四七二简记载，校长与都亭有秩啬夫均为秩百二十石，而四六四简中的校长之秩更达百六十石，明显高于百石之秩。亭啬夫（即亭长）与校长并列，故其秩级也应是百六十石。

值得注意的是，《汉书·百官公卿表》和《二年律令·秩律》中的县道令长秩级几无变化，但其掾属的秩级却由百六十石降至百石了。如果说县道令长掾属秩级的普遍降低，尚不足以说明亭长地位下降程度的话；那么，我们将《秩律》所反映的汉初郡县吏员秩级，与尹湾木牍反

---

① 裘锡圭：《啬夫初探》，中华书局编辑部编：《云梦秦简研究》，中华书局1981年版，第226—301页。

映的西汉末年的情况进行比较，就不难看出亭长地位的前后变化。据尹湾汉墓所出《集簿》载，东海郡有"令七人，长十五人，相十八人，丞卌四人，尉卌三人，有秩卅人，斗食五百一人，佐使亭长千一百八十二人，凡千八百卌人"①。在有秩、斗食、佐史（使）构成的郡县掾属序列中，有秩最高，斗食次之，佐史（使）为最低一级。《集簿》沿袭了这一序列，但亭长非但不在百石"有秩"行列，甚至被归入"斗食"以下的"佐使"。在同墓出土的《东海郡吏员簿》所列各县掾属序列中，亭长也都无一例外地被置于所有掾属的末尾。这种变化，反映出亭长地位的下降是非常明显的。

汉代亭长地位的下降不是偶然的，而是汉代社会和地方官制发展变化的必然结果。一方面，最初的亭是适应军事斗争需要的产物，故其长官称尉。随着秦汉封建统一国家的建立和巩固，地区之间频繁激烈的军事冲突不复存在，亭的军事职能日渐淡化，亭对于维护本地安全的作用，已远不像以往候望御敌、传烽报警那样直接和明显，其长官也不再称尉，而径称为长。这种社会环境的变革和自身职能的转化，必然带来其地位的变化。另一方面，秦汉中央集权制统治的不断加强，官僚机构更加庞大，分工日渐细密，吏员不断增加，以致郡县衙署实有吏员人数往往大大超过定员。如尹湾所出《东海郡属吏设置簿》载，西汉末东海郡所属吏员共93人，其中25人为定编员额，其余都是以各种名义增加的。《史记·萧相国世家》"索隐"引如淳说："律，郡卒史、书佐各十人也。"②但东海郡属吏除卒史和书佐外，还在卒史之下、书佐之上增设了"属"，在"书佐"这个等级中分出专司计算的"运算佐"，又增设了"小（少）府啬夫"一职，员数亦多出5人。③ 此就西汉末年与秦末汉初比较而言，如将西汉末年东海郡全部93名吏员及其所辖吏员最多的海西、下邳二县（各107人），与《续汉书·百官五》注引《汉官》所载东汉河

---

① 连云港市博物馆、中国社会科学院简帛研究中心等：《尹湾汉墓简牍》，中华书局1997年版，第77页。
② 《史记》卷53《萧相国世家》，第2014页。
③ 谢桂华：《尹湾汉墓简牍和西汉地方行政制度》，《文物》1997年第1期。

南尹 927 名和洛阳县 796 名的吏员数相比较，就会发现东汉吏员人数又较西汉末有了更大幅度的增加。这固然与河南尹、洛阳县为东汉京畿所在不无关系，但东汉郡县属吏员额的增加也是不容置疑的事实。"以西汉晚期郡县属吏之实际人数远较吏员数为多例之，东汉郡县属吏之实际人数必比西汉晚期郡县属吏之实际人数多。"① 郡县所属机构和吏员人数的大幅度增加，直接导致其职权范围和管辖区域的缩小，故亭长地位的下降也就不可避免了。

——原载《西北师大学报》2008 年第 5 期

---

① 廖伯源：《简牍与制度——尹湾汉墓简牍官文书考证》，台北：文津出版社有限公司 1998 年版，第 70 页。

论秦汉的都亭与乡亭
——秦汉亭制研究之二

秦汉的亭与乡、里不同性质、不同行政系统，是一种维持社会治安兼顾邮传的机构，已几为学界共识。① 在文献和简牍记载中，又有都亭、乡亭、门亭、街亭、市亭、农亭和邮亭之别。就都亭与乡亭之制而言，人们的认识还存在明显分歧。譬如，是不是所有的都亭都设在城内？一县之内只有一个还是可有多个都亭？都亭与乡亭的职责及其地位等等。一种意见认为，都亭是指设在京师及郡国县道治所的亭，既可在城内，也可能在城外，但一个城市只有一个都亭。持此说者以劳榦、严耕望先生为代表。② 另一种意见认为，都亭毫无例外地都在城内，但它不是指某一具体的亭，而是都会或城市所在地之亭的总称。③ 还有的学者强调都亭作为城市交通枢纽的重要作用，故一个城市只有一个都亭。④ 本文结合文献记载和简牍材料，尝试对秦汉都亭与乡亭制度，作一些新的探讨。

---

① 参阅王毓铨《汉代"亭"与"乡"、"里"不同性质不同行政系统说》，《历史研究》1954年第2期；高敏《试论尹湾汉墓出土〈东海郡属县乡吏员定簿〉的史料价值——读尹湾汉简札记之三》，《郑州大学学报》1997年第2期；谢桂华《尹湾汉墓新出〈集簿〉考述》，《中国史研究》1997年第2期。

② 参阅劳榦《居延汉简考证》，《"中央研究院"历史语言研究所专刊》之四十，第18页；《汉代的亭制》，《"中央研究院"历史语言研究所集刊》第22本。又见《劳榦学术论文集甲编》，台北：艺文印书馆1976年版，第302、743页；严耕望《中国地方行政制度史甲部：秦汉地方行政制度》，北京联合出版公司2020年版，第59页。

③ 高敏《秦汉"都亭"考略》，原载《郑州大学学报》1985年第3期，收入高敏《秦汉史探讨》，中州古籍出版社1998年版，第224—240页。

④ 张继海：《汉魏时期的都亭与城市交通》，北京大学历史学系编：《北大史学》第11期，北京大学出版社2005年版。

一　都亭之设不限于城内

文献中对都亭的记载很多，如《史记》卷一一七《司马相如列传》和《汉书》卷五十七上《司马相如传上》中，都有相如往投好友临邛县令王吉而"舍都亭"的记载。秦汉的都亭究竟建于何处，众说不一，唐代已有三种不同的解释。如司马贞《史记索隐》就认为，相如入住的都亭即"临邛郭下之亭"[1]。而颜师古则认为是"临邛所治都之亭"[2]。李贤则云："凡言都亭者，并城内亭也。"[3] 若依司马贞说，都亭位于城外；据颜师古说，都亭在郡国县道治所；而李贤则认为所有的都亭均设在城内。

据《左传》鲁庄公二十八年载："凡邑有宗庙先君之主曰都，无曰邑。邑曰筑，都曰城。"此就西周宗法制下尊卑等级而言，有"宗庙先君之主"者为大宗，反之则为小宗。随着郡县制取代分封制，原来各级大宗所在的"都"，逐渐演变为中央和地方郡、国、县（邑、道）、乡等各级官府的治所。中央政府所在的京师称为都城，由中央派驻各地的机构称为都官。久而久之，与郡县乡同驻一地的机构前也加上"都"字，都乡、都亭即属此类。胡三省就有"凡郡国县道治所，皆有都亭"之说。[4] 文献中也有很多都亭设于城内的例证，前引《史记》《汉书》所记司马相如入住的"都亭"就是一例。虽然临邛令只是"缪为恭敬"，但他毕竟"日往朝相如"，[5] 可知此都亭在临邛县城内，甚至就在县廷附近。

《水经注》卷十六《穀水》载，穀水"迳瑶华宫南，历景阳山北，山有都亭"。关于景阳山及其都亭，史籍中多有记载。如郦道元所引孙盛

---

[1] 《史记》卷117《司马相如列传》，第3001页。
[2] 《汉书》卷57上《司马相如传上》，第2530页。
[3] 《后汉书》卷10下《灵思何皇后纪》"都亭侯"注，第452页。
[4] 《资治通鉴》卷63，汉纪55，汉献帝建安四年（199）冬十一月条注，第2017页。
[5] 《史记》卷117《司马相如列传》，第3000页。

《魏春秋》载："景初元年，明帝愈崇宫殿，雕饰观阁，取白石英及紫石英及五色大石于太行縠城之山，起景阳山于芳林园，树松竹草木，捕禽兽以充其中。"①《三国志》卷二《文帝纪》黄初四年（223）九月甲辰条裴松之注云："芳林园即今华林园，齐王芳即位，改为华林。"② 杨勇《洛阳伽蓝记校笺》引《洛阳图经》："华林园在城内东北隅，魏明帝起名芳林园，齐王芳改为华林。"又引《河南志》云："华林园，即汉芳林园……避齐王芳名，改曰华林。"③ 由此可见，景阳山是魏明帝景初元年（237）在洛阳城内东北隅之芳林园（后改名华林园）中人工修造的山，故此山之都亭无疑也在洛阳城内，当即《元河南志》引华延俊《洛阳记》所载洛阳城内的芳林亭。有学者认为，《元河南志》所引华延俊《洛阳记》关于"城内都亭：华林、奉常、广世、昌益……孝敬、清明二十四亭"中的"都亭"与"华林""奉常"等亭之间是并列关系而非包含关系，故在"都亭"之后应为顿号而非冒号。④ 这样断读，虽然合于"二十四亭"之数，但将"华林"视为普通的亭而非都亭，则与《水经注》中"（景阳）山有都亭"的记载明显不符，故其"一个城市只有一个都亭"的结论似不能令人信服。

但是，并不是所有的都亭都设在都城或郡国县道邑所在的城内。《后汉书》卷七《孝桓帝纪》载，延熹二年（159）八月诛灭梁冀后，汉桓帝曾下诏封单超等五人为县侯，尹勋等七人为亭侯。其注云："七亭侯谓尹勋宜阳都乡、霍谞邺都亭、张敬山阳西乡、欧阳参修武仁亭、李玮宜阳金门、虞放冤句吕都亭、周永下邳高迁乡。"⑤ 其中的"宜阳都乡"即宜阳县之都乡，"邺都亭"即邺县之都亭，"山阳西乡"即山阳县之西乡，"冤句吕都亭"即冤句县之吕乡都亭，都是指封地而言的。因此，这里的亭或都亭显然都在县城以外，而不可能在城内。

---

① 陈桥驿：《水经注校释》，杭州大学出版社1999年版，第290页。
② 《三国志》卷2《魏书·文帝纪》，第84页。
③ 杨勇：《洛阳伽蓝记校笺》，中华书局2006年版，第65页。
④ 参阅张继海《汉魏时期的都亭与城市交通》，北京大学历史学系编：《北大史学》第11期，北京大学出版社2005年版，第166—168页。
⑤ 《后汉书》卷7《孝桓帝纪》，第305页。

既然都亭可设在县城以外的乡，则其辖区自然也不限于城内。居延汉简有一枚简，内容是广明乡啬夫宏、假佐玄就其所辖的善居里男子丘张欲在"居延都亭部"买田一事，向其上级居延县出具的"更赋皆给，当得取检"的证明文书，简文如下：

简1.建平五年八月戊□□□□广明乡啬夫宏、假佐玄敢言之：善居里男子丘张自言，与家买客田居延都亭部，欲取检。谨案：张等更赋皆给，当得取检，谒移居延，如律令，敢言之。/□放行

H505.37A/B

建平为汉哀帝年号，前后共历四年（前6—前3），故简中"建平五年"当即元寿元年（前2）。丘张欲在居延都亭部买田，可见都亭部在居延城外。这与前述以"邺都亭"和"冤句吕都亭"为封地的记载可相互印证。而且，即使都亭设在城内，其辖区也可能包括郭外之地。何况汉代的乡、聚、亭周围，都筑有城郭。① 正如劳榦先生所论："田在都亭，不应在城内，当以附郭之说为近。盖凡县城城内及郭皆当以都亭称之，原不必泥于城垣内外也。"②

二 一县之内未必只有一个都亭

《后汉书》卷七《孝桓帝纪》中明确记载"冤句吕都亭"，足见冤句县除吕都亭外，还有其他都亭。换言之，在一县之内未必只有一个都亭。有研究认为，"都亭"之"都"有"总管"之意，故"都亭"是一县之

---

① ［日］宫崎市定著，黄金山译：《关于中国聚落形体的变迁》，刘俊文主编：《日本学者研究中国史论著选译》第三卷，中华书局1993年版，第8、12页。
② 参阅劳榦《汉代的亭制》，《"中央研究院"历史语言研究所集刊》第22本；《居延汉简考证》，《"中央研究院"历史语言研究所专刊》之四十，第18页。二文均收入《劳榦学术论文集甲编》，台北：艺文印书馆1976年版。

中最重要的一个亭。① 尤其在"西汉初中期，各县最重都乡、都亭制度，都乡为各乡之首，都亭为各亭之首"②。结合冤句县有吕乡都亭的实例来看，都亭不只设在京师及郡（国）县（邑、道）治所，在乡所在地也可能有都亭。因此，将都亭视为某一地区（而非一县或一城）最重要的一个亭，应是可取的。

《水经注》卷九《沁水》有"中都亭"：

> 沁水又东南流迳成乡城北，又东迳中都亭南，左合界沟水，水上承光沟，东南流，长明沟水出焉，又南迳中都亭西，而南流注于沁水也。

汉代太原郡辖有中都县，其治所在今山西平遥县西南一带。但《水经注》所叙为河内郡野王县（治所在今河南沁阳市一带）到州县（治所在今河南武陟县西）之间的一段沁水，故文中两次出现的"中都亭"，显然不是太原郡所辖中都县之亭，而是位处野王县至州县之间的一处都亭。之所以称"中都亭"，并不是以其所在的县而得名，而是因其在各都亭中所处方位居中的缘故。如同很多县有东乡、西乡、南乡、北乡一样，亭也有按方位命名的。如胶阳县东之亭就被称为"东亭"，至于像"湟水又东迳东亭北""漯水又迳东、西武亭间""（武濑）津侧有谢堂北亭""伊水迳前亭西"之类以方位命名的亭，③ 在史籍中更是屡见不鲜。王莽则将河南郡之缑氏县改为"中亭"、苑陵县改为"左亭"，将南阳郡之涅阳县改为"前亭"。④ 敦煌汉简中又有"东亭卒尊付西亭卒万时"的过往邮书记录（D2444）。由此推断，既有"中都亭"，则必有以前、后、中、左或东、西、南、北等方位命名的都亭。如果只有一处都

---

① 参阅裘锡圭：《啬夫初探》，中华书局编辑部编：《云梦秦简研究》，中华书局1981年版，第226—301页。
② 陈直：《汉书新证》，天津人民出版社1979年版，第138页。
③ 参阅陈桥驿《水经注校释》，杭州大学出版社1999年版，第481、30、396、563、518、278页。
④ 参阅《汉书》卷28上《地理志上》，第1555—1556、1564页。

亭，直言某县都亭即可，不必在“都亭”前加上方位或地名等限定性词语。对此，前述《水经注》所记的“中都亭”和《后汉书》中“冤句吕都亭”的记载也可相互印证。《水经注》卷十六《穀水》所载洛阳景阳山有芳（华）林都亭是魏明帝及其以后之事，而且也无法判断此芳（华）林都亭是曹魏新建还是在汉代基础上重建的。但《后汉书》记都城洛阳的都亭时，或云“洛阳都亭”，或直称“都亭”。[①] 足见洛阳城内确实只有一个都亭，但一县之内却未必如此。这种差别，可能与亭维护社会治安并兼理邮驿交通事务的职责有关。相对而言，城市地域范围有限、居民集中，故在一城之内除了普通的亭外，只设一个都亭；而县的辖区远比城市辽阔，县内人口居住地也比较分散，仅在县城设置一个都亭，尚不足以辐射全县，故在某些人口较多、交通便利的乡，也设置都亭。冤句县之吕乡都亭，大概即属此类。

三　都亭位于交通要道，常为官府发布文告之地和军队驻扎之所

都亭处在交通便利、人员往来频繁的通衢要地，以致官府使吏民周知的公文通告也多在都亭发布。《汉书》卷七十七《何并传》载，汉哀帝时，长陵令何并为揭露王林卿的罪行，将被其家奴恶意破坏的大鼓悬挂在都亭下，并“署曰：‘故侍中王林卿坐杀人埋冢舍，使奴剥夺门鼓。’”颜师古注云：“署谓书表其事也。”[②] 同书卷八十四《翟方进传》载：北地浩商被抓捕后逃亡，义渠长乃“取其母，与豭猪连系都亭下”。颜师古注云：“以深辱之。”[③] 张家山汉简《奏谳书》中，也有将逃亡者母亲捆缚于亭的例证：“河东守谳：士吏贤主大夫𤜶，𤜶盗书系燧亡，狱史令贤求，弗得，系母嬐亭中，受豚、酒臧九十，出嬐，疑罪。·

① 参阅《后汉书》卷6《孝质帝纪》、卷8《孝灵帝纪》、卷36《张玄传》、卷56《张纲列传》、卷69《窦武列传》，第276、348、1244、1817、2243—2244页。

② 《汉书》卷77《何并传》，第3267页。

③ 《汉书》卷84《翟方进传》，第3413页。

廷报：贤当罚金四两。"① 《后汉书》卷八十一《独行传》又载，东汉初，"岁荒民饥"，会稽太守尹兴乃令户曹史陵续"于都亭赋民饘粥"②。甚至有人刺杀仇家，亦在都亭候伺。③ 不论是长陵令"书表其事"、义渠长"以深辱之"，还是会稽守救助饥民、庞娥亲刺杀仇人等，都把地点选在都亭，可知都亭必为往来人口相对密集之地。根据前引《桓帝纪》所载以都亭为封地的史实来看，都亭确有一定的管辖范围。简1中的"居延都亭部"，即指居延都亭的辖区。

此外，都亭还是军队驻扎之地。《后汉书》卷八《孝灵帝纪》载，中平元年（184）三月黄巾起义爆发后，即以"何进为大将军，将兵屯都亭。置八关都尉官"。注云："都亭在洛阳。八关谓函谷、广城、伊阙、大谷、轘辕、旋门、小平津、孟津也。"④ 同书卷六十九《何进传》也称，大将军何进"率左右羽林五营士屯都亭，修理器械，以镇京师"⑤。如果说，何进"将兵屯都亭"是东汉朝廷应对黄巾起义的非常举措的话；那么，灵帝建宁元年（168）八月，宦官曹节使郑飒等持节收捕外戚窦武，窦武"驰入步兵营……召会北军五校士数千人屯都亭下"⑥，则说明都亭很可能就是北军五校士的驻地所在。另据《后汉书》卷六《孝质帝纪》载："冲帝不豫，大将军梁冀征帝（按指质帝刘缵）到洛阳都亭。"⑦ 梁冀此举，显然是为下一步立刘缵为帝做准备。为防止意外而事先将其胁持至洛阳都亭，说明这里驻有数目不小的武装力量。这从《后汉书》卷三十六《张玄传》的记载也可得到印证。中平二年（185）司空张温出征金城边章之际，张玄劝其宜"召军正执有罪者诛之，引兵还屯都亭，以次翦除中官，解天下之倒县，报海内之怨毒，然

---

① 张家山二四七号汉墓竹简整理小组：《张家山汉墓竹简二四七号墓（释文修订本）》，文物出版社2006年版，第97页。
② 《后汉书》卷81《独行列传·陆续》，第2682页。
③ 参阅《后汉书》卷84《烈女传》，第2797页；《三国志》卷18《庞淯传附母娥传》及其注引皇甫谧《烈女传》，第548—549页。
④ 《后汉书》卷8《孝灵帝纪》，第348页。
⑤ 《后汉书》卷69《何进列传》，第2246页。
⑥ 《后汉书》卷69《窦武列传》，第2243页。
⑦ 《后汉书》卷6《孝质帝纪》，第276页。

后显用隐逸忠正之士，则边章之徒宛转股掌之上矣"①。张玄认为，"天下寇贼云起"，源于宦官专权。只要剪灭宦官势力，进用"忠正之士"，重整朝纲，就可缓和矛盾，消弭寇乱。其中特别提到"引兵还屯都亭"，足见大军出发前就驻扎在都亭。

不仅京城洛阳如此，各地方郡国也将军营设在都亭。如《后汉书》卷五十《孝明八王列传陈敬王羡传》载："中平中，黄巾贼起，郡县皆弃城走，宠有强弩数千张，出军都亭。"李贤注云："置军营于国之都亭也。"② 此为诸侯王国在都亭设置军营的例证。

曹魏黄初二年（221），孙权向魏称臣，魏乃遣使邢贞拜孙权为吴王，"权出都亭候贞"③。所谓"出都亭候贞"，即到军营外迎候邢贞，以示其归顺的诚意和对朝廷使者的尊崇。可见此都亭即孙权的军营所在。又如蜀汉景耀六年（263），曹魏大军攻蜀，后主刘禅召都督巴东的右大将军阎宇驰援成都，令巴东太守罗宪留守永安城。但不久就传闻成都失守，于是城中大乱，沿江长吏皆弃城而去。罗宪为稳定人心，将宣称成都失陷者斩首示众。直到"得后主委质问至，乃帅所统临于都亭三日"④。刘禅出降，标志着蜀汉政权的灭亡。作为镇守一方的将吏，罗宪在故国灭亡后，率其所部在都亭哭吊三日，表达自己内心的悲痛。则此都亭必为其军营所在。

四 乡亭地位低于都亭

乡亭是相对于都亭而言的。据《汉书》卷七十六《赵广汉传》载，赵广汉为京兆尹，"尝记召湖都亭长，湖都亭长西至界上，界上亭长戏曰：'至府，为我多谢问赵君。'……广汉因曰：'还为吾谢界上亭长，勉思职事，有以自效，京兆不忘卿厚意。'"湖为京兆尹所属县，原称

---

① 参阅《后汉书》卷36《张玄传》，第1244页。
② 《后汉书》卷50《孝明八王列传·憨王宠列传》，第1669—1670页。
③ 《三国志》卷55《吴书·徐盛传》，第1298页。
④ 《三国志》卷41《霍峻传附子弋传》注引《襄阳记》，第1008页。

胡，汉武帝建元元年（前140）改为湖。湖都亭即湖县之都亭，湖都亭长西赴京兆，途经界上亭，此"界上"应即湖都亭辖区西部与另一亭的交界处，则此"界上亭"与"丰西泽中亭"一样，都是因所处位置而得名。① 界上亭既与湖都亭邻接，又处在湖县到长安的交通线上，显然不在湖县城内，也不在长安城中。二者一称"亭"，一称"都亭"，故此"界上亭"显然不是"都亭"，应属乡亭无疑。

　　乡亭之制早在西周时期即已出现。应劭《风俗通义·皇霸》之"六国"篇云："燕召公奭与周同姓……自陕以西，召公主之。当农桑之时，重为所烦劳，不舍乡亭，止于棠树之下，听讼决狱，百姓各得其所。"② 燕召公"不舍乡亭"而"止于棠树之下"，是为了不烦扰百姓，耽误农时。可知此前官吏在乡亭止宿已成惯例。乡亭接待官员不仅为后世所继承，而且已形成制度。《汉书》卷七十二《鲍宣传》载，哀帝初，豫州牧鲍宣因"举错烦苛，代二千石署吏听讼，所察过诏条。行部乘传去法驾，驾一马，舍宿乡亭，为众所非"而被罢免。③ 同书卷八十九《循吏传》载，南阳太守召信臣"躬劝耕农，出入阡陌，止舍离乡亭，稀有安居时"。师古曰："言休息之时，皆在野次。"④ 离乡即非县治所在之乡，离乡亭实即乡亭。身为州牧、太守的鲍宣、召信臣等人"舍宿乡亭"，足见乡亭亦可止宿。但鲍宣因违背了刺史（州牧）"行部"所乘车驾和止宿的等级规定而"为众所非"，并受到免职的处罚。当然，"舍宿乡亭"而"为众所非"，只是托辞和借口而已。颜师古所谓"单率不依典制"⑤ 也是就其"乘传"仅有一匹马而言的。罢免鲍宣的真正原因，并不在于"舍宿乡亭"，而是由于其"所察过诏条"。正因为如此，召信臣"出入阡陌，止舍离乡亭"，不仅未被"众所非"，反而受到人们的敬重和爱

---

① 《汉书》卷1上《高帝纪上》云："高祖以亭长为县送徒骊山，徒多道亡。自度比至皆亡之，到丰西泽中亭，止饮，夜皆解纵所送徒。"颜师古注云："丰邑之西，其亭在泽中，因以为名。"第7页。
② 应劭撰，王利器校注：《风俗通义校注》，中华书局1981年版，第30页。
③ 《汉书》卷72《鲍宣传》，第3086页。
④ 《汉书》卷89《循吏传·召信臣》，第3642页。
⑤ 《汉书》卷72《鲍宣传》，第3087页。

戴，并博得了"召父"的美名。

不过，在当时人们的心目中，乡亭与都亭确实存在一定的等级和高下之别，故乡亭又被称为下亭。前述鲍宣行部"舍宿乡亭"事，应劭《风俗通·过誉》则称为"下亭"。其文云："鲍宣州牧行部，多宿下亭，司直举劾，以为轻威损命，坐之刑黜。"① 同叙一事，一云乡亭，一称下亭，足见二者可互称。《后汉书》卷六十五《皇甫规传》载，"上郡太守王旻丧还，规缟素越界，到下亭迎之。"同书卷八十一《独行传》载，新野县阿里街卒孔嵩"之京师，道宿下亭，盗共窃其马"②。《太平御览》卷四八二引《风俗通义》云："汝南陈公思为五官掾，王子佑为兵曹，行会食下亭。"③ 这几处所说的下亭，均指乡亭。将"乡亭"称为"下亭"，显示其地位与处于郡县乡治所的都亭有别。但乡亭可供止宿则是毫无疑问的。

由于乡亭"皆在野次"，故又被称为野亭。《后汉书》卷三十一《郭伋传》载，并州牧郭伋行部返回美稷时，比预计的时间提前了一天，为不失信于诸儿，"遂止于野亭，须期乃入"④。这里的野亭，实即美稷县城外之乡亭。

《后汉书》卷四十六《郭镇传》载："桓帝时，汝南有陈伯敬者，行必矩步，坐必端膝，呵叱狗马，终不言死，目有所见，不食其肉，行路闻凶，便解驾留止，还触归忌，则寄宿乡亭。年老寝滞，不过举孝廉。"⑤ 陈伯敬直到年老，仍"不过举孝廉"，他与前引新野县阿里街卒孔嵩一样，都是平民百姓，但他们行路往返，均可宿于"乡（下）亭"，可见乡（下）亭不仅接待过往官员，普通百姓也可入住。

与都亭一样，乡亭也是当地百姓时常聚集之所，故大凡官府欲使吏民周知的公文告示多在乡亭发布。《太平御览》卷五九三引《风俗通义》佚文云："光武中兴以来，五曹诏书题乡亭壁，岁辅［补］正，多有阙

---

① 应劭撰，王利器校注：《风俗通义校注》，中华书局1981年版，第183页。
② 《后汉书》卷65《皇甫规传》、卷81《独行列传·范式》，第2136、2679页。
③ 《太平御览》卷482，中华书局1960年版，第2208页。
④ 《后汉书》卷31《郭伋传》，第1093页。
⑤ 《后汉书》卷46《郭陈列传》，第1546页。

谬。永建中，兖州刺史过翔，笺撰卷别，改著板上，一劳而九逸。"① 居延肩水金关所出汉成帝"永始三年（前14）诏书"册②中，就有张掖太守令其下属将此诏书内容"明扁悬亭显处，令吏民皆知之"的文字。可见，在乡亭墙壁上题写有关诏令文书已成惯例，其书写方式也在逐渐完善。据《后汉书》卷十四《宗室四王三侯传》记载，王莽素闻刘演（字伯升）之名，"大震惧，购伯升邑五万户，黄金十万斤，位上公。使长安中官署及天下乡亭皆画伯升像于墼，旦起射之"③。同书卷七十六《循吏传》又载，王景为庐江太守，不仅修复了原有的水利工程，推广牛耕技术，从而使本郡"垦辟倍多，境内丰给"。"又训令蚕织，为作法制，皆著于乡亭，庐江传其文辞。"④ 王莽在各地乡亭门侧墙壁上绘刘演画像，并作为每日射击的靶标，除了发泄心中的嫉恨和恐惧，更主要的是要使天下吏民周知、辨认，以便通缉捉拿。王景将养蚕纺织之法"著于乡亭"，同样是要百姓家喻户晓。居延和敦煌汉简中屡见有诸如"扁书亭燧显处，令尽讽诵知之"（D1557）之类的记载，以下试举三例：

简2. 十一月丙戌，宣德将军张掖大守苞、长史丞旗告督邮掾□□□□□都尉官□，写移书到，扁书乡亭市里显见处，令民尽知之，商□起察，有毋四时言，如治所书律令　　　H16.4A

简3. 闰月乙亥，张掖肩水都尉政、丞下官，承书从事，下当用者。书到，明扁书显处，令吏民尽知之。严勅，如诏书律令。／掾丰、属敞、书佐凤　　　74E.J.T31：64⑤

---

① 《太平御览》卷593，中华书局1960年版，第2670—2671页。
② 该册书见甘肃省博物馆汉简整理组《〈永始三年诏书〉简册释文》，《西北师院学报》1983年第4期；甘肃省文物考古研究所编，薛英群等注《居延新简释粹》（兰州大学出版社1988年版）第102—104页有转录。敦煌汉简的有关文告中也有"扁书亭燧显处，令尽讽诵知之"（D1557）之类的习语。
③ 《后汉书》卷14《宗室四王三侯列传》，第550页。
④ 《后汉书》卷76《循吏列传》，第2466页。
⑤ 甘肃省文物考古研究所编，薛英群等注：《居延新简释粹》，第93页。此据甘肃简牍博物馆、甘肃省文物考古研究所、甘肃省博物馆、中国文化遗产研究院古文献研究室、中国社会科学院简帛研究中心编《肩水金关汉简（叁）》校改，中西书局2013年版。

简 4. 五月壬辰，敦煌太守强、长史章、丞敞下使都护西域骑都尉将田车师戊己校尉、部都尉、小府官县，承书从事下当用者。书到白大扁书乡亭市里高显处，令亡人命者尽知之，上赦者人数太守府别之，如诏书　　　　　　　　　　　Ⅹ—五—①

此三简分别是张掖太守府、肩水都尉府和敦煌太守府令其下属按有关律令和本文书要求，将此次转发的文书以"扁书"形式公布于"乡亭市里显见处""乡亭市里高显处"，都是指比较显眼，人们易于看到的地方，以便"令吏民尽知之"。简 4 由敦煌太守府下达西域都护，反映其时敦煌太守兼领西域事务的事实。居延、敦煌地处边塞，其下达公告之类的作法与京师及其他各地完全一致，足证乡亭确为人们频繁过往和聚集之所。《晋书·刑法志》载，晋武帝泰始四年（268）侍中卢珽、中书侍郎张华等奏请："抄《新律》诸死罪条目，悬之亭传，以示兆庶。有诏从之。"② 可见到西晋时，仍然沿用这种方式。

总之，在都城及各郡、县所在的城内均只有一个都亭，但在一县之内却未必如此。除了各郡（国）、县（道、邑）治所外，在某些乡也设有都亭，如冤句县之吕乡。乡亭又称下亭，其地位虽低于都亭，但同样位于当地交通便利、人员往来频繁之处，因而是官府发布文告之处，有的都亭还是军队驻扎之所。

——原载《历史教学》2008 年第 11 期

---

① 胡平生、张德芳：《敦煌悬泉汉简释粹》，上海古籍出版社 2001 年版，第 115 页。
② 《晋书》卷 30《刑法志》，第 931 页。

"十里一亭"说考辨

——秦汉亭制研究之三

关于秦汉亭的设置原则,一般都认为是"十里一亭"。唐人张守节《史记正义》就以"十里一亭,十亭一乡"说为据,后之学者亦多从此说。按一里百家计,就出现了"万户之乡",这与县"万户以上为令……减万户为长"的情况明显不符。而《汉官仪》《汉官旧仪》又有"十里一亭,亭长、亭候;五里一邮,邮间相去二里半,司奸盗"之说。对此,很多学者认为,"十里一亭"的"里"是"步里"之"里",而"十里一乡"的"里"才是"里居"之"里"。[①] 但是,从《百官公卿表》上下文来看,"十里一亭"与"十亭一乡"文意连贯,若将"十里一亭"之"里"作"步里"解,似乎难以与下文的"十亭一乡"相衔接。故有学者认为,这里"必应作'里居'之'里'解,不能视为'道里'之'里'"[②]。劳榦先生关于汉代按道里和里居两种标准设亭,在洛阳等大城市则根据需要依街道和城门设亭的观点,[③] 对我们正确认识汉代亭制颇具启发意义。周振鹤先生以"亭部"的概念解释乡亭里关系,

---

[①] 参阅王毓铨《汉代"亭"与"乡"、"里"不同性质不同行政系统说》,《历史研究》1954年第2期;张春树《汉代边疆史论集》,台北食货出版社1977年版,第131—133页;杨向奎、李中清《论"邮表畷"与"街弹"》,尹达等主编《纪念顾颉刚学术论文集》上册,巴蜀书社1990年版,第219—228页;杨际平《汉代内郡的吏员构成与乡、亭、里关系——东海郡尹湾汉简研究》,《厦门大学学报》1998年第4期。

[②] 余英时:《汉代亭制问题献疑》,尹达等主编:《纪念顾颉刚学术论文集》上册,第236页。

[③] 参阅劳榦《汉代的亭制》,《劳榦学术论文集甲编》,台北艺文印书馆1976年版,第737页。

认为"十里一亭"是指距离而言,"十亭一乡"之"亭"则指"亭部",完全是地域概念,与户籍无关。因此,"十里一亭"和"十亭一乡"的制度是实际存在的。① 张金光先生将亭的设置原则区分为以道里距离计的传递公文的邮亭、普设于城乡以行政民居里计的治安亭和以门关、塞路、津桥等要冲为计的门亭及以公共场所、市场为计的市亭等四种类型,② 不失为一种新的探索。但是,不论哪一类亭,其职能都不是单一的。正如不宜将亭区分为以治安为主还是以供客止宿、递送公文为主一样,我们也很难区别哪些亭以道里计,哪些亭以里居计;即使设于门关等地的门亭之类,也不可能完全不考虑道里而唯以要冲计。事实上,一般的亭大多是在综合考虑地理位置、道里远近和人口多少等因素的基础上设置的。

一

为了说明亭的布局,我们不妨从亭的建筑与特点谈起。亭有楼,但不是指某个单一建筑而言,而是包括亭所在区域的一系列建筑及其附属设施,据《后汉书》卷八十一《独行列传》载,王忳为大度亭长,"初到之日,有马驰入亭中而止"③。《水经注》卷二十五《泗水注》引《皇览》云:"亚父冢在庐江县郭东居巢亭中,有亚父井,吏民亲事,皆祭亚父于居巢厅上。"④ 足见亭并非单一建筑。

(一) 有的亭就是一座城,或者径称亭为城

《水经注》卷二十二《渶水》载:"渶水又迳东、西武亭间,两城相对。"此相对之两城,实即东、西武亭。同书卷十六《穀水》又载,弘农郡新安县之千秋亭,"累石为垣,世谓之千秋城也"⑤。东平国东平陆

---

① 周振鹤:《从汉代"部"的概念释县乡亭里制度》,《历史研究》1995年第5期。
② 参阅张金光《秦制研究》,上海古籍出版社2004年版,第593页。
③ 《后汉书》卷81《独行列传·王忳》,第2680页。
④ 陈桥驿:《水经注校释》卷25《泗水》,杭州大学出版社1999年版,第454页。
⑤ 陈桥驿:《水经注校释》卷22《渶水》、卷16《穀水》,杭州大学出版社1999年版,第396、286页。

县之阚亭，又称阚城。① 乐平郡上艾县东之靖阳亭，即故关城；据应劭说，"平舒县西南五十里有参户亭，故县也，世谓之平虏城"。尉氏县之少曲亭，俗谓之小城；陈留长垣县南有匡城，即平丘之匡亭；小扶城即扶沟县之平周亭；睢阳县南有横亭，世谓之光城；"沔水之左有骑城，周迴二里，余高一丈六尺，即骑亭也"②。此皆称亭为城者，又有以亭名城者，如金城郡允吾县之街亭城、五原郡九原县之原亭城、东郡黎阳县有艾亭城、台县有博亭城、邺县之女亭城、颍川郏县之夏亭城、颍阴县之青陵亭城等③，即属此类。有的亭又发展为城，如博县阳关故城，"本钜平县之阳关亭"④。

（二）亭常为驻军据点或进攻的目标

由于亭具有城的特点，故又将其与鄣（塞上之小城，又作障）连称为亭障（鄣）。这些亭往往地势险要，常被当作驻军的据点或进攻的目标。据《史记·秦本纪》载，秦昭王三十三年，秦军继攻取魏国卷、蔡阳、长社等地后，又击破魏将芒卯（孟卯）固守的华阳。《集解》引司马彪曰："华阳，亭名，在密县。"⑤ 此为军事进攻的目标。建武八年（32）春，隗嚣部将牛邯奉命驻守瓦亭，⑥ 此亭则为坚守之据点。正是因为亭在攻守方面都具有重要作用，故秦汉王朝势力所及，莫不以筑城列亭为要务。如秦取河南地，乃使蒙恬"筑长城亭障，堑山堙谷，通直道"。汉罢西南夷，"独置南夷夜郎两县一都尉"。《集解》引徐广曰："元光六年，南夷始置邮亭。"⑦ 汉武帝初开河西，列置四郡，"于是鄣塞亭燧出长城数千里"，继"酒泉列亭障至玉门"后，又"自敦煌西至盐

---

① 参阅《后汉书·郡国志（三）》"东平国"条及其注，第3452页。
② 参阅陈桥驿《水经注校释》卷16《浊漳水》、卷22《沙水》、卷24《濰水》、《沔水》，杭州大学出版社1999年版，第186、190、403—404、426—427、503页。
③ 参阅陈桥驿《水经注校释》卷2、卷3、卷5《河水》、卷8《济水》、卷9《洭水》、卷21《汝水》、卷22《颍水》，杭州大学出版社1999年版，第31、42、81、139、169、376、387页。
④ 陈桥驿：《水经注校释》卷24《汶水》，杭州大学出版社1999年版，第438页。
⑤ 《史记》卷5《秦本纪》，第213、216页。
⑥ 《后汉书》卷13《隗嚣列传》，第528页。
⑦ 参阅《史记》卷88《蒙恬列传》，第2570页；卷116《西南夷列传》，第2995页。

泽，往往起亭"。太初三年（前102），"汉使光禄徐自为出五原塞数百里，远者千余里，筑城障列亭至庐朐"①。王莽在西羌之地置西海郡，也是"边塞亭燧相望焉"②。东汉初年，鉴于北方沿边防务废弛的状况，令"王霸将弛刑徒六千余人，与杜茂治飞狐道，堆石布土，筑起亭障，自代至平城三百余里"；在岭南地区，也同样"列亭传，置邮驿"③。就连各地的暴动反抗或西羌等少数民族入边，也多把亭作为攻击目标，如汉安帝永初元年（107）西羌反，"羌诸种万余人攻（日勒）亭候，杀略吏人"。至于南蛮、匈奴各部也多"燔烧邮亭"④。故尚书陈忠上言："臣窃见元年以来，盗贼连发，攻亭劫掠，多所伤杀。"⑤

（三）亭有一定的辖域

《后汉书》卷七《桓帝纪》载，延熹二年（159）八月，汉桓帝封单超等五人为县侯、尹勋等七人为亭侯，其注云："七亭侯谓尹勋宜阳都乡、霍谞邺都亭、张敬山阳西乡、欧阳参修武仁亭、李玮宜阳金门、虞放冤句吕都亭、周永下邳高迁乡。"⑥ 其中的"邺都亭""修武仁亭""冤句吕都亭"与"宜阳都乡""山阳西乡""宜阳金门""下邳高迁乡"并列，均指封地而言。足见亭确有辖域。在文献和考古材料中，又屡见以某"亭部"代指某一区域的土地，如汉元、成、哀三帝分别以渭城寿陵、延陵和永陵亭部为初陵，⑦ 汉章帝、汉安帝分别诏令免除呈现凤凰、黄龙等瑞相的诸亭部当年田租，⑧ 张禹请以平陵肥牛亭部以为墓地⑨等，

---

① 参阅《后汉书》卷87《西羌传》，第2876页；《史记》卷110《匈奴列传》，第2916页；《汉书》卷96《西域传》，第3873页；《汉书》卷94上《匈奴传上》，第3776页。
② 《后汉书》卷87《西羌传》，第2877页。
③ 参阅《后汉书》卷20《王霸传》、卷76《循吏卫飒传》，第737、2459页。
④ 参阅《后汉书》卷47《梁慬传》、卷87《西羌传》、卷88《南蛮传》、卷89《南匈奴传》，第1593、2887、2833、2956页。
⑤ 《后汉书》卷46《陈忠传》，第1558页。
⑥ 《后汉书》卷7《孝桓帝纪》注，第305页。
⑦ 参阅《汉书》卷9《元帝纪》、卷10《成帝纪》、卷11《哀帝纪》，第292、305、340页。
⑧ 参阅《后汉书》卷3《章帝纪》、卷5《安帝纪》，第153、238页。
⑨ 参阅《汉书》卷81《张禹传》，第3350页。

均可为证。汉代地券材料中也多记交易之田在某某"亭部",如"王未卿买地券"中有"睪门亭部","孙成买地券""房桃枝买地券"有"广德亭部","樊利家买地券"有"石梁亭部","曹仲成买地券"有"长谷亭部"等;① 居延汉简有"居延都亭部"(H505.37)、"广汉亭部"(E.P.T53∶105)、"居延博望亭部"(E.P.T68∶36-37)、"第八亭部"(E.P.T68∶109)等,都显示亭有一定的管辖区域。此就地域而言,若就道里而论,各亭也都有一定的界限,汉简邮书课中常见有"界中××里,当行×时×分,定行×时×分","中程"或"留迟,不中程"之类的记载,就是明证。在两县交界处,往往置亭。如居延汉简就有"界亭"(H506.10),湖县西有"界上亭",② 寿张县西界有安民亭③等。

  有的亭后来还发展为县。据《水经注》卷十二《圣水》载,阳乡县即"故涿之阳亭也。《地理风俗记》曰:涿县东五十里有阳乡亭,后分为县。王莽时更名章武,即长乡县也"。汝南征羌县即"故召陵县之安陵乡安陵亭也"④。《续汉书·郡国志》"汉阳"条注引《献帝起居注》曰:"初平四年十二月,已分汉阳、上郡为永阳,以乡亭为属县。"黄初元年(公元 220 年)十一月,魏文帝"以颍阴之繁阳亭为繁昌县"等,⑤均为其例。就亭的上述特点而言,所谓"十里一亭"是不可取的。

二

  亭除了止奸盗、便往来和递送文书外,并不主理民事。故亭有辖域并不意味着亭是一级地方行政组织,而是指其负责一定区域内的治安和

---

① 除《曹仲成买地券》藏日本中村氏书道博物馆外,其他券文均见罗振玉《贞松堂集古遗文》十五,北京图书馆出版社 2003 年版。参阅王毓铨《汉代"亭"与"乡"、"里"不同性质不同行政系统说》一文注释。
② 《汉书》卷 76《赵广汉传》,第 3203 页。
③ 陈桥驿:《水经注校释》卷 8《济水》,杭州大学出版社 1999 年版,第 135 页。
④ 参阅陈桥驿《水经注校释》卷 12《圣水》、卷 22《颍水》,杭州大学出版社 1999 年版,第 223、390 页。
⑤ 参阅《三国志》卷 3《文帝纪》,陈桥驿:《水经注校释》卷 22《颍水》,杭州大学出版社 1999 年版,第 387 页。

公文投递等事务。"十里一亭，十亭一乡"说中的"里"，应是指一定的区域，即"里居"之"里"。如将其视为长度单位，即"步里"之"里"，反而显得扞格难通。中国古代素有按户计算的什伍编制，县乡间里的建置也是以此为基础的。但是，究竟多少户人家可以为里，进而设置乡、亭等，都只是一种"理想"的制度而已！事实上，不论是政区划分还是职官建置，都不可能完全按照某种整齐划一的模式。以致究竟多少户为一里，在文献和考古材料中也都有极大差别。如《续汉书·百官志》"亭里"条本注曰："一里百家"。刘昭注引《风俗通》曰："《周礼》五家为邻，四邻为里。里者，止也。里有司，司五十家，共居止。"此为二十家、二十五家一里说；《公羊传》"宣公十五年秋"条何休注云："一里八十户，八家共一巷。"此为八十家一里说。马王堆汉墓《驻军图》中则有一里十二户至百八户不等。里制尚如此混乱，县、乡、亭就更不可能严格按照十进制了。《汉书》卷十九上《百官公卿表》所记全国有乡6622，亭29635，平均每乡不足4.5亭；《续汉书·郡国志》"日南郡"注引《东观书》记，永兴元年（153）共有乡3682，亭12442，平均每乡不足3.4亭；尹湾汉墓《集簿》载东海郡有乡170，亭688，平均每乡约有4亭。可见，所谓"十亭一乡"说是不能成立的。

但是，若就"十里一亭……五里一邮，邮间相去二里半"而言，其中的"里"显然是指距离而非里居。然而，既云"五里一邮"，又云"邮间相去二里半"，殊不可解。对此，严耕望先生征引《史记》卷五十五《留侯世家》之《索隐》引《汉书旧仪》："五里一邮，邮人居间，相去二里半"，认为"邮间相去二里半"句中脱一"亭"字，当为"邮亭间相去二里半"，而《索隐》所引《汉书旧仪》又讹"亭"为"人居"（亭字上半之"亠"讹为"人"字，下半部分讹为"居"字）。他为此将邮亭作如下排列：

□—2½—○——5——○—2½—□—2½—○——5——○—2½—□
亭　　邮　　　邮　　亭　　邮　　　邮　　亭

劳榦先生认为"人居"二字并非正文,而是"邮"的附注,故仍当以"邮间相去二里半"为是。① 二位先生试图使各自的解释合于"十里一亭""五里一邮"之制,虽然有一定的合理性,但又难免有主观臆断的成分。而且文献所记的亭间距离也各不相同,如《水经注》引东汉应劭说,历城亭在广川县西北30里,南曲亭在品恩县北40里,淳于县东南50里有胶阳亭,县东北60里有平城亭,又40里有密乡亭等。② 尤其是将其与尹湾汉墓简牍所见西汉末年东海郡县邑侯国三十八、乡一百七十、亭六百八十八和邮三十四的记载③相比较,显然不符。如《集簿》所载东海郡"界东西五百五十一里,南北四百八十八里,如前"。辖区幅员"如前",则其亭的设置当亦不至大变。若依十里一亭说,则东海郡东西、南北向应分别置55亭和49亭左右,全境约有2684亭。但《集簿》所载亭的实有数目"如前",为"六百八十八",与"十里一亭"的"理想"数目相差甚远。《汉书》卷十九上《百官公卿表上》记县乡亭设置原则云:

  万户以上为令,秩千石至六百石。减万户为长,秩五百石至三百石。……大率十里一亭,亭有长。……县大率方百里,其民稠则减,稀则旷,乡、亭亦如之,皆秦制也。

可见,虽然户口的多少是决定县、乡、亭设置疏密程度的重要因素,但也只是"大率"而已。对于"十里一亭"而言,不论是就"道里"(即距离远近)言,还是以"里居"(即人口多少)论,都只是"大率"。事实上,不同时期县、乡、亭等的建置未必一成不变,即使在同一

---

① 二位先生之论述,详见严耕望《中国地方行政制度史甲部:秦汉地方行政制度》,北京联合出版公司2020年版,第61—62页。
② 参阅陈桥驿《水经注校释》卷9《淇水》、卷10《浊漳水》、卷26《潍水胶水》,杭州大学出版社1999年版,第164—165、183、480—481页。
③ 参阅连云港市博物馆、中国社会科学院简帛研究中心、东海县博物馆、中国文物研究所《尹湾汉墓简牍》,中华书局1997年版,第77页。以下凡引此书内容均只注篇名和页码,不再注书名。

时期的不同地区，其政区划分和职官建置也都不可能整齐划一。亭负责一定区域内的社会治安，当然有一定的"里居"范围；亭又承担接待过往使者、官员和传递公文的责任，故须考虑"道里"远近以利人员往来和舍宿饮食。虽然简牍和文献所见的"亭部"，无一例外地都是指其辖地而言，但并不牵涉所部户口增减与赋税多寡之类的"民事"。不仅规定"户籍臧乡""名爵县里年姓"等由乡负责登记，而且对于是否"更赋皆给"、有无"官狱征事"，也均由乡啬夫审核并出具相关证明。① 尹湾汉墓所出《集簿》在总叙东海郡职官建置时，分别叙述其县邑侯国与乡里、亭邮设置情况，也可印证亭与县乡里不同性质、不同行政系统说之不误。但这并不意味着亭"只是置于交通线上，成点、线分布"②。亭的设置除了考虑"面积的大小距离的远近"③ 外，还与地理位置和交通条件等密切相关。尹湾汉墓所出《东海郡吏员簿》，对我们认识亭的设置原则具有重要意义，现将该簿所记各县邑侯国盐铁官长吏和乡亭吏员人数列表如下：

东海郡所辖各县邑侯国、盐铁官令长相丞尉及乡亭吏员表

	吏员总数	令	长	相	丞	尉	乡有秩	乡啬夫	乡佐	亭长	备注
海西	107	1			1	2	4	10	9	54	令秩千石，丞、尉皆四百石
下邳	107	1			1	2	1	12	9	46	
郯	95	1			1	2	5	6	7	41	
兰陵	88	1			1	2	0	13	4	35	

---

① 参阅 H81.10、E. P. T68∶34、H505.37、H15.19 等简。张家山汉简《二年律令·户律》规定："恒以八月令乡部啬夫、吏、令史相襍案户籍，副臧（藏）其廷。……民宅园户籍、年细籍、田比地籍、田命籍、田租籍，谨副上县廷，皆以箧若匣匮盛，缄闭，以令若丞、官啬夫印封。"《后汉书》卷76《循吏传》载：秦彭为山阳太守，"兴起稻田数千顷，每于农月，亲度顷亩，分别肥堉，差为三品，各立文簿，藏之乡县"。

② 杨际平：《汉代内郡的吏员构成与乡、亭、里关系——东海郡尹湾汉简研究》，《厦门大学学报》1998 年第 4 期。

③ 王毓铨：《汉代"亭"与"乡""里"不同性质不同行政系统说——"十里一亭……十亭一乡"辨正》，《历史研究》1954 年第 2 期。

续表

	吏员总数	令	长	相	丞	尉	乡有秩	乡啬夫	乡佐	亭长	备注
朐	82	1			1	2	1	6	6	47	令秩六百石，丞、尉皆三百石
襄贲	64	1			1	2	2	5	4	21	
戚	60	1			1	2	2	3	5	27	
费	86		1		1	2	2	5	4	43	长秩四百石，丞、尉皆二百石
即丘	68		1		1	2	0	8	4	32	
厚丘	67		1		1	2	0	9	1	36	
利成	65		1		1	2	1	3	5	32	
况其	55		1		1	2	0	5	2	23	
开阳	52		1		1	2	1	4	2	19	
缯	50		1		1	2	1	3	2	23	
司吾	41		1		1	2	0	7	0	12	
平曲	27		1		1	1	1	0	2	4	
临沂	66		1		1	2	0	7	2	36	长秩三百石，丞、尉皆二百石
曲阳	28		1		1	1	1	2	1	5	
合乡	25		1		1		0	2	0	7	
承	22		1		1		0	1	1	6	
昌虑	65			1	1	2	1	2	1	19	
兰旗	59			1	1	2	0	4	2	12	
容丘	53			1	1	1	1	2	2	11	
良成	50			1	1	1	1	1	3	7	
南城	56			1	1	1		2	2	18	相秩四百石，丞、尉皆二百石
阴平	54			1	1	1		3	3	11	
新阳	47			1	1			2		12	
东安	44			1	1			1		9	
平曲侯国	42			1	1			2		5	
建陵	39			1	1			1		6	

续表

	吏员总数	令	长	相	丞	尉	乡有秩	乡啬夫	乡佐	亭长	备 注
山乡	37			1	1			1		4	相秩三百石，丞、尉皆二百石
武阳	33			1	1			1		3	
都平	31			1	1			1		3	
鄗乡	41			1	1			1	1	5	
建乡	40			1	1			1	1	4	
干乡	37			1	1			1	1	2	
建阳	41			1	1			1	2	5	
都阳侯国	32			1	1			1		3	
下邳铁官	20		1		1					1	长秩三百石，丞二百石
合计	2076	7	14				25	139	88	689	

表中实有亭长人数为689，比《集簿》中亭的统计数字多一位。可能是《集簿》统计仅为东海郡所属县邑侯国之亭长，而《吏员簿》则增加了置于下邳铁官的一名亭长的缘故。表中数字显示，各县亭的多少与县的大小并无必然联系。如海西、下邳、郯、兰陵四县之令、丞、尉的秩级、员额全同，其县令秩皆为千石，丞、尉秩皆四百石，属于秩级最高的县长吏，故此四县应属大县无疑。但除了海西县外，其他三县亭的数量并不是各县中最多的。朐县令秩六百石，明显低于千石，但该县亭的数量多达47个，仅次于海西县，居第二位。临沂县长秩仅三百石，丞、尉秩皆二百石，属于秩级最低的县长吏，可见临沂为小县，但该县亭的数量竟达36个，不仅高于所有侯国和绝大部分设县长的小县，甚至比置千石县令的大县兰陵还多出1亭。从各县设亭的情况来看，除了郡治所在的郯县外，一般地处郡境周边的县往往设亭较多，而处于郡内腹地的县则设亭较少。尤其是地处海滨的海西和朐二县，亭的数量最多，分别有54亭和47亭；其他如利成（32亭）、祝其（23亭）、即丘（32

· 69 ·

亭)、开阳（19 亭)、临沂（36 亭)、费（43 亭)、戚（27 亭)、下邳（46 亭,另有下邳铁官置有 1 亭）等,都处于郡界。如果除去部乡侯国（5 亭）外,只有合乡（7 亭）例外。另外一些设亭较多的县,如厚丘（36 亭）与襄贲（21 亭)、兰陵（35 亭)、缯（23 亭)、南城（18 亭）等县,则与郡治所在的郯县连成一线并横贯东海郡腹地,应是本郡的交通干道。相比之下,处在本郡腹地的平曲（4 亭)、建阳（5 亭)、建陵（6 亭)、承县（6 亭)、良成（7 亭)、东安（9 亭)、容丘（11 亭)、司吾（12 亭）等县国所设之亭则明显较少。这种布局原则,也是与亭司奸盗、邮传的职责相符的。因此,是否临境和处在交通线上,应是决定亭的多少和疏密程度的主要因素。虽然县的大小与亭的多少不无关系,但并不是决定性因素。表中长吏秩级、员额相同而亭的数量迥异的情况充分说明了这一点。

三

如同县以万户为界设令、长一样,秦汉的乡也依其户口多少而有大小之别。其中大乡设"有秩,郡所署,秩百石,掌一乡人。其乡小者,县置啬夫一人。……又有乡佐,属乡,主民收赋税"。一般"乡户五千,则置有秩"[①]。因此,所谓"乡有秩"实即"大乡有秩啬夫"的省称,"乡啬夫"即小乡斗食啬夫,均为一乡之长。上表显示,东海郡各县所辖乡的数量相差悬殊。其中海西县最多,下设 14 乡;下邳、兰陵和郡治郯县也都有 10 乡以上。而最少的平曲和承二县及东安、建陵等侯国,则都只有 1 乡。虽然海西县的乡、亭数量都是最多的,但其他各县、侯国所属的乡、亭数量并不一致。如利成仅有 4 乡,其县境内却设有 32 亭;承县仅有 1 乡,却设有 6 个亭;而同样仅辖 1 乡的东安侯国竟有 9 亭,南城侯国辖 2 乡却设有 18 亭。虽然县（侯国）境域的广狭并不完全取决于乡的多少,但就同一时期、同一个郡而言,管辖七八个甚至十多个乡

[①] 参阅《后汉书·百官志五》"县乡"条及其注引《汉官》,第 3624 页。

的县，其辖区范围比仅有一两个乡的侯国要大得多，则是可以肯定的。因此，乡的多少在一定程度上也可反映县（侯国）辖区的大小。如果仅从数量来看，各侯国境内的亭显然没有县多。但是，东海郡所辖18个侯国的乡亭比例却并不低于各县。如各县中乡亭比例最低的司吾约为1∶1.7，而侯国中最低的干乡却为1∶2。乡亭比例最高的是南城和东安侯国，高达1∶9；利成县乡亭比为各县之冠，也不过1∶8而已。亭的这种布局，除了交通位置等因素外，可能与加强对各侯国的控制有关。这种辖域大小与乡亭多少的反差，进一步说明"十亭一乡"说不足信。

总之，不论"里"按距离论，还是就里居而言，所谓的"十里一亭"都是不能成立的。由于秦汉亭的职能不是单一的，故其布局也综合考虑司奸盗、供止宿和便邮驿等因素而定。虽然县的辖域大小和道里远近及人口密度等都与亭的数量多少不无关系，但并不是决定性的因素。其位置是否"临境"和处在交通线上，以及是否为朝廷重点防范和加强控制之区，乃是决定亭的多少和疏密程度的主要因素。

——原载《南都学坛》2008年第3期

秦汉驿的职能考述

驿具有传递信息、运送物资和便利使者、官员往来的功能,因而人们往往将邮、驿、置互训,《广雅》就将"邮""置"均释为"驿",并被学者广泛征引。如《史记》卷十《孝文本纪》"余皆以给传置"句,司马贞《索隐》引《广雅》云:"置,驿也。"《后汉书》卷六十八《郭太传》及卷五十四《杨震传》注云:"《广雅》曰:'邮,驿也。'置亦驿也。"颜师古也说:"邮,行书之舍,亦如今之驿及行道馆舍也。"[①] 后来,人们还将道路沿线各种供人止宿歇息之所统称为驿,或将邮、驿连称代指驿及与其相关的事务。但是,秦汉的驿与邮、亭、置等机构是不同的,它们都有各自不同的适用范围。其中,驿的职能主要表现在传递公文、运送官物和为公务往来者提供车马等方面。

一 投递公文和运送物资

驿的产生,源于人们对信息传递"早达"和"速到"的需求。《诗经·大雅·常武》"徐方绎骚"句,孔颖达疏云:"'绎'当作'驿'……徐国传遽之驿见之,知王兵必克,驰走以相恐动。"[②] 说明早在先秦时期,就已设立了驿。及至秦汉时期,驿的设置已很普遍。其中,投递公文和运送物资就是驿的重要职能之一。《后汉书·袁安传》载:"袁安初

[①] 《史记》卷4《孝文本纪》,第422—423页;《后汉书》卷68《郭太传》、卷54《杨震传》,第2231、1767页;《汉书》卷83《薛宣传》,第3397页。
[②] 《毛诗正义》,北京大学出版社1999年版,第1253页。

为县功曹，奉檄诣从事，从事因安致书于令。安曰：'公事自有邮驿，私请则非功曹所持。'"① 由此可见，汉代一般的"公事"往来是由邮驿系统承担的。这种"公事"涉及人员往来、信息传递和物资运送等诸多方面。其中，由驿传递信息又可分为间接服务和直接递送两类。所谓直接递送，就是由驿的吏员亲自投递公文；而间接服务则是由发文者派专使递送而驿为其提供车辆和马匹等便利。

（一）递送紧急重要公文

关于驿直接传递官府公文，在各类文献材料中非常少见。但在敦煌、居延等地所出简牍材料中，却有大量驿卒、驿徒递送公文的记录。如下简：

简1. 东第一封橐，驿马行。西界封书张史印，十二月廿七日甲子，昼漏上水十五刻起，徒商名。永初元年十二月廿七日，夜参下餔分尽时，县泉驿徒吾就付万年驿。（A）
十二月廿七日夜参下餔分尽时（B）　　　　　　　　　X－〇六

简2. 入东军书一封。皂缯纬，完，平望候上王路四门。始建国二年九月戊子，日蚤食时，万年亭驿骑张同受临泉亭长阳（A）戊子日蚤食（B）　　　　　　　　　　　　　　　　　X－〇八

简3. 皇帝橐书一封，赐敦煌太守。元平元年十一月癸丑夜几少半时，县泉驿骑传受万年驿骑广宗，到夜少半时付平望驿骑（A）
四（B）　　　　　　　　　　　　　　　　　　　　　X－一〇

简4. 入上书一封，车师己校、伊循田臣疆。九月辛亥日下餔时，临泉驿汉受平望马益。　　　　　　　　　　　　　X－一六一

简5. 上书二封，其一封长罗侯，一乌孙公主。甘露二年二月辛未日夕时受平望驿骑当富，县泉驿骑朱定付万年驿骑。　X－一九三②

---

① 《后汉书》卷45《袁安传》，第1517页。
② 此五简见胡平生、张德芳编著《敦煌悬泉汉简释粹》，上海古籍出版社2001年版，第88、90、92、124—125、137页。以下凡出该书简文，均在书中序号前加X表示，不另注。

以上五简出土于敦煌悬泉置遗址，均为经由悬泉驿传递的文书受付记录。其中简3是皇帝颁赐给敦煌太守的诏令文书，该文书自东向西由万年驿经悬泉驿、平望驿，送至敦煌太守府；第1、2、4、5各简所记均为自西向东传递的文书，第4、5二简分别是屯戍西域的车师已校、伊循田官和长罗侯及乌孙公主给西汉朝廷的文书，其传递路线为平望——悬泉（临泉）——万年。若仅就此五简的内容来看，从敦煌太守府向东，似乎形成了平望驿——县泉驿——万年驿和平望驿——临泉驿（亭）——万年驿两条文书传递路线。但是，此五简均出土于敦煌悬泉置遗址，说明这些文书均经过悬泉置，故其所记载应是悬泉置所辖各驿（亭）的文书受付记录。由于悬泉置地处干旱少雨的戈壁腹地，远离居民点，在这种严酷恶劣的自然地理环境下，显然不可能另外开辟一条绕过悬泉置而向东西延伸的交通线。因此，颇疑2、4两简中的"临泉"为"县（悬）泉"之误，或者就是"县（悬）泉"的别名。果如此，汉代内地与敦煌、西域间的文书往来就是通过万年驿——县泉驿——平望驿一线而进行的。此外，在居延汉简中也有类似的公文递送记录：

简6. 入北第一橐书一封

居延丞印，十二月廿六日日食一分受武疆驿卒冯斗，即弛刑张东行　　　　　　　　　　　　　　　　　　　E. P. T49：28

简7. ☐☐分万年驿卒徐讼行，封橐一封，诣大将军，合檄一封付武疆驿卒，无印　　　　　　　　　　　E. P. T49：29

简8. 正月廿五日参铺时受万年驿卒徐讼，合二封，武疆驿佐柃悟　　　　　　　　　　　　　　　　　　E. P. T49：45A

手书大将军檄　　　　　　　　　　　　　　E. P. T49：45B

简9. ☐☐大将军印章，诣中郎将，驿马行，十二月廿二日起艛得，永元二年十二月廿四日庚辰食时　　　E. P. T49：11＋41A

☐年燧长育受武疆驿卒☐☐封完，路☐一随　E. P. T49：11＋41B

简10. 建昭四年四月辛巳朔庚戌，不侵候长齐敢言之，官移府所移邮书课举曰：各推辟部中，牒别言，会月廿七日 · 谨推辟案过书刺，正月乙亥人定七分不侵卒武受万年卒盖，夜大半三分付当曲卒山，鸡鸣五分付居延收降亭卒世　　　　　　　　E. P. T52：83①

此五简出土于居延甲渠候官遗址。第6、7、8、9四简为驿在传递公文过程中的文书受付记录，内容涉及文书的传递方向和数量、发文者、文书起发时间和地点、文书交接时间和经手人、传递者及印章是否完好等诸多方面；简10则是不侵候长齐根据候官转发的都尉府文件要求，对正月乙亥日由万年经不侵、当曲送达收降亭驿的公文传递记录进行核实查验的文书。其中的驿卒、驿佐与前五简中的驿徒、驿骑一样，都是在该驿供职和服役的吏员（戍卒和刑徒），他们都直接参与了相关的公文传递工作，足见驿确负有传递公文之责。

值得注意的是，上述各简所记文书中，第3简为皇帝诏书，第4、5两简分别为西域已校、车师田臣和长罗侯、乌孙公主上奏朝廷的文书，第2简为平望候官发出的军事文书，其他各简也都是由居延县、大将军府等封缄的合檄、封橐等机密公文，第10简为甲渠候官转发的都尉府邮书课举书，该文书连夜传递，足见其重要而紧急。由此判断，经驿传递的当为紧急而重要的公文。

此外，上列第2、3、5简中均有驿骑，而第6、7、8、9四简或为同一册书，该文书传递采用"驿马行"的方式，说明各驿都备有马匹。虽然在悬泉和居延汉简中均有"万年驿"之名，但从简文来看却各有所指，显然不是同一地名，只是异地同名而已。据6—10简，由驻于觻得的大将军府发出的文书经武彊驿卒转交万年（驿）燧长，则武彊驿位于万年驿之南，万年驿应在甲渠候官附近。由万年驿北上，可与甲渠候官辖区的主干邮路不侵——当曲——居延收降一线相连。② 由此可见，汉代的驿在保证政令畅通和边地军情递送，沟通中央与地方、内地与边疆

---

① 甘肃省文物考古研究所等编：《居延新简》，文物出版社1990年版，第145、146、144、146、233页。以下凡此种简号者，均出该书，不另注。
② 高荣：《汉代甲渠候官邮程考》，甘肃省历史学会、张掖地区史志学会编：《史学论丛》（第9集）甘肃文化出版社2000年版，第61—69页。收本书第263—271页。

间的联系等方面，发挥了重要作用。

（二）运送各地向朝廷贡献的方物

《后汉书》卷四《和帝纪》注引谢承《后汉书》云："（临武）县接交州，旧献龙眼、荔支及生鲜，献之，驿马昼夜传送之，至有遭虎狼毒害，顿仆死亡不绝。"[1] 据《和帝纪》本文，以驿马传送龙眼、荔枝等物，并非临时制定的新规，而是南海郡旧例。参以汉高祖令驿为其宠姬戚夫人运送洋川米至长安的事例[2]来看，各地贡献方物均以驿递送，而此旧制或即始于汉高祖。

需要说明的是，秦末汉初以来，由于战事连绵，马匹奇缺；汉武帝以后，虽然马匹数量有了很大增长，但因不断对匈奴和西域用兵，战马耗减极大，驿马依然缺乏。以致在西汉昭、宣以前，驿政几尽瘫痪，故西汉时各地贡物大都是由邮递送的；直到东汉时，驿才再度复兴起来，并成为传递诏令等重要公文和边情急报及贡献方物的主要手段。[3] 对此将另文讨论，兹不赘述。

二　为公务往来者提供车马

（一）皇帝特派专使的出行

《后汉书》卷一上《光武帝纪上》注引《汉制度》云：皇帝之书有策书、制书、诏书和诫敕四种。下达诸侯王及罢免三公者为策书；制书

---

[1] 《后汉书》卷4《和帝纪》，第194—195页。

[2] 据《水经注》引《汉中记》载，汉高祖宠姬戚夫人生于汉中洋川，因其"思慕本乡，追求洋川米，帝为驿致长安，蠲复其乡，更名曰县"。陈桥驿：《水经注校释》卷27《沔水》，杭州大学出版社1999年版，第492页。

[3] 史载，汉武帝元鼎六年（前111）平定南越后，就在上林苑中修建了以荔枝命名的扶荔宫，又从交趾移植了大量龙眼、荔枝、槟榔、橄榄等"奇草异木"，但多未成活；偶有成活者，也不结果实。于是就从当地"岁贡"这些物产，以致"邮传者疲毙于道，极为生民之患"。直到汉安帝时，因交趾郡守（谢承《后汉书》作"临武长"）唐羌"极陈其弊，遂罢其贡"。可见，用驿马递送是东汉建立以后的事。何清谷：《三辅黄图校释》卷3《甘泉宫·扶荔宫》，中华书局2005年版，第208—209页。

乃"帝者制度之命"①，经三公下达州郡；诏书是按惯例诏告某官的文书；诫敕是下达刺史、太守之书。张家山汉简《行书律》规定，皇帝制书及一些紧急而重要的文书用邮传递。②但在很多时候，皇帝给某个官员的书信或口谕往往是由特派专使乘驿车或驿马送达的，驿则负有为这些衔命专使提供交通便利的责任。这类专使又可分为如下几种：

1. 派往侯国谘政、慰问的使者

《后汉书》卷四十二《东平宪王苍传》："朝廷每有疑政，辄驿使咨问。苍悉心以对，皆见纳用……苍还国，疾病，帝驰遣名医，小黄门侍疾，使者冠盖不绝于道。又置驿马千里，传问起居。"③汉章帝向东平王咨询"疑政"可能只是托辞，最主要的是一种礼仪，显示"尊重恩礼"之意。担当此任者自然是身居高位且颇有威望的大臣，而绝非一般驿吏所能为。因此文中的"驿使"应是指皇帝的特使，因其乘用驿的车辆或马匹出行，故称"驿使"。后来在东平王病重期间，汉章帝又派名医诊治，小黄门"侍疾"，而且"驿马千里""使者冠盖不绝于道"。也说明文中的"驿使"即指此类由皇帝派出的"使者"。有时也以"乘驿"或"驿马"代指驿使。据《后汉书》卷十四《宗室四王三侯传》之"齐武王縯传附子北海靖王兴传"载，北海靖王兴深得汉明帝器重，"每有异政，辄乘驿问焉"。兴立三十九年而死，其子睦嗣，是为敬王。"睦能属文……又善史书，当世以为楷则。及寝病，帝驿马令作草书尺牍十首。"④同书卷四十二《东海恭王强传》又载："永平元年，强病，显宗遣中常侍钩盾令将太医乘驿视疾。"⑤这里的"乘驿"和"驿马"，均指皇帝派出的使者乘用驿车马而言。

2. 因紧急要务召见朝廷重臣而特派的使者

《三国志》卷三《明帝纪》载，景初三年（239）春正月丁亥，"太

---

① 《后汉书》卷1上《光武帝纪上》，第24页。
② 张家山二四七号汉墓竹简整理小组编著：《张家山汉墓竹简［二四七号］》（释文修订本），文物出版社2006年版，第45—47页。
③ 《后汉书》卷42《东平宪王苍传》，第1438—1441页。
④ 《后汉书》卷14《北海敬王睦传》，第556—557页。
⑤ 《后汉书》卷42《东海恭王强传》，第1424页。

尉宣王（司马懿）还至河内，帝驿马召到，引入卧内，执其手谓曰：'吾疾甚，以后事属君，君其与爽辅少子。吾得见君，无所恨！'……即日，帝崩于嘉福殿"①。魏明帝临终召见司马懿，并嘱以后事，事关朝廷大政。所谓"驿马召到"，是指派使乘驿马传达明帝旨意，令其立刻赶到。无独有偶，曹操临终召见其子曹彰，也同样采用"驿召"的方式。②由此亦可见驿确用于承担紧急要务。

3. 派往地方的专使

《后汉书》卷八十二《方术传上·李南传》载，和帝永元中，丹阳太守马棱"坐盗贼事被征，当诣廷尉，吏民不宁，南特通谒贺……至晡，乃有驿使赍诏书原停棱事"③。此为汉和帝宽宥马棱所"坐盗贼事"而派"驿使"直接下达丹阳的特别诏书。同书卷六十五《段颎传》又载，汉桓帝时，因鲜卑犯塞，辽东属国都尉段颎"恐贼惊去，乃使驿骑诈赍玺书诏颎，颎于道伪退，潜于还路设伏。虏以为信然，乃入追颎。颎因大纵兵，悉斩获之。坐诈玺书伏重刑，以有功论司寇"④。段颎为伏击鲜卑，诈称驿骑带来了朝廷召其回师的玺书，虽然大获全胜，但却"坐诈玺书伏重刑"。值得注意的是，"原停棱事"的诏书和段颎所"诈赍玺书"，都是由"驿使"或"驿骑"递送，参以汉简中以"驿骑行诏书"之例（E.P.F22∶64A，E.P.F22∶69）和《后汉书》卷一二〇《舆服志下》"黄赤绶"条注引《汉旧仪》"奉玺书使者乘驰传。其驿骑也，三骑行，昼夜千里为程"之说⑤，足证朝廷玺书特遣"驿使""驿骑"递送已成惯例。

《后汉书》卷五十七《栾巴传》注引《神仙传》又载，汉顺帝末年，"巴为尚书，正朝大会，巴独后到，又饮酒西南噀之。有司奏巴不敬，有

---

① 《三国志》卷3《明帝纪》，中华书局1959年版，第114页。
② 《三国志》卷19《任城威王彰传》："太祖东还，以彰行越骑将军，留长安。太祖至洛阳，得疾，驿召彰，未至，太祖崩。"曹操虽无皇帝之名，但其"挟天子以令诸侯"，握有号令诸侯百官之权。第556页。
③ 《后汉书》卷82《方术传上·李南传》，第2716—2717页。
④ 《后汉书》卷65《段颎传》第2145页。
⑤ 《后汉书》卷120《舆服志下》，第3673页。

诏问巴，巴顿首谢曰：'臣本县成都市失火，臣故因酒为雨以灭火。臣不敢不敬。'诏即以驿书问成都，成都答言：'正旦大失火，食时有雨从东北来，火乃息，雨皆酒臭。'"① 栾巴朝会迟到，行为又有失恭敬，遂为有司所奏劾。因朝野上下盛传"巴素有道术，能役鬼神"②，其本人又将在朝堂的诡异行为说成是为成都灭火，顺帝为验证其是否真有"道术"，乃下诏"以驿书问成都"。类似的事例也见于碑刻，如河南省偃师县南蔡庄乡东汉肥致墓碑文记："以十一月中旬，上思生葵，君却入室，须臾之顷，抱两束葵出，上问：'君于何所得之？'对曰：'从蜀郡太守取之。'即驿马问郡，郡上报曰：'以十一月五日平旦，赤车使者来，发生葵两束。'"③ 以前述"驿使""驿马""驿召"等例之，此"驿书问成都""驿马问郡"当非一般由驿传递的文书，而是朝廷专使乘驿递送的诏书。

（二）奉旨到前线赴任的将领

《后汉书》卷二十四《马援列传》载，建武二十四年（48）中郎将耿舒在给其兄好畤侯弇的信中，曾谈及在进击五溪蛮的决策中，伏波将军马援拒绝先取充道而被困壶头，以致"士卒多疫死"之事。耿弇遂将此信上奏光武帝，"帝乃使虎贲中郎将梁松乘驿责问援，因代监军"④。同书卷六十五《段颎传》载，桓帝延熹六年（163），西羌各部先后进攻陇西、金城、上郡和武威、张掖、酒泉等郡，"寇势转盛，凉州几亡。冬，复以颎为护羌校尉，乘驿之职"⑤。不论是派虎贲中郎将梁松到平叛前线责问马援并代监军，还是任命段颎为护羌校尉，都不是一般的例行公事，而是在形势极其严峻的关键时刻作出的非常决断。前者在马援平五溪蛮叛乱失利之后，后者则是羌部势力日盛、"凉州几亡"之时。他们均"乘驿之职"，当与其肩负的非常紧急而重要的使命有关。此二例前后相隔

---

① 《后汉书》卷57《栾巴传》，第1842页。
② 《后汉书》卷57《栾巴传》，第1841页。
③ 河南省偃师县文物管理委员会：《偃师县南蔡庄乡汉肥致墓发掘简报》，《文物》1992年第9期。
④ 《后汉书》卷24《马援列传》，第844页。
⑤ 《后汉书》卷65《段颎传》，第2147页。

100多年，似乎表明东汉时期紧急赴任的将领均"乘驿之职"。

（三）向朝廷奏报紧急军情的边将

边地将吏派驿使奏报紧急军情，在汉简和史籍中屡见不鲜。敦煌汉简中就有天凤四年（17）奉命出征的"使西域大使五威左率都尉"何封等将领向朝廷"因驿骑奉"书（138）、"因驿骑遣状"（424），以求援兵的记载。①《汉书》卷七十《陈汤传》所载汉成帝时，"西域都护段会宗为乌孙兵所围，驿骑上书，愿发城郭敦煌兵以自救"②。亦属此类。同书卷五十四《李陵传》载，天汉二年（前99）李陵自请以五千步卒北击匈奴，武帝诏陵"以九月发，出遮虏鄣，至东浚稽山南龙勒水上，徘徊观虏，即亡所见，从浞野侯赵破奴故道抵受降城休士，因骑置以闻"。颜师古注云："骑置，谓驿骑也。"③汉宣帝时，"习知边塞发犇命警备事"的丞相驭吏，"见驿骑持赤白囊，即知为边郡'犇命书'"④。可见由"驿骑"传递边地急报已成惯例，而且直到三国时仍在沿用。据《三国志》卷二十七《王基传》注引司马彪《战略》载，景元二年（261），襄阳太守胡烈上表称，东吴邓由等欲来归降，魏元帝乃诏令征南将军、都督荆州诸军事王基分部接应。"基疑贼诈降，诱致官兵，驰驿止文王，说由等可疑之状。"（本传作"基疑其诈，驰驿陈状。"）⑤王基身为边防前线主帅，熟知当地山川险易和敌我形势，而调遣军队、改变布防形势则事关大局，稍有不慎就会"伤损威重"，于是"驰驿陈状"。反映出重要而急迫的边情军报是由快捷便利的驿负责递送的。有时频繁的驿书往来甚至会使人心浮动，如曹魏征西将军、假节、都督雍、凉诸军事的陈泰，"每以一方有事，辄以虚声扰动天下，故希简白上事，驿书不过六百里"⑥。

---

① 饶宗颐：《敦煌汉简编年考证》，《饶宗颐二十世纪学术文集》卷3，台北：新文丰出版股份有限公司2003年版，第602—624页。
② 《汉书》卷70《陈汤传》，第3022页。
③ 《汉书》卷54《李陵传》，第2451—2452页。
④ 《汉书》卷74《丙吉传》，第3146页。
⑤ 《三国志》卷27《王基传》，第755页。
⑥ 《三国志》卷22《陈泰传》，第641页。

就是例证。

(四) 上奏紧急要务的州郡长吏

《后汉书》卷五十九《张衡传》载,阳嘉元年(132),张衡造候风地动仪,"尝一龙发机而地不觉动,京师学者咸怪其无证。后数日驿至,果地震陇西,于是皆服其妙"①。此为郡府向朝廷奏报灾害情况。《后汉书》卷二十九《郅寿传》载,郅寿为冀州刺史,"时冀部属郡多封诸王,宾客放纵,类不检节,寿案察之,无所容贷。乃使部从事专住王国,又徙督邮舍王宫外,动静失得,即时骑驿言上奏王罪及劾傅相"②。此为刺史监察所部,以"驿骑"奏劾诸侯王、相。同书卷八十二上《谢夷吾传》载,会稽督邮谢夷吾奉太守第五伦之命,前去缉拿犯有受贿罪的乌程县长,但他到该县后,只是"望阁伏哭而还"。他向第五伦报告说,经私下占候,乌程长短则一月,长不过六十日,必死无疑,故无需缉拿用刑。"至月余,果有驿马赍长印绶,上言暴卒"③。姑不论谢夷吾的占候术是否可信,但一县之长"暴卒",显然是非常事件,故须立即向郡府奏报。县廷以"驿马"上其印绶,也是为了"早达"和"速到"。④《后汉书》卷七十三《刘虞传》又载,初平元年(190),诏令辽东属国都尉公孙瓒讨乌桓,受幽州牧刘虞节度。刘虞主张以恩信招降,公孙瓒则欲以武力剿灭,并"数抄夺之",刘虞不能禁,"乃遣驿使奉章陈其暴掠之罪,瓒亦上虞禀粮不周,二奏交驰,互相非毁,朝廷依违而已"⑤。其时汉朝已名存实亡,无力控制局势,故只能"依违而已"。而刘虞"遣驿使"向朝廷奏报,也不过是沿用旧例,为自己获取名声罢了。

顺帝汉安元年(142),诏遣素有威名的侍中周举、杜乔等八使分行天下,"巡行风俗","其刺史、二千石有臧罪显明者,驿马上之。墨绶

---

① 《后汉书》卷59《张衡传》,第1909页。
② 《后汉书》卷29《郅寿传》,第1033页。
③ 《后汉书》卷82上《谢夷吾传》,第27113页。
④ 郝懿行:《尔雅义疏》上二《释言》,上海古籍出版社1983年版,第358页。
⑤ 《后汉书》卷73《刘虞传》,第2365页。

以下，便辄收举。其有清忠惠利，为百姓所安，宜表异者，皆以状上"①。州刺史、郡督邮行部"观览民俗"，乃汉朝制度。朝廷另派使者巡行则为特例，故特别下诏，令其对州刺史及郡国守、相等二千石官和县令长等墨绶长吏的善恶能否进行监察荐举，其中对"刺史、二千石有臧罪显明者，驿马上之"，实际上也是比照边将和州郡长吏向朝廷上奏紧急要务的旧例。

（五）与周边少数民族部落和其他政权往来

《后汉书》卷八十四《列女传》载，屯田都尉董祀犯法当死，其妻蔡文姬请求曹操宽恕，"时公卿名士及远方使驿坐者满堂"②。同书卷八十五《东夷传》又云："自中兴之后，四夷来宾，虽时有乖畔，而使驿不绝……自武帝灭朝鲜，使驿通于汉者三十许国，国皆称王……自女王国南四千余里至朱儒国……自朱儒东南行船一年，至裸国、黑齿国，使驿所传，极于此矣。"③可见所谓"远方使驿"，即自远国乘驿而来的使者。

汉朝与其境内的西羌、鲜卑等部及其周边的匈奴和西域诸国之间，多有驿使往来。建武二十八年（52），光武帝在给匈奴北单于的信中说："朕不爱小物于单于，便宜所欲，遣驿以闻。"④至汉章帝元和元年（84），武威太守孟云上言："北单于复愿与吏人合市，诏书听云遣驿使迎呼慰纳之。"⑤当时北匈奴与汉朝为"敌国"，是否派遣驿使须由朝廷决定。"诏书听云遣驿使迎呼慰纳之"，就是授予武威太守孟云代表朝廷"遣驿使"的全权。与其他"蛮夷诸部"的往来，也都如此。如建武九年（33），根据司徒掾班彪建议，光武帝恢复了设在凉州的护羌校尉，使"持节领护，理其怨结，岁时循行，问所疾苦。又数遣使驿通动静，

---

① 《后汉书》卷61《周举传》，第2029页。
② 《后汉书》卷84《列女传》，第2800页。
③ 《后汉书》卷85《东夷传》，第2820页。
④ 《后汉书》卷89《南匈奴列传》，第2947页。
⑤ 《后汉书》卷89《南匈奴列传》，第2950页。

使塞外羌夷为吏耳目，州郡因此可得儆备"①。和帝永元四年（92），新任护羌校尉聂尚"见前人累征不克，欲以文德服之，乃遣驿使招呼迷唐，使还居大、小榆谷"②。其继任者贯友"以迷唐难用德怀，终于叛乱，乃遣驿使构离诸种，诱以财货，由是解散"③。护羌校尉秩比二千石，专理羌族事务，他向诸部"遣驿使"，在于其"持节领护"，故可代表朝廷。前述武威太守，虽秩次高于护羌校尉，但因其无节，故须特别下诏授权。

（六）皇帝出巡在外，朝臣紧急奏报亦遣驿使

《后汉书》卷四十四《张禹传》载，永元十五年（103）汉和帝南巡祠园庙，张禹以太尉兼卫尉留守洛阳。"闻车驾当进幸江陵，以为不宜冒险远，驿马上谏。"④汉简中屡见"上言变事书"（387.12，526.17，E.P.T52∶46）⑤，史籍则多称为"变告""上变事"等。⑥据《汉书》卷三十四《韩信传》颜师古注云："凡言变告者，谓告非常之事。"⑦《周礼·夏官·太仆》："掌正王之服位……以待达穷者与遽令，闻鼓声，则速逆御仆与御庶子。"郑注云："穷谓穷冤失职，则来击此鼓，令闻此鼓声，以达于王，若今时上变事击鼓矣。遽，传也。若今时驿马军书当急闻者，亦击此鼓。"⑧可见，变事是指危害程度较严重的紧急事件，故可直诉朝廷，不必逐级传递。⑨张禹上书，意欲劝阻和帝继续南下江陵，故必须赶在和帝启程之前送达，才有可能。其以"驿马上谏"，亦属紧急事件。只是一般的紧急文书多指各地上呈京城或由朝廷下达地方者，《张禹传》所记因和帝出巡在外，故由京城直达皇帝行在所。

---

① 《后汉书》卷87《西羌传》，第2878页。
② 《后汉书》卷87《西羌传》，第2883页。
③ 《后汉书》卷87《西羌传》，第2883页。
④ 《后汉书》卷44《张禹传》，第1498页。
⑤ 谢桂华、李均明、朱国炤：《居延汉简释文合校》，文物出版社1987年版，第548页。
⑥ 《汉书》卷34《韩信传》，第1876、1878页。
⑦ 《汉书》卷34《韩信传》，第1876页。
⑧ 孙诒让：《周礼正义》卷28"夏官太仆"条，中华书局1987年版，第2499页。
⑨ 李均明、刘军：《简牍文书学》，广西教育出版社1999年版，第245页。

· 83 ·

三 结 语

不论是公文传递、人员往来，还是贡献方物，都是秦汉帝国日常事务的重要内容。虽然这些事务并不完全是通过驿的活动而实现的；但驿政所及，几乎涵盖了政治、经济、军事、外交、民族、交通等王朝统治的各个方面，以致有人将邮驿比作"国之血脉"。从某种意义上说，驿政兴废关乎王朝的政令畅通和统治的稳定与否。秦汉王朝疆域范围空前辽阔，不仅使"海内为郡县"，而且"政令由一统"，中央政令无远弗及，恰如身之使臂、臂之使指，固然与其一系列中央集权的统治制度密切相关，但发达的交通和完善的驿政则是保证其政令畅通的基础。秦汉历代统治者都高度重视驿政，并将其作为考核地方官员政绩好坏的重要依据，原因也正在于此。

——原载《河西学院学报》2009 年第 4 期

简牍所见秦汉驿制诸问题考述

驿是从事递送公文和方便人员往来的官方组织,已为学界共识。但对于驿的起源及其运行等问题,却依然观点各异。如驿最早设于何时,至少有春秋以后说、秦汉说、汉代说和汉代以后说四种观点①。对驿的管理及其吏员配置等问题,也都存在分歧。实际上,至迟在西周时就已设置了驿,以后历代相沿。但在汉武帝以前,因马匹缺乏,驿几近废弃;西汉中后期,驿也仅用于传递边情急报。到东汉时,各地的驿才再度复兴,并成为递送公文的主渠道之一。

一 驿的起源与秦汉驿政的兴衰

驿的产生,源于人们对信息传递"早达"和"速到"的需求。清人郝懿行指出:"传之为言转也,以车展转而期于早达也;遽之为言急也,以马急促而期于速到也。后世驿传起于此矣。"② 文献记载和考古资料证明,我国在先秦时期就设立了驿。《诗经·大雅·常武》"徐方绎骚"句,孔颖达疏云:"绎当作驿……徐国传遽之驿见之,知王兵必克,驰走以相恐动。"③《水经注》卷二十八《沔水》载,沔水流经的"左桑"实

---

① 谢成侠:《中国养马史》,科学出版社1959年版,第107页;高敏:《秦汉邮传制度考略》,《历史研究》1985年第3期;楼祖诒编著:《中国邮驿史料》,人民邮电出版社1958年版,第3、7页;马楚坚:《中国古代的邮驿》,商务印书馆国际有限公司1997年版,第2、28页;吴荣曾:《汉代的亭与邮》,《内蒙古师范大学学报》(哲学社会科学版)2002年第4期。
② 郝懿行:《尔雅义疏》上二《释言》,上海古籍出版社1983年版,第358页。
③ 《毛诗正义》,北京大学出版社1999年版,第1253页。

为"佐丧"之讹。因周昭王南征而不返,"百姓佐昭王丧事于此,成礼而行,故曰佐丧。左桑,字失体耳"。至于洺水所过的合驿口,就因"朝廷驿使合王丧于是,因以名焉"①。是则周时已有驿,并有以驿名地者。《论衡》卷二十二《纪妖篇》载,知伯"率韩、魏攻赵襄子。襄子惧,乃犇保晋阳。原过从,后至于平驿"②。1979年,在秦始皇陵西侧刑徒墓中发现了"平阳驿"的瓦文③,说明驿自西周历经春秋战国,至秦代仍继续沿袭。

汉承秦制,驿政也不例外。汉高祖宠姬戚夫人思慕本乡,追求洋川米,"帝为驿致长安"。可知汉初在汉中至长安间设有驿。远处岭南的桂阳县有以驿命名的"上驿山"。当时"自阳山达乎桂阳之武步驿……其道如堑,迄于鼓城矣"。上虞县"驿路带山傍江,路边皆作栏杆"④。《三国志》卷四十三《张嶷传》载,越巂"郡有旧道,经旄牛中至成都,既平且近。自旄牛绝道,已百余年,更由安上,既险且远。(太守张)嶷遣左右赍货币赐(旄牛夷帅狼)路,重令路姑喻意,路乃率兄弟妻子悉诣嶷,嶷与盟誓,开通旧道,千里肃清,复古亭驿"⑤。张嶷为越巂太守在后主延熙二年(239),他上任后开通了由越巂郡到成都的旧道,并恢复了百余年前的"古亭驿"。史载,汉武帝曾派司马相如经略西南夷,"通灵山(《史记》作"零关")道,桥孙水,以通邛、筰";天汉四年(前97),"并蜀为西部,置两都尉,一居旄牛,主徼外夷;一居青衣,主汉人"。延光二年(123)春,"旄牛夷叛,攻零关,杀长吏"⑥。此后历116年至延熙二年(239),与《三国志》中"自旄牛绝道,已百余年"的记载相符。故"旄牛绝道"应在延光二年旄牛夷反叛之时,则张

---

① 陈桥驿:《水经注校释》卷28《洺水》,杭州大学出版社1999年版,第507页。
② 黄晖:《论衡校释》卷22《纪妖篇》,中华书局1990年版,第919页。
③ 始皇陵秦俑坑发掘队:《秦始皇陵西侧赵背户村秦刑徒墓》,《文物》1982年第3期。
④ 陈桥驿:《水经注校释》卷27《洭水》、卷39《洭水》、卷40《渐江水》,第492、675—676、702页。
⑤ 《三国志》卷43《张嶷传》,第1053页。
⑥ 《汉书》卷57下《司马相如传下》,第2581页;《史记》卷117《司马相如传》,第3047页;《后汉书》卷86《西南夷传》,第2857页。

嶲所开"旧道"和恢复的"古亭驿",当是西汉武帝时所修筑。换言之,汉武帝时,西南夷道上已设有驿。

敦煌、居延汉简①有"平望驿"②（1329）、"骏南驿"（502.7）、"会水驿"（E. P. T51∶555）、"城北隧驿"（E. P. T59∶268）、"止害驿"（E. P. T43∶109）、"万年驿""武疆驿"（E. P. T49∶29）等驿名,敦煌郡有县泉、万年等12个驿。河西自汉武帝元狩二年（前121）归汉以来,一直是汉朝重点经营之地,纵贯河西的汉塞就是在武帝时陆续修筑的,与之联系的驿当亦置于此时。

此外,官府或私人往往为某种目的临事临时而设驿。如汉景帝太子舍人郑当时,"每五日洗沐,常置驿马长安诸郊,请谢宾客,夜以继日"③。汉武帝时,河内太守王温舒为捕杀郡中奸猾豪强,"令郡具私马五十疋,为驿自河内至长安……奏行不过二日"④。昭帝初,上官桀、桑弘羊等与燕王通谋,"置驿往来相约结"⑤。他们置驿的目的各异,但追求安全快捷却是一致的。王温舒"令郡具私马"而设驿,以求"奏行"之"神速",显示驿的传递速度比邮、亭等更快,其人员往来和文书传递是利用驿马而非步行。《说文》:"驿,置骑也。"段玉裁注云:"言骑以别于车也。驲为传车,驿为置骑,二字之别也。"⑥颜师古也将"骑置"释作"驿骑"或"驿马",并认为:"传者,若今之驿,古者以车,谓之传车,其后又单置马,谓之驿骑。"⑦顾炎武《日知录》卷二十九"驿"条引《五杂俎》云:"古者乘传皆驿车也。……汉初尚乘传车……

---

① 吴礽骧、李永良、马建华释校:《敦煌汉简释文》,甘肃人民出版社1991年版,第138页;谢桂华、李均明、朱国炤:《居延汉简释文合校》,文物出版社1987年版,第599页;甘肃省文物考古研究所等编:《居延新简》,文物出版社1990年版,第215、377、108、145页;胡平生、张德芳:《敦煌悬泉汉简释粹》,上海古籍出版社2001年版,第51页。以下征引简文均按原书格式照录编号,不注页码。其中敦煌悬泉汉简序号参照原书用汉字,其他用阿拉伯数字。
② 《敦煌汉简释文》作"平坚驿",今据张俊民《散见"县泉汉简"》（载《敦煌学辑刊》1997年第2期）校改。
③ 《汉书》卷50《郑当时传》,第2323页。
④ 《汉书》卷90《酷吏王温舒传》第3656页。
⑤ 《汉书》卷7《昭帝纪》,第226页。
⑥ 段玉裁:《说文解字注》,上海古籍出版社1988年版,第468页。
⑦ 《汉书》卷1下《高帝纪》,第58页。

后患其不速，一概乘马矣。"①但《汉书》卷九十九中《王莽传中》有"流棻于幽州，放寻于三危，殛隆于羽山，皆驿车载其尸传致"的记载，可知西汉末年各地仍在使用驿车。因此也可以说，西汉既继承了前代的传车制度，又采用了逐渐盛行的驿骑制度②。

但是，文献所记汉代的驿大多为东汉时期，西汉驿的记载极少。除以上所举，见于《汉书》记载的仅有三例：一是汉成帝时，"西域都护段会宗为乌孙兵所围，驿骑上书，愿发城郭敦煌兵以自救"。二是汉宣帝时，丞相丙吉驭吏"见驿骑持赤白囊，边郡发犇命书驰来至"。三为汉哀帝时，廷尉梁相等治东平王狱，"置驿马传囚"③。此三例皆在西汉后期，事涉边郡急报和重案囚犯，均为紧急要务。但西汉前期却不见有驿的记载，参以前述动辄临时置驿的事例，颇疑此间驿的活动是很有限的。

汉朝立国之初，社会经济衰败不堪，马匹奇缺。《史记》卷三十《平准书》称，当时"自天子不能具钧驷，而将相或乘牛车……米至石万钱，马一匹则百金"④。将相出行尚乘牛车，各地驿马自然难有保障了。张家山汉简《二年律令·津关令》云："相国上长沙丞相书言，长沙地卑湿，不宜马，置缺不备一驷，未有传马，请得买马十给置传，以为恒。相国、御史以闻，请许给买马。制曰：可。"⑤虽然长沙国"置缺不备一驷，未有传马"与其地"不宜马"的自然条件有关，但汉初驿马缺乏则是全国性的，以致汉文帝诏令："太仆见马遗财足，余皆以给传置。"⑥又根据晁错建议，鼓励民间养马："令民有车骑马一匹者，复卒三人。"⑦这项法令旨在守塞备边、抵御匈奴，尚无暇顾及补充驿马。虽

---

① 顾炎武著，黄汝成集释，秦克诚点校：《日知录集释》卷29《驿》，岳麓书社1994年版，第1008—1009页。
② ［日］森鹿三：《居延汉简所见的马》，中国社会科学院历史研究所战国秦汉史研究室编：《简牍研究译丛》（第1辑），中国社会科学出版社1983年版，第75—98页。
③ 《汉书》卷70《陈汤传》、卷74《丙吉传》、卷86《王嘉传》，第3022、3146、3502页。
④ 《史记》卷30《平准书》，第1417页。
⑤ 张家山二四七号汉墓竹简整理小组：《张家山汉墓竹简（二四七号墓）（释文修订本）》，文物出版社2006年版，第87页。
⑥ 《汉书》卷4《文帝纪》，第116页。
⑦ 《汉书》卷24上《食货志》，第1133页。

然汉朝在西、北边郡设六牧师苑，养马三十万匹，但并未从根本上扭转马匹短缺的局面，故汉景帝进一步扩充苑囿，造厩养马，以供军国之用。由于马匹缺乏，又是军国物资，景帝中二年（前146）御史大夫卫绾乃奏禁止高五尺九寸以上齿未平的马匹出关。① 及至汉武帝时，马匹数量大增，以致"众庶街巷有马，阡陌之间成群，而乘字牝者傧而不得聚会"。但因大规模对匈奴用兵，战马损失极大。仅元狩四年（前119）漠北之战，汉军战马死者即达十余万匹。因"车骑马乏，县官钱少，买马难得，乃著令，令封君以下至三百石吏以上差出牝马天下亭，亭有畜字马，岁课息"②。由于频繁用兵，致使"戎马不足，牸牝入阵，故驹犊生于战地，六畜不育于家"③。汉昭帝始元五年（前82），"罢天下亭母马及马弩关"④，但驿马仍嫌不足。元凤二年（前79）六月诏令："颇省乘舆马及苑马，以补边郡三辅传马。"⑤ 京畿所在的三辅和事关军情急务的边郡，驿马尚且不足，其他地区缺乏驿马，就不言而喻了。《晋书》卷三十《刑法志》载："秦世旧有厩置、乘传、副车、食厨，汉初承秦不改，后以费广稍省，故后汉但设骑置而无车马。"⑥ 可见，汉初曾因经费短缺而省并了某些邮驿机构和设施。史籍中少有西汉前期驿的记载，驿马缺乏应是重要原因。

二 驿车马及吏员配置

（一）驿车马的配备

就居延汉简反映的情况来看，各驿一般只配备一两匹马。如："至害驿马一匹"（E. P. T43：109）、"☐隧驿马一匹，驿牡"（78.36）、"城北

---

① 《汉书》卷5《景帝纪》，第147页。
② 《汉书》卷24下《食货志下》，第1173页。
③ 王利器：《盐铁论校注》卷3《未通》，中华书局1992年版，第190页。
④ 《汉书》卷7《昭帝纪》，东汉应劭曰："武帝数伐匈奴，再击大宛，马死略尽，乃令天下诸亭养母马，欲令其繁孳。"可见当时马匹极其缺乏。第222页。
⑤ 《汉书》卷7《昭帝纪》，第228页。
⑥ 《晋书》卷30《刑法志》，第924页。

隧驿马二匹，毋鞍勒"（E.P.T59：268）、"驿一所，马二匹，鞍勒各一"（18.18）等。另一枚居延汉简云："诚北部建武八年三月军书课·谨案三月毋军侯驿书出入界中者"（E.P.F22：391）。诚北部不云"邮书课"而称"军书课"，所受付文书称为"军侯驿书"，显示其公文传递具有浓厚的军事色彩。除城北隧外，像止害、万年、武彊、驳南等驿均非甲渠候官主干邮路所在①，故其规模不大，职能也相对单一，所传递公文以军事文书为主。相比之下，敦煌地处丝路交通咽喉，公文往来远较居延频繁，除了承担本地边塞军报外，还有大量往来西域的公文，故驿的规模较大，一般配有三匹驿马②。王温舒在河内至长安间（约1070里）备有驿马50多匹，若按三十里置一驿的惯例，约有16处驿，平均每驿约有三匹马。

如前所述，汉代驿骑虽日渐盛行，但并未完全排斥驿车，而驿骑也并不仅限于马。敦煌汉简中就有"驿骑驴一匹"（849）的记载。至于用牛、马、驴、骡驾车转运，在史籍中更是屡见不鲜。如杜茂镇守北边，建置屯田，以"驴车转运"；武都郡"运道艰险，舟车不通"，而以"驴马负载，僦五致一"③。《续汉书·礼仪志下》云，郡国守相和县令、长及二百石以上黄绶县丞、尉死，"皆赐常车驿牛赠祭"④。《三国志》卷58《陆逊传》载，吴黄武七年（228）陆逊大败曹休，"斩获万余，牛马骡驴车乘万两，军资器械略尽"⑤。汉简中又有"橐佗持食救吏士命"（124）、"得骑驼三百二匹"（1163B）等记载，足见因马匹缺乏，牛、驴、骡、骆驼等也用于驮运和骑乘。

---

① 高荣：《汉代甲渠候官邮程考》，《史学论丛》（第9集），甘肃文化出版社2000年版，第61—69页。收入本书第262—270页。
② 张经久、张俊民：《敦煌汉代悬泉置遗址出土的"骑置"简》，《敦煌学辑刊》2008年第2期。
③ 《后汉书》卷22《杜茂传》、卷58《虞诩传》，第777、1869页。
④ 《后汉书》志第六，《礼仪下》，第3152页。
⑤ 《三国志》卷58《吴书·陆逊传》，第1348—1349页。

（二）驿的吏员配置

陈直先生认为，驿的规模大于置，故其候、令、丞三官齐备①。但汉简材料显示，置是最高一级邮驿组织，其规模远大于驿；文献中也未见驿设有候、令、丞等职官的记载。尤其在边塞地区，驿往往与亭燧合一，并受部候长调度管理，但其吏员建置却比亭燧多。汉简所见者，有驿令史、驿佐、驿小史等佐官属吏和若干驿卒，而佐、令史和小史等吏员均不见于亭燧组织。

1. 驿令史

驿令史仅见于汉简（E.P.T59：253），但《续汉书·百官一》"太尉"条云："阁下令史主阁下威仪事，记室令史主上章表报书记，门令史主府门，其余令史各典曹文书。"同书《百官三》记尚书令史职亦"主书"。可知令史之职在于主文书事。史乃秦汉地方郡县属吏的统称，"郡府属吏曰卒史，县丞、尉属吏曰丞史、尉史，县令属吏则曰令史"②。《续汉书·百官五》注引《汉官》记洛阳令下有吏员796人，其中："乡有秩、狱史五十六人，佐史、乡佐七十七人，斗食、令史、啬夫、假五十人，官掾史、幹小史二百五十人，书佐九十人，修行二百六十人。"③令史处于斗食与啬夫之间。尹湾所出《东海郡吏员簿》载各县邑侯国盐铁官所属的令史也无一例外地处在官、乡有秩之后，官、乡啬夫之前，属于"斗食吏"之列④。居延汉简"甲渠（候）官斗食令史"（E.P.T68：16、E.P.T68：9）的记载可为佐证。除"候官令史"外，还有"厩令史"（51.23）、"城仓令史"（84.27）、"置令史"（E.P.T59：175）、"延水令史"（26.16）等。研究表明："令史只属于候官"，至于"破胡令史"（11.9）、"令史三人并居第二燧"（89.18）等，"乃候官令史之下驻于

---

① 陈直：《居延汉简研究》，天津古籍出版社1986年版，第44—46页。
② 严耕望：《中国地方行政制度史甲部：秦汉地方行政制度》，北京联合出版公司2020年版，第222页。
③ 《后汉书》志第二十八，《百官五》注，第3623—3624页。
④ 连云港市博物馆、中国社会科学院简帛研究中心、东海县博物馆、中国文物研究所：《尹湾汉墓简牍》，中华书局1997年版，第79—84页。

隧"者①。驿、置是专门的邮驿组织，主要承担公文往来业务，故需有一定文化素养并"能书会计"的文员处理公文收付和交接事务。"驿令史"与"置令史"，当即由候官或县派驻某驿、置主文书事的令史。

2. 驿佐

汉简有"会水驿佐"（E. P. T51：555）。据前引《汉官》记洛阳令属吏有"佐史"，尹湾所出《东海郡吏员簿》有官佐、乡佐、邮佐和佐等吏名，居延、敦煌和悬泉汉简又屡见仓佐（62.55, 89）、置佐（269.1）、厩佐（E. P. T65：347, X 八九）、关佐（803A）、库佐（X 五七）等，均属佐史。"其职务当以所在命名，在县称官佐，在乡称乡佐，在邮称邮佐，在盐铁官则仅称佐。"②那么，在驿、置、厩、仓、库、关分别称为驿佐、置佐、厩佐、仓佐、库佐和关佐。佐史是汉代郡县"有秩""斗食"和"佐史"三级属吏中秩阶最低的一级。会水为汉代酒泉郡所属县，故简中的会水驿当即设在会水县之驿，而"驿佐"即其吏员。

3. 驿小史

"驿小史"也见于汉简（413.3、562.1）。小史为郡县小吏，《续汉书·百官五》注引《汉官》云河南尹吏员共 927 人，其中最后为"幹、小史二百三十一人"。其他如《隶释》卷九《繁阳令杨君碑阴》、《隶续》卷十九《尉氏令郑季宣碑阴》和卷十六《北海相景君碑阴》所记小史均殿居末尾。《续汉书·舆服志下》有"今下至贱更小史"之语，说明小史确为低级小吏。《史记》卷八十二《李斯列传》载李斯少为郡小吏，《索隐》注为"乡小史"，刘氏云："掌乡文书。"敦煌悬泉汉简有"初元五年二月辛亥日下餔时，县泉驿小史毋知受平（望？）驿小史熹，到日莫餔时付广至万年驿小史"的文书记录③，可知驿小史确为驿中主

---

① 陈梦家：《汉简缀述》，中华书局1980年版，第54页。
② 廖伯源：《简牍与制度——尹湾汉墓简牍官文书考证》，台北：文津出版社有限公司1998年版，第63—73页。
③ 张德芳：《悬泉汉简中若干"时称"问题的考察》，中国文物研究所编《出土文献研究》（第6辑），上海古籍出版社2004年版，第197页。

文书事的小吏，其地位当低于驿令史。居延汉简一件文书受付记录中有"不今小史晏"（505.6），当亦属此类。

4. 驿人与驿卒

驿卒在文献中也有反映。《续汉书·舆服志上》云："驿马三十里一置，卒皆赤帻绛韝云。"这里的"卒"，应是专门从事文书传递事务者。《三国志》卷五十八《陆逊传》载，黄武元年（222），陆逊在猇亭大败蜀军，死者数以万计。刘备连夜逃命，"驿人自担，烧铙铠断后"[1]。此驿人当与邮人一样，也是专门在驿服役之人。大约边塞候望御敌与传烽报警、驿递往来合为一体，故边塞称驿卒，内郡则称驿人。

三 驿的隶属关系

关于驿的隶属关系，文献中几无涉及，但汉简材料却提供了某些相关信息。居延和敦煌汉简所见的驿，大多与部候、亭燧和置同名，如居延止害、万年、武彊等，既是驿名，又是燧名（28.9，E.P.T51：234、40.23、40.20）；城北既是驿名，又是燧名和部候名（231.32、E.P.F22：352）；驳南为驿名，也是亭燧名（75.1）。敦煌有县泉驿（Ⅹ一〇六），也有县泉置（Ⅹ一〇五）和县泉邮（Ⅹ一一六）；有临泉驿（Ⅹ一六一）、万年驿（Ⅹ一〇六），也有临泉亭、万年亭（Ⅹ一〇八）等。这种情况，反映出边塞地区某些驿是与当地亭燧、部候等合而为一的。居延汉简云："候长、候史马皆廪食，往者多羸弱，送迎客不能竟界"（E.P.S4T2：6）。候长、候史所乘之马还用于迎来送往，足见该部确实具有驿的职能。换言之，边塞官员、使者往来之事，亦寓于部燧事务之中。

居延汉简中有"橐他驳南驿建平元年八月驿马阅具簿"（502.7）。"橐他"是肩水都尉所辖候官名，简中称"橐他驳南驿"，可知驳南驿隶属于橐他候官。汉简又有"橐它（他）置"（E.P.T52：362），足见

---

[1] 《三国志》卷58《吴书·陆逊传》，第1347页。

"橐他"既为候官名,也是置名。驳南驿隶属于橐他候官,与橐他置之间也应有地位高下之别。居延所出一册书残簿(E.P.F22:186-201)反映,止害隧长焦永奉命骑驿马行檄,途中被甲渠守塞尉放派士吏冯匡召回,并以疲乏之马调换了焦永所乘的驿马。塞尉是候官的副长官,士吏则是候官派驻部候的武吏,守塞尉可召回传达檄书的燧长并乘用其驿马,反映出候官拥有调度驿马的权力。居延所出另一残简册书(E.P.F22:81-102)则反映部候与驿之间也存在上下隶属关系。该残册为建武五年十二月戊子(十八日)甲渠候官斗食令史周某弹劾城北候长王襃的文书,起因是当月十一日,甲渠木中燧因受到匈奴攻击而发出烽火警报,执勤的城北燧助吏李丹看到木中隧有烟而不见蓬,候长王襃即派李丹骑驿马前去察看,结果被匈奴俘获。王襃因"典主而擅使丹乘用驿马,为虏所略得,失亡马"等事而被弹劾,说明王襃所部备有驿马,且归其调度。他被劾"擅使丹乘用驿马"并非越权行为,而是驿马专用于传递情报,不应擅自移作它用。候长有管理驿的权力,从下列部候长文书也可得到印证:

简1. 甲渠城北燧长徐恽有劾缺,恽隧居,主养驿马

E.P.F22:352

简2. ·不侵部建武六年四月驿马课　　　E.P.F22:640

简3. ☐四月戊辰朔丁丑城北候☐
　　　驿一所马二匹鞍勒各一☐　　　　　18.18

简4. ■始建国天凤二年正月尽十二月邮书驿马课

E.P.F25:12A

·邮书驿马课　　　　　　　　　　　E.P.F25:12B

简5. 河平四年十月庚辰朔丁酉,肩水候丹敢言之,谨移传驿马名籍□□敢言之284.2A

令史临尉史音　　　　　　　　　　　　284.2B

简1中城北燧长徐恽因故被弹劾而居于隧内负责养马,可知城北燧、

驿合一，且备有驿马。"☐燧驿马一匹驿牡☐"（78.36）之类残简，是否为某燧上报驿马数量、毛色、年齿等情况的"驿马阅具簿"（502.7），尚不能断言，但2、3二简为部候报告书则毋庸置疑。居延一带并无城北候官，故简2中的"城北候"下一字非"长"即"史"，本简无疑是城北候长或候史上报所属驿马、鞍勒情况的文书。二简所示，一为不侵部，一为城北部，但二者内容相关。如仅就"驿马课"文书格式而言，简2可视为该部"驿马课"文书的标题，简3则是"驿马课"的正文内容。以部为单位上报"驿马课"，说明部作为边塞基层防御组织之一，也负责本区域驿务。

简4出于甲渠候官遗址，应是该候官始建国天凤二年，向其上级居延都尉府呈递的"邮书驿马课"标题；简5则是肩水候丹上报肩水都尉府的传驿马名籍。此五简内容不尽相同，但均与驿马有关。简1显示，驿设于燧，由燧长负责饲养驿马；2、3与4、5两组分别是部和候官向其上级呈送的驿马文书。这种由燧到部，再由部向候官、都尉府逐级上报驿马的情况说明，驿务也是边塞防御系统日常戍务的重要组成部分。这也印证了王国维、贺昌群等前辈学者关于"汉代边塞邮驿即寓于亭燧之中"的论断是正确的。

综上所论，驿作为一种专门的信息传递机构，至迟在西周时就已出现。驿与邮是秦汉时期最基本的公文传递组织，故有"公事自有邮驿"之说。驿隶属于所在的郡县或候官，各驿都配有专门吏员和车马。但驿的规模不大，未必设有令、丞、候等职官。秦末汉初，因战事连绵，马匹奇缺。后经文景之世休养生息，社会经济逐渐恢复，马匹数量大增，但因武帝频繁用兵，战马耗减极大，驿马更加缺乏。故在西汉昭、宣以前，公文传递主要以邮步递，驿的使用非常有限；到东汉时，驿又成为传递诏令等重要公文和边情急报及贡献方物的主要手段。这种变化，正是前、后汉驿政由瘫痪停顿到逐渐复兴的反映。

——原载《鲁东大学学报》2011年第1期

汉代"传驿马名籍"简若干问题考述

数十年前,日本著名学者森鹿三先生曾对旧居延汉简中的传驿马文书作过系统深入的整理研究,对传、驿马及其年齿、性别、身高和饲料供应等问题,都提出了独到而深刻的见解[①],这对于汉简和汉代邮驿制度研究的进一步深入,具有重要的奠基作用。但是,囿于当时所见简牍材料数量不多、简文释读不尽准确,森鹿三先生的论述还存在一些不足和失误,甚至现今学术界对相关问题的认识也有偏差。本文在借鉴学界已有研究成果的基础上,就汉代"传驿马名籍"简中的相关问题略陈管见。

一　关于马的年龄

马的年龄在许多"传驿马名籍"简中都有反映,森鹿三先生根据对旧居延汉简中的材料分析认为,四到十六岁是马的正常使用年龄。但是,结合文献所记马的生理特点和"传驿马名籍"简的有关信息来看,汉代马的正常服役年龄应是五至十二岁。

居延、敦煌汉简[②]中有很多"驿马课"（E. P. F22：640）、"传驿马

---

① 森鹿三著,姜镇庆译:《论居延简所见的马》,中国社会科学院历史研究所战国秦汉史研究室:《简牍研究译丛》（第1辑）,中国社会科学出版社1983年版,第75—99页。

② 本文中的居延汉简指谢桂华等《居延汉简释文合校（上、下）》（文物出版社1987年版）和甘肃省文物考古研究所等《居延新简》（文物出版社1990年版）,敦煌汉简和敦煌悬泉汉简是指吴礽骧等释校《敦煌汉简释文》（甘肃人民出版社1991年版）和胡平生、张德芳《敦煌悬泉汉简释粹》（上海古籍出版社2001年版）。以下征引简文,凡出自《居延新简》者均沿用书中简号;出自其他各书,则在原书简号前加大写英文字母H、D和X,分别表示《居延汉简释文合校》《敦煌汉简释文》和《敦煌悬泉汉简释粹》。

名籍"（H284.2A）册简，其中详细记载了马匹数量、毛色、牝牡、年齿、身高等内容。如以下各简：

1. 驿马一匹，驿駮，牡，齿四岁，高五尺八寸，上，调习
                     H142.26

2. 廿四，驿马一匹驿，牡，左剽，齿八岁，高五尺八寸，上，调习
                     E.P.C：1

3. □官□驿马一匹，骊駮，牡，左剽，齿十四岁，高五尺八寸，中
                     H231.20

4. 传马一匹，駹，乘，左剽，八岁，高五尺八寸，中，名曰仓波，柱。传马一匹，骝，乘，左剽，决两鼻，白背，齿九岁，高五尺八寸，中，名曰佳□，柱驾。
                     X97

汉律规定："四马高足为置传，四马中足为驰传，四马下足为乘传，一马、二马为轺传。急者乘一乘传。"[①] 所谓"高足""中足"和"下足"，实际上是把马分为上、中、下三个等级。对照上举四枚"传驿马名籍"简中的"上""中"等字，带有总结概括的意味，显然也是表示马的优劣良驽的等级而言。

力量和速度是衡量马匹优劣的重要因素，而这些又直接受到牝牡、身高、体质和年齿等因素的影响，其中马的年龄则是最重要的因素之一。因此，马的年齿就成了"传驿马名籍"简中必不可少的内容。居延汉简中有"诊视马皆齿长，终不任驿"（H266.17）之说。《汉书》卷五《景帝纪》载，汉景帝中四年（前146），御史大夫卫绾奏言，"禁马高五尺九寸以上，齿未平，不得出关"。注引服虔曰："马十岁，齿下平。"[②] 另

[①] 参阅《汉书》卷1上《高帝纪》（第57页）"乘传诣洛阳"句注引如淳说。但《史记》卷10《孝文本纪》"太仆见马遗财足，余皆以给传置"句下，司马贞《索隐》引如淳云："律，四马高足为传置，四马中足为驰置，下足为乘置，一马二马为轺置，如置急者乘一马曰乘也。"（第422—423页）大概司马贞认为"传、置一也"，遂将"传"字径改作"置"字。

[②] 《汉书》卷5《景帝纪》，中华书局1962年版，第147页。

据《齐民要术》卷六《养牛马驴骡》载：马"一岁，上下生乳齿各二；二岁，上下生齿各四；三岁上下生齿各六；四岁，上下生成齿二；成齿，皆背三入四方生也。五岁，上下著成齿四……十二岁，下中央两齿平；十三岁，下中央四齿平；十四岁，下中央六齿平；十五岁，上中央两齿臼；十六岁，上中央四齿臼"①。意思是说，马三岁以前生乳牙，满三岁进四岁时才长出成年牙；到十二岁时，中间的下齿开始变平；十五岁以后，中间的上齿出现臼状。敦煌汉简中有关于伯乐相马的要诀："伯乐相马自有刑，齿十四五当下平"（D843），与《齐民要术》所记大体一致。居延甲渠候官第四燧遗址所出另一枚简又云："候长、候史马皆廪食，往者多羸瘦，送迎客不能竟界，大守君当以七月行塞，候、尉循行，课马齿五岁至十二岁"（E.P.S4.T2∶6）。大意是说，以往边塞候长、候史所乘用之马，虽由官府供给草料，但大多体质羸弱，以致对巡视本辖区官员的迎来送往都不能胜任。郡太守将于七月视察边塞，沿途各候、尉官也将陪同巡视。为此，要求各部征集五至十二岁的马匹，以迎接郡守和候、塞尉等上级官员的到来。按前引《齐民要术》的说法：马匹三到四岁才算成年，到十二岁以后下齿渐平，出现衰老的迹象。但刚成年的马匹还需经过一段时期的调教驯服，才能使用。如果除去这段调教驯服的过程，马的正常服役年龄大致是五至十二岁，汉简所见"驿马课"和"传驿马名籍"册中记载的马匹年齿大多在此区间内。森鹿三先生所举"齿三岁"的马属于释文错误，实际应为"齿四岁"，H457.6 简释文已经改正。至于像简 1 所记四岁的驿马，尚处在"调习"阶段。而所谓"齿长"不能胜任驿用之马，应即超过十二岁的老马。

　　需要说明的是，马匹在十二岁以后开始衰老只是就一般情况而言。由于个体差异，有的马匹虽然超过十二岁，但仍身强体健，简 3 所记一匹十四岁的驿马，其等级为中，就是明证。而且，汉代（特别是西汉）马匹缺乏的情况一直是存在的。汉朝立国之初，经济衰败不堪，马匹奇缺，"自天子不能具钧驷，而将相或乘牛车，齐民无藏盖……米至石万

---

① 石声汉校译：《齐民要术今释》（第 2 分册），科学出版社 1958 年版，第 363—384 页。

钱，马一匹则百金"①。将相出行尚乘牛车，各地驿马自然难有保障了。史载："秦世旧有厩置、乘传、副车、食厨，汉初承秦不改，后以费广稍省，故后汉但设骑置而无车马。"② 可见，汉初确因经费短缺而省并了某些邮驿机构和设施。汉文帝前二年（前178）十一月诏："太仆见马遗财足，余皆以给传置。"③ 省减太仆所属马以补充驿置用马，足见当时驿马缺乏之严重程度。到汉武帝即位时，马匹数量大增，以致"众庶街巷有马，阡陌之间成群，乘字牝者傧而不得聚会"。然而，汉武帝大规模对匈奴作战，使汉朝战马损失惨重。仅元狩四年（前119）漠北之战，汉军就损失十余万匹战马。因"车骑马乏绝，县官钱少，买马难得，乃著令，令封君以下至三百石以上吏，以差出牝马天下亭，亭有畜牸马，岁课息"④。由于频繁用兵，致使"戎马不足，牸牝入阵，故驹犊生于战地，六畜不育于家"⑤。汉昭帝始元五年（前82），诏令"罢天下亭母马及马弩关"，但驿马仍嫌不足，故元凤二年（前79）六月又下诏："颇省乘舆马及苑马，以补边郡三辅传马。"对此，东汉应劭解释说："武帝数伐匈奴，再击大宛，马死略尽，乃令天下诸亭养母马，欲令其繁孳。"⑥ 可见当时马匹极其缺乏。京畿所在的三辅地区和事关军情急务的边郡，所需传马竟需削减乘舆马和苑马以补充，其他地区传马缺乏之甚，就不言而喻了。因此，汉代超龄服役的马匹屡见不鲜，以致连西北边郡将吏也报怨"传马皆大齿"（D48）。居延和敦煌汉简所见齿十四岁（H231.20、D2018）和十六岁（H149.23、E.P.T59：81）、十八岁（H62.13、X一四七、X一五二）、十九岁（X九七）的传马，正是这种情况的反映。

---

① 《史记》卷30《平准书》，第1417页。
② 《晋书》卷30《刑法志》，第924页。
③ 《汉书》卷4《文帝纪》，第116页。
④ 《汉书》卷24下《食货志下》，第1173页。
⑤ 桓宽撰，王利器校注：《盐铁论校注》卷3《未通》，中华书局1992年版，第190页。
⑥ 《汉书》卷7《昭帝纪》，第222、228页。

二 关于"乘"与"骊"

值得注意的是,"传驿马名籍"简在言及传马特征时往往注明"乘"与"左骊""两骊"等。森鹿三先生指出,"乘"同"骒",指去势马。由于材料限制,尽管"对自己的看法有些不放心",但他最终还是没能作出进一步的论述①。今之学者有将"乘"字释为"乘骑"者,②则与文意不合。在类似的"传驿马名籍"和相关爰书简中,虽然所记内容不尽相同,但一般都依次叙述马的毛色、牝牡、年齿和身高等要素,有的还在年齿之前记"左骊"(如2、3、4简)、"两骊"(H149.23)等特征。但是,凡是标有"乘"字者,均不再注牝牡,而且"乘"字正好处在其他简例中表示性别的"牡"或"牝"字的位置。这从敦煌悬泉简中甘露元年(前53)二月二十三日悬泉厩佐的一封橐佗罢死爰书可得到印证。该爰书云:

> 5. 使者段君所将踈(疏)勒王子橐佗三匹,其一匹黄,牝;二匹黄,乘,皆不能行,罢亟死。　　　　　　　　　　Ⅹ一四一

爰书所叙三匹橐佗均为黄色,其中一匹为"牝",即母橐佗;另外两匹为"乘",也应是指牝牡而言,而不是指其是否用于乘骑。这与简4"传驿马名籍"中的行文格式完全一致。类似的例证还可参阅Ⅹ一四二简,恕不赘引。据《说文》"马部":"骒,犗马也。从马,乘声。"同书牛部:"犗,骒牛也,从牛,害声。"段玉裁注云:"骒,犗马也。谓今之骟马也。"他认为,因"其事一,故其训互通"。可见,骒即犗马,亦即骟马。上述"传驿马名籍"简和"橐佗罢死爰书"简中的"乘"实为"骒"字,指去势的雄性马(即骟马)或橐佗。正因为"乘"已带有明

---

① 森鹿三著,姜镇庆译:《论居延简所见的马》,中国社会科学院历史研究所战国秦汉史研究室:《简牍研究译丛》(第1辑),第86页。
② 胡平生、张德芳编撰:《敦煌悬泉汉简释粹》,第107页。

显的性别特征，故在传马名籍或爰书简中就无需再标注牝牡了。类似的情况又见以下各简：

6. ☐马，骊，乘，齿十六岁，攦，右耳决，有鼻已收，头革齿耳臧　　　　　　　　　　　　　　　　　　　　　　　　E. P. T59：81

7. 传马一匹，駹骍，乘，左剽，齿九岁，高六尺五寸　　X 九八

由于所据释文有误，森鹿三先生将"左剽"均视为"生副"。但他认为："两剽"与"生副"字形相似，"意义大概也相同"。敦煌汉简中的"两抾"，应为"两剽"，可能就是《汉书·赵充国传》中与"正马"相对的"倅马"（即副马）[1]。这一认识，对于正确释读和理解简文，颇具启发意义。事实上，劳榦所释的"生副"，实为"左剽"之误，这在后出的居延和敦煌汉简释文中，均已改正。因此，森鹿三在将"两剽"与"生副"进行对照比较的基础上解释文意，实为卓见。受此启发，笔者认为：现今《敦煌汉简释文》中的两处"两抾"均应作"两剽"。两简内容如下：

8. 降归义乌孙女子复幂献驴一匹，骍，牡，两抾，齿☐岁，封颈以敦煌王都尉章　　　　　　　　　　　　　　　　　　　　D1906

9. 钟政私驴一匹，骓，牡，两抾，齿六岁，久在尻☐☐
　　　　　　　　　　　　　　　　　　　　　　　　　　　D536

此二简所记对象都是驴。前者是写在归义乌孙女子复幂所献驴的颈部封检上的文字，该封检上钤有王姓敦煌都尉的印文；后者是关于钟政私驴情况的记录。虽然二者不属同一文书类型，但其行文格式则与上述"驿马课"和"传驿马名籍"类各简完全一致，也是依次记驴的类型（贡献之驴或私驴）、数量、毛色、性别、年齿等内容。在性别与年齿之

---

[1] 胡平生、张德芳编撰：《敦煌悬泉汉简释粹》，第86—87页。

间的"两扶"二字恰好处在"传驿马名籍"简中"左剽""两剽"①的位置，由此可以断定它们所指代的应是传驿马（驴、驼）的同一特征。《说文》"刀部"："剽，砭刺也。从刀，票声。"段玉裁注云："谓砭之、刺之，皆曰剽也。砭者，以石刺病也；刺者，直伤也。"上述简文中的"剽"，即指在马（驴、驼）的身上刺印或烙印。而"左剽"是说印迹在左边，"两剽"则指留有两处印迹。简9中的"久在尻"，则说明此两处印迹位于驴的臀部。由此可见，不论是从行文格式还是文字含义来看，8、9两简中的"两扶"都应是"两剽"的异写。

三 柱马与倅马

上引简4中除记载传马的数量、毛色、性别、印迹、年齿、身高、等级和名称外，还标有"柱"或"柱驾"字样。胡平生、张德芳先生认为，"柱"字待考。"或说，悬泉简中常见'柱'或'柱马'，疑指饲养在马厩里的待用之马。柱是'住'的假借字。"② 初世宾先生③也认为，汉简所见"柱马"的"柱"（拄、驻）字，"有专备不得挪作他用之义，与驿置交通有关"④。我们认为，"柱"或"柱驾"出现在《传马名籍》册简中，应是指传马特征无疑。为进一步说明"柱"的含义，我们不妨将居延、敦煌汉简中标有"柱"或"柱马"的简文列举如下：

---

① 居延汉简中明确标注"两剽"的传驿马名籍简仅有一例，简文如下："□駼，乘，两剽，齿十六╱"（H149.23）。虽然本简上下均残，但其为"传驿马名籍"简则无可质疑，其格式也与上举各简完全吻合。

② 胡平生、张德芳编撰：《敦煌悬泉汉简释粹》，第83、141页。

③ 初世宾：《悬泉汉简羌人资料补述》，《出土文献研究》（第6辑），上海古籍出版社2004年版，第167—189页。

④ 按：初先生文中征引《汉书》卷96下《西域传下》车师后王姑句以其国"当道为柱、置，必不便"句，文字不确；当作"车师后王姑句以道当为柱置，心不便也"。颜师古注云："柱者，支拄也。言有所置立，而支拄于己，故心不便也。拄音竹羽反，又音竹主反。其字从手，而读之者或不晓以拄为梁柱之柱，及分破其句，言置柱于心，皆失之矣。"《汉书》卷96下《西域传下》，第3924—3925页。

10. 甘露二年二月庚申朔丙戌，鱼离置啬夫禹移县泉置，遣佐光持传马十匹，为冯夫人柱，禀穈麦小卅二石七斗，又茭廿五石二钧。

X二〇〇

11. 出茭卅束，闰月乙卯以食送使者叶君柱马八匹，一宿南

E. P. T51：85

12. 出茭千七百一十六束，以食行塞使者、劳边使者、大守君柱马☐

E. P. T52：546＋616

13. 出粟小石九石六斗，鸿嘉二年六月辛卯甲渠候官令史，传柱马食

E. P. T4：91

14. ☐一石二斗给柱马食　☐☐☐

E. P. T5：34

15. ☐粟廿石，输万岁燧仓，柱马食

H212.128

16. 受杜君**穧穅**卅石。其十五石廪柱马食，十五石廪候长候史马二匹、吏一人闰月食，余四斗，见。

H507.3A

简 10 是鱼离置就派置佐光牵着 10 匹传马并携带草料迎接冯夫人之事而给悬泉置的文书（冯夫人为远嫁乌孙的汉朝解忧公主近侍）。简文中穈麦与茭的数量，大约包括了 10 匹传马和冯夫人一行自备马匹、橐佗的粮草。第 11—16 六简都是有关柱马的茭草、饲料供应记录。据简 11 载，每匹柱马平均日食茭草量为 5 束，与另一枚居延简"出茭卅束食传马八匹"（H32·15）的记载完全吻合。以此为准，简 12 中"千七百一十六束"茭，约为 343 匹马一天的茭草食用量。本简涉及的过往者有行塞使者、劳边使者和本郡（即张掖郡）太守，他们地位很高，身份各异，似非同时经过甲渠候官某地；而且简中出茭量很大，也不是某一天的出茭记录。综合过往者身份和巨大的茭草供应量来看，本简应是某部门在某一时期的出茭总计。另据敦煌悬泉置简记载，马的饲料供应量为："未央厩、骑马、大厩马日食粟斗一升。置传马粟斗一升，叔（菽）一升。其当空道日益粟，粟斗一升。"（X 五）但居延汉简又有"☐马八匹十月食，积二百卅匹，匹一斗二升"（H65.2）的记载，与简 14 所记吻合。若以每匹马日食粟一斗二升计，简 10 的"穈麦小卅二石七斗"约为

10匹传马27天的饲料量。13、14二简所记则分别为80匹和10匹柱马一天的饲料，其中简13明确记载是鸿嘉二年（前19）六月辛卯日甲渠候官的出粟记录。以甲渠候官的规模，在同一天内，不大可能预留80匹马以备用。如果指某一段时间而言，则不必特别区分是否为待用之马。另外，从简16的记载来看，某部共接收卅石榜程，其中十五石为柱马草料，另外十五石除供应候长、候史所乘用的两匹马和一名部吏闰月的口粮外，尚剩余四斗，足见柱马的饲料供应量要远比一般马匹为多。根据秦汉律令规定，马匹草料供应量的多少与其被役使的强度密切相关。劳动强度越大，草料供应量也随之增加。前引敦煌悬泉简抄录的朝廷诏令中对各类马匹的饲料供应量都有规定，其中地当交通要道者"日益粟"，就是明证。睡虎地秦简《仓律》中也有类似的规定[①]。因此，将柱马视为马厩中的备用之马，既与简文内容不符，又与相关律令冲突，当另求他解。

"柱马"也见于文献记载，项楚先生《柱马屋存稿》之"柱马屋"即取名于唐人寒山诗，[②]"言其本无栋梁之用，'识者取将来，犹堪柱马屋'而已"[③]。这里的"柱"字作动词解，是"作为……支柱"的意思。《说文》"木部"："柱，楹也，从木主声。"段玉裁注云："柱之言主也，屋之主也……柱引申为支柱、柱塞，不计纵横也。"

根据以上对"柱"字含义的讨论，结合汉代太守、使者乘传循行的惯例，简中的"柱"或"柱马"应即"主马"，亦即驾车之辕马。居延

[①] 《睡虎地秦墓竹简·仓律》规定："驾传马，一食禾，其顾来有（又）一食禾，皆八马共。其数驾，毋过日一食。驾县马劳，有（又）益壶（壹）禾之。"意思是说，传马驾车一次，就喂一次饲料，回来再喂一次，但都要八匹马一起喂。如果连续驾车几次，每天也不得超过一次饲料。如果驾车路远，马匹疲劳，可再加喂一次饲料。睡虎地秦墓竹简整理小组：《睡虎地秦墓竹简》，文物出版社1978年版，第47—48页。

[②] 寒山诗云："天生百尺树，剪作长条木。可惜栋梁才，抛之在幽谷。年多心尚劲，日久皮渐秃。识者取将来，犹堪柱马屋。"项楚先生指出，其句末之"柱马屋"，典出南朝宋刘敬叔《异苑》卷七："晋武太元二年，沙门竺慧猷夜梦读诗五首，其一篇后曰：'陌南酸枣树，名为六奇木。遣人以伐取，载还柱马屋。'"寒山诗的立意明显受到"陌南酸枣树"诗的影响。说见项楚《柱马屋存稿》，商务印书馆2003年版，第87页。

[③] 项楚：《柱马屋存稿·后记》，商务印书馆2003年版，第360页。

所出有一残简云："☐主马十四匹；四日殄北卒马十四匹，一宿去。药，马八束半☐主马四匹三日。药，马八束半。"（E. P. T52：226）该简中的"主马"当即"柱马"，为传马之"主"者；而与此相对的"卒马"，当即赵充国所说的"倅马"，亦即副马。史载，汉宣帝时，后将军赵充国论屯田之利云："至四月草生，发郡骑及属国胡骑伉健各千，倅马什二，就草，为田者游兵。"颜师古注曰："倅，副也。什二者，千骑则与副马二百匹也。"[①] 这里的倅马才是备用之马，大概具有预备队的意味，故每千匹战马配有二百匹副马。

除了上述居延新简中与"主马"相对的"卒马"（倅马）外，在居延旧简中也有同样的用法，如下简：

17. 觻得骑士安定里杨霸，卒马一匹　　　　　　　　　　H560.8

在汉简中，"卒"与"萃"通用，如"逆胡卒"（E. P. T55：13）有时写作"逆胡萃"（E. P. T56：5），"卒马"（倅马）又写作"萃马"，不仅"卒马一匹"（H560.8）与"萃马一匹"（H116.57）在居延汉简中共存，而且还与候马、传马等并列。如下简：

18. ☐以食候马、传马、萃马　　　　　　　　　　　　H492.2

候马即在烽燧线上用来骑乘以巡逻、候望的马匹，传马则专指为运送物资或公务往来者而驾车之马匹。"萃马"与"候马""传马"并列，足见它们各有所指。根据"卒""倅""萃"通假的惯例，本简中的"萃马"与前述"倅（卒）马"一样，是指各种备用之马，与"柱（主）马"相对应。

综上所述，虽然汉代因马匹缺乏，常有传马超龄服役的情况，但马的正常服役年龄应在五至十二岁之间。传马（驼）名籍简中的"乘"即

---

① 《汉书》卷69《赵充国传》，第2986页。

"骠",是指去势的公马(骆驼),亦即骟马(骆驼);简册中的"剽"(或作"抾")是指在传马(驴、骆驼)身上留下的印迹。"柱马"即主马,指驾车的辕马;与"柱马"对应的是"卒马"(或作"萃马"),在史籍中又写作"倅马",亦即副马,是指各种备用之马。

——原载《鲁东大学学报》2008年第6期

论秦汉的置

置是秦汉邮驿机构之一，但在传世文献中记载很少。敦煌汉代悬泉置遗址的发掘及简牍材料的公布，为我们了解汉代邮驿制度特别是置的职能及其运作管理，提供了许多颇有价值的新材料。

一　先秦至两汉置的发展

史籍中关于置的记载不多，但人们的解释却各不相同。《孟子·公孙丑上》引孔子曰："德之流行，速于置邮而传命。"朱熹《集注》云："置，驿也。邮，䭷也。所以传命也。"① 《史记》卷十《孝文本纪》："太仆见马遗财足，余皆以给传置。"司马贞《索隐》："《广雅》云'置，驿也'。《续汉书》云'驿马三十里一置'。故乐产亦云传置一也。言乘传者以传次受名，乘置者以马取匹。传音丁恋反。如淳云'律，四马高足为传置，四马中足为驰置，下足为乘置，一马二马为轺置，如置急者乘一马曰乘也'。"② 唐人颜师古云："置者，置传驿之所，因名置也。"③ 可见，在唐宋人看来，置就是驿站。然而，在《说文》和段玉裁的注中，却完全看不到"置"作为驿站的影子。《说文》释"置"云："赦也。从网、直。"段玉裁注："置之本意为贳遣，转之为建立。所谓

---

① 朱熹：《孟子集注》卷3，《四书章句集注》，中华书局1983年版，第229页。
② 《史记》卷10《孝文本纪》，第422—423页。
③ 《汉书》卷4《文帝纪》，第117页。

变则通也……古借为'植'字。"① 东汉《开通褒斜道石刻》云：

> 永平六年汉中郡以诏书受广汉、蜀郡、巴郡徒二千六百九十人，开通褒余道，大守钜鹿鄐君、部掾冶级王庙讳、史荀茂、张宇、韩岑等兴功作，大守丞广汉杨显将相用，始作桥格六百卅□，大桥五，为道二百五十八里，邮亭驿置徒司空、褒中县官寺并六十四所，□凡用功七十六万六千八百余人，瓦卅六万八千九百。②

今人对其中的"置"字多有误解，或将其视为动词，作"设置"解。张传玺先生对此已有专文辨正："'邮亭驿置'四字作为一个词组来说，是我国古代邮驿机构或制度的总称，如果每个字拆开来说，又分别是各类邮驿单位的名称。"铭文中的"徒司空"是官署名称，但其主管长官也称徒司空。③ 辛德勇先生说："邮、亭、驿、置均为官方所设驿递止宿之所，功用基本相同。徒司空应为官名。"④ 这种解释是正确的。碑文将邮亭驿置并列，说明置确与邮、亭、驿一样，也是从事传递信息和迎送过往使者、官吏及各种公务人员的邮驿机构。

孔子以置邮"传命"为喻，说明至迟在春秋时期已经有了传达政令的置。置的设立不是孤立的，而是通过交通线将每隔一定距离的站点（即置）联系起来。《水经注》卷十九《渭水》引《春秋后传》曰："使者郑容入柏谷关，至平舒置，见华山有素车白马，问郑容安之？答曰：之咸阳……郑容行至鄗池……有顷，闻语声言祖龙死。"⑤ 始皇三十六年（前211）"秋，使者从关东夜过华阴平舒道"。《正义》引《括地志》

---

① 许慎撰，段玉裁注：《说文解字注》，上海古籍出版社1988年版，第356页。
② 王昶：《金石萃编》卷5，中国书店1985年版，第3b—4a页。高文《汉碑集释》亦收录该文，称为《开通褒斜道摩崖》，录文与《金石萃编》有所不同。该书将"邮亭驿"与"置徒""司空"分别断读，并说："置徒，谓置设徒隶。司空，掌水土营造之事也。"高文：《汉碑集释》，河南大学出版社1997年版，第6—7页。
③ 张传玺：《释"邮亭驿置徒司空、褒中县官寺"》，《考古与文物》1981年第4期。
④ 辛德勇：《汉〈杨孟文石门颂〉堂光道新解——兼析灙骆道的开通时间》，《中国历史地理论丛》1990年第1期。
⑤ 陈桥驿：《水经注校释》卷19，杭州大学出版社1999年版，第332页。

· 108 ·

云："平舒故城在华州华阴县西北六里。《水经注》云'……昔秦之将亡也，江神送璧于华阴平舒道，即其处也。'"① 此"平舒置"就是从柏谷关至鄗池、咸阳间的一站，在其前后还应有其他置与之相连。高祖初起时，曹参以中涓身份随从，"北击司马欣军砀东，取狐父、祁善置"。文颖曰："善置，置名也。"颜师古曰："狐父、祁，二县名也。……置若今之驿也。"②《史记》卷五十四《曹相国世家》之《集解》《正义》和《索隐》等说均同此。③ 可见秦时仍设有置。高祖"八年（前199），上从东垣过。贯高等乃壁人柏人，要之置厕"④。此为汉初柏人县之置。张家山汉简《二年律令·津关令》云：

　　□议，禁民毋得私买马以出扞〈扜〉关、郧关、函谷【关】、武关及诸河塞津关。其买骑、轻车马、吏乘、置传马者，县各以所买（五〇六）名匹数告买所内史、郡守，内史、郡守各以马所补名为久久马，为致告津关，津关谨以藉（籍）、久案阅，出。

　　相国上长沙丞相书言：长沙地卑湿，不宜马，置缺不备一驷，未有传马，请得买马十，给置传，以为恒。·相国、御史以闻，请（五一六）许给买马。·制曰：可。（五一七）

　　丞相上长信詹事书，请汤沐邑在诸侯，属长信詹事者，得买骑、轻车、吏乘、置传马关中，比关外县。丞相、御史以闻，·制……（五一九）⑤

据整理小组云：扞关即江关，在今四川奉节东，郧关在今湖北郧县东北，武关在今陕西商州东南，函谷关在今河南灵宝西南。按律令规定，私人所买马匹不得出关，但置传马等官府所用马匹，经登记、烙印，则

---

① 《史记》卷6《秦始皇本纪》，第360页。
② 《汉书》卷39《曹参传》，第2014页。
③ 《史记》卷54《曹相国世家》，第2021—2022页。
④ 《汉书》卷32《张耳传》，第1840页。
⑤ 张家山二四七号汉墓竹简整理小组：《张家山汉墓竹简〔二四七号墓〕》（释文修订本）》，文物出版社2006年版，第85—87页。

可出关。皇太后汤沐邑在关外，故长信詹事在关中购买置传马与关外同。长沙国"地卑湿，不宜马"，可在它处买马，以补置传马之不足。《津关令》一再强调买马和私人马匹出入关禁令，反映当时马匹非常缺乏；特别放宽对购买"置传马"的限制，又显示汉初在各地都普遍设有置。武帝以后，置的设立更加普遍，这在居延、敦煌和尹湾等地所出汉代简牍中都有反映。其中居延地区有吞远置（E.P.T52：173[①]）、橐它置（E.P.T52：362）、遮虏置（E.P.T65：315）、第三置（E.P.F22：12）、新沙置（155.15[②]）等。既有以序数命名的第三置，则当有第一置、第二置等。张掖郡昭武县有祁连置（X六〇[③]），破城子59号探方所出582号简记日勒至屋兰县间有钧著置，武威郡媪围至揟次县之间有居延置，右扶风茂陵至好止（畤）县之间有茯置、好止（畤）县有义置，安定郡泾阳至高平县间有平林置，京兆尹所属蓝田县有蓝田置。[④] 敦煌郡从东到西，至少有渊泉、冥安、广至、鱼离、悬泉、遮要、敦煌等置；[⑤] 东海郡有博望置。[⑥] 另据《水经注》卷二《河水》载："河水又东与于阗河合，南源导于阗南山，俗谓之仇摩置，自置北流，迳于阗国西，治西城。"[⑦] 可见西域亦有置，则《史记》卷一二三《大宛列传》《正义》

[①] 甘肃省文物考古研究所等编：《居延新简》，文物出版社1990年版，第240页。以下凡引居延新简，均只标简号，不再注书名、页码。

[②] 谢桂华、李均明、朱国炤：《居延汉简释文合校》，文物出版社1987年版，第254页。以下凡出自本书简均只标简号，不再注书名、页码。

[③] 胡平生、张德芳：《敦煌悬泉汉简释粹》，上海古籍出版社2001年版。以下凡引自本书的悬泉简，均在简文汉字序号前加"X"表示，不另注页码。本简作"郅连厩置"，但"郅"实为"邸"的误释。"邸"与"祁"古音皆属脂部，"氐"与"示"声母相近，故"邸连"应读为"祁连"。说见裘锡圭《汉简零拾》，《裘锡圭学术文集》（简牍帛书卷），复旦大学出版社2012年版，第57—61页。

[④] 陈直：《居延汉简研究》，天津古籍出版社1986年版，第46页。

[⑤] 甘肃省文物考古研究所：《甘肃敦煌汉代悬泉置遗址发掘简报》（《文物》2000年第5期）认为有7个置；张德芳《简论悬泉汉简的学术价值》一文（《光明日报》2000年8月25日C4版）认为，敦煌郡有悬泉、鱼离、遮要、龙勒、广至、效谷、冥安、渊泉等9置（总数缺一）。二者所述置的名称和数量都不尽相同。

[⑥] 连云港市博物馆、中国社会科学院简帛研究中心、东海县博物馆、中国文物研究所编：《尹湾汉墓简牍》，中华书局1997年版，第141页。

[⑦] 陈桥驿：《水经注校释》卷2《河水》，第19页。

引《魏略》所记大秦国"公私宫室为重屋，邮亭驿置如中国"①，殆非虚言。

由于秦末以来的战争破坏，民生困苦，百废待兴，汉初统治者推行黄老"无为"政治，"扫除烦苛，与民休息""凡事简易，禁罔疏阔"②。道路和邮驿交通基本沿袭秦时旧规，《曹参传》所见祁县之善置即为秦置。故《晋书》卷三十《刑法志》云："秦世旧有厩置、乘传、副车、食厨，汉初承秦不改。"③ 可知秦汉之厩置是前后相袭的。居延、敦煌等新开边郡如此，三辅和东海等内郡亦然。

二　置的职能

置具有传递公文和接待过往使者官员两大职能。或认为悬泉置"主要任务是传递各种邮件和信息，迎接过往使者、官吏、公务人员和外国宾客"④。还有的则归纳为传递官文书，为过往官员、军人提供食宿和交通工具，管理辖区乡里户籍，负责辖区社会治安和垦田种植等六项功能。⑤ 但就现有材料而言，尚不能证明置具有管理户籍和负责治安的功能，至于"垦田种植"，大概也与"邮亭乡官"畜养鸡豕、种植果疏一样，只是本部门饮食供给的补充而已，规模不会很大。故本文所论置的职能，也以传递公文和接待过往使者、官员为限。

（一）传递公文

置用于传递情报、公文，在汉代屡见不鲜。征和二年（前91）秋，戾太子为江充诬陷，遂杀充而入丞相府，"是时上避暑在甘泉宫，丞相长

---

① 《史记》卷123《大宛列传》，第3163页。
② 《汉书》卷5《景帝纪》、卷89《循吏列传》，第153、3623页。
③ 《晋书》卷30《刑法志》，第924页。
④ 甘肃省文物考古研究所：《甘肃敦煌汉代悬泉置遗址发掘简报》，《文物》2000年第5期。
⑤ 吴礽骧：《敦煌悬泉遗址简牍整理简介》，《敦煌研究》1999年第4期。

史乘疾置以闻"①。此为紧急情况下"乘疾置"传递消息，可见置的速度很快。居延有一枚简正面云："官告吞远候长党，不侵部卒宋万等自言：治坏亭，当得处食。记到，廪万等，毋令自言有教。"（E. P. T51：213A）简背面书："置驰吞远候长党。"（E. P. T51：213B）宋万等人因不在本部候"治亭"，以致饮食无着，候官得知情况后即致书吞远候长党，令其为宋万等提供饮食。简背特别标明"置驰"，具有快速传递之意。征和四年（前89），桑弘羊等奏请派卒屯田轮台，令"张掖、酒泉遣骑假司马为斥候，属校尉，事有便宜，因骑置以闻"。颜师古云："骑置，即今之驿马也。"②居延汉简屡见有"县厩置驿骑行诏书"（E. P. F22：64A）"以县厩置驿骑行"（E. P. F22：69）的记载，《后汉书》卷八十八《西域传》称："立屯田于膏腴之地，列邮置于要害之路，驰命走驿，不绝于时月"③，可见置是以马递为主。悬泉简中有很多置受付文书记录：

出东书四封，敦煌太守章：一诣劝农掾，一诣劝农史，一诣广至，一诣冥安，一诣渊泉；合檄一，鲍彭印，诣东道平水史杜卿；府记四，鲍彭印，一诣广至，一诣渊泉，一诣冥安，一诣宜禾都尉。元始五年四月丁未日失中时，县（悬）泉置佐忠受广至厩佐车成辅。·即时遣车成辅持东。   Ⅹ——一

入西板檄二，冥安丞印，一诣乐掾治所，一诣府。元始四年四月戊午，县（悬）泉置佐宪受鱼离置佐晒卿，即时遣即行。
                                                    Ⅹ——二

第一简显示，元始五年（5）四月丁未（13日）午后，经悬泉置送出一批东行文书，共计10件（封）。由悬泉置佐忠受广至厩佐车成辅，

---

① 《汉书》卷66《公孙贺传》，第2880页。
② 《汉书》卷96下《西域列传》，第3912页。
③ 《后汉书》卷88《西域传》，第2931页。

并令其即时出发,继续东行。① 第二简是元始四年(4)四月戊午(19日)由冥安县经悬泉置西行送往敦煌的文书记录,文书递送者分别是鱼离置佐两卿和悬泉置佐宪,足见置的吏员直接从事公文的受付与传递,一旦延误时间,还要追究责任。如下简:

> 建平二年六月辛酉,县(悬)泉置啬夫敞敢言之:督邮京掾治所檄曰,县(悬)泉置后所受…… X七七

本简下部残缺,大意是名京的督邮掾认为一封经由悬泉置递送的文书未按期送达,故特从其驻地致书悬泉置过问此事,本简就是悬泉置啬夫敞在接到该檄书后的报告书。由此不难看出,传递公文是置的基本职责之一。

(二)接待过往使者官员

置接待过往使者、官员并为其提供食宿和车马等服务。贯高等欲刺杀刘邦,"乃壁人柏人,要之置厕。上过欲宿,心动,问曰:'县名为何?'曰:'柏人。''柏人者,迫于人!'不宿去。"② 是柏人置可供留

---

① 简文作"县泉置佐忠受广至厩佐车成辅",似悬泉置佐忠从广至厩佐车成辅处接受了这批文书。但是,"悬泉置在西,广至在东,而此简所记为东行之书,何以'县(悬)泉置佐忠受广至厩佐车成辅',难以解释"。说见胡平生、张德芳编撰《敦煌悬泉汉简释粹》,第93页。笔者认为,"出"书记录重在"出",即向下站交付文书,简文中多称为"付";而"入"书记录重在"入",即从前站承接文书,简文中多称为"受"。本简既为"出"书,当以记录交付下站为重点,故"置佐忠"后面的"受"应是"付"字之讹。简文末尾"即时遣车成辅持东",意即置佐忠在将文书交付车成辅后,嘱其即刻启程,继续向东传递。只有在前者"付"与其文书的基础上,才可能继续"持东"。若如简文所示作"受"字,则既与简首的"出东书"不甚相符,出现"难以解释"的行书方向问题,也与简末"即时遣车成辅持东"无法连接。若改"受"为"付",就会文从字顺。还需说明的是,文书受付记录一般只记文书性质、名称、数量和交付时间、双方当事人等。对于"入"者而言,"受书"只是其公文传递的开始,只有将文书按时交付下站,其递送任务始告完成。因此其"入"书记录不仅要记"受书"时间,还要记载其继续递送的情况,本简正是如此。对于"出"者来说,只要将文书送交下一站即可,至于下站是否即刻启程、由谁递送,则与本站关系不大,故其"出"书记录也无需记载。本简在"即时"前标以小圆点"·",意在将二者隔开,表示"出"书记录已至此结束。

② 《汉书》卷32《张耳传》,第1840页。

宿。居延一残简云："九日宿吞远置"（393.1A）。宿者身份不明，但在吞远置止宿则毫无疑问。悬泉置遗址所出《元康四年鸡出入簿》（Ⅹ九五）明确记载置接待使者止宿云："出鸡一只（雙），以食使者王君所将客，留宿，再食，东。"东海郡功曹师饶《元延二年日记》记其十月辛卯（初三）日，"立冬，从卿之羽，宿博望置"①。西汉平原郡有羽侯国，据《汉书》卷十五上《王子侯表上》，羽康侯成，武帝元朔三年（前126）十月癸酉封。② 师饶从卿所至之羽或即羽侯国，所宿之博望置当在东海郡至羽侯国途中或羽侯国境内。可见内地的置也有接待过往官员之责。

置不仅提供住宿之所，而且供给饮食。其中既有朝廷使者和郡县官吏，也有西域诸国的使团。悬泉简中屡见有"出米（或粟）若干，以食×官员（或×官员送自来×国使者）若干人，从者（或奴婢）若干人，人再食，西（或东）"之类，为过往使者、官员、部队和弛刑士等供应饭食的记录（见Ⅹ八五、八六、一三六、一三九、一四〇、二〇三至二〇七等简）。而《过长罗侯费用簿》（Ⅹ二一三）则详细记载了悬泉置为接待长罗侯军吏、斥候和弛刑士等所用粟、米、羊、牛肉和鸡、鱼、豉、麯、酒、酱等的数量，共计用酒20石，用米48石。当时接待过往者动辄数百上千人，如长罗侯一行除长史、军候丞、司马丞和斥候外，还有弛刑士300人；接待西域各国使者人数有时达470人（Ⅹ一五〇），有一次接待于阗王一行竟达1074人（Ⅹ一四五）。至于破羌将军辛武贤所部更多达万人，以致效谷长、丞要专门致书遮要、县泉置，令其事先预备米、肉、厨、乘等：

> 效谷长禹、丞寿告遮要、县（悬）泉置，破羌将军将骑万人从东方来，会正月七日，今调米、肉、厨、乘假自致受作，毋令客到不办与，毋忽，如律令。/掾德成、尉史广德　　　Ⅹ二三八A/B

---

① 连云港市博物馆、中国社会科学院简帛研究中心、东海县博物馆、中国文物研究所编：《尹湾汉墓简牍》，第141页。
② 《汉书》卷15上《王子侯表上》，第452页。

为万人部队供餐显然非县泉置所能承担,但由其预备米、肉、厨、乘,说明置有为过往部队提供相关后勤服务的责任。史载,汉军进攻匈奴,多从居延、酒泉、玉门、敦煌等地出发;至于进兵西域,往返均须经过敦煌等地,其粮草车马等物资供应,大概也离不开沿途各置的支援。

提供车马服务,是置接待过往使者、官员的又一重要内容。如下简:

永光三年正月丁亥朔丁未,渊泉丞光移县(悬)泉置,遣厩佐贺持传车马迎使者董君、赵君,所将客柱(住)渊泉……毋令谬,如律令。　　　　　　　　　　　　　　　Ⅹ八三

甘露二年二月庚申朔丙戌,鱼离置啬夫禹移县(悬)泉置,遣佐光持传马十匹,为冯夫人柱,廪穧麦……毋令谬,如律令。
Ⅹ二〇〇

甘露三年十月辛亥朔,渊泉丞贺移广至、鱼离、县泉、遮要、龙勒,厩啬夫昌持传马送公主以下过,廪穧麦各如牒……毋令谬,如律令。　　　　　　　　　　　　　　Ⅹ二〇二

此三简书写格式完全相同,都与置派员以传车马迎送过往者有关,只是所迎接的对象不同而已。如第一简中的董君、赵君为朝廷使者,后二简中的公主即汉解忧公主,冯夫人则为其侍者冯嫽。史载,武帝太初年间(前104—前101)细君公主死后,汉朝以楚王戊之孙女解忧公主嫁给乌孙昆莫军须靡,"楚主侍者冯嫽,能史书,习事,尝持汉节为公主使,行赏赐于城郭诸国,敬信之,号曰冯夫人。为乌孙右大将妻……公主上书言年老土思,愿得归骸骨,葬汉地。天子闵而迎之,公主与乌孙男女三人俱来至京师。是岁,甘露三年也"[1]。这与Ⅹ二〇〇、Ⅹ二〇二简所记正合。对此张德芳先生已有专文论及,[2] 不再赘述。

---

[1] 《汉书》卷96下《西域列传》,第3907—3908页。
[2] 张德芳:《〈长罗侯费用簿〉及长罗侯与乌孙关系考略》,《文物》2000年第9期。

三　置的机构设置

悬泉置始设于西汉中期敦煌建郡之后，历经东汉，至魏晋时废弃，共由置、厩、传舍、厨4大机构组成。① 悬泉置不仅设有传舍，而且还有专门负责传舍事务的吏员：

> 建始二年三月戊子朔乙巳，氐池长延寿移过所，遣传舍佐普就，为诏送徒民敦煌郡，乘轺车一乘，马一匹，当舍传舍，从者如律令。/掾长，令史临，佐光。四月乙亥过，西。　　　　　X三七

简中"传舍佐"为传舍长之佐吏。这位由氐池长延寿派出的"传舍佐普就"，奉命押送刑徒到敦煌郡，故由县廷为其签发过所文书。他据此可享受"乘轺车一乘，马一匹"和"舍传舍"的待遇。悬泉置还有如下内容的简：

> 右使者到，县置其舍，递传大县，更传舍如式：龟兹王、王夫人舍次使者传＝堂上置八尺床卧一张，皂若青帷，堂内□上四卧□□□，皆张帷，传舍门内张帷，有为贵人坐者，以二人道
>
> I90DXT0114①：112②

发掘者认为："这是关于接待龟兹王及夫人的规定，非常具体，由此可以窥视龟兹王等外国宾客路经悬泉置所享受的待遇。"③ 此说不确。该文书并不是专门发给悬泉置，而是通告沿途大县传舍均照此执行。大意是：若有使者到，各县要为其提供住宿之舍。使者抵达大县后，要更换

---

① 参阅甘肃省文物考古研究所《甘肃敦煌汉代悬泉置遗址发掘简报》，《文物》2000年第5期。
② 甘肃省文物考古研究所：《敦煌悬泉汉简内容概述》，《文物》2000年第5期。
③ 甘肃省文物考古研究所：《敦煌悬泉汉简内容概述》，《文物》2000年第5期。

传舍，并依如下标准和次序安排住宿：龟兹王、王夫人，使者……。简中两次提到的传舍均指设在县城者，而非设在置（更不是悬泉置）的传舍。但在远离敦煌县城的悬泉置，的确设有传舍：

□年正月乙未朔甲辰，县泉传舍啬夫□　Ⅱ90DXT0214③：266①

本简上下均残，但明确记载有"县泉传舍啬夫"，背面有"元康五年"和"元康三年"字样。该简出土于悬泉置第214探方第三层位，属西汉时期堆积。② 查陈垣《二十史朔闰表》，宣帝元康三年（前63）正月乙未朔，恰与简背所记时间吻合，故本简应属元康三年所记。③ 是则悬泉置自设置初期就有传舍。不仅悬泉置，其他各置也都如此：

五凤五年二月丁酉朔庚申，敦煌太守少、长史奉憙、库丞捐之兼行丞事谓过所置，龙勒左尉张义为郡逐材酒泉郡中，乘用马二匹，当舍传舍，从者如律令。卩七月乙卯一食，东　Ⅵ92DXT1222②：2④

本简为悬泉置抄写的五凤五年（五凤共四年，五凤五年即甘露元年，前53）二月二十四日，敦煌太守府给因公务前往酒泉郡的龙勒县左尉张义发放的传信文书副本及供食记录。文书要求沿途各置按有关律令规定，为张义一行提供"舍传舍"等服务，足见这些置都有传舍。既为"如律令"，显然不是敦煌一郡或河西区域性条例，而是各地普遍遵从的全国性

---

① 张德芳：《悬泉汉简中若干纪年问题考证》，甘肃省文物考古研究所等编：《简牍学研究》（第4辑），甘肃人民出版社2004年版，第46—60页。
② 甘肃省文物考古研究所：《甘肃敦煌汉代悬泉置遗址发掘简报》，《文物》2000年第5期。
③ 张德芳先生将本简系于元康五年。但正如张先生所云，本简"书写较零乱，可能有习字内容"。尤其是简背三行文字，文意不能连贯。对照简牍正面内容和简背文字的书写位置来看，除中间一行上部的"元康三年"字样外，其下部的"青故长"三字及左右两行文字，可能都是后来随意涂划而成。相比之下，正面内容不仅有准确的月朔，而且行文规范，文意明了，似非事后追记，更不是信手写就，应是元康三年正月甲辰（初十）日以悬泉传舍啬夫名义而写的上呈文书。
④ 甘肃省文物考古研究所：《敦煌悬泉汉简内容概述》，《文物》2000年第5期。

法规。这说明，在远离县城的置也设有传舍。

悬泉置还有厩，厩设啬夫、佐等吏员。如悬泉简所见的建始二年（前31）《传马名籍》册（Ⅹ九七），就是由悬泉厩啬夫欣所上；至于厩佐一职更是屡见不鲜，如"县泉厩佐长富"（Ⅹ八九）、"遮要厩佐常"（Ⅹ二〇六）、"县泉厩佐广德"（Ⅹ二一四）等。

置设厩养马，故又称厩置。如前述悬泉简中所见"祁连置"，在居延汉简中又作"郅（祁）连厩置"。《史记》卷九十四《田儋列传》载，田横等乘传诣洛阳，"至尸乡厩置"，《集解》引臣瓒曰："厩置，置马以传驿也。"① 在悬泉置简中还有一枚转录汉成帝时各类马匹饲料供应标准的令文，其中就有"置传马"和"扶风厩传马"（Ⅹ五），可知厩置马匹均称传马。汉代规定，置传马所需的草料情况要按规定格式造册登记："县置食传马皆为□札，三尺廷令齐一，三封之。"（Ⅹ一三）如传马死亡，有关官吏要按规定赔偿："传马死二匹，负一匹，直（值）万五千，长、丞、掾、啬夫负二，佐负一。"（Ⅹ一四）。因此，一旦有马匹生病或死亡，厩置官吏要将有关情况向上级报告。如下简：

建昭元年八月丙寅朔戊辰，县（悬）泉厩佐欣敢言之，爰书：传马一匹骓駮（驳），牡，左剽，齿九岁，高五尺九寸，名曰骓鸿。病中肺，欬涕出睾，饮食不尽度。即与啬夫遂成、建杂诊：马病中肺，欬涕出睾，审证之。它如爱书，敢言之。　　Ⅹ二二

本简是建昭元年（前38）八月初三县（悬）泉厩佐欣就一份传马病死爰书而给上级写的报告。爰书内容包括传马的毛色、牝牡、印记、年齿、身高、名字、病情、病状等，应是悬泉厩啬夫所陈。大概是为了核实情况，上级才令厩佐欣重新调查。而欣在接到此爰书后，就与啬夫遂成、建一起进行了认真勘验，其结果与爰书所陈一致。故简中的遂成和建，很可能是置啬夫和厨啬夫。另一份由县泉厩啬夫欣于建始二年（前

---

① 《史记》卷94《田儋列传》，第2648页。

32）三月庚寅日（初三）呈报的《传马名籍》残册（Ⅹ九七），不仅详细记载了每匹传马的毛色、牝牡、年齿、身高、印记和名字等，而且还特别记载了两匹"补县（悬）泉置传马缺"的私马。不论此厩啬夫欣与Ⅹ二二简中的厩佐欣是否为同一人，《传马名籍》和传马病死爰书及后续报告，均由厩的吏员起草上报，足证悬泉置传马是由厩负责饲养和管理的。但是，置与厩并不是完全并列的，二者间实际存在着主从关系。如下简：

甘露四年七月丙午朔己酉，县（悬）泉置守丞置敢言之：乃厩啬夫张义等负御钱、失亡县官器物、当负名各如牒，谨遣厩佐世收取，七月□□唯廷以□□敢言之。/啬夫义、得之，佐世忠

Ⅹ七八 A/B

本简中的厩佐世是奉悬泉置守丞的派遣，按牒书所示向厩啬夫张义等人收取拖欠的御钱和应赔付的丢失官府器物款，可见厩要接受置的管理和调度。此外汉简中云"伐茭"和借茭也都称"置茭"，如"府调甲卒五百卌一人，为县两置伐茭"（Ⅹ一二八）、"伐茭千石积吞远置"（E.P.T48：60A）、"吞远置园中茭腐败未以食"（E.P.T52：173）等，借贷茭草也是如此：

☑回府告居延甲渠鄣候言主驿马不侵候长业城北候长宏☑
☑回居延以吞远置茭千束贷甲渠草盛伐茭偿毕已言有
☑回将军令所吞远置茭言会六月廿五日·又言偿置茭会七月廿日建武六年二月☑
☑回□□□驿马伐茭所三千束毋出七月晦　　E.P.F22：477

厩负责传马事务，故茭草理应由厩负责。简中居延部候向甲渠候官借贷茭草，并未提及吞远厩，而称为吞远置茭，可见是以吞远置代指所有与其有关的事务。由此推断，像悬泉、吞远这样与置同名的厩，如郅

· 119 ·

（祁）连厩置等，也隶属于同名的置并负责传马事务。各厩规模不等，如悬泉置有传马40多匹，传车少时6乘，多时15乘；广至厩有传马29匹。① 这与"驿一所，马二匹"（H18.18）、"驿马二匹"（E. P. T59：268）之类的记载相比，规模就很大了。

置负有为过往者供给饮食的责任，故又设有厨。各厨有厨啬夫等吏员负责食物供应和副食品出入等。如悬泉简《元康四年鸡出入簿》（X九五）就是由悬泉厨啬夫时向县呈报的"县泉置元康四年正月尽十二月丁卯鸡出入薄（簿）"。簿册显示，自"正月尽十二月丁卯""最凡鸡卌四只（雙）"。其中"所受县鸡廿八只（雙）一枚""置自买鸡十五只（雙）一枚"。簿册并非由置啬夫而是由厨啬夫呈递，可知厨啬夫也与上述呈递置《传马名籍》的厩啬夫一样，都是负责悬泉置方面事务的官吏。只不过厩啬夫主传马事，厨啬夫则主庖厨事。厨啬夫和厨佐往往直接经手鸡鱼米粟等物的出入。《元康四年鸡出入簿》中就有三枚简分别记载了厩啬夫时和佐长富接受毋穷亭卒□、鱼离乡佐逢时和县廷所送鸡的情况。悬泉置所出另一册书《过长罗侯费用簿》（X 二一三），记载了元康五年（即神爵元年，前61）正月悬泉置接待长罗侯常惠一行的米、粟、鸡、鱼、牛肉、羊只和酒、麴等的出入情况。该册书有脱简，制作者不详，但其所记与《元康四年鸡出入簿》一样，均为厨房供食所需原料，故该册书当亦为悬泉置厨吏所造。

四　置的吏员及其隶属关系

置的吏员众多，但对其具体组成却有不同认识。如陈直先生认为，置的范围小于驿，其吏员有置候、置尉和置佐。② 吴礽骧先生将置分为

---

① 参阅张德芳《简论悬泉汉简的学术价值》（《光明日报》2000年8月25日C4版）及胡平生、张德芳《悬泉汉简释粹》（第19、202页）。另据 X 二二二简云："护羌使者方行部……过广至，传马见四匹，皆瘦，问厩吏，言十五匹送使者，太守用十匹。"则广至厩有传马29匹。胡平生、张德芳编撰：《敦煌悬泉汉简释粹》，第156页。

② 陈直：《居延汉简研究》，天津古籍出版社1986年版，第44—46页。

驿置和骑置两类，置的吏员在元帝前后有所不同，元帝以前设有置丞，此外还有置啬夫、厩啬夫、仓啬夫、厨啬夫、少内啬夫、都田啬夫、置佐、厩佐、传舍佐、都田佐、驿小史等吏员；元帝后裁并置丞，改属县丞。① 何双全先生认为，悬泉置由置、厩、传舍、厨四大机构组成，置设有啬夫、丞、令史、邮书令史、佐、驿卒、郡府特派置监。② 张德芳先生等认为，悬泉置有厩、厨、传舍、驿、骑置等内设机构，其吏员有置丞、置啬夫、厩啬夫、仓啬夫、置佐、置令史、置史、置司御、厩佐、厨佐、传舍佐、邮书令史等。③ 张经久、张俊民先生认为，置的吏员有丞，丞下有置、厩、厨和仓啬夫（佐）等。置之下又有骑置，骑置间的距离约为四五十汉里。④ 就现有材料来看，除了隶属于置的厩、厨啬夫和厩、厨佐外，见于记载或可断定为置吏员者主要有：置丞（Ⅹ七八、七九等）、置啬夫（Ⅹ一〇二）、置佐（Ⅹ二四三，E.P.T52：362）、置令史（E.P.T59：175）、置御（Ⅹ一六〇）、置卒（155.15）、置奴（Ⅹ一四六）和置尉、主辨（办）（Ⅹ一一九）等。⑤ 悬泉简中还有"马医"（Ⅹ一四六），应是诊治传马疾病的兽医，但未必各置均有。居延汉简中所见的"置吏"（E.P.T65：315，E.P.F22：196），应是置丞、佐、啬夫等吏的统称，不是具体的职名。至于仓啬夫、少内啬夫、都田啬夫（佐）、邮书令史、驿（译）小史、亭长、驿卒等，并不隶属于置，因而不能视为置的吏员。

悬泉简中有"·传马死二匹，负一匹，直（值）万五千，长、丞、掾、啬夫负二，佐负一"（Ⅹ一四）的令文。胡平生、张德芳先生认为，

---

① 吴礽骧：《敦煌悬泉遗址简牍整理简介》，《敦煌研究》1999年第4期。

② 甘肃省文物考古研究所：《甘肃敦煌汉代悬泉置遗址发掘简报》（何双全执笔），《文物》2000年第5期。

③ 郝树声、张德芳：《悬泉汉简研究》，甘肃文化出版社2009年版，第30页；张德芳：《简论悬泉汉简的学术价值》，《光明日报》2000年8月25日C4版；胡平生、张德芳：《悬泉汉简释粹》，上海古籍出版社2002年版，第202页。

④ 张经久、张俊民：《敦煌汉代悬泉置遗址出土的"骑置"简》，《敦煌学辑刊》2008年第2期。

⑤ "主辨"即"主办"。据胡平生、张德芳云："悬泉简中，悬泉、遮要、鱼离三置均见有'主辨'。"但其在置的具体职任尚待探讨。胡平生、张德芳：《敦煌悬泉汉简释粹》，第96页。

简中的长、丞、掾、啬夫等均为驿置之吏。究竟为驿吏还是置吏，却并未说明。睡虎地秦简《厩苑律》中对官马牛死亡后追究相关人员责任的条文规定：有10头牛以上的部门，在一年内有三分之一死亡，或虽不足10头而在一年内死亡3头以上牛者，"吏主者、徒食牛者及令、丞皆有罪。内史课县，大（太）仓课都官及受服者"①。所谓"吏主者"即主管牛的吏，参以后文的"内史课县"，则律文中的令、丞应是指县而言。X一四简的内容与此《厩苑律》规定非常相似，故简中的"长、丞、掾"当也是指县令、长、丞，而"啬夫""佐"应即"吏主者"，指厩置啬夫、佐。前述悬泉厩啬夫欣（X九七），也是以"吏主者"的身份呈报《传马名籍》。

悬泉简中还有郡府派出监领置事的置史（X七二）。如在本始三年（前71）七月丁丑（30日）亭长国给太守府的上书中称其"为郡监领县（悬）泉置"（X七五）。此为郡府以亭长兼领置事，但更多的是以郡府守属兼领。如"神爵四年四月丙戌，太守守属领县（悬）泉置移遮要置"（X七二）、"五凤元年五月癸酉，太守守属光监县（悬）泉置移效谷□□□□……"（X七三）、"监遮要置史张禹，罢。守属解敞，今监遮要置"。（X七六）等。所谓的"监"或"领"，具有"兼管"之意，即以本官兼管它事，除了由公卿大臣领朝廷某职外，更多的是指由中央派往地方或由上级组织派驻下级部门。悬泉简中守属监领置事，即属此类。汉代三公府属吏有"属"，《续汉书·百官一》"太尉"条记有"掾、史、属二十四人"。《汉书音义》曰："正曰掾，副曰属。"② 但各郡国也设有属，是位次于掾、史而高于书佐的郡府属吏。③ 郡府以守属（即试守"属"职之吏）监领置事，或与其本职有关。悬泉简中常见有

---

① 睡虎地秦墓竹简整理小组：《睡虎地秦墓竹简》，文物出版社1978年版，第33页。
② 《后汉书》卷114《百官一》，第3558—3559页。
③ 严耕望：《中国地方行政制度史甲部：秦汉地方行政制度》，北京联合出版公司2020年版，第113—114页。尹湾6号汉墓所见西汉东海郡《集簿》中，"属"位处"卒史"与"书佐"之间，X九六、一五五简敦煌太守府书末属吏位次为掾、（守）属、（书）佐。连云港市博物馆、东海县博物馆、中国社会科学院简帛研究中心、中国文物研究所编：《尹湾汉墓简牍》，中华书局1997年版，第77页。胡平生、张德芳：《敦煌悬泉汉简释粹》，第80、118—119页。

太守府派守属迎来送往的记载，如"鸿嘉三年三月癸酉，遣守属单彭送自来乌孙大昆弥副使者薄侯、左大将㯘使敞单"（Ⅹ一九四）、"甘露三年九月壬午朔甲辰，上郡太守信、丞欣谓过所：遣守属赵称逢迎吏骑士从军乌孙罢者敦煌郡，当舍传舍，从者如律令"。（Ⅹ二一六）、"敦煌太守快使守属充国送牢羌、□□羌侯人十二"（Ⅹ二三四）等。还有很多诸如"出粟一斗八升，以食守属萧嘉送西罕侯封调，积六食，食三升"（Ⅹ二五七）之类的供食记录。以守属兼领置务，当与其平素出行送迎的职任有关。他们在郡为守属，被派驻某地监领置事后，则为置史。所谓"领县泉置史光"（Ⅹ七四）、"监遮要置史张禹"（Ⅹ七六），就是指光、张禹以置史的身份监、领置事。守属为其本职，置史则为兼职。上述奉命迎送西域使者和退役骑士的守属，即属此类。

置史由郡府派出，代表郡府监领置事，但并不直接干预置的事务。因此，汉简所见悬泉置各种事务的公文、籍簿都是以置啬夫的名义奏报的。除了前述厨啬夫上《鸡出入簿》（Ⅹ九五）和厩啬夫上《传马名籍》（Ⅹ九七）外，还有很多置啬夫上报的集簿，如以下各简：

阳朔二年闰月壬申朔癸未，县（悬）泉置啬夫尊敢言之，谨移传车亶（氈）犛薄（簿）一编，敢言之。　　　　　　　　　　　Ⅹ一〇二

元康三年九月辛卯朔癸巳，县泉置啬夫弘敢言之，谨移铁器簿一编，敢言之。／佐禹√长富　　　　　　　　　　　　D1295①

永始三年七月戊申朔丙辰，县泉置啬夫敞敢言之，府记曰：唯正月以给戊己校使者马薪，辈□□□□。使者安之移仓曹卿，君别取□□偿如牒，敢言之。　　　　　　　　　　　　　　Ⅹ一七二

此三简均为悬泉置啬夫的奏报文书。其中前两简分别是本置传车亶（氈）犛和铁器报表，第三简文意不甚明确，大意是已按转发府记的文书要求，为戊己校使者马薪提供了……。该文书与前两简一样，都是以

---

① 吴礽骧、李永良、马建华释校：《敦煌汉简释文》，甘肃人民出版社1991年版。

置啬夫的名义上报的，监领置事的置史并未参与其间，足见置啬夫仍具有独立处理一般事务的自主性。此外，置的上报文书是呈送县廷而非郡府，而郡府下达的文书也往往是通过县廷转发的。如下三简：

神爵四年十一月辛酉朔甲戌，悬泉置啬夫弘将徒善置，敢言之。廷髡钳钛左止徒大男郭展奴自言作满二岁□□七日，谨移爰书以令狱。案展奴初论年月日，当减罪为减，唯廷报，如律令，敢言之。
I90DXT0309③：9①

永光五年六月癸酉朔癸酉，使主客部大夫谓侍郎，当移敦煌太守，书到验问状。事当奏闻，毋忽，如律令。七月庚申，敦煌太守弘、长史章、守部候修仁行丞事，谓县，写移书到，具移康居苏韰王使者杨伯刀等献橐佗食用谷数，会月廿五日，如律令。/掾登、属建、书佐政光。七月壬戌，效谷守长合宗，守丞、敦煌左尉忠谓置，写移书到，具写传马止不食谷，诏书报会月廿三日，如律令。/掾宗、啬夫辅。
X一五五

监遮要置史张禹罢，守属解敞今监遮要置。建昭二年三月癸巳朔丁酉，敦煌太守彊、长史章、守部候修仁行丞事，告史敞，谓效谷，今调史监置如牒，书到听与从事，如律令。三月戊戌，效谷守长建、丞，谓县泉置啬夫，写移书到，如律令。/掾武、卒史光、佐辅。
X七六

此三简中第一简是置啬夫弘向上级汇报情况的文书，大意是说由他带领修缮县泉置的刑徒郭展奴自称服役已满两年零几个月又七天，通过核查其最初服役的具体年月日，符合减罪的有关按规定，故特为报告。简文明言"唯廷报"，可知是上报县廷而非郡府。第二简题为《康居王使者册》，是朝廷根据康居王使者杨伯刀等的申诉而下发的文书，该文书于汉元帝永光五年（前39）六月初一由大鸿胪所部下发给敦煌太守；敦

---

① 甘肃省文物考古研究所：《敦煌悬泉汉简内容概述》，《文物》2000年第5期。

煌太守弘等在收到该文书后，又于七月十八日给效谷县下文，并要求在当月二十五日回复；效谷守长合宗等遂于七月二十日转发给置，令其在七月二十三日前上报有关情况。从最初行文到最后回复，都是逐级下发，经历了朝廷→敦煌郡→效谷县→悬泉置这样的程序，由此而产生的上呈文书也必然是自下而上层层递进的。第三简为敦煌郡太守府任免监遮要置史的文书，除了下发给新任置史解敞本人外，还告知效谷县，责令县廷在接到本文书后按有关规定执行。效谷守长建乃与县丞某（该县丞尚未签名）联名向悬泉置啬夫转发了郡府的人事任免决定，意在使置啬夫周知此事。值得注意的是，虽然郡府任命的是监领置事的置史，而且是派到遮要置而不是驻在县廷，但其任命文书仍然下达县廷，而不是直接通知遮要置。文中用"如律令"这样的程式化文字，显然是有令在先，这样做只是照章办事而已。这种有"律令"可依的下行文书程序表明，置直隶于县廷，郡给置的指示或命令是通过县廷转发的。悬泉简中又有郡府调甲卒"为县两置伐茭"的记载（Ⅹ一二八）。所谓"县两置"，是指效谷县所属的悬泉、遮要二置。这种称谓，正是置直属县管理的反映。不过，悬泉简中也有郡府直接给置史下文的例证：

> 神爵四年正月丙寅朔壬辰，敦煌太守快、库丞何兼行丞事，告领县（悬）泉置史光，写移书到，验问审如倚相言，为逐责（债），遣吏将禹诣府，毋留，如律令。／掾邮国、令史寿、书佐光、给事佐赦之。　　　　　　　　　　　Ⅹ七四A/B

本简是由敦煌太守府直接下发给郡府派出监领置事的置史光的文书，大意是说某案件当事人自称是为了追债，为切实查明事实真相，特令光派员带禹到太守府对证。[①] 该文书所云之事，并不属于置的职责，而是涉及郡府内部其他事务。郡府直接给置史光下文，或许有保密的意味。

---

① 据《左传》昭公十二年，倚相为楚国左史，能读《三坟》《五典》《八索》《九丘》等上古之书，有"良史"之称。简中"验问审如倚相言"，意即查验询问务必做到事实清楚。十三经注疏整理委员会整理：《春秋左传正义》，北京大学出版社2000年版，第1504页。

因此，本简只说明监领置事的置史，直接受命于郡府，但并不能因此而得出郡直接管理或指挥置的结论。①

县、置间的往来文书显示，置隶属于县，直接受县廷管理，如下简：

> 五凤四年九月己巳朔己卯，县（悬）泉置丞可置敢言之：廷移府书曰，效谷移传马病死爰书，县（悬）泉传马一匹，骊，乘，齿十八岁，高五尺九寸，送渠犁军司马令史　　　　Ⅹ—五二
>
> 九月甲戌，效谷守长光、丞立，谓遮要、县（悬）泉置，写移书到，趣移车师戊己校尉以下乘传，传到会月三日，如丞相史府书律令。/掾昌、啬夫辅　　　　Ⅹ—六八
>
> 三月丁丑，效谷守长江、守丞光谓遮要、悬泉置啬夫吏，写移书到，如府书律令。/掾广、啬夫辅　　　　Ⅰ90DXT0116②：52A/B②

此三简中第一简和前引甘露四年简（Ⅹ七八）都是悬泉置（守）丞给效谷县的文书，文中都用"敢言之"这种上呈公文的习用语；第二、三两简和上引Ⅹ二三八简，都是效谷县给遮要、悬泉置的文书，却使用了"告××""谓××"和"写移书到，如××书、律令"等习语，明显是上告下的命令之辞。这种行文格式，正是县、置间上下隶属关系的反映。

除前述西安出土的"蓝田置尉"封泥外，在简牍、碑刻和各种文献中，均不见有置尉的记载。我们认为，正如县尉和各类盐铁官的尉有时空缺一样，置尉也未必是每个置都有的常设吏员。据《续汉书·百官五》载，汉代县设令（长），侯国为相。又置丞、尉，其中"尉大县二人，小县一人。本注曰：丞署文书，典知仓狱。尉主盗贼"。应劭《汉

---

① 甘肃省文物考古研究所《甘肃敦煌汉代悬泉置遗址发掘简报》对悬泉置行政隶属关系的表述似前后矛盾。文中说："其（按指悬泉置）行政级别应与县相等，因为分设在各县领地的称县置。在管理权限上，受郡太守直接指挥，郡派吏监管。"但随后又云："从行政体制上看，该置受敦煌郡和效谷县两级政府领导，郡负责一切重大事务，县府则侧重于后勤供应。"参阅《文物》2000年第5期，第18页、第20页。

② 甘肃省文物考古研究所：《敦煌悬泉汉简内容概述》，《文物》2000年第5期。

官》曰:"大县丞,左、右尉,所谓命卿三人。小县一尉一丞,命卿二人。"① 似乎各县、侯国均设有尉。尹湾6号汉墓所出《东海郡吏员簿》,记载了东海郡及其所属各县邑侯国和盐铁官上自太守、都尉和县令(长)、相、丞、尉,下至佐史亭长的所有吏员。其中合乡、承县和南城、阴平等侯国及伊卢、下邳等五个盐铁官,都没有设尉。② 足见"主盗贼"的尉并非各县、国、盐、铁官必不可少的吏员。那么,隶属于县廷的置不设尉也就不足为怪了。就同一县长吏位次而言,县丞总是居于县尉之前,是丞之地位尊于尉。由此推论,在设尉的置,丞的地位也高于尉。

或认为,在置的吏员中,啬夫是主官,置丞和置佐则是协助置啬夫处理置务的副贰。③ 但有证据表明,啬夫地位低于丞并直接受丞的节制和管理。如前引Ⅹ七八简中的悬泉置守丞置是该文书的发文者,而署名于简背的啬夫义、得之与佐世忠等,则是该文书的起草者和经办人。在同一文书中,发文者与起草者之间实际上是主吏与掾属的关系。因此,作为发文者的悬泉置丞与文书起草者啬夫之间,其地位的差别是显而易见的。但在很多时候,置啬夫又以主吏身份代表本置向上级呈文,上引Ⅹ一〇二、Ⅹ一七二和D1295三简即为明证。其中Ⅹ一〇二、Ⅹ一七二两简未署文书起草者名,但D1295简显示,该文书是由置佐禹和长富共同起草的。可见置啬夫与置佐之间也是一种主从关系。在具体工作中,置佐要接受置啬夫指挥调度。如下简:

  神爵二年正月丁未朔己酉,县(悬)泉置啬夫弘敢言之:遣佐长富将传迎长罗侯,敦煌廪小石九石六斗,薄(簿)入十月,今敦煌音言不薄(簿)入,谨问佐长富廪小石九石六斗今移券致敦煌□
  ……
                Ⅹ二一二

---

① 《后汉书》卷28《百官五》,第3623页。
② 连云港市博物馆、东海县博物馆、中国社会科学院简帛研究中心、中国文物研究所编:《尹湾汉墓简牍》,第79—84页。
③ 郝树声、张德芳编撰:《悬泉汉简研究》,甘肃文化出版社2009年版,第25页。

本简中悬泉置啬夫弘和佐长富与上引 D1295 简中的啬夫与佐职务、人名完全相同，故这位名为长富的佐应即悬泉置佐无疑。他受置啬夫弘的派遣，以传车迎接长罗侯，足见置啬夫有权调度置佐。①

在建昭元年和甘露四年简（Ⅹ二二、Ⅹ七八）中，分别有遂成和建、义和得之两名啬夫。从简文内容来看，Ⅹ二二简中厩佐欣既然是对厩啬夫爰书所陈进行核查，则和他共同查验的啬夫遂成和建就不可能是厩啬夫。悬泉置设有置、厩、厨等啬夫，此二啬夫或即置啬夫和厨啬夫。Ⅹ七八简中已明确指出厩啬夫张义拖欠御钱等，派厩佐世按牒书所记前往收取，那么作为文书起草者的啬夫义和得之也不可能是厩啬夫，而应是置啬夫和厨啬夫。如此判断不误，则厨啬夫职掌可能是以厨房炊事为主，同时兼理置内其他事务。就情理而论，厩、厨均为置内部门，其职责各有侧重但相互间并非毫无联系，在实际工作中也不可能界限分明、完全隔绝，有时则需要相互合作，共同完成。这两简中各有两名啬夫，可能就与此有关。

五 置的空间布局

置为交通线上相隔一定距离为供传递信息和人员往来而设的官方机构，如秦时的平舒置，就是设在华阴平舒道上的一置。但是，究竟相隔多长距离设一置，史书记载都很不一致。《管子》卷七《大匡》云："三十里置遽委焉，有司职之。"②《续汉书·舆服志上》云："驿马三十里一置，卒皆赤帻绛韛云。"③ 其说被广泛征引，如司马贞在《史记》卷十《孝文本纪》之《索隐》中即征引其说以释置；甚至在叙述大秦国时，也称其"公私宫室为重屋，邮驿亭置如中国……十里一亭，三

---

① 佐长富又见于《元康四年鸡出入簿》（Ⅹ九五）和神爵元年（前61）的一份悬泉厩入粟记录（Ⅹ八九），二者在时间上刚好相差一年，但前者为悬泉厩佐，后者则是悬泉厩佐。而2、10两简显示，长富在元康三年（前63）九月和神爵二年（前60）正月的职务均为县泉置佐。置、厨、厩同处一地，故此长富为同一人的可能性较大。胡平生、张德芳编撰：《敦煌悬泉汉简释粹》，第75、77—78页。

② 黎翔凤撰，梁云华整理：《管子校注》，中华书局2004年版，第368页。

③ 《后汉书》卷29《舆服志上》，第3651页。

十里一置"①。《后汉书》卷八十八《西域传》、《史记》卷一二三《大宛列传》之《正义》及《三国志》卷三十《东夷传》注引鱼豢《魏略·西戎传》所记略同。②但《后汉书》卷四《和帝纪》又云:"旧南海献龙眼、荔支,十里一置,五里一候,奔腾阻险,死者继路。"③而《韩非子·难势》又有"良马固车,五十里而一置"④之说。对此,有学者认为,《韩非子》所载"五十里一置"为战国时制,汉代"三十里一置"和"十里一置"分别为北方之制和南方之制。其所以如此,"盖中国北方(含西北、东北)之气候,较〔南〕方更适于养马,故所产马匹之耐力亦较强,以致其体力可达三十里一程。而南方马匹之体力则较差,故须以十里为一程"⑤。还有学者认为,置是指设在县界的邮驿,"两县城间相距不足百里者,中间不设置。两县城间相距在百里以上者,设置于两县界上"⑥。还有研究认为,西汉敦煌郡的鱼离、悬泉和遮要三置自东向西一字排开,大致间隔30千米。⑦居延甲渠候官和敦煌悬泉置遗址出土的邮驿里程简,对我们了解置的空间距离,提供了新材料:

> 长安至茂陵七十里,茂陵至茯置卅五里,茯置至好止七十五里,好止至义置七十五里。
>
> 月氏至乌氏五十里,乌氏至泾阳五十里,泾阳至平林置六十里,平林置至高平八十里……
>
> 媪围至居延置九十里,居延置至觻里九十里,觻里至揟次九十里,揟次至小张掖六十里。

---

① 《史记》卷10《孝文本纪》,第422—423页。
② 《后汉书》卷88《西域传》,第2920页;《史记》卷123《大宛列传》,第3162—3163页;《三国志》卷30《东夷传》,第861页。
③ 《后汉书》卷4《和帝纪》,第194页。
④ 王先慎撰,钟哲点校:《韩非子集解》,中华书局1998年版,第393页。
⑤ 吴昌廉:《汉"置"初探》,马先醒主编:《简牍学报》(第15期),台北兰台出版社1993年版,第1—22页。
⑥ 张传玺:《悬泉置、效谷县、渔泽障的设与废》,北京大学中国传统文化研究中心:《国学研究》(袁行霈主编)(第3卷),北京大学出版社1995年版,第322页。
⑦ 郝树声、张德芳:《悬泉汉简研究》,甘肃文化出版社2009年版,第21页。

删丹至日勒八十七里，日勒至钩著置五十里，钩著置至屋兰五十里，屋兰至氐池五十里　　　　　　　　　　　E·P·T59：582

仓松去鸾鸟六十五里，鸾鸟去小张掖六十里，小张掖去姑臧六十七里，姑臧去显美七十五里。……

氐池去觻得五十四里，觻得去昭武六十二里府下，昭武去祁连置六十一里，祁连置去表是七十里……

玉门去沙头九十九里，沙头去乾齐八十五里，乾齐去渊泉五十八里。·右酒泉郡县置十一·六百九十四里。　　　　　X六〇A

这两枚里程简均有残缺，大致反映了长安到河西及河西各郡县间的交通路线和间隔距离。其中前者自上而下分四栏，每栏自右至左分四行书写，所记东自长安，西至氐池（张掖郡属县），除茯置、义置、平林置、居延置、觻里、钩著置等地名外，其他多为县道名，所经地区大致有京兆尹和安定、武威、张掖等郡。后者分三栏书写，每栏四行。因两简均残（前者左半残缺，后者左右两边及下部均残），故各栏间的地名不能完整系连。就两简所记来看，似乎每栏记一郡。其中简X六〇所记地名共14处，里程756里，与简文末尾"·右酒泉郡县置十一·六百九十四里"的统计数不符，故所谓"右酒泉郡县置十一"，是指简中第三栏所记酒泉郡的小计数字，而不是全部县置的总计。根据出土简牍的层位和相关纪年及简牍文字的书写特征分析，此二简均写于汉成帝时或更早以前，[①] 则此二简所记均为西汉时县置名。据《汉书》卷二十八下《地理志》载，西汉酒泉郡共辖有禄福、表是、乐涫、天𣏌、玉门、会水、池头（当作"沙头"）[②]、绥弥、乾齐9县。[③] 但简X六〇第三栏所

---

① 何双全：《汉代西北驿置与传置——甲渠候官、悬泉汉简〈传置道里簿〉考述》，《中国历史博物馆馆刊》1998年第1期。

② 《续汉书·郡国志五》所记酒泉郡属县有"沙头"而无"池头"，《三国志》卷18《阎温传附张恭传》有张恭"遣从弟华攻酒泉沙头、乾齐二县"的记载。在居延和敦煌各地所出汉简中，共有78处记"沙头"，而无一处作"池头"，可知"池头"实为"沙头"之误。胡平生、张德芳编撰：《敦煌悬泉汉简释粹》，第58—59页。

③ 《汉书》卷28下《地理志》，第1614页。

见只有玉门、沙头、乾齐和渊泉4个地名。其中玉门、沙头和乾齐为酒泉郡属县，而渊泉则为敦煌郡属县，酒泉郡其他8个县置名应记于另外的简中。如以本简的每栏4—5个地名计，本简应是该册书的第三简。二简册所记地名可分为两类：一是县名，二是置名。县名后没有"置"字，其他则均在地名后缀以"置"字，只有E·P·T59：582简的"觻里"例外。简X六〇"酒泉郡县置十一"的统计也说明，简中所记非县名即置名。简册专记地名和里程，当是为了考核邮书传递是否"中程"而作，由于郡县辖区并非是以规则的条带状依次排列的，而交通路线一般是选择最便捷的走向，这样就可能出现某些离交通干道较远的县被排除在县置里程册中的情况。而这两简中所见的县名，则可视为同名的置。因其位于县治或其附近，遂以县命名，在简册中仅写县名，而省去"置"字。置数以郡计，但其隶属于县，故称县置。所谓"酒泉郡县置十一"，即指酒泉郡共设有十一个置。西汉敦煌郡辖有敦煌、冥安、效谷、渊泉、广至、龙勒六县，而悬泉汉简所记敦煌郡共有九置，除去远离县治而不用县名的鱼离、悬泉和遮要三置外，还有与县同名的渊泉、广至、效谷和龙勒四置，没有记载的另外两置或即敦煌和冥安。因此，上述二简"县置里程册"中的县实际上是指县治所在的置。其中未标"置"字的"觻里"，应是武威郡某处的置，而此二简册所记两地间的里程就是两置间的距离。

西汉张掖郡治觻得县，故称武威郡之张掖县为小张掖，汉简中的"小张掖"即指此。① 两条里程简中经过小张掖的路线不尽相同，前者由揩次北上60里至小张掖，其下站不详；后者小张掖至武威郡治姑臧县67里，距同郡鸾鸟县60里，可知两简所记并非同一条路线。除祁连置外，简X六〇所记依次为武威、张掖、酒泉和敦煌郡所属县名，只是由于本简下部残缺，与之编联成册的其他简又亡佚，故四郡辖县记载不全，敦煌郡则仅见渊泉一县，各郡间也不能完整系连，但已大致勾勒出纵贯四郡交通路线的基本框架。E·P·T59：582简所记"茯置""平林置"

---

① 劳榦：《居延汉简考证》，《劳榦学术论文集甲编》，台北艺文印书馆1976年版，第331页。

"鱳里"和"居延置"等均不见于文献记载,[1] 就其所涉及区域来看,四栏所记路段主要在京兆尹、安定郡、武威郡和张掖郡境内,其中入安定郡后由月氏、乌氏经泾阳、平林置,最后到高平(今宁夏固原),至于天水、陇西和金城郡地则完全没有涉及。据《后汉书》卷二十三《窦融列传》载,建武八年(32)夏,光武西征隗嚣,窦融率步骑数万,与大军会于高平第一城。[2] 此前,窦融曾遣其弟窦友出使洛阳,以示归附。但当行至高平时,适逢隗嚣反叛,道路断绝,窦友被迫返回。可见,高平是由河西通往长安、洛阳的必经之地,[3] 此与本简所记正相吻合。由此推断,E·P·T59∶582简所记由长安到河西的路线是经高平后直接到武威郡境内,其间并不经过金城(兰州)。这从悬泉置遗址所出另一枚里程简可得到进一步印证:

张掖千二百七十五一,冥安二百一七,武威千七百二,安定高平三千一百五十一里……/金城允吾二千八百八十里,东南。天水平襄二千八百卅,东南。东南去刺史□三□……一八十里……长安四千八十……　　　　　　　　　　　　　　　　　　　　　　X六一

本简正、背两面书写,其中正面记载悬泉置到张掖、冥安、武威和

---

[1] 文献中有很多居延的记载,其中《汉书》卷28下《地理志》载,西汉张掖郡下设有居延县,其东北有居延泽。但从简12上下文来看,第三栏的"居延置"不可能是额济纳河下游居延海一带的"居延",而应是汉武威郡境内媼围至揟次间交通线上的某地;与之相邻的"鱳里"也不可能是汉张掖郡治所在的鱳得县。《汉书》卷28下《地理志》,第1613页。
[2] 《后汉书》卷23《窦融传》,第805—806页。
[3] 《汉书》卷6《武帝纪》载,元封四年(前107)冬十月,汉武帝"行幸雍,祠五畤。通回中道,遂北出萧关"。注引应劭曰:"回中在安定高平,有险阻,萧关在其北。"如淳则据《三辅黄图》云:"回中宫在汧也。"颜师古以应说为是、如说为非。但正如史念海先生所论,此二回中"名虽不同,相距则弥。高平之回中适在鸡头山下,而汧县之回中又居于陇山之口,俱为交通要地"。秦始皇西巡陇西,过鸡头而至于北地,然后今回中归。说见史念海《秦汉时代国内之交通路线》,《文史杂志》1944年第3卷第1、2期。元封以后,汉武帝又分别于太初元年(前104)秋八月、太始四年(前93)十二月、征和三年(前90)春正月和后元元年(前88)春正月,四次巡行至安定。可见长安至安定间的交通是非常便利的,故由河西取道安定到长安、洛阳,也就不难理解了。

安定高平的里程，可由此系连出悬泉置——冥安——张掖——武威——安定高平的交通路线；背面所记为悬泉置东南到金城允吾、天水平襄和都城长安的里程，大致为悬泉置——金城允吾——天水平襄——长安的路线。尽管正、背两面所记线路都比较粗略，但在武威以东显然已分为两条走向，而这两条路线又分别与前两枚里程简所记路线相合。由此可见，汉代从长安到河西，至少有经过安定高平和金城允吾两条交通路线。史念海先生将秦汉时期由关中到各地的交通路线概括为10条，其中有两条通往河西。其一为"经云阳、栒邑西北行，一历安定以达河西诸地，一历北地以至新秦中"。另一条"经雍县西行，以至天水、陇西、河西诸地；别有间道北行，可达安定"[①]。上引三简所记里程，已勾勒出这两条路线的基本走向。

就前两枚里程简所记来看，不论是京畿地区还是河西边郡，置间里程都各不相同。相邻两县置距离最长者为玉门至沙头99里，最短者为茂陵至获置35里，其他两置相距都在50里以上，而绝大多数的置间距离都在60里以上。除了五进制和十进制的整数外，置间里程已精确到个位数，两简中出现的诸如54里、58里、62里、61里、67里、87里和99里这样的具体数字，显然不是按"统一标准"而设的。即使在同一郡境内，置间距离也有很大差别。由此可见，汉代设置并不存在统一的道里标准。即使曾有过类似的规定，也未付诸实施。

各置间道里远近的差异，除受沿途自然地理和交通条件的影响外，还与当地经济发展水平、政治军事据点和人口疏密有关。《汉书》卷十九上《百官公卿表》云："县令、长，皆秦官，掌治其县。万户以上为令，秩千石至六百石；减万户为长，秩五百石至三百石……县大率方百里，其民稠则减，稀则旷，乡亭亦如之，皆秦制也。"[②] 事实上，县令长的设置并不完全如此，《续汉书·百官五》"州郡"条引应劭《汉官》曰：

[①] 史念海：《秦汉时代国内之交通路线》，《文史杂志》1944年第3卷第1、2期。
[②] 《汉书》卷19上《百官公卿表》，第742页。

《前书·百官表》云：万户以上为令，万户以下为长。三边，始孝武皇帝所开，县户数百而或为令；荆扬江南七郡，惟有临湘、南昌、吴三令尔。及南阳穰中，土沃民稠，四五万户而为长。桓帝时，以汝南阳安为女公主邑，改号为令，主薨复复其故。若此为繋其本。俗说令长以水土为之，及秩高下，皆无明文。班固通儒，述一代之书，斯近其真。①

可见，不论是"方百里"为县，还是"万户以上为令，万户以下为长"，都只是"大率"而已，而且"乡亭亦如之"。至于文献中关于"良马固车，五十里而一置""驿马三十里一置"或"十里一置，五里一候""十里一亭，五里一邮"等记载，大概也只是一种理想化的规程，在实际执行中仍然有很大的灵活性，而不可能完全划一。清人孙诒让云："依《韩子》说，则周法传遽五十里一置，较汉法驿马三十里一置为略远。然据《管子·大匡篇》'三十里置遽委'，则又似与汉同，或周末侯国各自为制，不必画一欤？"② 由于《韩非子·难势》与《管子·大匡》所记不同，孙诒让遂以"周末侯国各自为制"释之。其实，驿置本为信息传递和人员往来需要而设，故其布局也会因时因地而异，不必也不能"画一"。如果强求一致，就会适得其反。上引三枚里程简中有"九十九里""六十一里""三千一百五十一里"等，如果这些置分别延长或缩短一里以求道里"画一"，就会带来诸多不便。故《百官公卿表》中"民稠则减，稀则旷"，虽就县的幅员而言，实际上也是设置邮驿机构所遵循的原则之一。即使在通讯发达的当今社会，水陆交通站点和邮政、电信网点的布局也是如此，秦汉时期更不能例外。

六　结　语

置是秦汉时期最重要的邮驿组织之一，其规模庞大、吏员众多、设

---

① 《后汉书》卷118《百官志五》，第3623页。
② 孙诒让：《周礼正义》，中华书局1987年版，第2502页。

施设备也很完善。置的起源很早，至迟在春秋时期已设有置，其职责在于传递公文和接待过往使者、官员，故置下还有供客止宿和提供饮食、车马的传舍、厨、厩等机构。置的吏员众多，主要有置丞、置尉、置啬夫和置佐，但置丞和置尉似非常设吏员。在设有置丞时，丞为主官，其他为其佐吏；一般情况下，置不设丞、尉，故置啬夫为主官，置佐为其副贰。传舍、厨、厩作为置的附属机构，也各设有啬夫和佐，但他们均负责方面事务，地位应低于置啬夫。此外，郡府还派其属吏常驻各置，以置史的身份监察置事；置史受命于郡，但并不直接干预或管理置的事务。置隶属于所在的县管理，郡府的命令要通过县廷下达各置，郡府任命置史也要向县廷通报。所谓"十里一置""三十里一置"或"五十里一置"，都只是不同时期的理想化规程，在实际执行中往往要综合考虑不同地区的地理和交通条件、人口疏密程度、经济发展水平和政治军事等因素。

——原载《鲁东大学学报》2012年第5、第6期

汉代西北边塞的邮驿建置

两汉时期，为保证信息传递的顺利进行，在全国各地交通线上设立了众多的邮驿机构，在西北地区更是广设邮、亭、驿、置，史书有"立屯田于膏腴之野，列邮置于要害之路。驰命走驿，不绝于时月；商胡贩客，日款于塞下"之说①。伴随着汉朝势力向西北的推进，边塞地区的邮驿建置也日渐完善。对两汉邮驿建置，学者多称邮、亭、驿、传。史籍中或单称邮、亭（燧）、驿、置，或合称为邮亭、邮传、邮驿、亭传、驿传、驿置、邮置等。前者专指某一邮驿机构，后者则多为总称或泛指。邮、亭、驿、置规模不同，职责也有别；而被学术界普遍视为邮驿机构的"传"，也是泛指，并非独立的邮驿机构。以下分别言之。

一　邮

邮作为传递信息的机构，至迟在春秋时就已出现。《孟子·公孙丑上》："孔子曰：'德之流行，速于置邮而传命。'"② 以置邮传命比喻德政流行之速，则其为邮驿机构名称无疑。《墨子·杂守篇》又云："筑邮亭者圜之，高三丈以上。"据此则邮还有亭的建筑，高三丈以上，可视为当地的标志性建筑，故可用以名地。当时已有以邮名地、以邮为姓者。《左传·哀公二年》："邮无恤御简子，卫太子为右。"杜预注云："邮无恤，

---

① 《后汉书》卷88《西域传》，第2931页。
② 阮元校刻：《十三经注疏》，中华书局1980年版，第2684页。

王良也。"孔颖达疏："古者车驾四马，御之为难，故为六艺之一。王良之善御，最有名，于书传多称之。"① 《国语》卷十五《晋语九·邮无正谏赵简子无杀尹铎》注云："无正，晋大夫邮良，伯乐也。"② 《汉书》卷六四下《王褒传》"王良执靶"注引张晏曰："王良，邮无恤，字伯乐。"晋灼曰："靶音霸，谓辔也。"师古曰："参验《左氏传》及《国语》《孟子》，邮无恤、邮良、刘无止、王良，总一人也。"③ 可见，晋大夫王良，因封于邮邑，即以邮为姓，称邮良，又称邮无恤、邮无正。邑以邮名，当即源于该地为邮所在。此皆为春秋战国之制。及至秦汉时期，邮的设置更为普遍，王充《论衡·谈天篇》云："二十八宿为日月舍，犹地有邮亭为长吏廨矣。邮亭著地，亦如星舍著天也。"④ 以天上的星辰喻指地上的邮亭，足见邮亭之设已很繁密，且已形成网络。史书中屡见有以邮名地者，如长安有曲邮⑤、蜀郡严道有邛邮⑥，汉简中有"柳中邮"（280.20⑦）、"石靡邮""悬泉邮"（X一一六，P95）⑧ 等。此外，河南荥阳有桃邮里（43.16，43.18），河东襄陵有邮里（37.42）。

　　关于邮的职能，史书或云："邮，行书之舍，亦如今之驿及行道馆舍也。"或称："邮，行书舍，谓传送文书所止处，亦如今之驿馆矣。"⑨ 虽然文字稍异，但文意全同，即认为邮是供传递文书者歇息止宿之所，类似于唐代的驿馆。汉代很多公文都是经邮传递的，故称邮书。汉简中就有大量"以邮行"的公文记录，如：

---

① 阮元校刻：《十三经注疏》，中华书局1980年版，第2156页。
② 上海师范大学古籍整理研究所校点：《国语》，上海古籍出版社1998年版，第491—492页。
③ 《汉书》卷64下《王褒传》注，第2824页。
④ 黄晖：《论衡校释（附刘盼遂集解）》，中华书局1990年版，第484页。
⑤ 《史记》卷55《留侯世家》，第2046页。
⑥ 《史记》卷118《淮南衡山列传》，第3079页。
⑦ 谢桂华等：《居延汉简释文合校》，文物出版社1987年版，第471页。以下凡此种简号均出此书，不另注。
⑧ 胡平生、张德芳编撰：《敦煌悬泉汉简释粹》，上海古籍出版社2001年版。以下凡出该书材料，均在简文序号前加X表示，并标注其在本书中的页码。
⑨ 参阅《汉书》卷83《薛宣传》、卷89《循吏传·黄霸传》颜师古注，第3397、3630页。

简1. 张掖都尉章
肩水候以邮行
九月庚午府卒孙意以来　　　　　　　　　　　　　74.4
简2. 张掖居城司马
甲渠鄣候以邮行
九月戊戌燧卒同以来·二事　　　　　　　E·P·T43∶29
简3. 入南书二封，皆居延都尉章，九月十日癸亥起，一诣敦煌，一诣张掖府，邮行。永元元年九月十四日夜半掾受路伯　130.8

此3简均为"以邮行"的文书。其中1、2两简分别出于汉代肩水候官所在的A33（地湾）和甲渠候官驻地A8（破城子）。这两件文书分别由张掖都尉和张掖郡居延城司马发往肩水候和甲渠鄣候，简上文字为收文者根据文书封检内容所作的记录。其中第一栏的"张掖都尉章""张掖居城司马"为抄写的发文者封泥印文，第二栏"肩水候以邮行""甲渠鄣候以邮行"是指收件人和传递方式，即两件文书的收文者分别是肩水候和甲渠鄣候。候为候官之长，候官驻地所在的小城称为"鄣"（或作"障"），故"甲渠鄣候"即"甲渠候"。这两件文书都是通过"邮"传递的。第三栏"九月庚午府卒孙意以来""九月戊戌燧卒同以来"，也都是收文者署写的记录，意即这两件文书分别是由都尉府卒孙意、燧卒同于某年九月庚午和九月戊戌日送达的。其中简2的"二事"是指居延城司马同时给甲渠鄣候发出的文书涉及两件事。简3出于A27（查科尔贴），根据这里出土的永元器物簿，知其属于广地候官。[①] 本简为两件居延都尉府发往敦煌和张掖郡守府的文书，在途经该地时的过往记录，该文书也是采用"以邮行"的方式传递。史书中屡见汉代官民"因邮上封事[②]""因邮奏[③]"或"因邮亭书言[④]"的记载。凡此均说明，邮是用于

[①] 陈梦家：《汉简缀述》，中华书局1980年版，第22页。
[②] 《汉书》卷75《京房传》，第3164页。
[③] 《后汉书》卷1《光武帝纪》，第85页。
[④] 《汉书》卷12《平帝纪》，第358页。

传递文书的专门机构。

邮设有邮人、邮卒和邮佐。新出敦煌汉简有"八月己丑,日早食时样相邮人青辟付赤土邮人语☐"（87D甜水井：33①），居延汉简有"正月辛巳鸡后鸣九分不侵邮卒建受吞远邮卒福,壬午禺中当曲卒光付收降卒马印"（E. P. T51：6）② 的记载。敦煌悬泉汉简又有"入西书八,邮行。……永平十五年三月九日人定时,悬泉邮孙仲受石靡邮牛羌"（ⅥF13C①：5），其中的孙仲、牛羌当即邮人、邮卒之类。

邮佐虽未见于敦煌、居延汉简,但新出土的尹湾汉简《东海郡属县乡吏员定簿》则有某县有邮佐一人或二人的记载。西北边塞既设有邮人、邮卒,亦当有邮佐。

敦煌汉简中还有邮车的记载：

简4. 入粟小石二百五十石多券八十三枚者一石
　　　　十二月庚戌使敦煌亭长邮车六两 D1227③

从汉简材料看,各邮站递送邮书,每次都由一名邮人或邮卒承担。如果邮书内容较短,数量不多,由邮卒背负递送并无多大问题；但有些文书内容很长,如《建武三年候粟君所责寇恩事》就长达1700多字,用简36枚（E. P. F22：1—36）。像这样长的文书如有很多封,就需要邮车载运了,简4中的邮车当即运送邮件之车。

邮还有房舍,除供邮人、邮卒住宿外,也为过往使者、行人提供食宿。《汉书·黄霸传》云："吏出,不敢舍邮亭。"颜师古注云："邮,行

---

① 见何双全《敦煌新出简牍辑录》，载李学勤主编《简帛研究》第一辑，法律出版社1993年版，第221—235页。本简在《敦煌汉简释文》中编号为1322，胡平生、张德芳编撰《敦煌悬泉汉简释粹》中作"……八月己丑日早食时，☐相邮人青☐付☐土邮人……/十月丙子"，见该书第94页。

② 甘肃省文物考古研究所等编著：《居延新简》，文物出版社1990年，以下凡以E开头者均出此书，不另注。

③ 吴礽骧、李永良、马建华：《敦煌汉简释文》，甘肃人民出版社1991年版，第126—127页。以下凡此种简号均出此书，不另注。按：本简中的"邮车"，在上引何双全先生《敦煌新出简牍辑录》一文中释作"都车"。

书舍，谓传送文书所止处，亦如今之驿馆矣。"① 又如，薛宣过彭城，见"桥梁邮亭不修"。颜师古注云："邮亭，行书之舍，亦如今之驿及行道馆舍也。"② 西北边塞政务和军情文书及使者往来非常频繁，各邮亦当设有"行书之舍"和供人止宿的"行道馆舍"。

二　亭

汉代西北边塞地区交通线上的亭既是守御组织，也是邮驿机构，负有守望御敌和传递公文的双重责任，故常与邮连称为邮亭（敦煌悬泉汉简中就有"乡邮亭"的记录③），或与燧④连称为亭燧，有时亭燧也可互称。《说文》云："燧，塞上亭，守烽者也。"各亭（燧）吏卒，负有传递邮书的责任。如下简：

简5. 居延都尉章

甲渠鄣候以亭行

九月戊戌三谯隧长得禄以来　　　　　　　　　E. P. T51：145

简6. 南书一辈一封，潘和尉印，诣肩水都尉府

・六月廿三日庚申日食坐五分，沙头亭长受驿北卒音。日东中六分，沙头亭卒宣付驿马卒同　　　　　　　　　　　　506.6

简7. 南书一辈一封　张掖肩候诣肩水都尉府

・六月廿四日蚤食时，沙头亭长 受驿北卒音。日食时二分，沙头卒宣付驿马卒同　　　　　　　　　　　　　　　505.2

6、7两简均出于A35（大湾）即汉肩水都尉府遗址，根据简6"六

---

① 《汉书》卷89《循吏传·黄霸传》及颜师古注，第3630页。
② 《汉书》卷83《薛宣传》及颜师古注，第3397页。
③ 参阅胡平生、张德芳编撰：《敦煌悬泉汉简释粹》，上海古籍出版社2001年版，第71—72页。
④ 在文献和简牍中，燧、㸂、隧、队通用，均指燧。

月廿三日庚申"记日来看，六月当为辛卯朔。据陈梦家先生的研究："居延简以瓦因托尼出土的征和三年，破城子出土的（武帝后元）元年为最早，以白墩子南A29出土的元康三年为最晚。"其中A35（大湾）所出简纪年最早为汉昭帝始元二年（前85），最晚为新莽始建国三年（11）。纪年有前85—前69年、前64年、前63年、前58年、前43年、前42年、前32年、前12年、前9年、前8年、前6年、前5年、前2年和公元11年。① 查陈垣《二十史朔闰表》，自汉武帝后元元年至新莽始建国三年间，六月辛卯朔者有汉宣帝地节二年（前68）和汉成帝元延二年（前11）。6、7两简所记时间相差一天，对照陈梦家先生的研究，两简应为沙头邮亭汉宣帝地节二年六月廿三、廿四日的邮书受付记录。简中亭（隧）长和亭（燧）卒都直接参与了邮书的受付和传递，其中6、7两简邮书传递方向一致，邮书受付人员相同，足见传达邮书为其日常事务，则亭为邮驿建置显然可见。

西北地区邮亭的修筑基本上是与汉朝疆域的开拓同步进行的。汉朝势力所及，莫不置亭列燧。如汉武帝"初开河西，列置四郡，通道玉门，隔绝羌胡，使南北不得交关，于是郭塞亭燧出长城数千里"②。继"酒泉列亭障至玉门"后，又自敦煌"西至盐水，往往有亭"③。到汉武帝末年，桑弘羊等奏"请远田轮台，欲起亭燧"④。王莽时，在西羌之地置西海郡，"边海亭燧相望焉"⑤。尤其是承担邮书传递的亭燧，基本上是沿额济纳河和疏勒河一线延伸分布，故张掖郡的邮书多为南北向传递，故称"南书"或"北书"；而酒泉、敦煌郡的邮书多为东西向传递，故称"西书""入西书"等。⑥

修筑亭燧，固然是为了守望御敌，但传递情报也是其重要原因。因此，汉朝对邮亭的修治极为重视，将其作为考核地方官能力和政绩的重

---

① 陈梦家：《汉简缀述》，中华书局1980年版，第9页。
② 《后汉书》卷87《西羌传》，第2876页。
③ 《史记》卷123《大宛列传》，第3179页。
④ 《汉书》卷96《西域传》，第3913页。
⑤ 《后汉书》卷87《西羌传》，第2878页。
⑥ 陈梦家：《汉简缀述》，中华书局1980年版，第21—22页。

要内容。如其境内道路桥梁不修,即被视为"不能"①;更有甚者,因邮亭不治而断送了性命。史载,元鼎五年(前112)汉武帝北出萧关,"新秦中或千里无亭徼,于是诛北地太守以下"②。

值得注意的是,匈奴入寇或西羌反叛也多以破坏邮亭为先导。如太初三年(前102)秋,"匈奴大入定襄、云中,杀略数千人,败数二千石而去,行破坏光禄所筑城列亭鄣"③。西羌反叛,或云"燔烧置亭,绝道桥"④;或称"燔烧邮亭,大掠百姓"⑤。汉宣帝时,赵充国平定西羌,因临羌至浩亹"邮亭多坏败",只得砍伐木材,"缮治邮亭"⑥。由于边塞亭燧事关候望御敌和信息传递,二者相辅而行,难以截然分开,故有"汉时邮递之制,即寓于亭燧之中"⑦ 之说。

三 驿

驿作为汉代邮驿机构,已广泛用于邮书传递。据《后汉书·袁安传》载,袁安"初为县功曹,奉檄诣从事,从事因安致书于令。安曰:'公事自有邮驿,私请则非功曹所受。'"⑧ 东汉顺帝阳嘉元年(132),陇西地震的消息就是由驿至京师的;⑨ 使者巡行各地,如需向朝廷奏事,也以"驿马上之"⑩。可见,汉代用驿传递公文已成定制。

此外,边郡紧急文书或军事情报也多"因骑置以闻"。骑置即驿骑、

---

① 参见《汉书》卷83《薛宣传》,第3397页。
② 《史记》卷30《平准书》,第1438页。
③ 《史记》卷110《匈奴列传》,第2916页。
④ 《汉书》卷79《冯奉世传》,第3300页。
⑤ 《后汉书》卷87《西羌传》,第2887页。
⑥ 《汉书》卷69《赵充国传》,中华书局1962年版,第2987页。
⑦ 王国维:《观堂集林》卷17《敦煌汉简跋十一》,中华书局1959年版,第855页;贺昌群:《烽燧考》,见《贺昌群史学论著选》,中国社会科学出版社1985年版。
⑧ 《后汉书》卷45《袁安传》,第1517页。
⑨ 《后汉书》卷59《张衡传》:"阳嘉元年,复造候风地动仪。……尝一龙机发而地不觉动,京师学者咸怪其无征。后数日驿至,果地震陇西,于是皆服其妙。"第1909页。
⑩ 《后汉书》卷61《周举传》,第2029页。

驿马。①《汉书·丙吉传》云："适见驿骑持赤白囊,边郡发奔命书,驰来至。驭吏因随驿骑至公车刺取。"② 汉成帝时,西域都护段会宗被乌孙兵围困,也派"驿骑上书"求救。③ 汉简中屡见有"因驿骑遣状"（D424）、"因驿骑奉"（D138）,或以"驿骑行诏"（E. P. E22：64）等记载。居延汉简有"駮南驿"（502.7）、"会水驿"（E. P. T51：555）"城北驿"（283.63）"止害驿"（E. P. T43：109）"武彊驿"（E. P. T49：28, E. P. T49：45）"万年驿"（E. P. T49：45）等驿名。

关于驿的交通工具,顾炎武引谢在杭《五杂俎》云："汉初尚乘传车,如郑当时、王温舒皆私具驿马,后患其不速,一概乘马矣。"④ 日本学者森鹿三则认为："西汉时期,既采用继承前代的传车制度,又采用了逐渐盛行的驿骑制度。"⑤ 就现有资料来看,汉代驿骑虽日渐盛行,但并未完全排斥驿车。《后汉书·王莽传》云："莽以诈立,心疑大臣怨谤,欲震威以惧下,……乃流（刘）棻于幽州,放（甄）寻于三危,殛（丁）隆于羽山,皆驿车载其尸传致。"⑥ 据学者考证,古之三危是以敦煌三危山而得名的一个广义地名,包括罗布泊以东,疏勒河以西的广大区域。⑦ 据此则汉代西北边塞亦有驿车,至于驿骑则更为广泛。但如将驿骑都视为马,则未免武断和偏颇,如 D849 简就有"驿骑驴一匹"的记载。不仅敦煌如此,其他地方亦有用驴转运的记载,如东汉杜茂镇守北边,建置屯田,即以"驴车转运"⑧。武都郡亦以"驴马负载"⑨。由

---

① 《汉书》卷54《李陵传》载,天汉二年（前99）,汉武帝诏令李陵"以九月发,出遮虏鄣……因骑置以闻"。注引颜师古曰："骑置,谓驿骑也。"第2451—2452页。《汉书》卷96下《西域传下》载,武帝末年,搜粟都尉桑弘羊等奏请在轮台以东屯田,"张掖、酒泉遣骑假司马为斥候,属校尉,事有便宜,因骑置以闻"。颜师古注云："骑置即今之驿马也。"第3912页。
② 《汉书》卷74《丙吉传》,第3146页。
③ 《汉书》卷70《陈汤传》,第3022页。
④ 顾炎武：《日知录》卷29"驿"条。
⑤ ［日］森鹿三：《居延汉简所见的马》,中国社会科学院历史研究所战国秦汉史研究室编：《简牍研究译丛》（第1辑）,中国社会科学出版社1983年版。
⑥ 《汉书》卷99中《王莽传中》,第4123页。
⑦ 窦景椿：《古称三危与黑水之辨解》,《敦煌研究》1987年第2期。
⑧ 《后汉书》卷22《杜茂传》,第777页。
⑨ 《后汉书》卷58《虞诩传》,第1869页。

此可见，驴不仅用于骑乘，也用于拉车。

驿设有众多吏员，专司邮驿事务。不仅候、令、丞三官齐备①，还有驿卒（E. P. T49：45A，E. P. T49：28—29）和驿佐（E. P. T49：45A）、驿令史（E. P. T59：253）、驿小史（562.1）等佐官属吏。陈直先生认为，汉驿因设站长短有驿、置之别，"大者称驿，小者为置"②。但就马匹等配置数量而言，驿的规模似小于置（详下）。与邮、亭一样，驿也直接参与公文传递，并非仅提供车、马等交通工具。如下简：

简 8. 入北第一橐书一封
居延丞印十二月廿六日日食一分受武疆驿卒冯斗即弛刑张东行
               E. P. T49：28

简 9. ☐食四分万年驿卒徐讼行，封橐一封诣大将军，合檄一封付武疆驿卒，无印   E. P. T49：29

简 10. 正月廿五日参餔时受万年驿卒徐讼合二封武疆驿佐柃愔/手书大将军檄   E. P. T49：45A/B

简 11. ☐☐大将军印章诣中郎将驿马行十二月廿二日起☐觻得永元二年十二月廿四日庚辰食时   E. P. T49：11A+41A③

☐年隧长育受武疆驿卒☐☐☐封完路☐一随
               E. P. T49：11B+41B

此四简均出于汉代甲渠候官遗址破城子。简 8 标明"入北"，且有"居延丞印"封，当即接收来自北边居延县廷的文书，是经过甲渠候官发往张掖太守府。汉居延县城与张掖郡治觻得县间的距离约一千五百多里④，按照"书一日一夜当行百六十里"（E. P. S4. T2：8A）的规定，文

---

① 陈直：《居延汉简研究》，天津古籍出版社 1986 年版，第 44—45 页。
② 陈直：《居延汉简研究》，天津古籍出版社 1986 年版，第 44—45 页。
③ 此二简（木牍）出于同一探方，木质纹理、笔迹、墨色完全一致，断茬基本吻合，简文内容亦可衔接，故该二简当可缀合。
④ 陈梦家：《汉简缀述》，中华书局 1980 年版，第 224 页。

书送达约需十天。9、10、11三简所记均为万年驿与武疆驿间的文书传递情况，其中万年驿卒为同一人，简文分别标注"封橐一封诣大将军""手书大将军檄""大将军印章"，显然不是在居延都尉府辖区内传递的短距离文书。据简8、简11的记载，这些文书的传递区间应是觻得与居延间。如果对照前引边郡"因骑置以闻"和"因驿骑遣状"（D424）的记载，则由驿递送的多为长距离文书。

四　置

《后汉书·郭太传》："又识张孝仲刍牧田中，知范特祖邮置之役，……并以成名。"其注云："《广雅》曰：'邮，驿也。'置亦驿也。《风俗通》曰：'汉改邮为置。置者，度其远近之间置之也。'"[①]《汉书·文帝纪》："太仆见马遗财足，余皆以给传置。"颜师古注云："置者，置传驿之所，因名置也。"[②]是则置是按一定距离设置的邮驿机构。置设有养马的厩，故称厩置。置又与邮，亭，驿等并列，称为邮置、置亭、置驿等。

汉简所见有吞远置、橐他置、新沙置（155.15，E.P.F22∶196）、遮虏置、第三置（E.P.F22∶12）、茯置、平林置、义置、居延置、钧著置、县泉置、祁连置、鱼离置、遮要置等置名。置设有置候，置尉、置佐（586.5）、置啬夫、置卒（155.15），有时也称置吏（E.P.F22∶196）。

1990—1992年，甘肃省文物考古研究所对汉悬（县）泉置遗址进行了发掘，不仅了解了悬泉置遗址的文化堆积及其整体布局，而且对两汉邮驿设施的职责，机构设置、人员构成，管理制度等都有了初步明确的认识。从发掘情况看，汉代悬泉置由坞和厩两部分组成，坞内外各有马厩3间。悬泉置始设于西汉中期，历经修补扩建，一直沿用到东汉中期。隶属于敦煌郡效谷县，设丞一人，其下又有置啬夫、厨啬夫、厩啬夫、

[①] 《后汉书》卷68《郭太列传》，第2231页。
[②] 《汉书》卷4《文帝纪》，第116—117页。

仓啬夫、少内啬夫、都田啬夫及置佐、置令史、置史、置司御等吏员，领有御、邮人等民夫和若干罪徒、弛刑及官奴婢等。置有接待过往官员，提供食宿、车辆、马匹、草料及传递官文书等两项职能，同时耕种少量田地，解决部分口粮、饲料供给。悬泉置规模较大，有官卒徒御37人（另一简记载47人），传马40匹左右，传车少时6乘，多时15乘。①"在其规模相当完整的时候，马匹定员四十四匹左右，车在十辆左右。"② 而居延简中的止害、城北等驿则只有驿马一至二匹，③与悬泉置相比，规模就很小了。

敦煌悬泉简中还有如下的记载：

简12. 入西板檄二，冥安丞印，一诣亲橡治所，一诣府。元始四年四月戊午，县（悬）泉置佐宪受鱼离置佐邗卿，即时遣即行

ⅡT0214①：125

简13. 出东书四封，敦煌太守章。一诣劝农掾、一诣劝农史、一诣广至、一诣冥安、一诣渊泉。合檄一，鲍彭印，诣东道平水史杜卿。府记四，鲍彭印，一诣广至、一诣渊泉、一诣冥安、一诣宜禾都尉。元始五年四月丁未日失中时县（悬）泉置佐忠受广至厩佐车成辅。·即时遣车成辅持东。

ⅡT0114②：294

此二简中县（悬）泉置佐和鱼离置佐均直接参与公文传递和交接事宜，足见置吏除管理本置有关事务外，也直接从事邮书的受付与递送。

此外，很多学者还把传也视为汉代邮驿机构之一。笔者认为，传的

---

① 参阅甘肃省考古研究所悬泉置遗址发掘队：《汉悬泉遗址发掘获重大收获》，《中国文物报》1992年1月5日；张德芳《简论悬泉汉简的学术价值》，《光明日报》2000年8月25日，此据胡平生、张德芳编撰《敦煌悬泉汉简释粹》，上海古籍出版社2001年版，第200—206页。
② 张俊民、司建晖：《简牍文书与甘肃汉代史地》，《档案》1998年第1期。
③ 汉简中有关于驿马的零星记载，如："□四月戊辰朔丁丑诚北候□驿一所马二匹鞍勒各一□"（18.18）、"城北隧驿马二匹，毋鞍勒□"（E.P.T59：268）、"止害驿马一匹"（E.P.T43：109）"出麦大石三石四斗八升，闰月己丑食驿马二匹尽丁酉□"（495.11）。这里的诚北驿和止害驿都只有一两匹驿马。

出现虽然很早，但到汉代已不再有传的建置，汉代的传只是邮驿的泛称。文献和简牍中的传，多指传车、传马、传信（符传），有时也指传舍。由于传可泛指邮驿或与邮驿有关之事，故用于使者、官民往来的符节和车马、房舍均冠以"传"字，称为符传、节传、传车、传马和传舍。颜师古在《汉书·高帝纪》田横"乘传诣洛阳"句下注云："传者，若今之驿"，是以唐制比附汉制，并不可信。文献和简牍中"乘传"之"传"均指交通工具，不应视为邮驿建置。据《汉书·高帝纪下》载："（田）横惧，乘传诣洛阳。"如淳曰："律：四马高足为置传，四马中足为驰传，四马下足为乘传，一马二马为轺传。急者乘一乘传。"师古曰："传者，若今之驿，古者以车，谓之传车，其后又单置马，谓之驿骑。"①《汉书·文帝纪》："乃令宋昌骖乘，张武等六人乘六乘传，诣长安。"张晏曰："传车六乘也。"②《汉书·武五子传》："玺书曰：'制诏昌邑王：……乘七乘传诣长安邸。'"③可见，"置传""驰传""乘传""轺传"之别，在于传车所用马的数量与优劣不同。据张晏说，"六乘传"即指"传车六乘"；那么，"七乘传"当即传车七乘。上引史料中的"传"均指传车，并无"驿"的含义。若果如颜师古所云，汉代传为邮驿建置的话，则必如邮、亭、驿、置那样，有以传名地称"某某传"者，其下也当有佐、啬夫、令史、小史、卒之类的吏员。但是，除了有"某某传舍"或"传舍啬夫"外，文献和简牍中并无以传名地者，也无传吏、传卒（人）的记载。凡此，亦可印证汉代的传并非邮驿组织或机构名称，只是一种泛指而已。

综上所述，汉代西北边塞的邮驿建置主要有邮、亭（燧）、驿、置，就传递邮书和接待过往使者官员而言，与内地无异；但就其吏员配备、规模大小及运行管理来看，又有其特点。

第一，由于地处边防前沿，故其建置具有明显的军事色彩。如邮、亭（燧）、驿、置的吏员大多为军人（如邮卒、驿卒、亭卒或燧卒、置

---

① 《汉书》卷1下《高帝纪下》，第57—58页。
② 《汉书》卷4《文帝纪》，第106—107页。
③ 《汉书》卷63《武五子传·昌邑哀王髆传》，第2764页。

卒等）身份，他们在传递邮书的同时，也负有候望敌情和安全保卫的责任，亭（燧）吏卒尤其如此。由于邮、亭、驿、置事关情报信息的传递，必须保证安全及时，如非特殊原因而使邮书失期，直接责任者及其主管官吏都要受到处罚，这在汉简中屡见不鲜。而邮驿设施不治，郡县长吏即被视为"不能"，甚至由此招致杀身之祸。为保证邮驿事务的正常运行，不得擅自将邮驿设施如车、马等移作它用。居延汉简中就有建武五年（29）十一月，城北候长王襃因见邻近的木中隧有烟不见蓬，即派城北隧助吏李丹骑驿马一匹前去察看，被匈奴兵连人带马尽行掳获，王襃因此被劾以"擅使丹乘用驿马，为虏所略得，失亡马"而"诣居延狱，以律令从事"。（参阅 E. P. T68：81—90）汉简中还有塞尉"以县官马擅自假借，坐藏为盗"的事例（E. P. F22：186 - 201），因简文较长，不具引。

第二，邮、亭，驿、置均有止宿之所，但其规模大小与设置距离有别。《汉官仪》《汉旧仪》《汉官旧仪》均载"十里一亭，亭长、亭候；五里一邮，邮间相去二里半"。但新出尹湾汉简记东海郡有"亭六百八十八，卒二千九百七十二人，邮卅四，人四百八"，平均每亭仅有卒四人有余，而每邮则邮人十二人，亭的数目为邮的二十倍有余，则亭的规模小于邮，这与上引文献记载相左。

驿、置间的距离，文献记载也多有歧异。《韩非子·难势》云："良马固车，五十里而一置。"《后汉书·舆服志》载："驿马三十里一置"；而《后汉书·和帝纪》又云："十里一置，五里一候"。从破城子和悬泉置出土的汉代里程简（见 E. P. T59：582、Ⅱ0214①：130）来看，驿置间的距离并不完全一致，最短者有 35 里，最长者可达 99 里。这种情况的出现，大约与自然地理条件和沿途政治、军事据点的疏密等因素有关。各种材料所反映的规模大小与间距远近的歧异，可能是由于所记时间或地域不同的缘故。因此，如没有更为翔实可靠的材料，对文献和简牍记载进行比较是不适宜的。

第三，邮、亭、驿、置均为传递邮书的机构，但其间并不存在上下隶属关系。就现有资料来看，邮书运行是否中程，邮驿吏员的任用、考核、调迁与管理，车马粮草的配给供应，邮驿设施的建筑维修等，均由当地郡县或所在候官、部负责，如悬泉置就是直属敦煌郡效谷县管理的。

第四，西北边塞并无军邮与民邮之别。居延汉简中虽有"军书"[①]与一般邮书之别，但其递送均由当地邮、亭、驿、置承担，且均为昼夜兼程。只是由于"军书"多系边塞紧急军情，故又设有专课。候官、部等边塞防御机构同时负责军事情报和一般行政公文的传递与管理，正是西北边塞不同于内地邮驿的特殊之处。

总之，汉代西北边塞的邮驿建置与内地大致相同，但因地处中西交通要道，又是边防前沿，故其运行、管理又具有不同于内地的特点。这与汉代边塞地区兵农相兼、屯戍结合的防御体系也是一致的。

——原载《简牍学研究》第3辑，甘肃人民出版社2002年版，

收入本书时作了修改

[①] 居延破城子所出简 E. P. F22：391 云："诚北部建武八年三月军书课·谨案，三月毋军候驿书出入界中者。"

秦汉邮书管理制度初探

邮书管理制度是古代邮驿管理的重要内容。由于文献资料零散不足，学界对秦汉邮书管理制度的专门探讨尚不多见。20世纪七八十年代以来，随着大量秦汉简牍材料的问世、公布，熊铁基、高敏、刘广生、李均明等多位学者都曾对此问题进行过研究。[1] 但因当时居延新简、敦煌悬泉简尚未公布，故对有关问题的研究仍有遗漏和不足。本文拟在学界已有的研究成果基础上，利用简牍材料对秦汉邮书的寄发、运行、签收和考核等进行较为全面系统的考察，错谬之处，敬请教正。

一 邮书寄发管理

秦汉时期的邮书往来极为频繁，凡向上级请示，都须呈送书面报告，不得口头请示或由他人代言，即云梦秦简《内史杂》所谓"有事请殹（也），必以书，毋口请，毋羁（羁）请"[2]。为保证邮书的安全保密与权威性，在寄发邮书时，就实行了严格的检署和登记制度。检指封检，署为题署，检署制度亦即封检题署制度。封检工作由发文者承担，题署文

---

[1] 参阅熊铁基《秦代的邮传制度——读云梦秦简札记》，《学术研究》1979年第3期；高敏《秦汉邮传制度考略》，《历史研究》1985年第3期；刘广生等《中国古代邮驿史》，人民邮电出版社1999年版，第97—175页；李均明《汉简所见"行书"文书述略》，甘肃省文物考古研究所编《秦汉简牍论文集》，甘肃人民出版社1989年版，第113—135页；李均明《封检题署考略》，《文物》1990年第10期。

[2] 睡虎地秦墓竹简整理小组：《睡虎地秦墓竹简》，文物出版社1978年版，第105页。以下凡引此书者均只注篇名，不再写书名。

字除收文者及文书传递方式由发文者书写外，其他（如文书到达时间、传递者、封泥是否完好等）则由收文者署写。

（一）封检

检是用以封缄文书之物，多以木板为之。在检上均有刻齿、封泥，盖印后用绳捆束，此即封检。秦汉时，上自皇帝，下至公卿大臣及掾属小吏皆有印绶。皇帝及诸侯之印称玺，其他百官则称印或章。故有"秦以前民皆佩绶，以金、银、铜、犀、象为方寸玺，各服所好。汉以来天子独称玺，又以玉，群臣莫敢用也"[1] 之说。据《汉书·百官公卿表》载，诸侯王金玺绿绶，"凡吏秩比二千石以上，皆银印青绶，光禄大夫无。秩比六百石以上，皆铜印黑绶，……比二百石以上，皆铜印黄绶"。颜师古注引《汉旧仪》云："诸侯王黄金玺，橐佗钮，文曰玺，谓刻云某王之玺"；比二千石以上，"银印背龟钮，其文曰章，谓刻曰某官之章也"。"六百石、四百石至二百石以上，皆铜印鼻钮，文曰印，谓钮但作鼻，不为虫兽形，而刻文云某官之印。"[2] 即使比二百石以下无印绶的小吏，也各有私印。凡公文往来均以绳捆束，并于结绳处施以拓有文书签署者或其衙署印文的封泥。王国维先生指出："书函之上既施以检，而复以绳约之，以泥填之，以印按之，而后题所予之人，其事始毕。"[3] 封泥既可防止泄密和作伪，又是文书真实性和权威性的凭证。如不加封，其真实性就要受到怀疑。秦将诈称秦二世名义给李良的信件故意"不封"，就是"欲其漏泄，君臣相疑"[4]。如果伪造官印，即为犯罪。秦律中将诸如低级官吏伪造丞的官印冒充大啬夫之类的行为，统称为"侨（矫）丞令"；如果假冒啬夫的封印，就要按伪造官印罪

---

[1] 卫宏：《汉旧仪》卷上，孙星衍辑，周天游点校：《汉官六种》，中华书局1990年版，第62页。
[2] 《汉书》卷19上《百官公卿表上》，中华书局1962年版，第743页。
[3] 王国维：《简牍检署考》，《王国维遗书》（第6册），上海书店出版社1983年版，第110页。
[4] 《史记》卷89《张耳陈余列传》，中华书局1959年版，第2577—2578页。

论处。① 秦简《为吏之道》云："口者，关；舌者，符玺也。玺而不发，身亦毋薛（辥）。"② 所谓"玺而不发"，即用玺印封缄而不打开。此为秦统一前的律文，故吏之印也称玺。秦以后，玺始为皇帝之印的专称。秦始皇在临终前赐公子扶苏之书就有玺封，"书已封，未授使者，始皇崩"。于是中车府令赵高乃与胡亥、丞相李斯等私拆始皇玺封之书，诈为诏令，"更为书赐长子扶苏曰：'……扶苏为人子不孝，其赐剑以自裁！将军恬……为人臣不忠，其赐死，以兵属裨将王离。'封其书以皇帝玺，遣胡亥客奉书赐扶苏于上郡"③。凡此都说明秦时公文均须封缄。至于汉代，公文封缄已有明确记载，《汉制度》云：

> 制书者，帝者制度之命。其文曰制诏三公，皆玺封，尚书令印重封，露布州郡也。④

《汉官仪》云：

> 凡制书皆玺封，尚书令重封。惟赦赎令司徒印，露布州郡。⑤

据此则制书要经皇帝玺印和尚书令之印两次封缄，所谓"汉诏皆重封……殆玺封在囊内而尚书令印封在囊外"⑥。前者意即该文书是由皇帝签署的，后者则表示该文书是由尚书令发布的。制书如此，其他官文书亦然。前引秦简《法律答问》中提到的啬夫封印，即指由啬夫封缄文书而言，并非由啬夫发布文书。如果是露布文书，虽不加封缄，但仍须有

---

① 秦简《法律答问》云："'侨（矫）丞令'可（何）殹也？为有秩写其印为大啬夫。盗封啬夫可（何）论？廷行事以伪写印。"睡虎地秦墓竹简整理小组：《睡虎地秦墓竹简》，第175页。
② 睡虎地秦墓竹简整理小组：《睡虎地秦墓竹简》，第295页。
③ 《史记》卷87《李斯传》，第2551页。
④ 《后汉书》卷1上《光武帝纪上》，第24页。
⑤ 《后汉书》卷29《鲍昱传》，第1022页。
⑥ 王国维：《简牍检署考》，《王国维遗书》（第6册），第115页。

发文者的封泥，如下简：

简1. 十二月辛未甲渠候长安候史佪人敢言之蚤食时临木隧卒
□□□□□□□□□□□举蓬燔一积薪虏即西北去毋所失亡敢
言之/十二月辛未将兵护民田官居延都尉谓城仓长禹兼行〔丞事〕
（第一面）

广田以次传行至望远止回（第二面上端）

写移疑虏有大众不去欲并入为寇檄到循行部界中严教吏卒惊蓬
火明天田谨迹候候望禁止往来行者定蓬火辈送便兵战斗具毋为虏所
莩觢已先闻知失亡重事毋忽如律令/十二月壬申殄北甲〔渠〕（第
二面） 278.7A

候长護∨　未央候史包燧长畸等疑虏有大众欲并入为寇檄到護
等各循行部界中严教吏卒定蓬火辈送便兵战斗具毋为虏所莩觢已先
闻知失亡重事毋忽如律令（第三面） 278.7B①

此简为觚，文为露布，但其上却有封泥孔的痕迹，足证露布文书亦
有发文者封泥印钤。

（二）文书寄发登记

作为文书的发布者，除用检封缄文书外，还要对所寄发文书进行登
记，以明确责任，保证邮书的顺利运行。发文者所记内容多少虽不尽相
同，但其格式则基本一致。概而言之，发文记录大体包括收件者和文书
主要内容、文书所涉及的事类多少、件数和封缄方式，有些还须注明封
缄时间（月份和干支日）和封缄者职、名等。对此，李均明先生在其
《汉简所见"行书"文书述略》一文中言之甚详，其说亦多可采，故此
不再赘述。但因该文材料仅限于居延旧简，故对发文记录的形式尚有遗

---

① 谢桂华、李均明、朱国炤：《居延汉简释文合校》，文物出版社1987年版，第468页。
以下凡此种简号者，均出此书，不另注。

漏，试看以下二简：

简2. 太守府书塞吏武官吏皆为短衣去足一尺告尉谓第四守＝＝
候长忠等如府书方察不变更者·一事二封 七月庚辰＝＝掾曾佐严封
E. P. T51：79
简3. ·俱起燧长程偃等皆能不宜其官换如牒告尉谓城北候长
辅·一事二封 八月丁亥士吏猛奏封　　　　　E. P. T52：18①

此二简均出于甲渠候官遗址，其封检方式均为"一事二封"，为居延旧简所未见。从简文内容来看，均为下行文书。前者是甲渠候官要求塞尉及第四守候长忠等就"太守府书"的执行情况进行检查的文书记录；后者则是某年八月丁亥日，甲渠候官通知塞尉和城北候长辅等，已对不胜其职的俱起燧长程偃等予以撤换，具体内容见牒书。其所以要用"一事二封"的封检方式，可能是文书内容更为重要的缘故。通过这些发文记录，不仅可了解文书寄发情况，也便于以后的检查考核，具有明确责任的意味。

二　邮书运行管理

为保证邮书传递的迅速、准确和安全，秦汉时期在邮书运行中实行了分段管理和限时传递。

（一）限时传递

邮书的种类很多，按发文者划分，有诏令文书和其他各种官文书。其中有紧急文书，也有普通文书；但不论何种文书，都有一定的时间限制。睡虎地秦简《行书》规定："行命书及书署急者，辄行之；不急者，

---

①　甘肃省文物考古研究所等编：《居延新简》，文物出版社1990年版，第177、228页。以下凡此种简号者，均出此书，不另注。

日矕（毕），勿敢留。留者以律论之。"① 据《史记·秦始皇本纪》载，秦统一六国后，始皇帝即下令改"命为制，令为诏"②。此"命书"即秦国国君发布的命令，相当于秦汉时期作为"帝者制度之命"的"制书"。凡"命书""制书"与特别注有"急"字的文书均为紧急文书，必须立即递送，不得延误；对于一般公文（即"不急者"），虽不必"辄行之"，但也必须在当日送出，即所谓"日矕（毕），勿敢留"。从汉代的情况看，紧急文书和一般文书的传递，各有程限。《汉旧仪》云：

奉玺书使者乘驰传，其驿骑也，三骑行，昼夜千里为程。③

据此则皇帝玺书为紧急文书，以"昼夜千里为程"。征诸文献，其说不误。《韩非子·难势》云："夫良马固车，五十里而一置，使中手驭之，追速致远，可以及也，而千里可日至也，何必待古之王良乎！"④《论衡·说日》篇有"日昼行千里，夜行千里，骐骥昼日亦行千里"⑤ 之说。《汉书·昌邑哀王刘髆传》载，汉昭帝崩，制诏昌邑王乘七乘传诣长安邸，"夜漏未尽一刻，以火发书。其日中，贺发；晡时至定陶，行百三十五里，侍从者马死相望于道"⑥。以一日十六时计，自日中至晡时行135里，用时一时，⑦ 则一昼夜约行2160里。当然，这是途中一刻不停，并以"侍从者马死相望于道"为代价的。事实上，一昼夜间毫不停歇地快速奔驰，在当时是决不可能的。如果除去途中必要的交接、停留，"昼夜千里为程"是可信的。对此，汉代匈奴骑兵南下的资料也可为佐证。据娄敬言："匈奴河南白羊、楼烦王，去长安近者七百里，轻骑一日一夕

---

① 睡虎地秦墓竹简整理小组：《睡虎地秦墓竹简》，第103页。
② 《史记》卷6《秦始皇本纪》，第236页。
③ 卫宏：《汉旧仪》卷上，孙星衍等辑，周天游点校：《汉官六种》，中华书局1990年版，第63页。
④ 王先慎撰，钟哲点校：《韩非子集解》，中华书局1998年版，第393页。
⑤ 黄晖撰：《论衡校释》卷11《说日》，中华书局1990年版，第499页。
⑥ 《汉书》卷63《武五子传》，第2764页。
⑦ 关于汉代时制，有一日十八时、十六时及十二时制之说，本文采用一日十六时之说。参阅宋会群、李振宏《秦汉时制研究》，《历史研究》1993年第6期。

可以至。"① 匈奴轻骑南下，沿途不可能畅通无阻。为了避开或突破汉军阻击，势必要绕道迂回或与汉军交锋；加以中途不能更换马匹，人、马都需有必要的停留和休整。如果除去这些因素，"日行千里"是完全可能的。

当然，"昼夜千里为程"是就非常情况下需要火速传递的特急文书而言，其他需要快速传递的文书，则要远低于"昼夜千里"的速度。如《汉书·赵充国传》载，汉宣帝时，赵充国从金城向朝廷奏报军情，往返不过 7 天。如果将朝廷议论和批复的时间算作 1 天，则往返只有 6 天。从金城到长安单程约为 1850 里，往返 3700 里，平均每日约行 620 里；另据《汉书·王温舒传》载，王温舒为河内太守，从河内到长安，"奏行不过二日"，河内距长安约为 1100 里，则平均每日当行 550 里。这个速度虽不及"昼夜千里"，但比汉简中一日一夜 160 里的速度快了许多。

简 4. 官去府七十里书一日一夜当行百六十里书积二日少半＝＝日乃到解　　　　　　　　　　　　　　　　　　E. P. S4T2：8A

简 5. □燧卒世去临木燧十七里当行一时七分中程

E. P. T50：107

按此二简规定，每时所行均为十里，一昼夜当行百六十里，与前述"昼夜千里为程"和日行五六百里的速度均相差甚远。其所以如此，前者系用人徒步递送普通文书，后者则是驿骑传递火速加急的"玺书"和其他紧急文书。汉代简牍及文献中多有"驰行""马驰行""驰传""疾置"及"亭次走行""行者走""以县次传"等的记载，也是指紧急文书与普通文书而言的。可见，秦时区别"命书及书署急者"与"不急者"的规定，到汉代仍相沿未改。而且，不论哪种文书，都有严格的时间限制，如超过规定的时间，即为"留迟""不中程"，有关责任者要受到相应的处罚（详见"邮书考核管理"）。

---

① 《汉书》卷 43《刘敬传》，第 2123 页；《史记》卷 99《刘敬列传》，第 2719 页。

（二）分段传递，各负其责

由于邮书运行有严格的时限，而整个传递过程又多是邮人、邮卒前后相继，接力传递。为明确责任，保证邮书的及时送达，秦汉时期还实行了分段管理的制度。为此，不仅各邮站有详细的邮书过往记录，而且各区间对过往邮书的性质、数量、种类、收文者、发文者、印章封泥是否完好、邮件封皮颜色质地及邮书受付时间、传递者等内容也要作详细的记录，如：

简6. 出西书三封置记二

二封诣府 一封冥安长印

一封酒泉大守章一封毋印章诣敦煌十二月癸酉大农付乐望卒卬

87－89C∶2①

简7. 入西皂布纬书一封大司徒印章诣府纬完赐……从事宋掾书一封封破诣府　　　　　　　　　　　　　　　　　　　X107

简8. 北书二封　其一封诣居延骑千人

一封章破诣□□赵卿治所（以上为第一栏）

五月戊寅下晡椎木燧卒胜有受三十井诚

敖燧卒樊隆己卯蚕食五分当曲燧

卒蔡崇付居延收降亭卒尹□□（以上为第二栏）E. P. T59∶156

简8. 北书五封 一封遣杜陵左尉印诣居延封破□□旁封十月丙寅起 卒顺　　　　　　　　　　　　　　　　　　　　505.39

简10. 东第一封橐一驿马行西界封书张史印十二月廿七日甲子昼漏上水十五刻起徒商名永初元年十二月廿七日夜参下鋪分尽时县（悬）泉驿徒吾就付万年驿　　　　　　　　　　　　　　　A

---

① 胡平生、张德芳编撰：《敦煌悬泉汉简释粹》，上海古籍出版社2001年版，第94页。以下凡此种简号者，均出此书，不另注。吴礽骧、李永良、马建华释校：《敦煌汉简释文》（甘肃人民出版社1991年版，第133页）亦收录此简，简号为1291，但"乐望卒"之"望"字未释。

十二月廿七日夜参下鋪分尽时　　　　　　　ⅥF13C②：10B[①]

上述各简均为邮书的运行记录，所记内容虽详略不一，但其基本格式却是一致的。其一，均记邮书的运行方向和数量，如南书、北书、东书、西书和一封、二封等。有的在表示方向的东书、西书、南书、北书前还有"出"或"入"字。其中凡"入"者均指由他处传至本邮站者，而"出"者则指经由本站发出的邮书。还有的记录收到本（批、辈）邮书的时间，如简10"十二月廿七日夜参下鋪分尽时"。其二，均记邮书性质（如诏书、置记、合檄、板檄等）、封泥印章（即发文者）和收文者。如果发现无印、封泥破损或已经旁封等情况，均要记录下来，如第6、7、8、9等简。有的还记载邮书封皮的质地、颜色等，如简7之"早布纬书"即为其例。这类情况多见于敦煌悬泉简中。其三，记录本邮书承接前站和交付下站的时间及交接人、递送者等。一般从前站接受邮书者即为本站邮书的递送者，也有的是由亭长承接而派亭卒递送，如下简：

简11. 南书一辈一封张掖肩候诣肩水都尉
　·六月二十四日辛酉日蚕食时沙头亭长受驿北卒音日食时二分
沙头卒宣付驿马卒同　　　　　　　　　　　　　　　505.2

简中接受驿北卒邮书者为沙头亭长，而承担递送任务者却是沙头卒宣。掾、吏承接邮书与派卒向下站递送并不一定是同步的，而邮书登记则在交接双方都在场时进行；一旦本站承接邮书并办理登记手续，前站任务即告完成，以后的递送等事均与前站无关。记录受付时间和交接人，正是为此。

由此可见，邮书的运行记录不是指整个邮程而是在一定区间进行的，

[①] 转引张经久、张俊民《敦煌汉代悬泉置遗址出土的"骑置"简》，《敦煌学辑刊》2008年第2期。

或只记一个邮站承接前站和交付下站的情况；或记两个或两个以上邮站，对邮书运行的检查考核也是如此（详下）。这说明汉代邮书运行是分段或分区管理的。

秦代邮书运行记载不详，但秦简《法律答问》云：

"发伪书，弗智（知），赀二甲。"今咸阳发伪传，弗智（知），即复封传他县，他县亦传其县次，到关而得，今当独咸阳坐以赀，且他县当尽赀？咸阳及他县发弗智（知）者当皆赀。①

简中传信的查验是逐站进行的，对于未能识别伪造通行证而放其通行者又比照下传伪造文书处理，说明邮书传递也是分段负责，故有"独咸阳坐以赀，且他县当尽赀"的疑问。这从秦简《封诊式·迁子》爰书亦可得到印证。其爰书云，咸阳命吏、徒携带通行证及恒书一封送交废丘县令史。到达废丘后，即更派他人，并特别注明"法（废）丘已传，为报，敢告主"②。即到达废丘后，其任务即告完成，就要回报咸阳。因此，秦代邮书传递也是分段管理的。这也说明秦汉邮书的运行管理是前后相承的，只不过汉代邮驿更为发达，其分段更细、管理更为完善而已。

三 邮书签收管理

邮书由发文者发布后，辗转传递，送达目的地后要经收件者签收登记；拆发邮书者如非主官或收件者本人，而是令史、尉史之类的属吏，还需作启封记录。

（一）签收登记

邮书送达目的地后的签收登记，从以下各简可知其梗概：

---

① 睡虎地秦墓竹简整理小组：《睡虎地秦墓竹简》，第176页。
② 睡虎地秦墓竹简整理小组：《睡虎地秦墓竹简》，第262页。

简12. 元康四年六月丁巳朔庚申左前候长禹敢言之谨移戍卒贳
贷衣财物爰书名籍一编敢言之/印曰蔺禹 六月壬戌金关卒延寿以来
候史充国　　　　　　　　　　　　　　　　　10.34A/B

简13. 五月丙寅居延都尉德库守丞常乐兼行丞事谓甲渠塞候写
移书到如大守府书律令/掾定守卒史奉亲　　E.P.T51：190A

章曰居延都尉章

甲渠

五月甲戌临桐卒冯弘以来　　　　　　　　　E.P.T51：190B

简14. 印破

甲渠官　　　　　　　　令史定（此倒书）

正月甲辰门卒同以来　　　　　　　　　　　E.P.T6：36

简15. 张掖居城司马

甲渠鄣候以邮行

九月戊戌燧卒同以来·二事　　　　　　　　E.P.T43：29

以上各简均为邮书的签收记录。或记于邮书标题或末尾简的背面，如简12；或记于邮书封检上收件者名称两侧偏下位置，如简13、14、15。所记内容一般为三项，即发文者、邮书到达时间和最后递送者。发文者系抄写封泥印文，如"印曰蔺禹""章曰居延都尉章""张掖居城司马"等均是；如果封泥脱落或破损，则须注明，如简14标注"印破"。邮书到达时间一般为月份和记日干支，如简中"六月壬戌""五月甲戌""正月甲辰""九月戊戌"等；邮书传递者均记其名与身份，如第12、14、15三简中的"金关卒延寿""门卒同""燧卒同"等；也有记其身份与姓名者，如简13"临桐卒冯弘"。有的还标有邮书所记事类，如简15"二事"；还有的标有签收者职、名，如简12的"候史充国"和简14倒书的"令史定"。这些书写于文书原件上的文字，字体大小和笔迹均与原件其他文字有别，从简上"某某以来"的字样来看，显然是收件者后来写上去的。

（二）启封记录

拆封邮书，一般称为"发"。发即开启之意，如秦简《法律答问》云："有投书，勿发，见辄燔之"、"发伪书，弗智（知），赀二甲"。其中的"发"均指启封。这在汉简中屡有反映：

简 16. 居延尉丞 其一封居延仓长一封王宪印　十二月丁酉令史
　　　　　　　　　　　　　　　　　　　　　　　　　　　　136.43

简 17. 其一封居延都尉章一封王充印　五月戊戌尉史疆奏发
　　　　　　　　　　　　　　　　　　　　　　　　　　　　158.8

简 18. 水肩塞尉印 十月壬戌卒周平以来 即日啬夫□发尉前 佐相
　　　　　　　　　　　　　　　　　　　　　　　　　　　　506.9B

简 19. 书五封檄三一封王宪印（中略）二月癸亥令史唐奏发
　　　　　　　　　　　　　　　　　　　　　　　　　　　　214.24

简 20. 董云 三月丙戌肩水库啬夫宋宗以来　令史博发君前
　　　　　　　　　　　　　　　　　　　　　　　　　　　　284.4B

据以上各简，启封记录包括文书来源（即发文者）、数量和启封者等项内容。拆发邮书封检者一般为令史或尉史，他们都是都尉府或候官的秘书人员，简 18 中拆发邮书的啬夫亦非主官，而是尉的属吏。由于他们秩位不高，一般不得擅自启封，而必须先向主官请示或经主官授权，如第 17、第 19 简分别记有"尉史疆奏发""令史唐奏发"；或在收件者（主官）面前当面启封，简 18、简 20 即为其证。有些重要文件则有发文者标注的在主官当面启封的字样，如下简：

简 21. 居令延印
　　　回　甲渠发候尉前
　　　□□□□□以来　　　　　　　　　　　　　　　　　55.1A

· 161 ·

本简为居延县令发往甲渠候官的邮书，发文者注明"甲渠发候尉前"，即要求本文书在甲渠候及甲渠塞尉都在场时启封，第17和第20简即为此类文书的启封记录。如果下吏擅自启封，就要受到责罚。

四·邮书考核管理

邮书的考核主要是对其是否及时（即"中程"与否）、安全（即有无遗失）和保密（封泥完好与否）等的检查。这种检查主要有收件者及上级部门的考核和各级邮驿组织的月报、年报两种形式。收件者根据邮书封检中的起发时间，对邮书传递是否符合规定进行检查和考核。邮书封检完好又按时送达，即为"中程"，本次邮书传递即告结束；如果邮书失期，即为"不中程"；或者邮件丢失、封泥毁坏，均要逐级追究责任。

（一）收件者和上级的考核

邮书启封后，收件者要将有关情况及时回复发文者，汉简中屡见有"日时在简中到课言"，即指此。如发现邮书留迟失期、封泥破损脱落及邮件遗失等情况，可以向上级反映。上级组织则移书责问有关部门长吏，令其在规定期限内将调查结果上报或令直接责任者"诣官对状"，然后再决定处罚。如秦简《行书律》规定，擅自滞留邮书，"留者以律论之"；"书有亡者，亟告官。书廷辟有曰报，宜到不来者，追之"。如果丢失文书、符券等物，即使后来找到，也不能免予处罚。如秦简《法律答问》规定："亡久书、符券、公玺、衡羸（累），已坐以论，后自得所亡，论当除不当？不当。"汉代邮书考核则更加完善，如下各简：

简22. 丁丑到留迟封破毋旁封记到各推☐　　E. P. T59：504

简23. 官去府七十里书一日一夜当行百六十里书积二日少半＝＝日乃到解何书到各推辟界中必得事案到如律令言会月廿六日会月廿四日　　E. P. S4. T2：8A

简24. 邮书失期前檄召候长敢诣官对状　　123.55

· 162 ·

简25. ·六月辛未府告金关啬夫久前移拘逐辟橐他令史解事所行蒲封一至今不到解何记到久逐辟诣会月壬申旦府对状毋得以它为解各署记到起时令可课告肩水候官候官所移卒责不与都吏□卿所举籍不相应解何记到遣吏抵校及将军未知不将白之　　183.15AB

第22、23二简是因邮书留迟、封泥破损又无旁封而由（都尉）府移书责问，令候官在其辖区（即"界中"）进行调查，其中简23还限定在三天内即当月二十六日答复；简24则是因邮书失期，由候官发檄书责令候长敞到候官接受质询；简25是都尉府因一封应到而未到的邮书，在六月辛未日令有关责任者金关啬夫久于次日早上到都尉府说明情由。

关于邮书失期的检举、调查验问，以下各简可提供更为详细的材料：

简26. 卅井关守丞檄一封诣府十一月壬申言居延都田啬夫丁宫禄福男子王歆等入关檄甲午日入到府留迟　　E.P.F22：133—134

简27. 卅井关守丞匡檄一封诣府十一月乙未言男子郭长入关檄丁酉食时到府留迟　　E.P.F22：138—139

简28. 甲渠鄣候以邮行　回　府告居延甲渠鄣候卅井关守丞匡十一月壬辰檄言居延都田啬夫丁宫禄福男子王歆等入关檄甲午日入到府匡乙未复檄言　　E.P.F22：151A

甲渠鄣候以邮行　回　男子郭长入关檄丁酉食时到府皆后官等到留迟记到各推辟　界中定吏主当坐者名会月晦有　　E.P.F22：151B

甲渠鄣候以邮行　回　教　建武四年十一月戊戌起府　　E.P.F22：151C

甲渠鄣候以邮行　回　十一月辛丑甲渠守侯告尉谓不侵候长宪等写移檄到各推辟界中相付受日时具状会月廿六日如府记律令　　E.P.F22：151D

简29. 甲渠言卅井关守丞匡檄言都田啬夫丁宫□等入关檄留迟谨推辟如牒　　E.P.F22：125

简30. 持行到府皆后官等到留迟记到各推辟界中相付日时具言

状会月廿六日谨案乡啬夫丁宫入关檄不过界中男子郭长入关檄十一月十八日乙未食坐五分木中燧长张勋受卅井诚敖　　E. P. F22：324

简31. 北燧长岑晡时勋付城北燧助吏王明下晡八分付吞远燧助吏□□皆中程留迟不在界中敢言之　　E. P. F22：464

以上六简出土于同一地点，所叙内容相近，文意基本连贯。据E. P. F22：140—143，简30、31是前后相连的。因此，这六简可基本反映汉代对邮书失期等事进行调查的一般情况。第26、27两简是卅井关守丞匡于建武四年十一月壬辰、乙未两次致檄居延都尉府，反映居延都田啬夫丁宫、禄福男子王歆等及男子郭长入关檄留迟事，可视为收文者向上级反映邮书失期的例证。简28（实为觚）A、B、C三面是居延都尉府根据卅井关守丞匡两次檄言，于十一月戊戌致记甲渠鄣候，责成其令下属候长在各自"界中"进行调查，并将应负责任的有关区段长吏名单于本月三十日上报都尉府；D面为甲渠守候根据居延都尉府指示责令不侵候长宪等在其辖区进行调查，并将各邮站间的受付日时等详细情况于本月二十六日以书面形式上报候官。此简可视为逐级责问的实例。第29、30、31三简为甲渠鄣候向居延都尉府汇报调查情况的牒书。结果是自卅井诚敖北经木中、诚北到吞远燧，"皆中程，留迟不在界中"。虽然第29与30二简之间尚有缺漏，但并不影响对文意的理解。由此，我们认为：汉代对邮书滞留误期等事的考核，大致要经过收件者检举、都尉府责问和有关部门的调查、汇报等三个程序。一经查明，不仅直接责任者要受处罚，而且还须追究"吏主当坐者"即主管官吏的责任，如下简：

简32. 十一月邮书留迟不中程各如牒晏等知邮书数留迟为府职不身拘校而委任小吏忘为中程甚毋状方议罚檄到各相与邸校定吏当坐者言须行法　　55.11，137.6，224.3，55.13，224.14，224.15

此简即为对不能身体力行而委任小吏，明知"邮书数留迟"而慌报"中程"的（都尉）府吏晏"议罚"并追究"吏当坐者"责任的文书。

对邮书留迟不中程负有责任者，除向上级部门陈述原因外，还须谢罪并接受处罚，以下三简即为当事人检讨过失的谢罪书：

简33. ☐九日诣府定行道十三日留迟叩头死罪死罪

E. P. T53：128

简34. ☑☐皆留迟失期职事毋状罪当死叩头死罪☑

E. P. T59：541

简35. ☑日迫奉书不及以失期毋状当坐罪当☑　　264.39

对邮书失期的处罚，视其情节轻重而有不同：

简36. ……坐闰月乙卯官移府行事檄留迟三时九分不以马行适＝＝☑为戍卒城仓转一两致官会月十五日毕　　E. P. T59：96

简37. 俱南燧长范谭 留出入檄适为驿马运饼庭茭廿石致止害燧

E. P. T59：72

简38. 行罚檄到遣燧长郑奴持食诣官会今当省治临桐☐☑

E. P. F22：650

此三简所记，或为驿马伐茭，或为城仓转运，或缮治亭燧等，均为罚服一定时间的劳役。还有受杖责者：

简39. 候史广德坐不循行部涂亭趣具诸当所具者各如府都吏＝＝举部糒不毕又省官檄书不会会日督五十　　E. P. T57：108A

简中候史广德因严重失职，被杖责五十，系数罪并罚。汉简中还有罚金和夺劳的规定：

简40. 不中程百里罚金半两过百里至二百里一两过二百里二两不中程车一里夺吏主者劳各一日二里夺令☐各一日

E. P. S4. T2：8B

本规定书于居延都尉府就某候官递送公文严重失期而责其调查上报的文书背面，当为处理邮书失期所遵循的一般原则，而非临时性的规定，

· 165 ·

或即秦简《行书律》所谓"留者以律论之"之类的"律"。

封泥的作用，在于防止泄密和作伪，故在传递邮书时要尽可能保证封泥完整，即《论衡·定贤篇》所云"邮人之过书，……封完书不遗"者，"则为善矣"。① 如果封泥破损就要受到处罚：

简41. 第十黍甲卒破檄封请辟行罚言状　　　　　　E. P. T44：4B

前述邮书在传递过程中，对有无封印、封泥是否破损或是否已经旁封等均作详细记录，就是为了明确责任。至于丢失邮件，尚未发现明确的处罚记录，前引第25简正面所言"所行蒲封一至今不到解何"，就是对丢失邮书的调查询问。

（二）各级邮驿组织的月报与年报考核

承担邮驿任务的各级组织除对过往邮书及时登记和递送外，还要将本邮站或本辖区内各邮站的邮书传递和驿马等情况逐月汇总，分别呈报上级部门。这些上报材料称为"邮书课""邮书刺"或"过书刺"和"驿马课"。如"临木燧建始二年二月邮书刺（E·P·T51：391）、"临木部建武八年闰月邮书课"（E·P·T20：2）、"甲渠候官河平二年三月邮书□☑"（H227·14）、"不侵部建武六年四月驿马课"（E·P·F22：640）等，就分别是以燧、部和候官为单位逐月上报的邮书课和驿马课标题。其正文内容从以下各简可知其梗概：

简42. 建始二年十二月甲寅朔甲寅临木候长宪敢言之谨移邮书课一编敢言之　　　　　　　　　　　　　　　　　E. P. T51：264

简43. 元延四年九月戊寅朔戊寅不侵候☑谨移八月邮书课一编敢言之　　　　　　　　　　　　　　　　　　　E. P. T40：147A

　　□□命第七吏即日下晡时起　　　　　　　　E. P. T40：147B

---

① 黄晖：《论衡校释》卷27《定贤》，第1114页。

简44.☑月邮书课北书一封张掖广地候印诣居延四月癸亥卅以
☑   214.12

简45. 北书三封合檄板檄各一
其三封板檄张掖太守章诣府合檄牛骏印诣张掖大守府牛掾在所
九月庚午下晡七分临木卒副受卅井卒弘鸡鸣时当曲收降卒福界
中九十五里定行八时三分☐行一时二分   157.14

简46. 书一封居延都尉章诣大守府（以上为第一栏）
三月癸卯鸡鸣时当曲卒便受收降卒文甲辰下晡时临木卒付卅井
诚敖北卒参界中九十八里定行十时中程（以上为第二栏）
                                              E.P.W：1

以上五简所记内容虽互不相连，但均为邮书课简（类似的记录还可参阅317.27简），据此可复原邮书课的基本格式。第41和第42简正面为邮书课正文开头的书写套语，记某年月日（干支记日）某官（如燧长、候长等）某某上报某月邮书课一编；第44、45、46三简均为邮书课正文，记邮书运行方向（如南书、北书等）、性质（如诏书、置记、府记、合檄、板檄等）、数量、发文者、收文者、各邮站受付时间、该邮书在本辖区内的运行里程、实际用时多少、是否中程（包括留迟与不及行）等。从第45、46二简所记邮书受付及运行区间来看，均为甲渠候官某月的邮书课，至于候官以上的都尉府是否也逐月上报，目前尚难断言。

邮书课本身也是邮书，故需记起发时间及递送者，简43即为例证。一般在本月初上报前一月的邮书课，如简42、43均为本月初一，内容系由邮书运行记录整理而成。所不同者，运行记录是随时登记，邮书课则是逐月整理，并据邮书受付时间对各区间的邮书运行中程与否作出评价，故多有"界中××里，定行几时几分（有的还写当行几时几分），中程（或不及行、过程、留迟几时几分）"等语；而邮书运行记录则没有这些内容。如果某月本区间无邮书过往，在月报材料中也要说明，如：

简47. ［长长敢言之谨案四月毋邮书   E.P.T65：96

简 48. 书言官三月毋邮书过界中者　　　　　E. P. T65：30

简 49. 诚北部建武八年三月军书课·谨案三月毋军侯驿书出入界中者……☐　　　　　E. P. F22：391

简 50. 入东军书一封皂缯纬完平望候上王路四门始建国二年九月戊子日蚤（早）食时万年亭驿骑张同受临泉亭长阳

Ⅱ0115①：59①

"军书课"当即过往军事邮书的上报材料。敦煌悬泉汉简表明，军事邮书也是由邮驿系统负责传递的。据此可知汉代的邮驿组织同时承担着军情文书和一般行政公文的递送，因而在逐月上报时也有"军书课"与一般的"邮书课"之别。此外，汉简中还见有"驿马课"：

简 51. 不侵部建武六年四月驿马课　　　　　E. P. F22：640

简 52. 橐他驳南驿建平元年八月驿马阅具簿　　　　　H502.7

简 53. 河平四年十月庚辰朔丁酉肩水候丹敢言之谨移传驿马名籍☐☐敢言之令史临尉史音　　　　　H284.2AB

第 51、52 两简分别为不侵部和驳南驿逐月上报驿马文书的标题。只不过前者称"驿马课"，后者谓"驿马阅具簿"。简 53 为肩水候据所属各驿站报告向都尉府呈送的"传驿马名籍"正文的起首部分。据相关简例，本简"名籍"后未释读的"☐☐"当为"一编"二字。至于"驿马课""驿马阅具簿"或"传驿马名籍"的具体内容，从敦煌悬泉汉简所见的"传马名籍"册②来看，主要包括驿马数量、毛色、牝牡、烙印、年齿、身高和名称等。居延汉简中则有如下记载：

简 54. 驿一所马二匹鞍勒各一☐　　　　　H18.18

---

① 郝树声、张德芳：《悬泉汉简研究》，甘肃文化出版社 2008 年版，第 73 页。

② 见胡平生、张德芳编撰《敦煌悬泉汉简释粹》，上海古籍出版社 2001 年版，第 81 页九七简，因简文较长，恕不具引。

简55. 驿马一匹骍駮牡齿四岁高五尺二寸　　上　调习　　H142.26

简56. ☐诊视马皆齿长终不任驿☐　　　　　　　　　H266.17

简57. 城北燧驿马二匹　毋鞍勒☐　　　　　　　E. P. T59：268

据此可知，驿马课内容还包括有无鞍勒和马的性能。简55中的"上"当指马的等级，"调习"可能是指尚需驯驭调教之马。简56则言因驿马已超期服役而"终不任驿"。马的年齿、性能直接影响邮书传递的效率，故须及时上报以求补充和更换。从下简看，边塞地区驿马羸弱或年齿过长而不胜其役者似非个别现象：

简58. 候长候史马皆廪食往者多羸瘦送迎客不能竟界大守君＝＝
当以七月行塞候尉循行课马齿五岁至十二岁　　E. P. S4. T2：6

本简所言候长候史马"多羸瘦送迎客不能竟界"，故须更课体健齿壮者。五至十二岁当即驿马的正常服役年龄，第56简中"马齿皆长"或即超过十二岁的老马。

除逐月上报的"邮书课""驿马课"外，还有年度报告：

简59. ■始建国天凤二年正月尽十二月邮书驿马课

　　　　　　　　　　　　　　　　　　　　E. P. F25：12A

·邮书驿马课　　　　　　　　　　　　　　　E. P. F25：12B

本简出土于破城子（即甲渠候官驻地）房屋遗址，简上文字当为始建国天凤二年甲渠候官年度材料的标题。与月报不同的是，此年度报告将邮书课与驿马课合而为一，称"邮书驿马课"，可能是因为邮书课与驿马课所言同属邮驿事务，可归为一类，具有年终总结的意味。

迅速、准确和安全是古今邮递一致遵循的原则。随着秦汉统一多民族国家疆域的空前辽阔和封建专制主义中央集权政体的确立，迫切需要建立全国范围快速、高效、安全的信息传递系统，以保证从中央到地方各级官署间行政公文和军事情报的及时上陈与下达，由此逐渐形成了一整套行之有效的邮书寄发、运行、签收和考核制度，从而保证了秦汉邮驿的高效运转和政令军情的及时传递。因此，秦汉统一局面的巩固与发展，与其严密的邮驿管理制度是密不可分的。

——原载《人文杂志》2002年第2期，后收入《简帛研究2002—2003》，广西师范大学出版社2004年版

秦代的公文记录

睡虎地 11 号秦墓所出《语书》简册,是南郡守腾于秦王政(始皇)二十年(前 227)四月初二向所属各县、道发布的文告。但因发现于墓主人棺内,不是下发文书的正本,也不是严格按照下行文书的完整格式书写的,因而难以全面反映秦代公文的收发情况。里耶秦简的发现,为我们了解秦代公文的书写格式和发文记录,提供了珍贵的第一手资料。就已公布的简文来看,秦代行政文书与以往所见的法律文书一样,不仅有固定成熟的格式,语言也很简炼,一般在文书主体的起首和结尾处,都有诸如"敢言之""敢告"之类的习语。但是,关于文书起草者和收、发文记录等内容,却与汉简中习见的行款格式不尽相同。

先看文书起草者。里耶秦简中常见有"某手"字样,如下简:

例 1. 四月丙午朔癸丑,迁陵守丞色下少内:谨案致之,书到言,署金布发。它如律令。欣手/四月癸丑水十一刻[刻]下五,守府快行少内。　　　　　　　　　　　　　　　　　[8] 156①

例 2. 卅二年四月丙午朔甲寅,少内守是敢言之:廷下御史书:

---

① 以下凡此种简号者,参阅湖南省文物考古研究所、湘西土家族苗族自治州文物处、龙山县文物管理所《湖南龙山里耶战国—秦代古城一号井发掘简报》(以下简称《简报》),载《文物》2003 年第 1 期;湖南省文物考古研究所、湘西土家族苗族自治州文物处《湘西里耶秦代简牍选释》(以下简称《选释》),载《中国历史文物》2003 年第 1 期。但《选释》对某些简文的断句、标点似不甚恰当,笔者在引用时做了相应的改动,恕不一一注明。另外,简 3 背面的"处手"二字在《选释》中漏释,今据文中所附图版及《简报》补出。

"举事可为恒程者，洞庭上☒（裙）直，书到言。"今书已到，敢言之。　　　　　　　　　　　　　　　　　　　　　　[8] 152 正

四月甲寅日中佐处以来。/欣发　处手　　　　　　[8] 152 背

李学勤先生训"手"为"亲"，意即由某人签署，故"某手"即表示该文书是由某人起草书写的。① 1、2两例中的"欣手"和"处手"表示该文书分别是由名为"欣"和"处"的人起草的。就书写格式而言，虽然此二简有单面书写和双面书写之别，但"某手"二字都标注在正文之后。只是例1的"欣手"二字紧接着正文书写，中间用短斜线"/"隔开，例2的"处手"则书于简背左面最下方位置，与书于左上方的文字有明显的间隔。还有的简，不仅正背两面都有"某手"字样，甚至在同一面也标注有两个或多个不同的书手，如下简：

例3. 卅二年正月戊寅朔甲午，启陵乡夫敢言之：成里典、启陵邮人缺，除士五（伍）成里匄、成，（成）为典，匄为邮人，谒令、尉以从事，敢言之。　　　　　　　　　　[8] 157 正面

正月戊寅朔丁酉，迁陵丞昌郄之启陵，廿七户已有一典，今有（又）除成为典，何律令？应尉已除成、匄为启陵邮人，其以律令。/气手/正月戊戌日中守府快行。正月丁酉旦食时隶妾冉以来，/欣发，壬手。　　　　　　　　　　　　　　　　[8] 157 背面

该简正面是秦始皇卅二年正月甲午（十七日）启陵乡啬夫②就除补里典、邮人事请示迁陵县令、尉的文书，背面是三天后即正月丁酉（二十日）迁陵丞昌给启陵乡的批复。简背文字显示，正月丁酉（二十日）

---

① 李学勤：《初读里耶秦简》，《文物》2003年第1期。
② 睡虎地秦简《封诊式》中有"乡某爰书"，江陵凤凰山10号墓所出木牍屡见有"西乡偃"等，其中的"乡某"即乡啬夫某，"西乡偃"即西乡啬夫偃。说见裘锡圭《啬夫初探》，中华书局编辑部编《云梦秦简研究》，中华书局1981年版，第253—254页。本简中的"启陵乡夫"与此同例，应即"启陵乡啬夫夫"的省称。

旦食时文书已由名冉的隶妾送达，但其前面又有"正月戊戌（二十一日）日中守府快行"的字样，足见二者所指并非同一件文书。从简文内容来看，是启陵乡与迁陵县之间的公文往来记录，而出土这批简牍的里耶古城，即秦迁陵县所在地。故背面关于文书送达时间、递送者和拆封者等项内容，就只能是在文书送达目的地后由收件者书写，而不可能在启陵乡起草文书时就书写上去。既如此，书于简背面最后的"壬手"，就是指为启陵乡而不是为迁陵县起草公文的书手签名。换言之，简背的"壬手"二字是简正面文书起草者的签名，这与简2所见书手的署名格式完全一致。① 迁陵县接到启陵乡夫的文书后，即由拆阅文书者在简背标注该文书的到达时间和递送者职、名。该简背面"正月丁酉（二十日）旦食时隶妾冉以来/欣发"，即指此。至于简背第2行末尾的"正月戊戌日中守府快行"，则是指迁陵县的批复发出的时间，实际上是迁陵县的发文记录。因此，简正面的文字和背面的"壬手"是在启陵乡书写的，而简背的"正月丁酉旦食时隶妾冉以来/欣发"等字样，则是迁陵县的收文和启封记录。本简之所以正、背两面文字大小、笔迹和墨色等均有不同，就是由于上述原因。启陵乡于正月十七日发出的文书，在三天后送达迁陵县；迁陵县丞在接到此文书的当天就作了处理，并由名叫"气"的书手起草了批复文件。只是该文件在第二天（戊戌）中午，才交由名为"快"的人递送。就迁陵县而言，其对启陵乡呈送文件的处理就此结束。至于其批复文件是否送达或何时送达，则是收文者记录的内容。

但是，并不是所有的往来公文都这样简单明了。里耶秦简中还有很多类似下列内容的例证：

---

① 胡平生先生在《读里耶秦简札记》一文（载甘肃省文物考古研究所、西北师范大学文学院历史系编《简牍学研究》第4辑，甘肃人民出版社2004年版）中认为，若依书写和阅读顺序，写在本简背面最后一行的"正月丁酉旦食时隶妾冉以来，/欣发"等文字，应是紧接着正面内容的。但是，将"壬手"视为迁陵县文书的经手者，既与其前面由"气"经手迁陵县批复之说相抵牾，也与文书内容不符。实际上，"壬"是启陵乡上呈迁陵县文书的经手者。若依书写顺序，书于简背面左下角的"壬手"是紧接着正面内容书写的，然后才是"正月丁酉旦食时隶妾冉以来，/欣发"。

例4. 卅三年四月辛丑朔丙午，司空腾敢言之：阳陵宜居士五（伍）毋死有赀余钱八千六十四，毋死戍洞庭郡，不智（知）何县署，·今为校券一，上谒言洞庭尉，令毋死署所县，责以受（授）阳陵司空，（司空）不名计，问何县官，计年为报？已訾其家，（家）贫弗能入，乃移戍所，报署主责发，敢言之。四月己酉阳陵守丞厨敢言之：写上谒报，（报）署金布发，敢言之。/儋手

[9] 1 正面

卅四年六月甲午朔戊午，阳陵守庆敢言之：未报，谒追，敢言之。/堪手。卅五年四月己未朔乙丑，洞庭叚（假）尉觿谓迁陵丞：阳陵卒署迁陵，其以律令从事，报之，当腾（腾）/嘉手·以洞庭司马印行事。敬手。

[9] 1 背面

例5. 廿七年二月丙子朔庚寅，洞庭守礼谓县啬夫卒史嘉、叚（假）卒史穀、属尉，令曰：传送委输，必先悉行城旦舂、隶臣妾、居赀赎责（债），急事不可留乃兴繇（徭）。今洞庭兵输内史及巴、南郡、苍梧。输甲兵当传者多节传之，必先悉行乘城卒、隶臣妾、城旦舂、鬼薪、白粲、居赀赎责、司寇、隐官、践更县者。田时殹（也），不欲与黔首。嘉、穀、尉各谨案所部县卒、徒隶、居赀赎责（债）、司寇、隐官、践更县者簿，有可令传甲兵，县弗令传之而兴黔首，（兴黔首）可省少弗省少而多兴者，辄劾移县，（县）丞以律令具论当坐者，言名夬①泰守府。嘉、穀、尉在所县上书，嘉、穀、尉令人日夜端行，它如律令。

[16] 6 正面

三月庚戌迁陵守丞敦狐敢告尉：告貳春乡司空、仓主，听书从事。尉别书都乡司空，（司空）传仓；都乡别启陵、貳春，皆弗留脱，它如律令。/钿手，庚戌水下□刻走袑行尉。三月戊午迁陵丞欧敢言之：写上，敢言之。/钿手，己未旦令史犯行。□月戊申夕士五（伍）巫下里闻令以来/庆手 如手

[16] 6 背面

例6. 三月丙辰迁陵丞欧敢告尉：告乡司空、仓主，前书已下，

---

① 在《简报》和《选释》中，"夬"字均作"史"，此据前揭胡平生文中的校释。

重，听书从事。尉别都乡司空，（司空）传仓；都乡别启陵、贰春，皆弗留脱，它如律令。/釦手，丙辰水下四刻隶臣尚行。三月癸丑水下尽□阳陵士□匄以来。/邪手，七月癸卯水十一刻（刻）下九，求盗簪袤阳成辰以来/羽手① 如手 [16] 5 背面

此三简均为正、背两面书写，其笔迹、墨色和文字大小有别，文件经过多次转发，签名的书手也不止一人。例4的大意是：阳陵县宜居里士伍毋死尚负有8064钱的债务，如今毋死已被派往洞庭郡，但不知具体在哪一县服役。阳陵县司空腾遂于始皇卅三年四月丙午（初六日）上书县廷，并附有一份已经审核过的毋死债务清单，请求县廷转呈洞庭郡尉。该文书称：由于毋死在他县服役，阳陵司空不知道其名籍现在何处，也不知道由哪一县的官府考核（按惯例，每年应进行名籍考核并上报）。阳陵县虽已责令毋死家属，但因其家庭贫困，无力偿还，只得呈请洞庭郡，将这份文件和帐单转到毋死服役的地方，由当地负责债务等事的官员拆阅。三天后（即四月己酉），阳陵县收到了司空腾发来的文书，并由县守丞将其文书转呈洞庭郡负责钱财谷物等事的官员。由于久无音信，阳陵县守庆于一年零两个月后，再次致信洞庭郡有关官员，追问此事。直到十个月以后，终于查得毋死在迁陵县服役，洞庭郡遂于卅五年四月乙丑（初七日）给毋死所在的迁陵县下发文件，要求按有关律令办理，并将有关情况向阳陵县司空腾通报。同类文书还有11件，不再一一列举。值得注意的是，本简前后包括不同级别吏员的四次行文，其中前三次都是上呈文书，第四次则是下行公文。此外，简的正、背两面还分别有4个书手名。除了最早由司空腾呈送县廷的文书后没有书手签名外，其他三次文书末尾的习用语（诸如"敢言之""以律令从事"等）之后，紧接着都有"某手"字样，只是在这些习用语和"某手"中间，都用短斜线"/"隔开而已。但是，书于简背左下方的"敬手"二字前面并无

---

① 本简背面第五行中"七月癸卯"的时间与前面内容明显不符，颇疑该收文记录与前面内容无关。

"/"标识,而是另起一行。

5、6两例正面内容完全相同,都是洞庭郡守于秦始皇廿七年(前220)二月庚寅(十五日)给其属县的下行文书,要求属县尽量使用守城卒和各种罪犯刑徒从事运输等徭役,以免耽误农事。两简背面文字显示,迁陵县守丞敦狐,于三月庚戌(初五日)通过县尉向其所属各乡和有关部门传达了郡守文件。可能是新官上任的原因,三月丙辰(十一日),迁陵丞欧再次向县尉等重申了前任敦狐的指示精神。两天后,即三月戊午(十三日),迁陵丞欧又向郡府呈文汇报这些情况。虽然此二简文书内容与例4不同,但书手签名格式则如出一辙。尤其是最早形成的文书结束语后没有书手签名,而位于文书末尾的"某手"则另起一行或用空格与前面的文字隔开。这种书写格式,与2、3两例完全相同。可知例4的"敬手"就是该简正面司空腾上呈文的起草者签名,而5、6两例的"如手"则是为洞庭守礼起草文书的书手签名。

类似的例证还见于湖北荆州高台18号汉墓所出木牍。木牍正面文字云:"七年十月丙子朔庚[子],中乡起敢言之:新安大女燕自言与大奴甲、乙、大婢妨徙安都,谒告安都受[名]数,书到为报,敢言之。十月庚子,江陵龙氏丞敬移安都丞/亭手。"在该木牍背面又有"产手"二字,其书写位置恰与前述2、5、6等例的情况一样,处于木牍的左下角。① 因此,"产手"无疑就是为"中乡起"起草文书者的签名。由此可见,不论是哪种类型的文书(上行、下行或平行文),其始发时书写者的签名一般都置于正文背面的左下角;如果正文与书手签名在同一面,中间则以空格或短斜线"/"隔开。虽然由于文件转发等因素,在某一文件上有多个书手的签名,但始发文书的书手签名大多位于文书背面左下角,而不是紧接着正文后面书写。于是,其他转发或接收文件的记录和书写者之名,只能添加在始发文件正文与其书写者签名之间的空白处。这样,我们所看到的"某手",就不完全是依其行文的先后顺序排列了。这些集中书于简牍背面的各项内容,实际上包含了收文者对来文的登记

---

① 湖北省荆州地区博物馆:《江陵高台一八号墓发掘简报》,《文物》1993年第8期。

秦代的公文记录

和处理情况,所以既有抄写的不同书手之名,又有文件到达和发出的月日时刻及递送者等。根据5、6二例正面内容完全相同,而其背面又有不同的文件处理记录来看,二简正面应是抄写的初始文件副本。例4背面的"・以洞庭司马印行事",则是收文者根据该文书封检上的封泥印文所作的记录,表示文书是由洞庭司马觿以洞庭假尉的名义发出的。也就是说,觿是以洞庭司马身份代行洞庭尉职权的。

在明确了书手署名格式后,再来讨论发文记录。实际上,1、3二例中的"守府快行"等语,即属此类。这里需要对"守府快行"一语略作辨析。《选释》的作者把"快"理解为快速、紧急,把"快行"解释为"发送紧急文书"。前揭胡平生先生文中,也将"守府快行"释为"迁陵县守府以快件发出"。这样,"守府快行"就是指公文传递方式,而与文书递送者几无关系。在里耶秦简中,除了前引1、3两简外,还有一处提到"守府快行"。简文如下:

例7. 卅二年四月丙午朔甲寅,迁陵守丞色敢告酉阳丞主,令史下络帬(裙)直书已到,敢告主。　　　　　　　　[8]158正
四月丙辰旦,守府快行旁,欣手。　　　　　　　　　　[8]158背

就1、3、7三例来看,"守府快行"者都是指从迁陵县发出的文书。就文书内容而言,一份是向其下属少内传达御史文件精神的文书,另一份是对启陵乡除补邮人的批复,还有一份则是给邻县酉阳丞的回执文书。均非紧急要件,只是一般公文,无需特别快速处理。根据睡虎地秦简中《行书律》的规定:"行命书及书署急者,辄行之;不急者,日觱(毕),勿敢留。留者以律论之。"① 就是说,凡是命书及紧急文件,都要立即递送;非紧急要件也要在当日送出,不得积压,否则要按律论处。但从这三份文件的递送情况来看,只有例1是当日递送的,例3在次日中午发出,而7简则更在文书写成后的第三天早上才派人(快)递送,显然都

---

① 睡虎地秦墓竹简整理小组:《睡虎地秦墓竹简》,文物出版社1978年版,第103页。

· 177 ·

谈不上紧急和快速。可见，将"快行"释为"快件"或"发送紧急文书"，都是不能令人信服的。实际上，这里的"快"不是形容词，而是名词，确切地说是人名。① 以"快"为名，在汉代文献和简牍中都有反映，如《汉书》卷六十九《赵充国传》和敦煌悬泉汉简中，都有敦煌太守快的记载。② 故所谓"快行"，就是由名叫"快"的人递送文书。对此，以下两简可为佐证：

例8. ☑洞庭泰守府
　　　☑时守府快以来　　　　　　　　　　　　　　　　［16］1
例9. 二月壬寅水下十一刻（刻）下二，邮人得行　圂手
　　　　　　　　　　　　　　　　　　　　　　　　　［8］154背

8、9两例中的"快"和"得"显然是人名，其身份与2、3、5、6等简中的"中佐处""隶妾冉""巫下里闻令""隶臣尚"等一样，都是文书递送者。"中佐""隶妾""隶臣""邮人"是就其身份而言，"巫下里""守府"则指其居地或所属机构。"二月壬寅水下十一刻［刻］下二，邮人得行"与"丙辰水下四刻，隶臣尚行""四月丙辰旦，守府快行旁""四月癸丑水十一刻［刻］下五，守府快行少内"等，都是同样的句式，只不过"得"的身份是邮人，"尚"的身份为隶臣，"快"则为守府吏员，他们都是为官府递送公文的人。因此，"守府快行"是指守

---

① 王焕林先生也持此论。他以睡虎地秦简《行书律》"隶臣妾老弱及不可诚仁者勿令"的规定为据，将"隶臣妾"与"老弱"断读，进而认为"派隶妾（女刑徒）传送一般公文，都是非法行为，何况紧急文书？"由此说明此"快"不能释为"快行"。参阅王焕林《里耶秦简丛考》，《吉首大学学报》（社会科学版）2005年第4期。按："隶臣妾老弱及不可诚仁者"是指"隶臣妾老弱者"和"不可诚仁者"，而不是"隶臣妾""老弱者"和"不可诚仁者"。秦汉时期使用隶臣妾传递公文是很普遍的。就里耶秦简而言，除了"隶妾冉以来"（［8］157背面）外，还有"隶臣尚行"（［16］5背面）和"隶妾以来"（［9］984背面）等，都是以"隶臣"或"隶妾"传递公文的例证。因此，以隶臣妾传递公文并不是"非法行为"，而是说不能派老弱的和不足信赖的隶臣妾递送公文。

② 胡平生、张德芳编撰：《敦煌悬泉汉简释粹》，上海古籍出版社2001年版，第22、68、80页。

秦代的公文记录

府派"快"递送文书，与是否紧急快速无关。

就上引诸简来看，秦代很多公文都在正文后面标注了文书的下发时间、递送者和收件者（目的地）等内容，实际上就是发文记录。大致可将其分为两类：一类是只记发文时间（月日时刻）和递送者身份或职、名，如"正月戊戌日中守府快行"（［8］157背面）、"己未旦令史犯行"（［16］6背面）、"丙辰水下四刻，隶臣尚行"（［16］5背面）等。另一类不仅记发文时间和递送者，而且还标注文书去向。如例1"四月癸丑水十一刻［刻］下五，守府快行少内"、例5背面"（三月）庚戌水下□刻走袑行尉"和例7中的"四月丙辰旦，守府快行旁"等，均为其例。根据睡虎地秦简《行书律》的规定："行传书、受书，必书其起及到日月夙莫（暮），以辄相报殹（也）。"① 在这些发文记录中，均有确切的时分（刻），足证《行书律》的规定在实际工作中还是得到了很好的贯彻执行。而且，有关记录中既有以时分记录者，也有用刻漏计时者，说明当时这两种计时方法是共存并用的。

值得注意的是，1、7两例和例5"走袑行尉"的文书均由迁陵县发出，其收文者分别是"少内""酉阳丞"和"（迁陵）尉"。但例7不书"行酉阳"而写作"行旁"，可知"旁"即指酉阳。故李学勤先生释"旁"为"旁县，指酉阳"，是非常精当的。由此推论，附在日时记录和"××行"之后的文字，就是本文书的接受者（地）。这类简例很多，除了上举1、5、7三简外，下列简文中下划线部分均作如是解：

例10. 八月癸巳迁陵守丞陡告司空主：听书从事，□起行司空，八月癸巳水下四刻走贤以来/行手　　　　　　［8］133背面

例11. 六月庚辰迁陵守丞敦狐卻之司空……其听书从事/庆手即令□□行司空　　　　　　　　　　　　　　［8］134正面

十月戊寅□己巳以来/庆手　　　　　　　　　　　［8］134背面

例12. 廿八年八月戊辰朔丁丑，酉阳守丞□敢告迁陵丞主亭里

---

① 睡虎地秦墓竹简整理小组：《睡虎地秦墓竹简》，文物出版社1978年版，第104页。

· 179 ·

士伍顺小妾□余有律事，□□□迁□令史可听书从事□□□／八月
甲午迁陵拔谓都　　　　　　　　　　　　　　　　[9] 984 正面
　　乡啬夫以律令从事／朝手，即走印行都乡八月壬辰水下八刻隶妾
以来／□手　×手　　　　　　　　　　　　　　　[9] 984 背面

此三简中的"司空""都乡"，与1、5、7三例中的"少内""尉"和"旁"等，均指收件者，这些文书起首的称谓和行文格式皆可为证。只不过有的是官府组织，有的则为个人或官府所在地。因此，"快""袑""起""印"和例11中未释出的"□□"，也都是送件者名。至于"走袑""走印"及例10中"走贤"之"走"，则与前面提到的"中佐""隶臣""隶妾""邮人"等一样，都是指送件者的身份而言。[①] 11、12两例的送件者之前虽然没有标注日时，但在文书起首处都有月日干支，在送件者前又有"即令"或"即"等字样，说明该文书在起草成文后就派人送出了。文书起首处的月日干支实际上也是该文书的起发时间。11、12两简中省去寄发文书的月日时刻，当即为此。

综上所论，秦代不仅有像例1、7、9和例2、8那样专门的发文与收文记录，而且还有像例3—6和例10—12那样，将发文和收文信息都记在同一文书简背面的情况。前两种情况比较简单，都只记文书起发（或送达）时间和递送者职、名。其中，发文记录书写在已发文书副本文字之后，收文记录则书于所收文件的背面或其封检上面。而同时记录发文和收文信息者，又都是围绕对同一事件的处理而产生的，一般都写在最初收到的文书背面，其内容包括文书签收记录和收文者对所收到文书进

---

① 李学勤先生释"走"为"仆"。陈松长先生认为这里的"走"是一个特定的职衔名，很可能是"走士"之省。(说见陈松长《〈湘西里耶秦代简牍选释〉校读（八则）》，载甘肃省文物考古研究所等编《简牍学研究》第4辑，甘肃人民出版社2004年12月版) 在居延和敦煌汉简中，屡见有"亭次走行"（D1733、1219）、"燧次走行"（D2221）、"行者走"（H42·10、E.P.T53:85）等的邮书检，这里的"走"都是步行的意思。敦煌汉简中又有"邮书走卒"（D1242），应是步行递送公文的邮卒。睡虎地秦简《田律》中又有"近县令轻足行其书，远县以邮行之"之说，则此"走袑""走印"和"走贤"之"走"，或即"轻足"者之类，亦即步行者。

行处理的记录。这与居延、敦煌汉简中习见的按一定格式分别记录封缄、发文、收文和启封等内容的情况，有很大不同。这种将收、发文信息同书于一简的情况表明，秦及汉初的公文记录，虽然已包含文书的起发与送达时间及递送者职、名等基本要素，但尚未形成比较严密规范的收、发文记录模式。

——原载《鲁东大学学报》2006年第3期

简牍所见秦汉邮书传递方式考辨

秦汉时期的邮书传递采用多种方式。其中见于简牍记载的，就有"以邮行""以亭行""轻足行""行者走""吏马驰行"和"以次行""亭（燧）次行"等。对此，中外学者观点各异。如黄文弼、高敏、刘广生、森鹿三等认为，"以邮行""以亭行""燧次行"者均为徒步传递普通文书，而"吏马驰行""马驰行"则是用车、马快速传递紧急文书[1]；劳榦、楼祖诒和徐乐尧等学者则认为，"以邮行"是驿马传递普通文书，而"吏马驰行"者为紧急或重要的文书[2]；对于"以次行"的方式，学者多认为是"露布不封之书"，王国维、陈直、楼祖诒、李均明等均主此说[3]。各家所论视角不同，观点各异，有些并未详细论证，但他们的研究却为进一步深入探讨秦汉邮书传递方式提供了诸多便利和启发。居延新简、尹湾汉简、敦煌汉简、敦煌悬泉汉简、张家山汉简和里

---

[1] 黄文弼：《罗布淖尔汉简考释》，黄文弼：《黄文弼历史考古论集》，文物出版社1989年版，第375—402页；高敏：《秦汉邮传制度考略》，《历史研究》1985年第3期；刘广生等：《中国古代邮驿史》（修订版），人民邮电出版社1999年版，第146—147页；森鹿三：《论居延汉简所见的马》，中国社会科学院历史研究所战国秦汉史研究室《简牍研究译丛》（第1辑），中国社会科学出版社1983年版，第83—84页。

[2] 劳榦：《释汉代之亭鄣与烽燧》，《中央研究院历史语言研究所集刊》第19本，1948年；楼祖诒：《汉简邮驿资料释例》，《文史》（第3辑），中华书局1963年版，第123—144页；徐乐尧：《居延汉简所见的边亭》，甘肃省文物工作队等：《汉简研究文集》，甘肃人民出版社1984年版，第298—334页。

[3] 罗振玉、王国维：《流沙坠简》，中华书局1993年版，第111页；陈直：《汉书新证》，天津人民出版社1979年版，第55—56页；楼祖诒：《汉简邮驿资料释例》，《文史》（第3辑），第123—144页；李均明：《汉简所见"行书"文书述略》，甘肃省文物考古研究所：《秦汉简牍论文集》，甘肃人民出版社1989年版，第113—135页。

耶秦简等的相继公布出版，更为此提供了弥足珍贵的新材料①。本文在借鉴各家研究成果的基础上，就秦汉邮书的传递方式略陈管见。

一　"以邮行"

"以邮行"的文书传递方式，屡见于秦汉简牍。如云梦睡虎地秦简《语书》记载了秦始皇二十年（前227）四月初二日南郡守腾向本郡各县、道颁发的文告，其中规定："以次传；别书江陵布，以邮行。"②《田律》还规定，各地要将农作物的生长及受旱涝、暴风雨、蝗虫等自然灾害侵袭的情况，用书面材料及时上报。这些材料"近县令轻足行其书，远县令邮行之"③。里耶秦简中有"迁陵以邮行洞庭"的文书封检。此类"以邮行"的封检，在居延和敦煌汉简中更是屡见不鲜。张家山汉简《二年律令·行书律》对"以邮行"的文书有若干规定：

> 诸狱辟书五百里以上，及郡县官相付受财物当校计者书，皆以邮行。
> 令邮人行制书、急书，复，勿令为它事。
> 书不急，擅以邮行，罚金二两。
> 书不当以邮行者，为送告县道，以次传行之。④

---

① 甘肃省文物考古研究所等：《居延新简》，文物出版社1990年版；连云港市博物馆、中国社会科学院简帛研究中心等：《尹湾汉墓简牍》，中华书局1997年版；吴礽骧等释校：《敦煌汉简释文》，甘肃人民出版社1991年版；胡平生、张德芳：《敦煌悬泉汉简释粹》，上海古籍出版社2001年版；张家山二四七号汉墓竹简整理小组：《张家山汉墓竹简［二四七号墓］（释文修订本）》，文物出版社2006年版；湖南省文物考古研究所等：《湘西里耶秦代简牍选释》，《中国历史文物》2003年第1期；睡虎地秦墓竹简整理小组：《睡虎地秦墓竹简》，文物出版社1978年版。
② 睡虎地秦墓竹简整理小组：《睡虎地秦墓竹简》，第16页。
③ 睡虎地秦墓竹简整理小组：《睡虎地秦墓竹简》，第25页。
④ 张家山二四七号汉墓竹简整理小组：《张家山汉墓竹简［二四七号墓］（释文修订本）》，第45—47页。

可见，凡是传递距离超过500里的刑狱文书和郡、县衙署间有关财物收支往来的审核检验文书，均采用"以邮行"的传递方式。皇帝诏书或需迅速传递的紧急文书，由邮人递送；如果擅自用"以邮行"的方式传递并不紧急的文书，要被罚金二两。不宜"以邮行"的文书，可送交当地县、道官府依次传递。该律文与睡虎地秦简《田律》"近县令轻足行其书，远县令邮行之"的规定相符，又可与其《行书律》中"行命书及书署急者，辄行之；不急者，日髯（毕），勿敢留。留者以律论之"①的条文互为补充，足证《行书律》也是"汉承秦制"。

从居延汉简反映的情况来看，"以邮行"者并不仅限于朝廷诏令和地方郡县有关行政、经济文书和长距离司法刑狱文书及其他紧急文书。如下简：

简1. 张掖都尉章 肩水候以邮行 九月庚午府卒孙意以来　74.4②
简2. 居延丞印 甲沟候官以邮行 十二月辛□门卒同以来
　　　　　　　　　　　　　　　　　　　　　　　　E. P. T14. 1③

此二简显示的文书传递方式均为"以邮行"，其上的"张掖都尉章"和"居延丞印"都是抄录的封检封泥印文，表明该文书分别是由张掖都尉和居延县丞签署的。其中简1的发文者和收文者均为边塞军事防御组织都尉府和候官之长，故其为军事文书无疑。简2由居延县丞发出，但其收文者为甲沟（渠）候官，故其内容亦当与候官吏卒或治安安全、军事防御等有关。足证"以邮行"者还包括军事文书。就投递距离而言，边塞地区基本上都是行程较长的文书。如下简：

简3. 入南书二封，皆居延都尉章，九月十日癸亥起。一诣敦

---

① 睡虎地秦墓竹简整理小组：《睡虎地秦墓竹简》，第103页。
② 谢桂华、李均明、朱国炤：《居延汉简释文合校》，文物出版社1987年版，第130页。以下凡此种简号，均出此书，不另注。
③ 甘肃省文物考古研究所等：《居延新简》，第62页。以下凡此种简号，均出此书，不另注。

煌，一诣张掖府。邮行，永元元年九月十四日夜半掾受路伯　　130.8

本简出土于查科尔帖（A27），为永元元年九月十四日深夜，该地接转的九月十日由居延都尉府分别发往敦煌和张掖太守府的文书记录，均"（以）邮行"。从文书始发到送达本地，已历时4天多，为远距离传送。汉简中还有"赍旁近郡到以邮行"（E.P.T52∶434），当与睡虎地秦简"远县令邮行之"的情况相似。因本简出土于甲渠候官遗址破城子，其地为张掖郡辖区，由此到"旁近郡"武威、酒泉、敦煌，也是远距离传送，故"以邮行"。虽然1、2两简所示的发文者和收文者均在张掖郡辖区，但两地间仍然有近百里甚至五六百里的距离。这从居延汉简中"肩水候官并山燧长公乘司马成……觻得成汉里，家去官六百里"（13.7）和"肩水候官始安燧长公乘许宗……觻得千秋里，家去官六百里"（37.57）的记载可得到印证。肩水候官到张掖郡觻得县成汉里、千秋里的距离均为600里，则张掖都尉府到肩水候官的距离亦应是600里左右。如果按"书一日一夜当行百六十里"（E.P.S4.T2∶8A）的标准计算，约为四天的里程，[①] 故简1为远程邮书无疑。简2中的发文者"居延丞"即居延县丞，从居延县到收文者甲沟（渠）候官（即破城子A8）的距离不详，但另一枚居延残简云"官居延去候官九十里行道"（266.2）。本简出土于破城子，简中的候官应即甲渠候官，而"居延"当即居延县，故居延县与甲渠候官间的距离应为90汉里。[②] 按当时一般的邮书传

---

① 张家山汉简《二年律令·行书律》规定："邮人行书，一日一夜行二百里。不中程半日，笞五十；过半日至盈一日，笞百；过一日，罚金二两。"不论是日行里程还是处罚标准，都与居延汉简（E.P.S4.T2∶8AB）所示有异，可能是前后变化的缘故。甘肃省文物考古研究所等：《居延新简》，第10页。张家山二四七号汉墓竹简整理小组：《张家山汉墓竹简［二四七号墓］（释文修订本）》，第46页。

② 关于汉居延县城的位置，以往多认为即破城子东北33公里处的K710汉城遗址。说见陈梦家：《汉简缀述》，中华书局1980年版，第224页。李并成先生在《考古》1998年第5期发表《汉居延县城新考》一文，认为该遗址规模过小，仅为汉代一般县城城址的四分之一，因而不可能是汉居延县城。位处古居延绿洲腹地、西距破城子（A8）遗址约31千米的绿城遗址，实为汉居延县城所在地。汉一尺约为23厘米，以6尺为步，1里300步计，则1汉里约为414米，31千米约合75汉里。此就两地直线距离而言，如果考虑到自然地理等因素，其里程与简牍所记大致相符。

· 185 ·

递速度，大约需要大半天的时间。这与《二年律令·行书律》中"五百里以上"的规定相比，路程显然是很短的。从这个意义上说，"以邮行"者并不都是远距离文书。

长期以来，学界多认为："所谓'以邮行'，即通过邮、亭机构，由'五里一邮，邮人居间'的'邮人'去传递信息，不必由官府另外派人传送。"① 但是，简牍资料显示，许多"以邮行"的文书并非由"邮人""邮卒"递送，而是由发文者派专人递送的。如简1是由张掖都尉发往肩水候的文书，虽规定"以邮行"，却由"府卒孙意以来"，即由张掖都尉府派卒直接递送，其间并未有邮人、邮卒参与。简2也不是邮卒传递，而是由"门卒同以来"。此类例证颇多，如以下各简：

简4. 张掖居城司马　甲渠鄣候以邮行　九月戊戌燧卒同以来·二事　　　　　　　　　　　　　　　　　　　E. P. T43：29

简5. [甲渠鄣候以邮行　十二月辛亥临桐卒同以来 ·三事
　　　　　　　　　　　　　　　　　　　E. P. T59：681

简6. 张肩塞尉　甲渠候官以邮行　　第七卒通以来
　　　　　　　　　　　　　　　　　　　E. P. T51：143

简7. 印破 甲渠候官以邮行 四月己未日餔时第一燧长巨老以来
　　　　　　　　　　　　　　　　　　　E. P. T56：47

此四简均为"以邮行"的文书记录，但都不是由邮卒而是由燧长或燧卒传递的。而且，由燧长或燧卒递送者并不仅限于"以邮行"的文书，在其他文书传递形式（如"以亭行""亭次行"）中，也是习以为常的（详下），可知文书由何人递送与其传递方式无关。

汉简中又有"……□掾史治……刺史治所将□传舍以邮行行行其传舍以邮行"（24.3）的记载。本简文意不甚明确，似为某掾史发往刺史治所的邮书，其中规定致书者可使用沿途的传舍。因此，所谓"以邮

---

① 高敏：《秦汉邮传制度考略》，《历史研究》1985年第3期。

行",当是指经"邮"的系统传递文书,但未必均由邮人、邮卒递送;如果由发文单位或官吏派专人递送,沿途各邮要为其提供食宿等便利。正如张家山汉简《行书律》所云:"邮各具席,设井磨。吏有县官事而无仆者,邮为炊;有仆者,假器,皆给水浆。"[①] 至于"以邮行"的文书性质,除上文所举朝廷诏书和官府各种政令、经济、军事、司法文书以及其他紧急文书外,也有普通文书,文献中关于汉代官民多"因邮亭书言"或"因邮奏"的记载,可为佐证。

二 "以亭行"

"以亭行"的文书传递方式不见于秦简及秦代文献,但在汉简中却屡见不鲜,以下仅举三例:

简8. 居延仓长　甲渠候官以亭行　九月辛未第七卒欣以来
E. P. T51:140

简9. 居延都尉章　甲渠鄣候以亭行 九月戊戌三堠燧长得禄以来
E. P. T51:145

简10. 杨放印 甲渠官以亭行 七月丁卯卒同以来·二事　133.3

此三简均为"以亭行"的邮书记录,收件者为甲渠候官或鄣候,寄件者分别为居延仓长、居延都尉和无官印的杨放,这三件文书均由燧长、燧卒送达,与前述"以邮行"的文书并无不同。其中简4与简10,简6与简8,简7与简9,不仅书写格式完全相同,而且传递者的身份也都一样,说明文书由何人递送与其传递方式并无直接关系。值得注意的是,6、8二简中由第七卒送达的文书,不仅传递方式不同,而且其运行方向也完全相反。第七卒即第七燧卒,由居延简中"从第四燧南界北尽第九

---

① 张家山二四七号汉墓竹简整理小组:《张家山汉墓竹简[二四七号墓]》(释文修订本)》,文物出版社2006年版,第45页。

· 187 ·

燧北界"的日迹记录（E. P. T56：25）可知，甲渠候官所属的序数燧是由南向北依次排列的。研究表明，甲渠河北塞T15即第七燧遗址，位于甲渠候官遗址破城子（A8）之南、第四燧（P1）以北。① 虽然肩水塞尉治所和居延仓长驻地的具体地望尚有待进一步调查考证，但居延在北、肩水在南则毫无疑问。甲渠候官位于居延与肩水之间，甲渠第七燧又在肩水塞与甲渠候官之间。从南到北可依次排列为：肩水塞——甲渠第七燧——甲渠候官——居延仓——居延都尉府。如果说，第七燧处在肩水塞尉驻地与甲渠候官之间，其文书往来须经第七燧中转的话；那么，居延一带各官署与甲渠候官间的文书往来却无需经过甲渠候官以南的第七燧。但简8所示，居延仓长给甲渠候官并"以亭行"的文书，却是由第七卒送达的。类似情况还有很多，如：

简11. 居延都尉章 即日起府 甲渠 九月辛未第七卒便以来

E. P. T50：16B

简12. 东门辅 甲渠官 五月甲辰第七卒 以来　　E. P. T50：146

简13. 东门辅 甲渠官 闰月乙亥第七卒以来 诚北部迹簿

E. P. T51：129

此三简虽未标注文书传递方式，但均由第七卒送达甲渠候官。按惯例，各部上报候官的文书（包括"日迹簿"），都是由其长官（即候长）签署后发出的。简13的文书为"诚北部迹簿"，故12、13二简的发文者东门辅应即诚北部候长，相关简中"诚北候长辅"（E. P. T52：18）和"诚北候长东门辅"（259.1）的记载，也可为其佐证。可见，由第七卒送达甲渠候官者，既有居延仓长、居延都尉发出的南书，也有来自南部肩水都尉府的北书，还有来自本候官河南道上各部的文书。换言之，凡以甲渠候官驻地为中心的公文递送，都可能由第七燧承担。当然，并不是所有发往甲渠候官的文书都由第七卒送达。除上举各简外，发往甲渠

---

① 李振宏：《居延汉简与汉代社会》，中华书局2003年版，第180页。

候官（或鄣候）的文书又有鄣卒（E. P. T51：462B、184.1）、第三卒（E. P. T51：130）、第四卒（58.1）、第八燧卒（E. P. T51：135、E. P. T52：389）、第十卒（44.24、279.10AB）、临桐卒（E. P. T51：190B、E. P. T53：55）和候长（6.4）、候史（326.17）等送达者。其中居延都尉发往甲渠候官的文书，又有如下情况：

简14. 居延都尉章 甲渠鄣候以亭行 七月乙巳卒以来

E. P. F22：466

简15. 章曰居延都尉印 十一月丙午游击卒始以来

E. P. T57：10B

简15未注收文者，从其出土地可知应为甲渠候官无疑。值得注意的是，14、15二简中收、发文者均同，但递送者身份有别。据E. P. F22：61简可知，万岁部下辖有游击亭，故简15中的游击卒当即万岁部所辖的游击亭卒。万岁部是甲渠河北塞最南边的一部，其所属各亭（燧）均在第四部之南。与第七卒一样，游击亭卒递送居延都尉发往甲渠候官的文书，也不是顺道投递，而要远离住所专程前往。汉代边塞防御系统由都尉府——候官——部——燧构成，但日常事务和吏卒的考核管理主要是通过各候官进行的，公文往来也不例外。虽然简9中三堆燧的隶属关系不明，但上述发往甲渠候官的文书基本上都是由该候官所属各部亭（燧）吏卒送达的。由此推断，在各候官辖区内，位处交通线上的各部、亭（燧），都负有递送公文的责任。同一候官所属的各部、亭（燧），可能有一定的分工，它们轮流承担文书递送，并可根据情况指派不同的吏卒。第9、11、14、15四简中，发文者和收文者完全相同而文书递送者有别，大概就是不同时段各燧（部）轮流执勤的缘故。因此，如第4、10、14诸简那样，只要注明时间（月日干支）和递送者职、名，即使省去燧名，也不致引起混乱。而沿途各亭（燧）对递送公文的吏卒，要提供必要的便利和帮助。否则，那些戍所在甲渠候官以南的亭燧如第七燧、游击亭的吏卒，就很难在远离戍所的候官以北地区承担公文递送任务。

因此，与"以邮行"一样，"以亭行"者也是利用各亭（燧）所提供的交通与食宿方便传递文书或邮件，并非逐亭依次传递；处在交通线上的亭（燧）轮流承担公文递送任务，至于具体由何人递送，则可因事、因时而异。就居延汉简的记载来看，"以亭行"的文书基本上限于同一都尉府（居延）辖区。迄今为止，尚未发现不同都尉府之间或跨越郡县的文书往来采用"以亭行"的例证。故与"以邮行"者相比，"以亭行"者主要是距离较近的文书往来。

三 "以次行"

所谓"以次行"即指依次传递的文书。根据文书传递范围或中转区间的不同，又有"以县次传""以道次传""以亭次行"和"以燧次行"等形式。睡虎地秦简《封诊式·迁子》爰书记载，某里士伍甲之子丙，因其父甲控告而被断足，并"迁蜀边县"。[①] 官府即派吏和徒隶带着通行凭证"传"及相关文书，在送交县令史后即可更换吏、徒，然后逐县解送到成都。由此可见，所谓"以县（道）次传"者，就是指以县（道）为中转单位，每到一县（道）就可更换递送人员。"以县（道）次传"者如此，"以亭（燧）次行"者亦然。不过，这里的亭燧应是按规定承担文书递送任务者，并不是指所有的亭燧。如汉简中有"甲渠官亭次走行□戍卒同以来，转事"（39.12）这样的文书记录。简中仅笼统地书写"同"的戍卒身份，而省去其戍所名称，应与上举第4、10、14诸简所记的"燧卒同""卒同"和"卒"等一样，也是当时轮值递送公文的戍卒，故无需标注其戍所名。

汉简资料显示，"以亭（燧）次行"者，主要用于各级边塞组织间的文书往来，如下简：

简16. 张掖甲渠塞尉印 甲渠官亭次行　　　　　　　　E. P. T65：328

[①] 睡虎地秦墓竹简整理小组：《睡虎地秦墓竹简》，第261页。

简 17. 张掖甲渠塞尉　甲渠官亭次急行　回　　十月癸巳燧长
尚以来　　　　　　　　　　　　　　　　　　E. P. T48：118

简 18. 周并私印 甲渠官亭次行　　　九月癸丑卒以来·一事
　　　　　　　　　　　　　　　　　　　　　E. P. T26：7

简 19. 玉门官燧次行 永和二年五月戊申朔廿九日丙子虎猛候长
异叩头死罪敢言之　　　　　　　　　　　　　D1974①

第 16、17 二简均为张掖甲渠塞尉发往甲渠候官的文书记录。甲渠塞尉为甲渠候之副贰，他给甲渠候官的文书当为请示汇报或建议性的，不可能在其上级甲渠候收到之前就让各亭周知；简 18 为周并给甲渠候官的文书。周并身份不详，但他没有官印，地位当低于候，故该简无疑也是上呈文书。王国维先生认为，简 19 "上署'玉门关燧次行'，盖露布不封之书也……此简不著受书之官而但云'敢言之'，官录盖以一书露布通告玉门所属诸燧，故上题'玉门官燧次行'。'次行'者，以次行也"②。从第 16—18 简及其他相关简例的书写格式来看，简 19 中"燧次行"前的"玉门官"正是该文书的"受书之官"，致书者则是玉门候官下属的虎猛候长异。文中"叩头死罪敢言之"是汉代典型的上呈文书的行文格式，本简是虎猛候长异上呈玉门候官的文书，不能因其上不见有封缄标志就视为"露布不封之书"。汉简中屡见有"封不可知，甲沟官燧次行"（E. P. T59：639）、"章破，摩灭不可知"（E. P. T52：39）之类的文书记录，可知以"燧次行"的文书在寄发时是有封泥的。文书无封印或封印模糊不清可能是在递送中脱落、破损，也可能有别的原因。所谓"露布"，当为上级机关或其长吏向下属组织或吏卒发布的文告。前述以"亭次行""燧次行"诸简显示的均为下级或同级副职的上呈文书，显然不能视为"露布"。"露布"的形式在汉简中也有反映，如居延所出的一枚三面书写的觚，简文如下：

---

① 吴礽骧等释校：《敦煌汉简释文》，第 211 页。以下凡此种简号，均出此书，不另注。
② 罗振玉、王国维：《流沙坠简》，中华书局 1993 年版，第 111 页。

简20. 十二月辛未甲渠候长安候史徆人敢言之蚤食时临木隧卒
□□□□□□□□□□□举蓬燔一积薪房即西北去毋所失亡敢言
之/十二月辛未将兵护民田官居延都尉谓城仓长禹兼行丞事（第一面）

广田以次传行至望远止回（第二面上端）

写移疑虏有大众不去欲并入为寇檄到循行部界中严教吏卒惊蓬火
明天田谨迹候候望禁止往来行者定蓬火辈送便兵战斗具毋为虏所萃椠
已先闻知失亡重事毋忽如律令/十二月壬申殄北甲［渠］（第二面）

278.7A

候长護∨　未央候史包燧长畸等疑虏有大众欲并入为寇檄到護
等各循行部界中严教吏卒定蓬火辈送便兵战斗具毋为虏所萃椠已先
闻知失亡重事毋忽如律令（第三面）　　　　　　278.7B

简文第一部分为十二月辛未日甲渠候长安、候史徆人向居延都尉府报告所属临木燧卒蚤食时发现的敌情，第二部分为居延都尉根据他们的汇报于当天下达的露布文告，要求从"广田以次传行至望远止"；第三部分则是殄北候官在接到文告后于次日向其所属的候长、候史及燧长等进行部署的文书。从简文看，此文告虽为露布，也有封泥，当是用来证明文书真实性和权威性的凭证。劳榦先生以地湾（A33）发现的一枚四棱觚（编号12.1，简文从略）为例，说明露布"不封缄，故用觚为之。其上当仍有封泥，今已脱矣"[①]。诚为卓见！

以"亭（燧）次行"者既有上级的露布文告，也有下级的上呈文书。都尉府下达候官的文告也有"亭（燧）次行"者，但大多是同一候官的文书往来。除上列16—19简外，又见以下各简：

简21. 步昌士吏拓治所亭次走行　　　　　　　　D1733
简22. 却适士吏当谷燧长亭次走行　　　　　　　D1831C

---

① 劳榦：《居延汉简考释之部》，《"中央研究院"历史语言研究所专刊》第40本，1960年，第3页。

简 23. 诛虏候长世亭次走行 回　　　　　　　　　　D1291A

简 24. 候史德在所以亭次行 回　　　　　　　　　　D2035A

简 25. 万岁东西部吞胡东部候长燧次走行　　　　　　D2221

此 5 简（22、23、24 为觚）虽未标注发文者，但可断定其均为下行文书。士吏是候官派驻到有关部燧的武吏，一般每部有士吏一人，故该部候长、候史或所属各燧致书士吏时，无需书写其所在的部燧名。但因候官派出的士吏不止一人，故其向士吏下发文书时就需注明部燧名称。第 21、22、23 和 24 四简即属此类，简 22 正面"官告士吏索下当谷燧长"等语可为佐证。候史是候长副贰，但未必与候长同驻一处，简 24 标注"候史德在所"正是为此。① 与前三简不同的是，本简只书收件者职、名，却省去了所在的部名，可知其非候官的下行文书。简侧的"敢告卒人"显示，本简应是该部候长发出的文书。至于简 25 的"万岁""吞胡"，应是候官名，故本简当为敦煌郡某都尉府下发的露布文告。

以"亭（燧）次行"者，主要用于各候官内部的上行或下行文书，传递距离一般较短（由都尉府下发的文书多为要求各候官、部、燧周知的露布文告，中转频率较高，区间距离也较短），故多由当值的部、燧吏卒步递送达。第 21、22、23、24 等简明言"亭次走行""燧次走行"，即为明证。至于像简 17 那样"亭次急行"者，则表明该文书内容重要，需要紧急递送。

四　"轻足行"与"行者走"

"轻足行"的形式仅见于睡虎地秦简《田律》。但居延汉简中却屡见有"行者走"的记载：

简 26. 李充印 甲渠官行者走　　　　　　　　　　　42.10

---

① 高荣、张荣芳：《汉简所见的"候史"》，《中国史研究》2004 年第 2 期。

简27. 甲渠候官行者走 即日食时付吞远　　　　E. P. T53：85

简28. 甲渠候官行者走 …　　　　　　　　　　E. P. T59：378A

九月壬寅临桐卒辟疆以来　　　　　　　　　　E. P. T59：378B

简29. 甲渠候官行者走 日时在检中　　　　　　E. P. T59：17

简30. 甲渠候官行者走　己亥日中起城北 各署过时令可课

E. P. T53：53

"行者走"当即睡虎地秦简《田律》中的"轻足行",其为步递无疑。里耶秦简有"八月癸巳水下四刻走贤以来"（[8] 133背）[1]的行书记录,其中的"走贤"或即名为贤的"行者""走卒"之类。简26中发文者李充的身份难知其详,但他无官印,应与前述东门辅、周并一样,也是地位低于候的吏员。该文书如何递送虽不得而知,但从简27所署"即日食时付吞远"和简30"己亥日中起城北,各署过时令可课"等文字可知,在整个文书递送过程中,担任步递的"行者"并非一人。换言之,"行者走"的文书也是接力传递。为了明确责任,保证邮书及时送达目的地,就需要详细记录文书始发和中转交接的时间,以备事后考查,即睡虎地秦简《行书律》所谓:"行传书、受书,必书其起及到日月夙莫（暮）,以辄相报也。"[2]第27、28和30简中特别注明"即日食时付吞远""九月壬寅临桐卒辟疆以来"和"己亥日中起城北,各署过时令可课"等,均是为此。至于文书始发日期和时刻,则由发文者书写于封泥槽底部,并于其上施以封泥,文书递送者和沿途各地均无法看到封泥下的文字,更不能涂改。直到文书送达目的地后,由收文者拆去封泥,才能看到该文书的始发日时。简29中"日时在检中",即指此而言。

五　"驰行"与"吏马驰行"

"驰行"与"吏马驰行"均不见于秦汉史籍,惟《秦律杂抄》佚名

---

[1] 湖南省文物考古研究所等:《湖南里耶古城一号井发掘简报》,《文物》2003年第1期。
[2] 睡虎地秦墓竹简整理小组:《睡虎地秦墓竹简》,第104页。

律有"轻车、趀张、引强、中卒所载傅〈传〉到军,县勿夺"①的记载。及至汉代,又出现了"驰行"之名。"驰"有快速、火速意。"驰行""吏马驰行",即指快速紧急传递文书而言。试看以下各简:

简31. 莫府吏马驰行以急为故回　　　　　　　　　259.5A

简32. 匈奴人入塞,天大风,风及降雨不具烽火者,亟传檄告,人走马驰以急疾为□　　　　　　　　　　　　　E.P.F16:16

简33. 四月戊子,官告仓亭燧长通成:记到,驰诣府,会夕,毋以它为解,急三□教 A

仓亭燧长周通成在所,候长、候史马驰行。诣周通成□,燧长曰一□　　　　　　　　　　　　　　　　　　　D1065B

以上各"驰行"文书均标明"以急(疾)为故"。这里的"故",是故事、成例的意思,"以急(疾)为故",即按紧急之事处理。可见,需要"驰行"或"吏马驰行"者确为紧急和快速传递的文书。但是,"吏马驰行"并不等于由吏骑马快行,如下简:

简34. 印破　肩水候官吏马驰行　十二月丙寅金关卒外人以来
　　　　　　　　　　　　　　　　　　　　　　　20.1

简35. 入西蒲封一吏马行　鱼泽尉印,十三日起诣府。永平十八年正月十四日日中时扬威卒□□受临介卒赵仲　　　D2228

第34、35二简均为"吏马驰行"或"吏马行"的文书,但前者由金关卒外人送达,后者则是由沿途各候官下属燧卒转递的。可知"吏马(驰)行"者并不一定由"吏"递送。其次,"吏马(驰)行"者也并非都以车、马传递。万岁候官处于敦煌郡中部都尉最东边,万岁之东为

---

① 睡虎地秦墓竹简整理小组:《睡虎地秦墓竹简》,第131页。

宜禾，宜禾之东乃为鱼泽，而鱼泽都在敦煌东北百里余[①]。简 35 所记由鱼泽尉签发的文书，到次日日中才由宜禾临介卒转给万岁扬威卒，显然不是以马驰送，而是徒步传递的。因此，所谓"吏马驰行"或"吏马行"，只表示该文书属紧急公文，需要快速传递，与邮书传递中所用的交通工具（步递或马递）和递送方式（专使直达或接力传递）及递送者（吏或卒）并无直接关系。

此外，汉简中还常见有"故行"的文书，如下简：

简36. 居延令印 甲渠候官故行　月　　　　以来　　E. P. T51：144

本简为居延县令发出的送达甲渠候官的文书记录，其书写格式与上述"以邮行""以亭行"者完全一致，故该简第三栏文字应为"某月某日（干支）××卒某以来"。"故行"者均为下行文书：

简37. 官告候长辅上：记到，辅上驰诣官，会晡时辅上行，与廿一卒满之　　　　　　　　　　　　　　　　　　E. P. T56：88A
　　诣官欲有所验，毋以它为解。第十七候长辅上故行
　　　　　　　　　　　　　　　　　　　　　　　　E. P. T56：88B
简38. 十二月甲辰，官告千秋燧长：记到，转车、过车令载十束苇，为期有教　　　　　　　　　　　　　　　D1236A
　　千秋燧长故行　　　　　　　　　　　　　　　　D1236B

此二简是候官向其所属的候、燧长下达命令的文书，类似的下行文书例证又见 E. P. T59：450 简，但未见有"故行"的上呈文书。足见"故行"文书是上级对下级下达的必须立即执行的命令。因其重要而紧急，故需特别强调。日本学者大庭脩指出："故行"就是"务必无差错

[①] 王国维：《流沙坠简后序》，《观堂集林（外二种）》卷 17，中华书局 1959 年版，第 835—836 页。

送达"的意思,"故行"文书犹如现在的挂号邮件①。如果说,上述各种传递方式重在突出沿途邮、亭(燧)提供的各种便利的话,"故行"文书则强调投递结果,对其运行过程并无特别要求。

综上所述,"以邮行"和"以亭行"的文书未必由邮、亭传递,它只表明此种邮书的递送者可在沿途邮、亭得到食宿或交通等便利,与发文者派专使递送或由邮亭吏卒接力传递并无直接关系。二者的区别在于前者邮程较长,而后者则相对较短。"以邮行"者既有诸如诏令、军情等重要而紧急的文书,也有官民上书言事的普通文书。"以次行"者既有上级的露布文告,也有下级的上呈文书。"以次行"者可在所经的县(道)、亭(燧)中转交接,但这些亭燧仅限于承担文书递送任务者,并非所有亭燧。"轻足行"和"行者走"的文书均为步递,前者距离较近,可直接送达,后者则需中转或多人接力传递。"吏马驰行"或"吏马行"者为紧急而重要的文书,需要快速递送;至于是否用马或由"吏"递送,则因时、因事、因地而异。"故行"强调务必送达,并不注重其传递过程。

——原载《中国历史文物》2007 年第 6 期

---

① 大庭脩:《再论"检"》,李学勤主编:《简帛研究》(第 1 辑),法律出版社 1993 年版,第 131 页。

秦汉邮驿的管理系统

秦汉时期，疆域范围空前辽阔，道路交通四通八达，邮驿通信无远弗及，并由此形成了一整套从中央到地方较为严密完善的邮驿管理系统。但因文献记载零散不足又多含混不清，学界对此问题的认识仍存在很大分歧。一种意见认为，秦汉因袭周制，在中央由太仆掌舆马邮驿事务；地方郡县及其下的乡官组织也都负有管理邮驿事务之责[1]。第二种意见认为，秦汉少府是中央收发机关的首脑；东汉改由太尉总理邮驿事务。在地方均由太守、县令（长）掌管，边疆地区尚有一套由都尉兼管的候官、候燧组织[2]。第三种意见认为，秦汉时从中央的典客（后改大鸿胪）、行人令和太尉府下的法曹，到郡国的督邮，再到各个驿站的厩啬夫、传舍啬夫、邮书掾等，构成了一个不同于地方行政系统的邮传管理系统。[3] 邮驿管理是秦汉政治制度的重要内容。秦汉制度既有前后相承的一面，也有发展变化的另一面。上述各家之说均各有所本，亦各有所长，但又存在一些疏漏，尤其是对地方和边塞地区的邮驿管理，多因材料缺乏而失于空泛。本文试图吸收各家之长，并利用新出简牍材料，对秦汉邮驿的管理组织做进一步的讨论。

---

[1] 楼祖诒：《汉代邮驿交通史略》，《交通杂志》1936年第4卷第8期。
[2] 刘广生等：《中国古代邮驿史》，人民邮电出版社1999年版，第101页、第121—124页；曹尔琴：《中国古都与邮驿》，《中国历史地理论丛》1994年第2期。
[3] 高敏：《秦汉邮传制度考略》，《历史研究》1985年第3期；孙毓棠：《汉代的交通》，《孙毓棠学术论文集》，中华书局1995年版，第356—368页。

一 秦汉中央政府的邮驿管理

秦汉时期，适应大一统封建统治的需要，建立了一套庞大的官僚体系，三公九卿（或称诸卿）则是最主要的中央机构。秦汉四百多年间，三公九卿（或诸卿）的职权曾有过很大变化。

所谓"三公"是指丞相、太尉和御史大夫，均为秦官。丞相为百官之长，"掌丞天子助理万机"。凡官吏的任用赏罚，地方郡国的上计、考课、百僚奏事、朝议谏诤等均为丞相的职权范围。但是，作为总领百官的丞相，只是通过郡国上计间接地过问邮驿事务，并不对其进行直接管理。汉武帝时中外朝的出现，使丞相权力大为削弱；中经成、哀二帝，相权一分为三，甚至连丞相之名也不复存在；到东汉初，尚书台已取代丞相成为中央最高权力机关，丞相（即司徒）只不过备员而已，尚书台遂成为全国最高的邮驿管理机构。

太尉在秦代并非常设之官，汉初则废置不定。就其职权而言，西汉时的太尉只是皇帝的军事顾问，很少担任实际军政职务。武帝以后，改太尉为大司马，仍只是徒有虚名的加官而已。东汉时，太尉职权始日渐加重，"故在西汉往往罢太尉属官归于丞相；而在东汉则丞相府之属官，又大都转归于太尉府"[①]。《续汉书·百官志》载，太尉府有掾史属24人，分曹理事。其中"法曹主邮驿科程事"。据《汉官仪》载，太尉府还有"官骑三十人"，可能与邮驿事务有关。可见，东汉的太尉府确为管理邮驿事务的中央机构。

御史大夫在秦及西汉前期"任重职大"，地位仅次于丞相。凡过往使者、官吏均须持有符传方可入住驿站传舍，并可因所持符传的等级受到相应的接待。《汉书·平帝纪》注引如淳云：

> 律，诸当乘传及发驾置传者，皆持尺五寸木传信，封以御史大

[①] 安作璋、熊铁基：《秦汉官制史稿》（上册），齐鲁书社1984年版，第78页。

夫印章。其乘传参封之。参，三也。有期会累封两端，端各两封，凡四封也。乘置驰传五封也，两端各二，中央一也。轺传两马再封之，一马一封也。①

符传制度是秦汉邮驿管理的重要内容。由御史大夫发放封传，表明其已参与邮驿管理。然而，符传的发放在邮书和信息传递尚未开始时就已完成，其后的事务御史大夫并不过问。如果仅就邮书和信息传递的运行过程而言，御史大夫并未参与其具体的运行和管理。和丞相一样，御史大夫的职权在武帝以后也随着中外朝的出现而日益削弱。汉成帝绥和二年（前7），改御史大夫为大司空，虽号三公，但无实权。东汉时，司空更成为专管水土之官了。

典客为九卿之一，典掌少数民族及对外交往等事务，《汉书》卷十九上《百官公卿表上》载：

典客，秦官，掌诸归义蛮夷，有丞。景帝中六年更名大行令，武帝太初元年更名大鸿胪。属官有行人、译官、别火三令丞及郡邸长丞。武帝太初元年更名行人为大行令，初置别火。②

有研究认为，这里的"行人"令及"大行"令，当即管理邮驿的官吏③。秦汉疆域辽阔，道路交通无远弗及，以典客（大鸿胪）及其属官掌管与"诸侯及四方归义蛮夷"有关的邮驿事务亦在情理之中。然而，从文献记载来看，其职与邮驿事务并无直接联系。司马贞《史记索隐》："大行，秦官，主礼仪。汉景帝改曰大鸿胪。鸿胪，掌九宾之仪也。"④又云：

---

① 《汉书》卷12《平帝纪》，第359—360页。
② 《汉书》卷19上《百官公卿表上》，第730页。
③ 高敏：《秦汉邮传制度考略》，《历史研究》1985年第3期。
④ 《史记》卷23《礼书》，第1157页。

韦昭云："大行，官名，秦时云典客，景帝初改云大行，后更名大鸿胪，武帝因而不改，故《汉书·景纪》有大鸿胪。《百官表》又云武帝改名大鸿胪。鸿，声也。胪，附皮。以言其掌四夷宾客，若皮胪之在外附于身也。复有大行令，故诸侯薨，大鸿胪奏谥，列侯薨，则大行奏诔。"按此大行令即鸿胪之属官也。①

《太平御览》卷二三二引韦昭《辨释名》也说：

鸿胪本故典客，掌宾礼。鸿，大也；胪，陈序也。欲以大礼陈序宾客也。②

《通典》卷二十六《职官八·诸卿中》"鸿胪卿"条注引应劭云：

"郊庙行礼，赞导九宾。鸿，声也；胪，传也。"所以传声赞导，故曰鸿胪。③

《后汉书·百官志二》载：

大鸿胪，卿一人，中二千石。本注曰：掌诸侯及四方归义蛮夷。其郊庙行礼，赞导，请行事，既可，以命群司。诸侯入朝，当郊迎，典其礼仪。及郡国上计，匡四方来，亦属焉。皇子拜王，赞授印绶。及拜诸侯、诸侯嗣子及四方夷狄封者，台下鸿胪召拜之。王薨则使吊之，及拜王嗣。④

以上材料中对"鸿胪"的解释和典客、大鸿胪名称变化的记载虽不

---

① 《史记》卷11《孝景本纪》，第447页。
② 《太平御览》卷232《鸿胪卿》，河北教育出版社1994年版，第217页。
③ 《通典》卷26《职官八·诸卿中》，中华书局1988年版，第724页。
④ 《后汉书·百官志二》，第3583页。

尽相同，但其职掌均在于"主礼仪"、掌"郊庙行礼"或"典其礼仪"。不论是少数民族首领、使者入朝，或诸侯、郡国上计吏入京，还是封王拜侯，颁赐印绶以及诸侯薨、定谥号等，都是如此。作为大鸿胪属官的"大行令"也以"治礼"为职任。《续汉书·百官志》大鸿胪条云：

> 大行令一人，六百石。本注曰：主诸郎，丞一人。治礼郎四十七人。①

礼仪因人、因事而异，主持礼仪者的身份、地位也有别。汉景帝中二年（前148）诏"令诸侯王薨、列侯初封及之国，大鸿胪奏谥、诔、策。列侯薨及诸侯太傅初除之官，大行奏谥、诔、策"。《汉书》卷五《景帝纪》颜师古注云："大鸿胪者，本名典客，后改曰大鸿胪。大行令者，本名行人，即典客之属官也，后改曰大行令。故事之尊重者遣大鸿胪，而轻贱者遣大行也。"②

可见，秦汉时作为主官的典客、大鸿胪与其属官大行、行人均以主礼仪为职，因其地位秩次高低而有轻重之别。《史记·孝景本纪》索隐引韦昭"诸侯薨，大鸿胪奏谥；列侯薨，则大行奏诔"及汉景帝中二年诏令，皆可为证。③

秦至西汉成帝以前，负责"蛮夷"归附受降事务的是典属国。《汉书·百官公卿表》云：

> 典属国，秦官，掌蛮夷降者。武帝元狩三年，昆邪王降，复增属国，置都尉、丞、候、千人。属官，九译令，成帝河平元年省并大鸿胪。④

---

① 《后汉书·百官志二》，第3583页。
② 《汉书》卷5《景帝纪》，第145页。
③ 《史记》卷11《孝景本纪》，第446—447页。
④ 《汉书》卷19上《百官公卿表上》，第735页。

《续汉书·百官志》"大鸿胪"条：

> 本注曰：承秦有典属国，别主四方夷狄朝贡侍子，成帝时省并大鸿胪。中兴省驿官、别火二令、丞，及郡邸长、丞，但令郎治郡邸。①

如前所述，典客"掌诸侯及四方归义蛮夷"朝贡礼仪，典属国"别主四方夷狄朝贡侍子"。虽均与"蛮夷"事务有关，但一称"掌"，一称"别主"。"掌"即专掌其事，"别主"则在本职外兼理其事；典客下设有"译官"，而典属国（后省并大鸿胪）之下则称"驿官"。译官即翻译人员，驿官则为管理邮驿事务之官，足见二者职任有别。其中典属国在典掌属国内部事务的同时，还掌管邮驿事务。由于典客与典属国职任相近，故汉成帝时将其合而为一，统归大鸿胪掌管。光武帝又省驿官、别火等职，大鸿胪掌管邮驿事务之权遂移至太尉府，故其下设有"主邮驿科程事"的法曹。

少府为秦汉诸卿之一，其下设有尚书令、丞，符节令、丞和中书谒者等众多属官。《宋书》卷三十九《百官志上》称："秦世少府遣吏四人在殿中主发书，故谓之尚书。尚，犹主也。……秦时有尚书令、尚书仆射、尚书丞，至汉初并隶少府，汉东京犹文属焉。"② 可见，秦时的尚书仅"在殿中主发书"。汉武帝时置诸曹尚书，汉成帝又加三公尚书，也只"通掌图书、秘记、章奏之事及封奏，宣示内外而已，其任犹轻"，与邮驿事务无涉。③ 东汉尚书台虽"总典台中纲纪，无所不统"，但与少府已无实际隶属关系，仅"以文属焉"。他如符节令、丞"主符节事"，中书谒者令"掌凡选署及奏下尚书曹文书众事"，均不直接参与邮驿管理。④

---

① 《后汉书》卷115《百官志二》，第3584页。
② 《宋书》卷39《百官志上》，第1234页。
③ 《通典》卷22《职官四·尚书上》，第587—588页。
④ 《后汉书》卷116《百官志三》，第3596页。

太仆为"掌舆马"之官,秩中二千石。《后汉书》卷一一五《百官志二·太仆条》:"本注曰:掌车马。天子每出,奏驾上卤簿用,大驾则执驭。"据《汉官仪》载,卤簿即天子出行的车驾次第。此外,太仆还主马政,包括天子私用的家马和官府间的公文往来、军情传递等军国所需之马。汉文帝诏令"太仆见马遗财足,余皆以给传置"①;汉昭帝时"颇省乘舆马及[苑]马,以补边郡三辅传马"②。诏令太仆减乘舆马以给传马,则邮驿用马当亦为太仆所掌。至于邮驿的运行管理,太仆并不负责。

由此可见,秦汉时的丞相府与尚书台只是名义上总理全国邮驿事务的首脑机构。中央政府具体负责邮驿事务的机构,在汉成帝以前是典属国及其属官;汉成帝以后,将其职能并入大鸿胪;东汉精简机构,邮驿事务又归太尉府下的法曹掌管。至于御史大夫、太仆、典客、少府等,其职虽与邮驿事务有关,但并不直接参与管理,因而不能将其纳入秦汉中央邮驿组织管理的系列。

二　各郡国的邮驿管理

秦汉地方邮驿管理为郡县两级制。从道路桥梁和邮亭的修治到邮书递送均由当地郡县政府负责。如薛惠为彭城令,其县"桥梁邮亭不修",即被视为"不能";③汉武帝时北地太守等因其境内"千里无亭徼"而被诛,④汉宣帝时颖川太守黄霸"使邮亭乡官皆畜鸡豚"⑤;桂阳郡越人或居深山溪谷,"去郡远者,或且千里,吏事往来,辄发民乘船,名曰'传役',每一吏出,徭及数家,百姓苦之",至东汉建武初,新任太守卫飒"乃凿山通道五百余里,列亭传,置邮驿。于是役省劳息,奸吏杜

---

① 《汉书》卷4《文帝纪》,第116页。
② 《汉书》卷7《昭帝纪》,第228页。
③ 《汉书》卷83《薛宣传》,第3397页。
④ 《汉书》卷24下《食货志下》,第1172页。
⑤ 《汉书》卷89《循吏传·黄霸》,第3629页。

绝"①；汉安帝时，中使伯荣往来甘陵，所到之处，郡县长吏无不"发人修道，缮理亭传，多设储跱，征役无度，老弱相随，动有万计"②；华峤《后汉书》云："长沙太守程徐二月行县，敕诸县治道。"③ 鉴于地方官吏"或擅兴徭役，饰厨传，称过使客，越职逾法，以取名誉"的状况，④ 汉代在每年上计后，皇帝都要重申"无饰厨传增养食"的诏令，令郡国上计吏"归告二千石，务省约如法"⑤。

郡县政府直接管理邮驿事务，在敦煌悬泉汉简中也有反映，如下各简⑥：

1. 神爵二年三月丙午朔甲戌，敦煌太守快、长史布施、丞德，谓县、郡库：太守行县道，传车被具多敝，坐为论，易□□□□到，遣吏迎受输敝被具，郡库相与校计，如律令。掾望来、守属敞、给事令史广意、佐实昌　　　　　　　　　Ⅰ0309③：236AB

2. 永光三年正月丁亥朔丁未，渊泉丞光移县（悬）泉置，遣厩佐贺持传车马迎使者董君、赵君，所将客柱（住）渊泉。留稟茭，今寫券墨移书，受薄（簿）入，二月报，毋令谬。如律令。

　　　　　　　　　　　　　　　　　　Ⅰ0111②：3

3. 入传马三匹，皆牡，受郡库。　　　Ⅱ0115④：13

4. 入粟小石九石六斗，神爵元年十月己卯朔乙酉，县（悬）泉厩佐长富受敦煌仓佐曹成　　　　　　　Ⅰ0309③：188

5. 阳朔元年七月丙午朔己酉，效谷守丞何敢言之：府调甲卒五百卌一人，为县两置伐茭给当食者，遣丞将护无接任小吏毕，已移薄（簿）。·谨案甲卒伐茭三处。守长定、守尉封逐杀人贼马

---

① 《后汉书》卷76《循吏传·卫飒》，第2459页。
② 《后汉书》卷46《陈宠传》，第1563页。
③ 《太平御览》卷266，第276页。
④ 《汉书》卷8《宣帝纪》，第256页。
⑤ 孙星衍等辑，周天游点校：《汉官六种·汉官旧仪》，中华书局1990年版，第39页。
⑥ 胡平生、张德芳编撰：《敦煌悬泉汉简释粹》，上海古籍出版社2001年版，第80、72、85、75、99页。以下凡此种简号，均出此书，不另注。

并……（A）功曹　　／掾赏、守令史常利。（B）　　Ⅱ0112②：112

简1是敦煌太守快、长史布施、丞德就"传车被具多敝"而责令属县、郡库进行清理更换的文书；简2为渊泉县丞致书悬泉置，责令其就接待厩佐贺及使者董君、赵君事于二月上报。说明郡县政府均负有管理邮驿的职责。3、4、5三简可与简1相互印证，其中3、4两简分别是悬泉置接受"郡库""郡仓"调拨的传马和粟米的记录，简5则是效谷守丞何就郡府抽调甲卒541人为效谷县所辖两置（悬泉置和遮要置）伐割茭草等事所上的汇报文书。这说明邮驿机构所需的传车马、食物、草料等后勤供应是由地方政府负责的。

不仅如此，邮驿机构官吏的任免、人员配置也由地方政府决定，如下各简：

6. 神爵四年四月丙戌，太守守属领县（悬）泉置移遮要置
　　　　　　　　　　　　　　　　　　　Ⅰ0309③：37
7. 五凤元年五月癸酉，太守守属光监县（悬）泉置移效谷
□□□□　　　　　　　　　　　　　　　Ⅰ0309③：92
8. 监遮要置史张禹罢。守属解敞，今监遮要置。建昭二年三月癸巳朔丁酉，敦煌太守彊、长史章、守部候修仁行丞事，告史敞谓效谷，今调史监置如牒，书到听与从事，如律令。三月戊戌，效谷守长建、丞□谓悬泉置啬夫，写移书到，如律令／掾武，卒史光、佐辅
　　　　　　　　　　　　　　　　　Ⅱ0216②：241—244
9. 县（悬）泉置阳朔元年见徒名藉（籍）　Ⅱ0215②：1
10. ▨右受府施刑十一人　　　　　　　Ⅱ0114④：16

6、7两简是敦煌太守分别以其守属领、监悬泉置而使遮要置、效谷县等相关部门周知的文书；简8为效谷县向悬泉置啬夫转发的敦煌太守府文书，其内容是以太守守属解敞接替原监遮要置史张禹；9、10二简显示，悬泉置所需各类刑徒是由敦煌郡分派的，故需定期向郡府汇报现

役刑徒的名籍。由此可见，不仅道路桥梁、邮亭、厨传等的修治、后勤供应与管理由郡县长吏直接负责，而且邮驿机构的人员配置、官吏的升迁罢免及公文传递之类的"吏事往来"，也都由地方政府承担。汉简中又有县长吏责令置吏妥善接待和安置过往使者的记录：

11. 效谷长禹、丞寿告遮要、县（悬）泉置，破羌将军将骑万人从东方来，会正月七日，今调米、肉、厨、乘假自致受作，毋令客到不办与，毋忽，如律令　　　　　　　Ⅱ0114④：340A

12. 甘露三年十月辛亥朔，渊泉丞贺移广至、鱼离、县（悬）泉、遮要、龙勒，厩啬夫昌持传马送公主以下过，稟穈麦各如牒，今写券墨移书到，受薄（簿）入，十一月报，毋令缪（谬），如律令。　　　　　　　　　　　　　　　　Ⅱ0114③：522

13. 九月甲戌，效谷守长光、丞立，谓遮要、县（悬）泉置，写移书到，趣移车师戊己校尉以下乘传，传到会月三日，如丞相史府书律令。/掾昌、啬夫辅　　　　　　　　Ⅴ1812②：120①

此三简均为县府给遮要、县（悬）泉等置的下行文书。置的有关事务往往是由县府向郡府汇报，简5即为其例，这说明置接受所在县的管理。郡作为最高地方行政机构，则通过派其属吏担任诸如"置史"等职以"监""领"邮驿事务。

汉代如此，秦代亦然。而且汉代的很多制度多是承秦而来。《晋书·刑法志》引《魏律新序》云："秦世旧有厩置、乘传、副车、食厨，汉初承秦不改。"秦简《行书律》中又有"隶臣妾老弱及不可诚仁者勿令"的规定。② 隶臣妾是服劳役的刑徒，其衣食、调用均由所在郡县负责。县可以"诚仁"及非"老弱"的隶臣妾"行传书"，说明传书、受书等邮书往来是由县负责管理的。这从秦简《封诊式》"迁子爰书"亦可得

---

① 胡平生、张德芳编撰：《敦煌悬泉汉简释粹》，第164、143、127页。
② 睡虎地秦墓竹简整理小组：《睡虎地秦墓竹简》，文物出版社1978年版，第52页。

·207·

到印证。此爰书载，咸阳某里士伍丙被流放到蜀郡边县去，咸阳有关部门在给途中第一站废丘县令史的"恒书"中讲了丙被流放事，又嘱其"可受代吏徒，以县次传诣成都，成都上恒书太守处，以律食"。即在废丘更换押送丙及"恒书"的吏徒，然后逐县送至成都蜀郡太守处，途经各县要依律供应饭食。"可受代吏徒，以县次传"说明恒书及罪犯丙都是由沿途各县派人传递和押送的。换言之，秦代的县负有管理邮驿的责任。

秦汉郡县既负有管理邮驿的责任，则其下必有相应的机构和官吏。由于史料缺乏，秦代郡县所属管理邮驿事务的机构和官吏已难以稽考，但从汉代建制中仍可得其梗概。前引悬泉汉简中屡见有郡太守以其"守属"担任"置史"之类职务以监、领邮驿事务；各郡还设有"主邮驿科程事"的郡法曹。此外，汉代各郡国还设有督邮一职。最初只是督送邮书，后来则成了专司督察县政（包括邮驿事务）的郡吏。《续汉书·舆服志上》"驿马三十里一置"句下刘昭案："东晋犹有邮驿共置，承受傍郡县文书。有邮有驿，行传以相付。县置屋二区，有承驿吏，皆条所受书，每月言上州郡。《风俗通》曰：'今吏邮书掾、府督邮职掌此。'"① 悬泉汉简中有"督邮史"，当即"督邮属下主文书之佐吏"②。是则郡国督邮也掌"承受傍郡县文书"之类的邮驿事务。

《郃阳令曹全碑》③和《中部碑》均记有县法曹和邮书掾，而《汉安长陈君阁道碑》又有邮亭掾。④至于邮亭掾或即邮书掾，不论二者为同官异名还是各为一官，其以邮书、邮亭名之，则其职司邮驿事务当无可疑，故《风俗通》有"今吏邮书掾、府督邮职掌此"之说。

在设置邮驿的县邑侯国及乡，还有邮佐和邮人。如里耶秦简中记"启陵（乡）邮人缺"⑤；张家山汉简《行书律》更有"令邮人行制书、

---

① 《后汉书》志第二十九《舆服上》，第3651—3652页。
② 胡平生、张德芳编撰：《敦煌悬泉汉简释粹》，第161页。
③ 高文：《汉碑集释》，河南大学出版社1997年版，第475页。
④ 洪适：《隶释》卷16、《隶续》卷15，《隶释·隶续》，中华书局1986年版，第170、423页。
⑤ 湖南省文物考古研究所等：《湘西里耶秦代简牍选释》，《中国历史文物》2003年第1期。

急书，复，勿令为它事"和"邮人勿令繇（徭）戍，毋事其户，毋租其田一顷，勿令出租、刍槀"以及对延误、稽留邮书的"邮人""邮吏"进行处罚的规定。① 新出尹湾汉墓简牍记东海郡38个县邑侯国，共有邮34、邮人408，其中下邳、剡、费、临沂、兰旗各有邮佐2人，利成有邮佐1人。② 凡此都说明秦汉各郡（国）县邑侯国对其辖区内的邮驿事务负有直接的责任。也就是说，秦汉地方邮驿管理即寓于各地行政系统之中。

三 汉代边塞地区的邮驿管理

秦代边塞地区的邮驿管理是否与内地有别，因史料缺乏，尚难断言。但在汉代，边塞邮驿的组织系统是由都尉府及其下属的候官、部、燧构成的。

14. 临木燧建始二年三月邮书刺　　　　　　　E·P·T51：391
15. 建昭五年三月临木燧邮书课　　　　　　　H145·34③
16. ……酉临木燧长忠敢言之谨移邮书……　　H127·29

14、15二简为临木燧建始二年三月和建昭五年三月邮书课的标题，简16则为临木燧长忠呈送上级机关的邮书课正文的开头部分。因简文残缺，难知其详。但据此三简来看，燧长直接参与了邮驿管理，并对过往本燧的邮书负有完全的责任。

17. 建始二年十二月甲寅朔甲寅，临木候长宪敢言之，谨移邮
书课一编敢言之　　　　　　　　　　　　　E·P·T51：264

---

① 张家山二四七号汉墓竹简整理小组：《张家山汉墓竹简［二四七号墓］》（释文修订本）》，文物出版社2006年版，第45—46页。
② 连云港市博物馆等：《尹湾汉墓简牍释文选》，《文物》1996年第8期。
③ 谢桂华、李均明、朱国炤：《居延汉简释文合校》，文物出版社1987年版。以下凡出此书者，均在简前加H表示，不另注。

18. 吞远部建昭五年二月过书刺　　　　　　　　H135·14
19. 吞远部建昭五年三月过书刺　　　　　　　　E·P·T52：72

简 17 是临木候长宪于建始二年十月初一呈送上级机关的邮书课，18、19 二简则分别是吞远部建昭五年二月和三月过往邮书的传行记录。这说明部作为燧的上级组织，也负有管理邮驿事务的责任。与燧一样，部也须将本辖区的邮书运行情况定期向上级机关汇报，即使某月无邮书过往本部或燧，也须如实汇报，如下简：

20. 〔长长敢言之谨案四月毋邮书　　　　　　　E·P·T65：96

本简右半虽残，但仍可看出是名叫长的某部候长（或燧长）向上级呈送的某年四月无邮书过往的报告，此种情况还可参阅 E·P·F22：391 简。候官和都尉府管理邮驿事务在汉简中也有反映：

21. 建昭四年四月辛巳朔庚戌，不侵候长齐敢言之，官移府所移邮书课举曰：各推辟部中，牒别言，会月廿七日。·谨推辟案过书刺，正月乙亥人定七分，不侵卒武受万年卒盖，夜大半三分付当曲卒山，鸡鸣五分付居延收降亭卒世。　　　E·P·T52：83

22. ·六月辛未，府告金关啬夫久：前移拘逐辟橐他令史解事，所行蒲封一，至今不到，解何？记到，久逐辟，诣会月壬申旦，府对状，毋得以它为解。各署记到起时，令可课。告肩水候官：候官所移卒责不与都吏□卿所举，籍不相应，解何？记到，遣吏抵校，及将军未知不将白之　　　　　　　　H183.15AB

23. 官去府七十里，书一日一夜当行百六十里。书积二日少半日乃到，解何？书到，各推辟界中，必得事案到，如律令。言会月廿六日，会月廿四日　　　　　　E.P.S4.T2：8A

24. 邮书失期，前檄召候长敢诣官对状　　　　H123.55

候官是都尉府的下属机构，由候官下发的文书中的府应即都尉府。简 21 出土于居延都尉府所辖的甲渠候官治所遗址，故简中所言之官当即甲渠候官，府应为居延都尉府。本简为甲渠候官所属的不侵候长齐于建昭四年（前 35）四月三十日对当年正月某邮书在本部的传行记录进行调查后向候官汇报的文书。其所以如此，是由于该邮书在运行中出现了问题，居延都尉府遂向甲渠候官发书质询，甲渠候官又据此于四月二十七日向所属各部发出牒书，责成各部调查此事。简 22 是肩水都尉府因一封应到而未到的邮书，在六月辛未日令有关责任者金关啬夫久于次日早上到都尉府说明情由。简 23 是因邮书留迟而由（都尉）府移书责问，令候官在其辖区（"界中"）进行调查，并限定在三天内即当月二十六日答复；简 24 则是因邮书失期，由候官发檄书责令有关责任者某候长敞到候官接受质询。此外，对于邮书"留迟""不中程"甚至丢失邮件或封泥破损等责任事故都有相应的处理办法；从燧、部到候官等各级组织还要逐月、逐季或逐年对过往邮书情况进行检查和汇总，从而保证了邮书传递的顺利进行。[①] 这表明，汉代边塞的邮驿管理为逐级负责制，从都尉府到候官、部以至最基层的组织燧，均负有邮书管理的责任。其中都尉府和候官主要是对邮书的运行进行监督检查，而部（候长、候史）、燧（长）除对本辖区邮书运行进行监督管理外，本身也直接承担递送邮书的工作。

总之，秦汉时期从中央到地方建立了一套较为完备的邮驿管理系统。在中央基本上是丞相府（东汉为尚书台）和典属国（汉成帝以后为大鸿胪）两级管理，但前者只作为全国政务的首脑机关总领其事，后者则负有实际管理的责任；地方郡县长吏对邮驿机构的吏员配置、接待过往的官员使者、保证车马粮秣等物资供应和道路桥梁及各种邮驿设施的维修保护等，都具有直接管理的责任义务；边塞地区则为都尉府、候官、部、燧分级管理。

——原载《西北师大学报》2004 年第 4 期

[①] 高荣：《秦汉邮书管理制度初探》，《人文杂志》2002 年第 2 期。

秦汉邮驿交通建设与管理

秦汉时期,为维持全国邮驿系统的正常运转,不仅建立了庞大的交通网络,而且已形成有效的保障体系。邮驿所需的道路桥梁与传舍建筑由中央和各地方政府承担,邮驿机构人员由地方郡县调拨。各邮驿机构还配备有一定数量的车马草料和食宿物资,以满足邮书传递和过往使者官员的食宿、交通需要,所需的各项经费除少量自筹外,主要由中央大司农和地方官府拨发。

一 道路桥梁与邮亭馆舍的建造维修

秦汉时期,全国性交通干道及其附属设施(如桥梁、邮亭等)的建筑,一般由国家统一组织,所需人力钱物则向各地征派或由戍卒承担。如秦时"作阿房宫,治直[道]、驰道,赋敛愈重,戍徭无已"[1]。又"使蒙恬通道,自九原抵甘泉,堑山堙谷,千八百里"[2]。足证其费用源于赋敛徭戍。据汉人贾山云,秦"为驰道于天下,东穷燕齐,南极吴楚,江湖之上,滨海之观毕至。道广五十步,三丈而树,厚筑其外,隐以金椎,树以青松。为驰道之丽至于此!"[3] 秦驰道或因六国之道整治而成,或"堑山堙谷"新筑而成。其"设计之周密,施工之艰难,较其同时建

---

[1] 《史记》卷87《李斯列传》,第2553页。
[2] 《史记》卷88《蒙恬列传》,第2566—2567页。
[3] 《史记》卷6《始皇本纪》,第241页;《汉书》卷51《贾山传》,第2328页。

筑之长城或犹过之"①。据调查，今潼关以东的秦汉驰道遗迹，路面宽45米以上；秦始皇时所筑直道，路面更宽达50—60米。② 可见，"道广五十步"之说并非虚言。如此浩大的工程，动用庞大的人财物力是不难想象的。以致司马迁不胜感慨地说："吾适北边，自直道归，行观蒙恬所为秦筑长城亭障，堑山堙谷，通直道，固轻百姓力矣。"③

及至汉代，大规模的道路交通建设仍由国家统一组织，其费用亦由官府调拨。如汉武帝时，"中国缮道馈粮，远者三千，近者千余里，皆仰给大农"。"当是时，汉通西南夷道，作者数万人。千里负担馈粮，率十余钟致一石，散币于邛僰以集之。数岁道不通。……悉巴蜀租赋不足以更之，乃募豪民田南夷，入粟县官，而内受钱于都内。"④ 然而，"治道二岁，道不成，士卒多物故，费以巨万计"。于是"巴蜀之民罢焉"⑤。

区域性的道路桥梁及沿途馆舍的修治，由当地郡县政府负责。四川青川郝家坪50号战国秦墓出土的《为田律》规定：

> 以秋八月修封埒，正彊（疆）畔，及发（發）千（阡）百（陌）之大草。九月大除道及阪险；十月为桥，修波（陂）堤，利津梁，鲜草离。非除道之时，而有陷败不可行，辄为之。⑥

类似的规定亦见于张家山汉简，其《田律》规定：

> 恒以秋七月除千（阡）佰（陌）之大草；九月大除道□阪险；十月为桥，修波（陂）堤，利津梁。虽非除道之时而有陷败不可行，辄为之。乡部主邑中道，田主田道。道有陷败不可行者，罚其

---

① 史念海：《秦汉时代国内之交通路线》，《文史杂志》1944年第3期。
② 王子今：《秦汉交通史稿》，中共中央党校出版社1994年版，第33页。
③ 《史记》卷88《蒙恬列传》，第2570页。
④ 《史记》卷30《平准书》，第1439、1421页；《汉书》卷24下《食货志下》，第1173、1158页。
⑤ 《史记》卷117《司马相如列传》、卷30《平准书》，第3046、1421页。
⑥ 于豪亮：《释青川秦墓木牍》，《文物》1982年第1期。

啬夫、吏主者黄金各二两。①

　　青川秦牍和张家山汉简出土于不同地区，分别反映了战国末年和西汉初期的情况，其中对"大除道"和虽非"除道"之时但需要维修路段"辄为之"的规定则如出一辙，说明战国秦汉时期各地修治道路不仅已形成制度，而且是前后相承的。九月"大除道"和十月"为桥"，大概只是根据农事和节气所作的一般规定，以不误农时为原则。② 实际上，由于绝大部分路段都是"堑山堙谷"或就地取土修筑而成的，路面状况极易受到雨雪等因素的影响。因此，一般在大雨之后，都要及时整治道路。《国语》卷二《周语中》："故先王之教曰：'雨毕而除道，水涸而成梁，草木节解而备藏，陨霜而冬裘具，清风至而修城郭宫室。'故《夏令》曰：'九月除道，十月成梁。'"③ 齐王芳正始七年（246）八月己酉（七日）诏云："吾乃当以十九日亲祠，而昨出已见治道，得雨当复更治，徒弃功夫。"④ 可见雨后修道乃为惯例。青川秦牍和张家山汉简中"虽非除道之时而有陷败不可行，辄为之"的规定，或即针对雨后路面泥泞、崎岖难行而言；至于一般的道路损毁，当不至于"陷败不可行"。

　　除了每年九、十月大规模整治道路外，在皇帝巡幸、王侯守令出行或较大规模军事行动之前，也经常调发刑徒、民夫或士兵治道。如汉武

---

① 张家山二四七号汉墓竹简整理小组：《张家山汉墓竹简［二四七号墓］》（释文修订本）》，文物出版社2006年版，第42页。
② 敦煌悬泉置遗址泥墙题记残存有西汉元始五年敦煌郡向其下属转发的《四时月令诏条》，参阅胡平生、张德芳编撰《敦煌悬泉汉简释粹》，上海古籍出版社2001年版，第192—199页。其中规定：孟春之月"毋聚大众。谓聚民缮治也，……其城郭宫室坏败尤甚者，得缮部□"；"毋筑城郭。谓毋筑起城郭也，……三月得筑，从四月尽七月不得筑城郭"；仲春"毋作大事，以防农事。谓兴兵正（征）伐，以防（妨）农事者也，尽夏"。季春之月"开通道路，毋有【障塞】。谓开通街巷，以□□便民，□□□从正月尽四月"。其中自正月至四月"开通街巷"之道与九月之"大除道"不同，但均以顺应节令、不妨农事为原则。《三国志·魏书》卷12《司马芝传》载："夫农民之事田，自正月耕种，耘锄条桑，耕耰种麦，获刈筑场，十月乃毕。治廪系桥，运输租赋，除道理梁，墐涂室屋，以是终岁，无日不为农事也。"可见最主要的农事约在十月结束。
③ 徐元诰撰，王树民、沈长云点校：《国语集解》卷1《周语中》，中华书局2002年版，第64—65页。
④ 《三国志》卷4《魏书·三少帝纪》，第121页。

帝时，"公卿议封禅事，天下郡国皆豫治道桥，缮故宫，及当驰道县，县治官储，设供具，而望以待幸"①。王訢为右辅都尉、守右扶风，"上数幸安定、北地，过扶风，宫馆驰道修治，供张办。武帝嘉之，驻车，拜訢为真"②。建武三十二年，光武帝东巡泰山封禅，"二月九日到鲁，遣守谒者郭坚伯将徒五百人治泰山道。……（十二日）遣虎贲郎将先上山，三案行。还，益治道徒千人"③。此皆为皇帝巡幸、封禅而治道。

史载，昌邑王"好游猎，驱驰国中，动作亡节……曾不半日而驰二百里，百姓颇废耕桑，治道牵马"④。汉哀帝时，曲阳侯王根"游观射猎……止宿离宫，水衡供张，发民治道，百姓苦其役"⑤。此为王侯游猎而治道。

地方太守、令长在所部循行，也时常发民修道。如朱买臣为会稽太守，"会稽闻太守且至，发民除道"⑥；《太平御览》卷二六六引华峤《后汉书》云："（周）规除临湘令。长沙太守程徐二月行县，敕诸县治道。规以方春向农，民多剧务，不欲夺人良时。"⑦《淮南子》卷七《精神训》："今夫繇者，揭钁臿，负笼土，盐汗交流，喘息薄喉。"高诱注："繇，役也。今河东谓治道为繇道。"⑧ 称"治道"为"繇道"，足证修桥治道确为郡国力役之一。敦煌悬泉汉简中县廷告诫下属"各缮治道桥"（V1309④：40）的敕令文书⑨也可为佐证。

修桥治道有时会影响到地方长吏的升迁罢黜。前述守右扶风王訢就因所部"宫馆驰道修治，供张办"而受到武帝赞赏，并由"守"迁转为

---

① 《史记》卷30《平准书》，第1438页。
② 《汉书》卷66《王訢传》，第2888页。
③ 《后汉书》志第七《祭祀上》，第3166—3167页。
④ 《汉书》卷72《王吉传》，第3058页。
⑤ 《汉书》卷98《元后传》，第4028页。
⑥ 《汉书》卷64上《朱买臣传》，第2793页。
⑦ 汪文台辑，周天游校：《七家后汉书》，河北人民出版社1987年版，第357页。
⑧ 何宁：《淮南子集释》卷7《精神训》，中华书局1998年版，第545页。
⑨ 本简上部字迹模糊，但从简文语气和落款看，应为县廷所发文书。文书要求沿途修缮道路桥梁，保证邮路畅通，吏员要坚守岗位，不要发生过错，不得疏忽。参阅胡平生、张德芳编撰《敦煌悬泉汉简释粹》，上海古籍出版社2001年版，第56页。

"真"。但也有因治道而被贬秩夺爵者，如汉武帝元朔三年（前126）蓼夷侯孔臧"坐为太常衣冠道桥坏不得度"而被免，太始四年（前93）江邹侯靳石"坐为太常，行幸离宫道桥苦恶"而被免，均为其例。①《华阳国志》卷三《蜀志》"犍为郡"载，汉武帝建元中，僰道令通僰、青衣道，因"费功无成，百姓愁怨"而被斩首；建安二十一年（216），犍为太守李严"凿天社山，寻江通车道，省桥，梁三津，吏民悦之"②。可证修桥治道为地方长吏的职责之一。

各郡县衙署都设有专掌修桥治道的"道桥掾"。如《武都太守耿勋碑》《武都太守李翕天井道碑》中均记有"西部道桥掾"，《汉安长陈君阁道碑》有"邮亭掾""道桥掾"③；《蜀郡属国辛通达李仲曾造桥碑》有"南部道桥掾"，《司隶校尉杨孟文石门颂》云："王府君闵谷道□难，分置六部道桥"④；《水经注》卷十六《谷水》引阳嘉四年（135）《上东门石桥右柱铭》记河南尹属吏有"道桥掾成皋卑国"⑤ 等。足见各郡县的道桥掾也与"督邮掾""督烽掾"一样是分部设立的。同书卷十九《渭水》又载，秦始皇为沟通渭水南北离宫而作渭桥，又称便门桥，"桥之南北有堤，激石立柱，柱南，京兆主之；柱北，冯翊主之。有令丞，各领徒千五百人"⑥。据此，似京畿地区还设有专司道桥事务的令、丞。

修桥治道及厨传所用人力、钱物由官府向当地民户征派，已见于前引文献，但并不是所有民户都需服役。张家山汉简《二年律令·徭律》规定："补缮邑□，除道桥，穿波（陂）池，治沟渠，堑奴苑，自公大夫以下勿以为繇（徭）。市垣道桥，命市人不敬者为之。……若擅兴车牛，及繇（徭）不当繇（徭）使者，罚金各四两。都吏及令、丞时案不

---

① 《汉书》卷16《高惠高后文功臣表》，第551、606页。
② 常璩撰，任乃强校注：《华阳国志校补图注》，上海古籍出版社1987年版，第172—173页。
③ 洪适：《隶续》卷11、卷15，《隶释·隶续》，中华书局1986年版，第393、396、423页。
④ 洪适：《隶释》卷15、卷4，第160、50页。
⑤ 陈桥驿：《水经注校释》，杭州大学出版社1999年版，第292页。
⑥ 陈桥驿：《水经注校释》，第334—335页。

如律者论之，而岁上䌛（徭）员及行䌛（徭）数二千石官。"① 可知郡都吏（督邮）及县令（长）、丞每年要将所部应服役和实际服役人数上报郡守，如果违规征派，就要受到处罚。由于修桥治道事关升迁贬黜，许多郡守、令长遂竞相"治道供张"以待幸，致使"吏民困苦，百姓烦费"②。汉宣帝时"治为天下第一"，后因"坐发民治驰道不先以闻"等事而"连贬秩"的守京兆尹黄霸，可能即属此类。③ 说明这种情况在当时已不鲜见。以致汉宣帝在元康二年（前64）五月的一封诏书中，公开斥责"擅兴徭役，饰厨传，称过使客，越职踰法，以取名誉"的地方郡国二千石官及县道令长。④ 及至东汉，郡县长吏为讨好权贵，"或邪谄自媚，发人修道，缮理亭传，多设储峙，征役无度，老弱相随，动有万计"⑤；更有甚者，"乃挝垂老小，务崇修饰，疲困流离"⑥。因此，汉代屡有严敕郡县"不得辄修桥道""勿因缘妄发，以为烦扰"的诏令⑦。汉章帝元和元年（84）南巡狩，特下诏令所经道上郡县，"毋得设储峙，命司空自将徒支柱桥梁"⑧。甘谷汉简有东汉桓帝延熹年间颁行州郡的一份官文书，其中谈到刘氏宗室"自讼为乡县所侵""（横）竞欧辱，责更算、道桥钱，役使不得安土业"⑨。据此则修桥治道时，除向百姓征责更赋、算钱外，还有"道桥钱"。宗室成员尚且被"役使不得安土业"，一般小民被责更、算、道桥钱者当更甚。是则汉初关于公大夫以上者不负担修桥治道劳役的规定，到东汉已经废止或流于形式。

郡县修桥治道主要是就各自辖区而言，其所征发民力也基本上限于

---

① 张家山二四七号汉墓竹简整理小组：《张家山汉墓竹简[二四七号墓]（释文修订本）》，第64—65页。
② 《汉书》卷25下《郊祀志下》，第1254页。
③ 《汉书》卷89《循吏传》，第3631页。
④ 《汉书》卷8《宣帝纪》，第256页。
⑤ 《后汉书》卷46《陈宠传附子忠传》，第1563页。
⑥ 《三国志》卷4《魏书·三少帝纪》，第121页。
⑦ 《后汉书》卷3《章帝纪》、卷4《和帝纪》，第143、184页。
⑧ 《后汉书》卷3《章帝纪》，第147页。
⑨ 张学正：《甘谷汉简考释》，甘肃省文物工作队等：《汉简研究文集》，甘肃人民出版社1984年版，第85—141页。

本郡县编民。但许多道路交通建设却是跨州连郡的大型工程，仅靠一郡一县是难以完成的。在此情况下，大多由朝廷统一组织，汉武帝时通西南夷道即为其例。再如建武十六年（40），为平定交阯、九真、日南、合浦等郡叛乱，"光武乃诏长沙、合浦、交阯具车船，修道桥，通障溪，储粮谷"①。如果说这些只是非常时期的非常举措不足为凭的话，那么，东汉修治褒斜道则几与军事无关。《鄐君开通褒斜道》摩崖记云：

> 永平六年，汉中郡以诏书受广汉、蜀郡、巴郡徒二千六百九十人，开通褒余道。太守钜鹿鄐君，部掾冶级王宏，史荀茂、张宇、韩岑弟典功作，太守丞广汉杨显将相，用□始作桥格六百卅三间，大桥五，为道二百五十八里，邮亭驿置徒司空，褒中县官寺并六十四所，最凡用功七十六万六千八百余人，瓦卅六万九千八百八器，用钱百四十九万九千四百余，斛粟□□□□。九年四月成就，益州□东至京师，去就安隐（稳）。②

褒斜道自战国以来，就是连接汉中与关中、巴蜀的重要交通线。后刘邦入汉中，乃"烧绝栈道"；汉武帝时，根据御史大夫张汤建议，欲开通褒斜道及漕运汉中粮谷、材木、竹箭等物，乃拜汤子卬为汉中太守，"发数万人作褒斜道五百里"。虽然道路便捷，但因"水多湍石，不可漕"③。东汉初鄐君再通褒余（斜）道，因规模较大，汉中一郡难以承担，故由朝廷下诏，向邻近的广汉、巴、蜀等郡征调人徒。此外，《蜀郡太守何君阁道碑》记蜀郡守何君"遣掾临邛舒鲔将徒治道"，《武都太守李翕西狭颂》有"常徭道徒"④之说。这些"徒"即指刑徒，而"道徒"即修道刑徒⑤，至于"掾"当即蜀郡"道桥掾"。文献中屡见有发刑

---

① 《后汉书》卷86《南蛮传》，第2836页。
② 高文：《汉碑集释》，河南大学出版社1997年版，第6—9页。
③ 《汉书》卷29《沟洫志》，第1681页。
④ 洪适：《隶释》卷4《隶释、隶续》，第48、52页。
⑤ 裘锡圭：《啬夫初探》，中华书局编辑部：《云梦秦简研究》，中华书局1981年版，第286页。

徒从事"缮治道桥"之役的记载，如《盐铁论》卷六《水旱》："更繇省约，县官以徒复作缮治道桥，诸发民便之。"①《太平御览》卷六四二引孔融《肉刑论》云："今之洛阳道桥，作徒困于厮役，十死一生。"②前述光武帝时"益治道徒千人"以"治泰山道"等，均为其例。汉章帝元和元年（84）诏令所经道上郡县，"毋得设储跱，命司空自将徒支柱桥梁"，则说明郡守、令长亦可调发刑徒治道。史载张鲁在汉中，其众"有小过者，当治道百步，则除罪"③。令"有小过者"治道百步，实际上带有惩罚的意味。这一规定，或即源于刑徒治道的惯例。

在边郡地区，也常用戍卒或弛刑徒修桥治道。如汉通西南夷道，"发巴、蜀、广汉卒，作者数万人。治道二岁，道不成，士卒多物故，费以巨万计"④。建武十三年（37），"诏（王霸）将弛刑徒六千余人，与杜茂治飞狐道，堆石布土，筑起亭障，自代至平城三百余里"⑤。孙权赤乌八年（245），"校尉陈勋将屯田及作士三万人凿句容中道，自小其至云阳西城，通会市，作邸阁"⑥等，均为其例。敦煌马圈湾汉简中屡见"送囚龙勒"（D266）、"送囚效谷"（D1118）之类的记载，敦煌悬泉简中还有张掖郡所属氏池县为押送刑徒到敦煌的传舍佐开具的过所（传信）⑦：

建始二年三月戊子朔乙巳，氏池长延寿移过所，遣传舍佐普就，为诏送徒民敦煌郡，乘轺车一乘，马一匹，当舍传舍，从者如律令。/掾长，令史临，佐光。四月己亥过，西。　　　六三七

---

① 桓宽著，王利器校注：《盐铁论校注》，天津古籍出版社1983年版，第437页。
② 李昉编纂，夏剑钦校点：《太平御览》卷642《刑法部八》，河北教育出版社1994年版，第57页。
③ 《三国志》卷8《张鲁传》，第264页。
④ 《史记》卷117《司马相如列传》，第3046页。
⑤ 《后汉书》卷20《王霸传》，第737页。
⑥ 《三国志》卷47《吴书·吴主传》注，第1146页。
⑦ 胡平生、张德芳编撰：《敦煌悬泉汉简释粹》，上海古籍出版社2001年版，第42页。以下凡此种简号，均出此书，不另注。

边郡"徒民"众多，并被广泛用于各种力役劳作，修桥治道自不例外。在大规模军事行动前，往往调拨士卒治道。如秦平岭南，使监禄"通渠治道"；景元四年（263）秋，魏大举攻蜀，"先命牙门将许仪在前治道，会在后行，而桥穿，马足陷，于是斩仪。仪者，许褚之子，有功王室，犹不原贷。诸军闻之，莫不震竦"①。

邮亭驿置的建造与道路桥梁的修治是同时进行的。秦汉王朝势力所及，莫不修筑道路，列置邮亭。如秦取河南地，乃使蒙恬"筑长城亭障，堑山堙谷，通直道"；及至汉通西南夷，"南夷始置邮亭"②。汉武帝"初开河西，列置四郡，通道玉门，……于是鄣塞亭燧出长城数千里"；汉宣帝时赵充国进兵河湟，乃"缮乡亭，浚沟渠，治湟陿以西道桥七十所"，又砍伐木材，"缮治邮亭"；王莽置西海郡，"边海亭燧相望焉"③。东汉初年，鉴于北方沿边防务废弛、邮亭破坏的状况，遣骠骑大将军杜茂"将众郡弛刑屯北边，筑亭候，修烽燧"④等，皆可为证。不仅如此，缮治邮亭也和修桥治道一样是郡守、县令（长）施政的重要内容。以致有朝廷诏令规定，地方郡国二千石官吏，凡"守寺乡亭漏败，垣墙弛坏、所治无办护者，不称任。先自劾不应法"⑤。元鼎五年（前112），汉武帝北出萧关，"新秦中或千里无亭徼，于是诛北地太守以下"⑥；汉成帝时，薛宣子惠为彭城令，宣至陈留，"过其县，桥梁邮亭不修，宣心知惠不能"⑦；东汉初，桂阳太守卫飒鉴于当地交通不便、"传役"繁重的状况，"乃凿山通道五百余里，列亭传，置邮驿。于是役省劳息，奸吏杜绝"⑧。由此可见，秦汉时期区域性的道路桥梁和邮亭驿置等交通设施的建筑维修是由各地方政府承担的，至于战时或跨越数郡的重大工程，则

---

① 《三国志》卷28《魏书·钟会传》，第787页。
② 《史记》卷88《蒙恬列传》、卷116《西南夷列传》，第2570、2995页。
③ 《后汉书》卷87《西羌传》，第2876页；《汉书》卷69《赵充国传》，第2986页；《后汉书》卷87《西羌传》，第2878页。
④ 《后汉书》卷1下《光武帝纪下》，第60页。
⑤ 孙星衍等辑，周天游点校：《汉官六种》，中华书局1990年版，第39页。
⑥ 《史记》卷30《平准书》，第1438页；《汉书》卷24下《食货志下》，第1172页。
⑦ 《汉书》卷83《薛宣传》，第3397页。
⑧ 《后汉书》卷76《循吏传·卫飒》，第2459页。

另当别论。

二 邮驿车马的配备

秦汉邮驿机构都备有一定数量的车马,张家山汉简《二年律令·置吏律》规定:凡"郡守二千石官、县道官言边变事急者,及吏迁徙、新为官、属尉、佐以上毋乘马者,皆得为驾传"①。此就官员身份及其出行目的而言,但享受"驾传"还须有"节""传"为凭。《二年律令·户律》规定:"其献酒及乘置乘传,以节使。"②敦煌悬泉汉简所见汉武帝时"厩令"诏书也提到:"马以节,若使用传信,及将兵吏边言变□以警闻,献□写驾者匹将以……"(Ⅹ四)元始五年(5)春正月诏注引如淳说:

律:诸当乘传及发驾置传者,皆持尺五寸木传信,封以御史大夫印章。其乘传参封之。参,三也。有期会累封两端,端各两封,凡四封也。乘置驰传五封也,两端各二,中央一也。轺传两马再封之,一马一封也。③

可见,使用邮驿车马需有"传信"为凭。传信封印的多少,与持传者的身份地位及其所用车马的等级有关,故有一封至五封之别。如无传信,则不能享受驿站提供的食宿与车马服务。如汉昭帝时,涿郡韩福自京师归,诏令"行道舍传舍,县次具酒肉,食从者及马",就是因韩福既非朝廷官吏,又无封传,仅以"德行征至京师",故由皇帝特别下诏,令沿途各地为其本人及随从提供食宿之便。④传信一般要注明持传者的

---

① 张家山二四七号汉墓竹简整理小组:《张家山汉墓竹简[二四七号墓](释文修订本)》,第37页。
② 张家山二四七号汉墓竹简整理小组:《张家山汉墓竹简[二四七号墓](释文修订本)》,第51页。
③ 《汉书》卷12《平帝纪》,第359—360页。
④ 《汉书》卷72《龚胜传》,第3083页。

身份、事由、目的地、传信发放机构、时间等，上节所引建始二年（前31）三月乙巳氏池县出具的过所即为其例，此类例证在居延汉简中更多，如：

> 元延二年七月乙酉，居延令尚、丞忠移过所县道河津关：遣亭长王丰以诏书买骑马酒泉、敦煌、张掖郡中，当舍传舍，从者如律令。/守令史诩、佐襃。七月丁亥出。　　　　　　　　170.3A
> 居延令印　七月丁亥出　　　　　　　　　　　　　170.3B①

王莽时，根据《周礼》"凡通于天下者，必有节，以传辅之"的旧制，规定："吏民出入，持布钱以副符传，不持者，厨传勿舍，关津苛留。"颜师古注云："旧法，行者持符传，即不稽留，今更令持布钱，与符相副，乃得过也。"② 可见布钱是王莽时与符传配合使用的特殊通行证，与秦汉"旧法"不同。史载："秦世旧有厩置、乘传、副车、食厨，汉初承秦不改。后以费广稍省，故后汉但设骑置而无车马。"③ 这些车马、骑置均由官府配给。汉文帝时，"太仆见马遗财足，余皆以给传置"④。王莽当政时，"乘传使者经历郡国，日且十辈。仓无见谷以给，传车马不能足，赋取道中车马，取办于民"⑤。敦煌悬泉汉简有云：

> 神爵二年三月丙午朔甲戌，敦煌太守快、长史布施、丞德，谓县、郡库：太守行县道，传车被具多散，坐为论，易□□□□到，遣吏迎受输敝被具，郡库相与校计，如律令。/掾望来、守属敞、给事令史广意、佐实昌。　　　　　　　　　　　　Ⅹ九六
> 入传马三匹，皆牡，受郡库。　　　　　　　　　　　Ⅹ一〇〇

---

① 谢桂华、李均明、朱国炤：《居延汉简释文合校》，文物出版社1987年版，第271页。以下凡此种简号，均出此书，不另注。
② 《汉书》卷99中《王莽传中》，第4122页。
③ 《晋书》卷30《刑法志》，中华书局1974年版，第924页。
④ 《汉书》卷4《文帝纪》，第116页。
⑤ 《汉书》卷99下《王莽传下》，第4158页。

前简显示，因敦煌郡"传车被具多敝"，太守遂责令各县调查追究，同时令郡库按有关律令予以更换补充；第二简表明悬泉置从郡库新得三匹传马。可见，敦煌郡邮驿所用车马及其他设施由郡库配发，此正可与前引文献记载相印证。因此，我们似乎可以这样认为：汉时邮驿所用车马既非皇室财政也非百姓承担，而是由官府（即国家财政）供应的。

但是，这种认识是片面的。官府供应的车马等物实际上并不能满足需要，故时常需向私人征集或以其他方式补充。张家山汉简《二年律令·徭律》规定："发传送，县官车牛不足，令大夫以下有訾（赀）者，以赀共出车牛及益，令其毋訾（赀）者与共出牛食、约、载具。"① 敦煌悬泉汉简的一份"传马名籍"册中也有两处提到以"私财物马一匹""补县（悬）泉置传马缺"Ⅹ九七。足见汉代邮驿所用车辆、马牛等并非完全来自官府，有时需从民间募集资财以补"县官车牛不足"。

秦汉时期，对邮驿用车的维修与废弃处理也有严格的规定。秦代就设有专门维修传车、大车的铁工作坊，并规定只有当车辆破损毁坏无法修缮时才可废弃；至于保养维修所需油脂、粘胶等物则由使用者自买或向官府领取，如睡虎地秦墓竹简《金布律》规定：

传车、大车轮，葆缮参邪，可也。韦革、红器相补缮，取不可葆缮者，乃粪之。②

《司空律》又规定：

官有金钱者自为买脂、胶，毋（无）金钱者乃月为言脂、胶，期足。③

---

① 张家山二四七号汉墓竹简整理小组：《张家山汉墓竹简［二四七号墓］》（释文修订本）》，第64页。
② 睡虎地秦墓竹简整理小组编：《睡虎地秦墓竹简》，文物出版社1978年版，第65页。
③ 睡虎地秦墓竹简整理小组编：《睡虎地秦墓竹简》，第82页。

如果不及时维修车辆而使其失控翻倒，扭曲车轴或折断车围、车盖等，主管车牛者、领用者及其长官都要治罪。即《司空律》所谓："不攻閒车，车空失，大车轴轙；及不芥（介）车，车蕃（藩）盖强折列（裂），其主车牛者及吏、官长皆有罪。"①

张家山汉简中也有类似的规定，如《二年律令·金布律》："亡、毁、伤县官器财物，令以平贾（价）偿，入毁伤县官，贾（价）以减偿。县官器敝不可缮者，卖之。"② 因此，各县、置要对其所属传车马及其他器具进行详细的登记，并以正式公文上报。即敦煌悬泉汉简所谓"·告县、置食传马皆为□札，三尺廷令齐壹三封之。"（Ⅹ—三）敦煌悬泉简中的《传车亶（氈）羼簿》残册（Ⅹ—○一），就是悬泉置向有关部门详细报告所属传车完敝、折伤情况的文书，可知书面上报传车马等情况的规定已付诸实施。

如果传马牛死亡，要立即向县廷报告，由县将检验后的死马牛上缴；如不及时上报而使已死马牛腐败，就要按未腐败时的价格赔偿。如睡虎地秦简《厩苑律》规定："将牧公马牛，马【牛】死者，亟谒死所县，县亟诊而入之，其入之其弗亟而令败者，令以其未败直（值）赏（偿）之。"③ 汉简中也有类似规定和出卖病死传马骨肉的记载。如张家山汉简《二年律令·金布律》规定：

亡、杀、伤县官畜产，不可复以为畜产，及牧之而疾死，其肉、革腐败毋用，皆令以平贾（价）偿。入死、伤县官，贾（价）以减偿。④

敦煌悬泉汉简"传马簿"中有如下记载：

---

① 睡虎地秦墓竹简整理小组编：《睡虎地秦墓竹简》，第81页。
② 张家山二四七号汉墓竹简整理小组：《张家山汉墓竹简〔二四七号墓〕》（释文修订本）》，第68页。
③ 睡虎地秦墓竹简整理小组编：《睡虎地秦墓竹简》，第33页。
④ 张家山二四七号汉墓竹简整理小组：《张家山汉墓竹简〔二四七号墓〕》（释文修订本）》，第68页。

  传马一匹，骝骓，乘，左剽，齿九岁，高五尺六寸，名曰蒙华。建昭二年十二月丙申病死，卖骨肉，受钱二百一十。   X九八
  效谷移建昭二年十月传马薄（簿），出县（悬）泉马五匹，病死，卖骨肉，直钱二千七百，校钱薄（簿）不入，解…… X九九

  不仅如此，有关责任人还要依令赔偿。敦煌悬泉汉简中所见赔偿标准是："传马死二匹，负一匹，直（值）万五千，长、丞、掾、啬夫负二，佐负一。"（X一四）可见当时对传马、牛死亡的责任追究还是非常严格的。因此，各地对传马牛的毛色、性别、标记、年齿、身高、名号、病状、诊治过程及痊愈或死亡等情况都有详细的记载和报告，如下简：

  建昭元年八月丙寅朔戊辰，县（悬）泉厩佐欣敢言之：爰书：传马一匹骓駮（驳），牡，左剽，齿九岁，高五尺九寸，名曰駓鸿。病中肺，咳涕出睾，饮食不尽度。即与啬夫遂成、建杂诊：马病中肺，咳涕出睾，审证之。它如爰书，敢言之。 X二二

  这是一份传马因病死亡验证结果的报告文书，内容包括马的毛色、牝牡、徽记、年齿、身高、名字、病情、病状和验证者职务、名字及结论。这类文书称为"驿马病死爰书"（96.1）。如同"邮书课""驿马课"一样，各级邮驿组织定期（逐月、逐季或逐年）上报车辆"完""敝"状况的文书，或可称为"折伤车辆课"。

三　传马牛的草料供应

  传马、驿马的草料多由官府配给，因此各部须将马牛数量和刍稾的需要量及现存刍稾等情况书面上报，即《二年律令·田律》所谓："官各以二尺牒疏书一岁马、牛、它物用稾数，余见刍稾数，上内史，恒会

八月望。"① 传马牛饲料的多少与其年齿大小、驾车次数、强度和路程远近及季节等都有关系，如睡虎地秦简《仓律》规定：

> 驾传马，一食禾，其顾来有（又）一食禾，皆八马共。其数驾，毋过日一食。驾县马劳，有（又）益壶（壹）禾之。②

张家山汉简《二年律令·金布律》中有更详细的规定：

> 马牛当食县官者，惨以上牛日匀二钧八斤；马日二钧□斤，食一石十六斤，□□稟□。乘舆马匀二稟一。牝、玄食之各半其马牛食。仆牛日匀三钧六斤，犊半之。以冬十一月稟之，尽三月止。其有县官事不得匀牧者，夏稟之如冬，各半之。
>
> □□马日匹二斗粟、一斗叔（菽）。传马、使马、都厩马日匹叔（菽）一斗半斗。③

敦煌悬泉汉简又有如下记载：

> 令曰：未央厩、骑马、大厩马日食粟斗一升、叔（菽）一升。置传马粟斗一升、叔（菽）一升。其当空道日益粟，粟斗一升。长安、新丰、郑、华阴、渭成（城）、扶风厩传马加食，匹日粟斗一升。车骑马，匹日用粟、叔（菽）各一升。　　　Ⅹ五

该简文末有"建始元年"的纪年，但其书写位置和行文格式都与其他纪年简不同，故该简应是追述前事，并非该简的书写时间。④ 该令文

---

① 张家山二四七号汉墓竹简整理小组：《张家山汉墓竹简［二四七号墓］》（释文修订本）》，第44页。
② 睡虎地秦墓竹简整理小组编：《睡虎地秦墓竹简》，第47页。
③ 张家山二四七号汉墓竹简整理小组：《张家山汉墓竹简［二四七号墓］》（释文修订本）》，第66页。
④ 胡平生、张德芳编撰：《敦煌悬泉汉简释粹》，第5页。

中特别指出为"当空道"（即地处交通要道）者增加饲料，可见根据距离远近和劳逸程度决定饲料多少的原则依然未变。

牛马饲料须按规定及时领取，不得超量、超时，如超过期限就不再供应。即睡虎地秦简《田律》所谓："乘马服牛禀，过二月弗禀、弗致者，皆止，勿禀、致。禀大田而毋（无）恒籍者，以其致到日禀之，勿深致。"①

为"补官马牛不足"而服役的私人马牛，也可获得官府发放的饲料。敦煌汉简中诸如"·高望部元始元年十月吏妻、子、从者、奴、私马禀致"（D545）和"承私马一匹，十一月食麦五石二斗二升，已禀官"（D353）之类的记载，② 即为明证。

马牛食除部分禾麦等精饲料外，主要是茭草（即刍禀，有时也有苜蓿之类）。一般由设于各地的大农部丞统一管理，故汉简中称为"大司农茭"（参阅61.3＋194.12，133.11，479.6等简）③。大司农（秦及汉初称治粟内史）主天下田租刍禀及盐铁等事，以供国之常用。汉武帝因桑弘羊奏请，"置大农部丞数十人，分部主郡国"④。居延汉简有"▨建昭元年十月尽二年九月大司农部丞簿录簿算"（82.18）标题简，简中的"大司农部丞"当即设于居延一带"主郡国"事务者。

刍禀为百姓所纳常赋，一般按田亩多少征收，每顷纳刍三石、禀二石。睡虎地秦简《田律》中就有如下的规定：

入顷刍禀，以其受田之数，无垦（垦）不垦（垦），顷入刍三石、禀二石。⑤

汉初大体沿用秦代征收标准，但更加细化。不仅区分土地肥瘠，而

---

① 睡虎地秦墓竹简整理小组编：《睡虎地秦墓竹简》，第29页。
② 吴礽骧、李永良、马建华释校：《敦煌汉简释文》，甘肃人民出版社1991年版，第55、36页。
③ 谢桂华、李均明、朱国炤：《居延汉简释文合校》，第107、222、575页。
④ 参阅《史记》卷30《平准书》，第1441页；《汉书》卷24下《食货志下》，第1174页。
⑤ 睡虎地秦墓竹简整理小组编：《睡虎地秦墓竹简》，第27—28页。

且各县在留足一年所需的刍稾之后，剩余部分可折钱征收。如果刍稾价格高于《田律》规定的价格，折钱征收时按平均价格计算。具体征收办法在张家山汉简《二年律令·田律》中有明确规定：

> 入顷刍稾，顷入刍三石；上郡地恶，顷入二石，稾皆二石。令各入其岁所有，毋入陈，不从令者罚黄金四两。收入刍稾，县各度一岁用刍稾，足其县用，其余令顷入五十五钱以当刍稾。刍一石当十五钱，稾一石当五钱。刍稾节贵于律，以入刍稾时平贾入钱。①

除了按田亩数量计征外，自卿以下的民户还要承担按户征收的刍稾税。如张家山汉简《二年律令·田律》规定：

> 卿以下，五月户出赋十六钱，十月户出刍一石，足其县用，余以入顷刍律入钱。②

《二年律令·户律》则规定：

> 卿以上所自田户田，不租，不出顷刍稾。③

由此看来，汉初的刍稾税实际上比秦时更重。汉简资料显示，边塞邮亭驿置所需茭草多由士卒伐割。"省卒伐茭簿"（55.14）"建始二年六月省卒茭日作簿"（E.P.T52∶51）之类的记载即为其证，而且诸如"一人守茭"（493.1）"二人载茭"（513.50）"六人积茭十四人运茭"（30.19A）"绥和元年九月以来吏买茭刺"（84.6A）"二月乙酉佐博卖茭

---
① 张家山二四七号汉墓竹简整理小组：《张家山汉墓竹简[二四七号墓]（释文修订本）》，第41页。
② 张家山二四七号汉墓竹简整理小组：《张家山汉墓竹简[二四七号墓]（释文修订本）》，第43页。
③ 张家山二四七号汉墓竹简整理小组：《张家山汉墓竹简[二四七号墓]（释文修订本）》，第52页。

二束"（300.2）"出茭九束"（24.5）"入茭十束"（70.7）"宗前受茭五十二积，今白五十三积，多一积，误毋状，当坐罪"（317.11A）之类与茭有关的事务也由士卒承担。如果主官失职不能及时派遣省卒或稽留邮书等，都可能受到为驿马运茭的处罚。如：

  万岁候长田宗，坐发省治大司农茭卒不以时、遣吏将诣官失期，适为驿马载三焦茭五石致止害　　　　　　　　　　61.3＋194.12

此类例证还可参阅285.10、E. P. T59：72等简，恕不具引。

茭草的发放标准不详，但各有定额则无疑问，故有关部门对茭草的出入都有详细记录。如"・不侵部建昭五年正月余茭出入簿"（142.8），就是甲渠候官所属的不侵部建昭五年正月余茭出入记录。但更多的是分别记录"出茭"与"入茭"情况，如"入茭十束，第十日付屯君，二百"（70.7）"出茭卌束食传马八匹，出茭八束食牛"（32.15）"出茭八十束，以食官牛"（217.13）"・凡出茭九百三十六束"（57.3）等。有的则直接称为"出茭簿"（E. P. T52：19）。

汉简中还有"合符"领取茭草者。如：

  合符取茭六十束　　　　　　　　　　　　　　　　　D1152A
  合符取茭六十束　　　　　　　　　　　　　　　　　D1152B[①]

本简正反两面书写内容相同，其上注有"取茭"数量，应是领取茭草的凭证。睡虎地秦简《仓律》规定，凡向大田领取驾车牛马的饲料而未设固定帐目（即"恒籍"）者，要按领取凭证所到之日发放，不得超量。敦煌汉简中之"合符取茭"或即此种有"恒籍"者。由此推断，正如享受"驾传"须有"节""传"一样，领取茭草也需以"符"为凭。只要双方所持之符相合，即可按"符"所示支付或领取相应数量的茭

[①] 张德芳：《敦煌马圈湾汉简集释》，甘肃文化出版社2013年版，第661页。

草，而不再另外收费或付费。实际上具有内部结算的意味。

但是，很多情况下各驿置领取茭草则须付费，居延汉简"▨缓［绥］和元年九月以来吏买茭刺"（84.6A），可为佐证。甚至连本部门长官也不例外。如：

> 第十七部茭万束，十所（以上为第一栏）
> 出茭三千束，候长取，直九百。入六百·
> 出茭二千束，候史判取，直六百，已入三百·
> 余见五千束，令千束为一积，留积之，令可案。行属直所数行视（以上为第二栏）　　　　　　　　　　　　　E.P.T51：91

本简所记第十七部候长、候史在本部分别支付六百钱和三百钱领取了三千束和二千束茭，说明主官领茭也要付费。至于没有足额付费，可能与其经费短缺有关。居延汉简中就有因拖欠茭草款而产生经济纠纷的事例，如下简：

> 燧长徐宗自言责故三泉亭长石延寿茭钱，少二百八十，数　3.6

由于领取茭草需要付费，故其入茭或买茭数量、用钱多少都要上报。茭草的供应者同样也要将支出的茭草数量登记造册，前述各种"茭出入簿""出茭簿"及"入茭""受茭"若干记录，即属此类。如果出入记录与实有数量不符，有关人员要接受质询或处理，如下简：

> 宗前受茭五十二积，今白五十三积，多一积，误，毋状，当坐罪叩…　　　　　　　　　　　　　　　　　　　　317.11A
> 宗前受茭五十三积，今茭五十二积，死罪　　　　317.11B

本简反映文书记录与实有数量不符，又无法作出合理的解释，当事人宗遂向上级部门检讨，表示愿承担责任。如果本部门茭草储备不足，可向他部借支，到草盛时偿还。如下简：

☐☐府告居延：甲渠鄣候言，主驿马不侵候长业、城北候长宏☐ A

☐☐居延以吞远置茭千束贷甲渠，草盛伐茭，偿毕，已言有　B

☐☐将军令所吞远置茭，言会六月廿五日·又言偿置茭会七月廿日，建武六年二月☐　　　　　　　　　　　　　　　　　C

☐☐☐☐驿马伐茭所三千束毋出七月晦　　E. P. F22∶477 D

从大量的出入茭和买茭、卖茭及贷茭记录来看，当时向各部门分发的"大司农茭"均有定额，这部分茭草大概无需付费，只要"合符"即可领取，但它并不能完全满足传马牛的食用。因此，各部尚需派卒伐割、加工或从它处购买、借支。从各部门详细记录出入茭数量、得（付）钱多少的情况分析，在"定额"以外购买茭草的费用最终仍可向其上级即郡县政府报销。这说明，邮驿机构所需传马牛饲草是由中央大司农和各地方政府共同承担的。

总之，秦汉时期从道路交通和邮亭馆舍的建造维修，到邮驿车马的配给、车辆的维护保养、马牛草料供应及其出入管理等方面，都已形成了严密完善的管理制度，从而保证了整个邮驿系统的顺利运转。

——原载《中山大学学报》2004年第5期

秦汉的传信
——兼论传的演变

随着各地简牍文书等考古资料的发现和公布，学界关于秦汉时期传信、过所等问题的研究也不断深入。王国维先生指出："传与过所同物而异名"，为行旅过往关津之凭信；周时及汉初谓之传，东汉以后称为过所。"汉魏之制，传有御史印章。则在京由御史给之，在外则太守给之。"[1] 劳榦先生认为，汉代"虽同为符传，而其持有人之身分以及过关时之性质，与传之命意亦自有别。传者，就过关之事而言；符者，就传上可以相合之证信而言"[2]。陈直先生认为传相当于身份证，过所则为路证，"有过所无传，则询查周折，有传无过所，则宿食无所"[3]。日本学者大庭脩把汉代证明旅行者身份的文书统称为"传"，而将送到关津所在官署即诣所的传信（即棨）分为因私和因公两类。[4] 20世纪80年代以来，李均明、薛英群、汪桂海、程喜霖、张德芳、杨建等先生都曾论及此问题。[5]

---

[1] 罗振玉、王国维编著：《流沙坠简》，中华书局1993年版，第263—264页。
[2] 劳榦：《居延汉简考证》，《劳榦学术论文集甲编》，台北艺文印书馆1976年版，第267—268页。
[3] 陈直：《汉晋过所通考》，《历史研究》1962年第6期。
[4] 大庭脩：《秦汉法制史研究》，林剑鸣等译，上海人民出版社1991年版，第475—501页。
[5] 参阅李均明《汉简所见出入符、传与出入名籍》，《文史》（第19辑），中华书局1983年版，第27—35页；李均明、刘军《简牍文书学》，广西教育出版社1999年版，第272—276页；薛英群《居延汉简通论》，甘肃教育出版社1991年版，第418—434页；汪桂海《汉代官文书制度》，广西教育出版社1999年版，第61—63页；程喜霖《唐代过所研究》，中华书局2000年版，第11—39页；张德芳《悬泉汉简中的"传信简"考述》，中国文物研究所编《出土文献研究》（第7辑），上海古籍出版社2005年版，第65—81页；杨建《西汉初期津关制度研究》，上海古籍出版社2010年版，第85—108页。

秦汉的传信

他们的研究，大大深化了对秦汉邮驿制度和人员往来管理等方面的认识。但就传信的内容与功能、传信的发放及传的演变等问题而言，仍有进一步探讨的必要。

一　传信的内容与功能

传又称为"传信"。《周礼·地官司关》："凡所达货贿者，则以节传出之……有外内之送令，则以节传出内之。"同书《地官掌节》又云："凡通达于天下者，必有节，以传辅之。"郑玄注："传，如今移过所文书……有送令，谓奉贡献及文书，以常事往来。""辅以传者，节为信耳，传说所赍操及所适。"① 可知传是内外臣民出入门关的必备之物，承担朝聘贡献和文书往来者，也不例外。

对传的内容和功用虽有不同解释，但其为出入门关河津之凭证则无异议。汉末名士刘熙《释名·释书契》云："传，转也。转移所在，执以为信也，亦曰过所，至关津以示之也。"② 《汉书》卷四《文帝纪》载，汉文帝十二年（前168）三月，"除关无用传"。张晏曰："传，信也，若今过所也。"如淳曰："两行书缯帛，分持其一，出入关，合之乃得过，谓之传也。"李奇曰："传，棨也。"师古曰："张说是也。古者或用棨，或用缯帛。棨者，刻木为合符也。"③ 据此，传作为出入津关的凭证，可用木制，也可用绢帛。后唐马缟《中华古今注》卷中记，程雅问传者云何？"答曰：传者，以木为之，长一尺五寸，书符信於其上；又以一板封以御史印章，所以为期信，即如今之过所也，言经过所在为证也。"④ 清人

---

① 阮元校刻：《十三经注疏》，中华书局2003年版，第739—740页。
② 王先谦：《释名疏证补》，上海古籍出版社1984年版，第300页。
③ 《汉书》卷4《文帝纪》，第123—124页。
④ 参阅崔豹撰，马缟集，苏鹗纂《古今注·中华古今注·苏氏演义》，商务印书馆1956年版，第39页；王先谦《释名疏证补》，第300—301页。崔豹《古今注》卷下则云："程雅问曰：'凡传者，何也？'答曰：'凡传皆以木为之，长五寸，书符信于上。又以一板封之，皆封以御史印章，所以为信也。如今之过所也。'"见王根林、黄益元、曹光甫校点《汉魏六朝笔记小说大观》，上海古籍出版社1999年版，第248—249页。这里所记传的长度为五寸，可能漏一"尺"字所致。参见崔杰校点《古今注》，辽宁教育出版社1998年版，第17页。

· 233 ·

孙诒让综合各家之说云："传即文书，故得'说所赍操及所适'。赍操谓货币、车马之属，所适谓所至国地。节以为信，无此等文字，故复以传辅助之。"① 可见，所谓传就是出入关津的证明文书，也可与节配合使用。一般用木板制作，其上说明所携带的物品和所要到达的地方。

以节传出入门关、河津，不仅见诸《周礼》，在其他先秦文献中也有记载。据《韩非子·说林上》载："田成子去齐，走而之燕，鸱夷子皮负传而从。"及至望邑，鸱夷子皮以"涸泽之蛇"的故事说田成子，"田成子因负传而随之，至逆旅，逆旅之君待之甚敬，因献酒肉"②。此为春秋末期以传出入和止宿逆旅之例。传可荷负而行，可证传"以木为之"说不误。《史记》卷七十五《孟尝君列传》载，秦昭王欲杀孟尝君，后因其幸姬之请，"昭王释孟尝君。孟尝君得出，即驰去，更封传，变名姓以出关。夜半至函谷关。秦昭王后悔出孟尝君，求之已去，即使人驰传逐之。孟尝君至关，关法：鸡鸣而出客，孟尝君恐追至，客之居下坐者有能为鸡鸣，而鸡齐鸣，遂发传出"。据司马贞《索隐》："更者，改也。改前封传而易姓名，不言是孟尝之名。封传犹今之驿券。"③ 孟尝君为出函谷关，需要"更封传，变姓名"，足证战国时，依然要持传出入关津。这一制度在秦汉时期仍得以延续，这在睡虎地秦简和张家山汉简中均有反映。如睡虎地秦简《法律答问》云：

"发伪书，弗智（知），赀二甲。"今咸阳发伪传，弗智（知），即复封传它县，它县亦传其县次，到关而得，今当独咸阳坐以赀，且它县当尽赀？咸阳及它县发弗智（知）者当皆赀。

可（何）谓"布吏"？·诣符传于吏，是谓"布吏"。④

---

① 孙诒让：《周礼正义》卷28，中华书局1987年版，第1120页。
② 王先慎撰，钟哲点校：《韩非子集解》卷22《说林上》，中华书局1998年版，第174页。
③ 《史记》卷75《孟尝君列传》，第2355页。
④ 睡虎地秦墓竹简整理小组编：《睡虎地秦墓竹简》，文物出版社1978年版，第176、231页。

秦汉的传信

《封诊式·迁子》爰书又云：

> 今鋈丙足，令吏徒将传及恒书一封诣令史，可受代吏徒，以县次传诣成都，成都上恒书太守处，以律食。①

汉初有专门的《津关令》，可能也是继承秦制而来的。如《二年律令·津关令》云：

> 丞相上备塞都尉书，请为夹豁河置关，诸漕上下河中者，皆发传，及令河北县为亭，与夹豁关相直。·阑出入、越之，及吏（五二三）卒主者，皆比越塞阑关令。·丞相、御史以闻，制曰：可。（五二四）②

备塞都尉请求在黄河以南的夹豁河设关，在与夹豁关隔河相对的河北县置亭，给往来夹豁河漕运的船只发放通行证即"传"。凡无传出入关亭者及有关责任者，均按"越塞阑关令"论处。从秦律对沿途"发伪传"而"弗智（知）"者"皆当赀"和汉初对"越塞阑关"责任者进行处罚的规定来看，秦汉用传出入的制度确实是一脉相承的。

不过，这一制度在汉文帝时曾一度废除。《汉书》卷四《文帝纪》载，汉文帝十二年（前168）三月，曾下令"除关无用传"。汉景帝的诏书中也有"孝文皇帝临天下，通关梁，不异远方"之说。但是，到汉景帝前四年（前153）春，"复置诸关用传出入"。应劭曰："文帝十二年除关无用传，至此复用传。以七国新反，备非常。"③ 此后，终两汉之世，都一直实行"用传出入"之制。无论是往来贸易的商人，还是朝聘贡献的使者；也不管是递送文书，还是其他"以常事往来"者，凡过往津关

---

① 睡虎地秦墓竹简整理小组编：《睡虎地秦墓竹简》，第261—262页。
② 张家山二四七号汉墓竹简整理小组：《张家山汉墓竹简（二四七号墓）（释文修订本）》，文物出版社2006年版，第88页。
③ 《汉书》卷5《景帝纪》，第143页。

· 235 ·

时均须持传出入。① 史载王莽时，"大司空士夜过奉常亭，亭长苛之，告以官名，亭长醉曰：'宁有符传邪？'士以马箠击亭长，亭长斩士，亡，郡县逐之。家上书，莽曰：'亭长奉公，勿逐。'"亭长向大司空士索要符传，被认为是"奉公"行事，可知符传确为出入门关必备的通行证明。当时还规定："吏民出入，持布钱以副符传，不持者，厨传勿舍，关津苛留。"颜师古注云："旧法，行者持符传，即不稽留。今更令持布钱，与符相副，乃得过也。"② 汉简所见由官府颁发的传，不仅明确记载"所赍操及所适"，而且还特别强调"封传移过所毋苛留"（E. P. T50：39）、"门亭坞辟市里毋苛留之，如律令"（E. P. T50：171）或"当舍传舍，从者如律令"（X38、X39③）等，如下简：

简 1. ☐☐充光谨案户籍在官者，弟年五十九，毋官狱征事，愿以令取传，乘所占用马，八月癸酉居延丞奉光，移过所河津金关毋苛留止，如律令/掾承☐   H218.2④

本简上下均残，传的持有者弟"所赍操及所适"等不甚明确。但经核查，弟"户籍在官"，也"毋官狱征事"（即没有违法行为），符合"取传"的规定，故由居延县丞为其发放了传。其中"乘所占用马"，应即其"所赍操"，至于其"所适"，从"移过所河津金关毋苛留止"的文字，我们大致可断定他由北而南要经过金关。本简出于 A32 金关遗址的事实，又似乎显示弟至金关后再没有继续前行，金关可能就是弟此行的

---

① 据《汉书》卷 8《宣帝纪》载，本始四年（前 70）正月，诏令"民以车船载谷入关者，得毋用传"。但此举主要是因本始三年关中"大旱"，朝廷为"赈贷困乏"而推行的临时性措施，且只限于向关中运送谷物的船只。正如颜师古所云："欲谷之多，故不问其出入也。"至于其他地方往来关津的吏民，则仍需持传出入。《汉书》卷 8《宣帝纪》，第 245 页。

② 《汉书》卷 99 中《王莽传中》，第 4135 页。

③ 甘肃省文物考古研究所等编：《居延新简》，文物出版社 1990 年版，第 155、163 页。本文凡此种简号均出该书。胡平生、张德芳编撰《敦煌悬泉汉简释粹》，第 43—44 页。本文凡标以"X+序号"的简文均出该书，不另注。

④ 谢桂华、李均明、朱国炤：《居延汉简释文合校》，文物出版社 1987 年版，第 349 页。以下凡出该书简文均在原简号前加 H 表示，不另注。

目的地，亦即其"所适"。敦煌悬泉置出土了一份《失亡传信册》，该册书第一简就是转录的已丢失的传信副本，其文云：

简2. 永光五年五月庚申，守御史李忠随监尝麦①祠孝文庙，守御史任昌年为驾一封轺传，外百卅二。御史大夫弘谓长安长，以次为驾，当舍传舍，如律令。　　　　　　　　　　　　　　X二六

简文所述内容主要有如下几项：传的签发时间和签发者身份、姓名，持传者身份、姓名及出行事由和目的地，可使用的传车等级和传信编号以及签发者要求沿途各部门"以次为驾，当舍传舍，如律令"（即遵照有关律令执行）之类的文书套语。②结合该册书内容来看，持传者即守御史李忠的出行目的是"监尝麦祠孝文庙事"，在沿途可乘坐一马轺传。其中的"守御史任昌年"在简册中再未提及，当是该传信的具体经办人。

二　传信的发放

因持传者的身份地位和出行目的不同，传的等级也有别。若就传的发放者而言，大致可分为由中央御史大夫府和郡、县地方政府（或其同

---

① "监尝麦"三字原释作"随当祀"，今从谢桂华先生意见改释。参见张德芳《悬泉汉简中的"传信简"考述》，中国文物研究所编：《出土文献研究》（第7辑），上海古籍出版社2005年版，第78页。

② 张德芳先生在《悬泉汉简中的"传信简"考述》一文中将传信的主要内容归纳为十项："一、时间；二、持传人身份、姓名；三、事由；四、所到之地或所经之地；五、沿途提供传车的规格，即轺传抑或乘传之类；六、传信编号；七、御史大夫某人；八、注明所到第一站及其以下各站必须'以次为驾'；九、要注明'当舍传舍'，以解决食宿问题；十、随从人员如何安置并享受何种待遇，一般要注明'从者如律令'。"但是，除了御史大夫府以外，地方郡县及其他机构也可签发传信（详后），简1即为一例。因此，"御史大夫某人"并非传信必不可少的内容。至于"以次为驾，当舍传舍，（从者）如律令"等套语，也因持传者身份不同而有别，有的只写"如律令"而无其他内容，有的则注明"当舍传舍，（从者）如律令"而无"以次为驾"等语。张德芳：《悬泉汉简中的"传信简"考述》，中国文物研究所编：《出土文献研究》（第7辑），第65—81页。

· 237 ·

级组织）等三个层次。① 居延汉简中有很多县廷所发传的实例，如下各简：

简3. 永始五年闰月己巳朔戊子，北乡啬夫忠敢言之，义成里崔自当自言为家私市居延。谨案自当毋官狱征事，当得取传，谒移肩水金关、居延县索关，敢言之。闰月丙子，觻得丞彭移肩水金关、居延县索关，书到，如律令。掾晏、令史建　　　　　H15.19

简4. 元延二年七月乙酉，居延令尚、丞忠移过所县河津关，遣亭长王丰以诏书买车骑马酒泉、敦煌、张掖郡中，当舍传舍，从者如律令/守令史诩、佐褒，七月丁亥出/居延令印，七月丁亥出

H170.3A/B

简5. 建始二年三月戊子朔乙巳，氐池长延寿移过所，遣传舍佐普就，为诏送徒民敦煌郡，乘轺车一乘，马一匹，当舍传舍，从者如律令。/掾长、令史临、佐光。·四月己亥过，西。　　　X三七

此三简都是县廷给到外地者发放的传。其中简3是觻得县丞彭根据北乡啬夫忠出具的"毋官狱征事，当得取传"的证明，为因私到居延市买的该乡义成里崔自当发放的传，要求沿途所过的肩水金关、居延县索关对其依令放行。4、5两简中的亭长王丰和传舍佐普就，都是根据朝廷诏书精神，被分别派遣到酒泉、敦煌、张掖等郡购买车骑用马或督送到敦煌郡服刑的"徒民"。崔自当因私而行，王丰、普就则是公差，他们的传都由所在的县廷发放。除了注明其"所适"外，简5中还注明"乘轺车一乘，马一匹"，应与简1中的"乘所占用马"一样，都是指其"所赍操"。3、4两简不言"所赍操"，可能是没有随行车马的缘故。从此四简来看，因公差或私事出行，传信的签发程序和内容也有别。公务

---

① 将传分为公务和私事两类基本为学界共识。但以传的发放者划分，似更能显现传信的等级和特征。已有学者注意到除郡县主官外，边郡各都尉和仓储系统的主管官员也可为本系统官吏发放传。参阅程喜霖《唐代过所研究》，中华书局2000年版，第19—20页；薛英群《居延汉简通论》，甘肃教育出版社1991年版，第424—425页。

· 238 ·

秦汉的传信

出行者由所在县长吏签发传信,可享受"乘轺车""舍传舍"的待遇;因私出行者虽由县签发传信,但其只可通行而不能享受车马和食宿等便利条件,而且事先要由所在的乡出具"毋官狱征事"的证明。有的还注明其"更赋皆给"(H505.37A),即没有逋欠赋税。这也说明乡作为汉朝地方基层政权组织,负责当地的户口登记与赋税征收等。居延汉简中有"户籍臧乡"之说(H81.10),张家山汉简《二年律令·户律》也规定:

恒以八月令乡部啬夫、吏、令史相襍案户籍,副臧(藏)其廷。有移徙者,辄移户及年籍爵细徙所,并封。留弗移,移不并封,(三二八)及实不徙数盈十日,皆罚金四两;数在所正、典弗告,与同罪。乡部啬夫、吏主及案户者弗得,罚金(三二九)各一两。(三三〇)①

可见,户籍是由乡部啬夫与县令史等在每年八月共同查验后编制的,一式两份,正本留乡,副本上报县廷。如有人户迁移,乡部啬夫要负责将迁移者年龄、籍贯、爵位等情况封缄后转到迁移后的处所;否则,原户口所在的里正、里典和乡部啬夫以及主管其事的吏与其他相关责任者,都将受到处罚。县廷为出行者发传时②,要先审阅乡啬夫出具的"毋官狱征事"证明,当即为此。

值得注意的是,为公务出行者发放传信,是由县或与之同级的候(E.P.T50:171)、仓(H15.18)长吏直接说明事由,而无须乡啬夫出具"毋官狱征事"之类的证明。除标注"所赍操及所适"外,还有"乘轺车一乘,马一匹""当舍传舍,从者如律令"等。而在简1、3这样因私出行者的传中,却并无这些内容。这种差异,反映出传除作为通行证

---

① 张家山二四七号汉墓竹简整理小组:《张家山汉墓竹简(二四七号墓)(释文修订本)》,第54页。
② 居延汉简有禄福狱丞签发的传信(H495.12+506.20A),但他是以狱丞代行县丞事,实际还是以县的名义发放的。谢桂华、李均明、朱国炤:《居延汉简释文合校》,第594页。

· 239 ·

使用外，同时也是享受车马服务和食宿供应的凭证。张家山汉简《二年律令·传食律》云："诸吏乘车以上及宦皇帝者，归休若罢官而有传者，县舍食人马如令。"① 应劭《风俗通义》又有"诸侯及使者有传信，乃得舍于传"之说。②

第二类是由郡（或都尉）府发放的传，这在汉简中屡见不鲜。试举几例如下：

简6. 鸿嘉三年正月壬辰，遣守属田忠送自来鄯善王副使姑虒、山王副使乌不嗛，奉献诣行在所，为驾一乘传。敦煌长史充国行太守事、丞晏谓敦煌，为驾，当舍传舍、郡邸，如律令。六月辛酉西。

X一四三

简7. 鸿嘉三年三月癸酉，遣守属单彭，送自来乌孙大昆弥副使者薄侯、左大将掾使敝单，皆奉献诣行在所，以令为驾一乘传，凡二人。三月戊寅东。敦煌长史充国行大……六月，以次为驾，如律令。

X一九四

简8. 敦煌太守快使守属充国送牢羌、□□羌侯人十二。神爵二年十一月癸卯朔……琅何羌□□彊藏□□□行在所，以令为驾二乘传，十一月辛未皆罷。当舍传舍，从者如律　　　　X二三四

简9. 甘露三年九月壬午朔甲辰，上郡太守信、丞欣谓过所：遣守属赵称逢迎吏骑士从军乌孙罷者敦煌郡，当舍传舍，从者如律令。十月再食。

X二一六

此四简都是由太守府签发的传。持传者守属为郡府属吏，都是奉郡府之命到外地执行公务的吏员。其中6、7、8三简的郡守属都是由敦煌郡派出，陪同西域各国使者或西羌部落首领等入朝奉献，这些传虽然由郡府直接颁发给奉命出行的守属，但"为驾一乘传（或二乘传）"之类，

---

① 张家山二四七号汉墓竹简整理小组：《张家山汉墓竹简〔二四七号墓〕》（释文修订本）》，第40页。

② 应劭撰，王利器校注：《风俗通义校注》，中华书局1981年版，第578页。

是为其所陪同的西域使者、西羌首领配备的，并不是说这些守属可享受一辆或两辆"乘传"的待遇。如简7云："以令为驾一乘传，凡二人。"这二人显然是指乌孙大昆弥副使者薄侯和左大将掾使敞单，并不是指守属单彭。简9中的守属赵称由上郡太守府派出，其任务是到敦煌郡迎接屯驻乌孙期满复员的军吏和骑士返回原籍。本简只云"当舍传舍，从者如律令"，并无"以令为驾一乘传（或二乘传）"之类的话，可知守属等郡属吏出行，虽可在传舍住宿，但不能乘用传车。这大概也是通行全国的律令，故郡府只在传中注明其身份、事由、时间和目的地即可，而无需征引律令。同类例证还见于"以诏书送施刑伊循"的浩亹亭长桼（漆）贺（Ⅹ三四）、奉命"案事郡中"的司马丞君（Ⅹ三六）和到东海、泰山等郡接收流民的敦煌广至县司空啬夫尹猛（Ⅹ三九）等，恕不具引。由于西域各国和西羌各部不像汉朝郡守令长那样都有明确具体的秩级，而是因自身实力强弱、与汉朝关系亲疏有别以及使者的身份地位不同，其在沿途所享受的待遇也不一样。因此，敦煌太守在给其守属颁发的传文书中，除了说明使者的身份、事由和目的地等要素外，还要征引有关律令规定，然后通告沿途各地依令执行。这从悬泉置所出另一枚简可得到证实：

> 简10. 使乌孙长罗侯惠遣斥候恭，上书诣行在所。以令为驾一乘传。甘露二年二月甲戌，敦煌骑司马充行大守事，库令贺兼行丞事，谓敦煌以次为〔驾〕，当舍传舍，如律令。　　Ⅹ二〇一

因持传者为在西域的汉朝官吏，而不是由敦煌郡派出的，故本简书写格式与上述四简不尽相同。但仍然是在说明持传者的身份、事由后，再征引律令，通告敦煌各地县、置。所谓"以令为驾一乘传"，意即按有关律令规定，为其提供一辆"乘传"，所过之地都要照此执行。从6、7两简来看，敦煌郡守属一直陪同西域使者到长安，然后又一同返回。简6中的"郡邸"，与《汉书》卷六十四上《朱买臣传》所载设在长安的会稽郡邸一样，也是指敦煌郡设在长安的官邸。陪同鄯善王副使的守

属忠，到长安后就在敦煌郡邸住宿。他从鸿嘉三年（前18）正月壬辰（十九日）出发东行，同年六月辛酉（二十日）经悬泉置西去，前后历时五月之久。简19中的守属单彭三月癸酉（一日）从敦煌出发，戊寅（六日）经悬泉置东去，至六月某日返回，前后历时三个多月。与单彭同行的乌孙大昆弥副使一行可能是与简6中的鄯善王副使等一起返回的，悬泉汉简中有使者王君一次带领于阗王以下1074人经禄福、渊泉等西行的记载（Ⅹ一四五），可能即属此类。

悬泉简中还有都尉府发放传的例证。如下简：

简11．□敦煌，伊循都尉大仓谓过所县……传舍，从者如律令……
　　　　　　　　　　　　　　　　　　　　Ⅹ一六三
简12．……伊循城都尉大仓谓过所县……传舍，从者如律令。
　　　　　　　　　　　　　　　　　　　　Ⅹ一六五

此二简虽残缺，但其为伊循都尉大仓签发的通行证明则毋庸置疑。据《汉书》卷九十六上《西域传》载，元凤四年（前77），应新立鄯善王尉屠耆在伊循城"屯田积谷"的请求，"汉遣司马一人、吏士四十人，田伊循以填抚之。其后更置都尉"[1]。简中的伊循都尉大仓当即汉朝派往西域典领伊循屯田事务的都尉。

此外，居延汉简中还有像简10那样以库令、城司马等较低级的官员代行郡守和都尉职权而发放传信的实例（参阅H102.6、H303.12A、H140.5A等简），恕不一一列举。

第三类是由御史大夫签发的传。据马缟《中华古今注》载，传是用一尺五寸长的木板做成的，其上书写有可作为凭信的符号和文字，然后再用盖有御史大夫印章封泥的检封缄。如淳云："律：诸当乘传及发驾置传者，皆持尺五寸木传信，封以御史大夫印章。"也就是说，凡是享受传车或需征用置传车马者，其传信由御史大夫颁发。上引简10即为驷马

---

[1] 《汉书》卷96上《西域传》，第3878页。

"乘传"之一例。但是，还有很多由御史大夫发放的传信，却规定持传者只能乘坐一封或二封轺传，如下各简：

简13. 黄龙元年四月壬申，给事延史刑（邢）寿为诏狱，有逮捕弘农、河东、上党、云中、北地、安定、金城、张掖、酒泉、敦煌郡，为驾一封轺传。外二百卅七。御史大夫万年谓胃成，以次为驾，当舍传舍，如律令。(A) 　　　　　　　　X三一

护郡使者视事史治，承合檄诣郡，告治所张掖𩾨得吏马行。(B) 　　　　　　　　X三一

简14. 甘露二年十一月丙戌，富平侯臣延寿、光禄勋臣显，承制诏侍御史□，闻治渠军猥侯丞承万年、汉光王充诣校属作所，为驾二封轺传，载从者各一人，轺车二乘。传八百卌四。御史大夫定国下扶风厩，承书以次为驾，当舍传舍，如律令。(A) 　X三五

□□□尉史□□书一封，十一月壬子人定时受遮要……(B)
　　　　　　　　X三五

简15. 甘露三年十月辛亥，丞相属王彭，护乌孙公主及将军、贵人、从者，道上传车马，为驾二封轺传，□请部。御史大夫万年下谓（渭）成（城），以次为驾，当舍传舍，如律令。　　X一九五

此三简均为御史大夫签发的传，其中13、14两简与简2一样，都有编号。除了照例说明时间、持传者身份、事由和目的地外，还直接标注所乘传车的等级和数量。简13规定为一封轺传，即一匹马拉的传车；14、15两简均为二封轺传，即两匹马拉的传车。编号以后的"以次为驾，当舍传舍，如律令"，与上述两类传信一样，都是格式套语，意即所经各地都要照此办理。由此可见，传信大体遵循就近原则，不一定都由御史大夫颁发，而是由持传者所在地区县及县以上组织或其长官颁发。京城官员一般由御史大夫府签发；各地因公务出行者，由所属部门及其长吏如郡守（或都尉）、县（或仓、库）令长丞等签发；至于因私出行，因涉及赋税征收和治安管理等，需先由乡出具证明，再由县廷办理。公

务人员是否乘坐传车或乘坐某一等级传车以及可否在传舍止宿、饮食等，主要取决于持传者的身份和事由，与传信的签发者无关。因此，御史大夫也签发"为驾一封轺传"的传信，如简13；而郡县签发者也可享受驷马的"乘传"，如简6、7、8、10。

三 传的演变

传除用作通行证明外，也指辗转往来的车、马。故《说文》将"传""遽"互训。段玉裁云："按传者，如今之驿马。驿必有舍，故曰传舍。又文书亦谓之传。（《周礼》）'司关'注云：传如今移过所文书是也，引申传遽之义。则凡展转引申之称皆曰传，而传注、流传皆是也。"[1] 往来各地不仅要借助车马，还要有通行凭证和止宿之所。故凡与辗转往来有关的车马、食宿和凭证，都可与"传"连称为"传车""传马""传食""传舍""传信""传符"（或"符传"）等。

在秦汉文献和简牍中，凡与邮、亭、驿、置等连称的传都是泛指，并非指某一具体的邮驿机构；而单称传者，则指传车马或传信。如："（贲）赫言变事，乘传诣长安。""大行李息将城河上，得浑邪王使，即驰传以闻。"还有刺史"行部乘传"[2] 等。其中的"传"均指传车。而"除关，无用传""吏民出入，持布钱以副符传"[3] 和汉简中习见的"当得取传"（H15.19）之"传"，都是指过往凭证即传信而言。

传可泛指邮驿或与邮驿有关之事，故用于使者、官民往来的符节和车马、房舍均冠以"传"字，称为符传、节传、传车、传马和传舍等。至于颜师古在《汉书》卷一下《高帝纪》中田横"乘传诣洛阳"句下注云："传者，若今之驿"[4]，乃是以唐制比附汉制，并不可取。若果如颜

---

[1] 许慎撰，段玉裁注：《说文解字注》，上海古籍出版社1988年版，第377页。
[2] 参阅《史记》卷91《黥布列传》、卷111《卫将军骠骑列传》，第2603、2933页。《汉书》卷34《英布传》、卷55《霍去病传》、卷72《鲍宣传》，第1887、2482、3986页。
[3] 参阅《汉书》卷4《文帝纪》、卷99中《王莽传》，第123、4122页。
[4] 《汉书》卷1下《高帝纪》，第57页。

师古所云传为邮驿机构，则必有如邮、亭、驿、置那样有以地名传或以序数名传者，各传也当有候、尉、丞、佐、令史、啬夫、传人（卒）之类的吏员；但是，除了"某某传舍"或"某传舍啬夫"外，不论是史籍还是简牍中均无以地名传称"某传"者，或以序数名传称"第×传"者，也无某传候、尉、佐、啬夫、令史、小史或某传人（卒）之类的吏员配置。① 但张家山汉简《二年律令·均输律》中却有如下规定：

　　船、车有输，传送出津关，而有传啬夫、吏，啬夫、吏与敦长、方长各□□而□□□□发□出□置皆如关□（二二五）②

本简下部文字漫漶不清，其大意是说：如果用船、车运输，要持传出入河津关隘，然后转交给有关的啬夫和吏，啬夫和吏再与运输车队和船队的敦长、方长各自……。这里需要对"船、车有输，传送出津关，而有传啬夫、吏"句作些辨析。本句讲运输车船出入津关事，自然与传信有关。这从《二年律令·津关令》的有关规定可得到印证。如：

　　诸出入津关者，诣入传□□吏（？）里□长物色□瑕见外者及马职（识）物关舍人占者，津关谨阅，出入之。（四九八）
　　禁民毋得私买马以出扞〈扜〉关、郧关、函谷【关】、武关及诸河津关。其买骑、轻车马、吏乘、置传马者，县各以所买（五〇六）名匹数告买所内史、郡守，内史、郡守各以马所补名为久久马，为致告津关，津关谨以藉（籍）、久案阅，出。
　　关外郡买计献马者，守各以匹数告买所内史、郡守，内史、郡

---

① 长沙走马楼所出 1843 简云："入船师傅 米 贷建安廿六年限米卅四斛□"，敦煌悬泉置所出 X一二三简又有"转卒"，简文云："转卒东郡武阳东里宫赋，甘露二年七月□□病死"。《说文》将传、遽互训，段玉裁注云："凡展转引申之称皆曰传。"则"传卒"实即"转卒"，是从事物资转运的戍卒。长沙市文物考古研究所等编著：《长沙走马楼三国吴简·竹简》［壹］（下），文物出版社 2003 年版，第 932 页。胡平生、张德芳编撰《敦煌悬泉汉简释粹》，第 97 页。
② 张家山二四七号汉墓竹简整理小组：《张家山汉墓竹简（二四七号墓）（释文修订本）》，第 39 页。

守谨籍马职（识）物、齿、高，移其守，及为致告津关，津关案阅，（五〇九）津关谨以传案出入之。

诸以传出入津关而行□子□未盈一岁，与其母偕者，津关谨案实籍书出入。（五一二）①

上述令文中出入关对象和涉及地区不尽相同，但都要求过往者"以传出入津关"，而津关吏卒则要认真核查过往者的身高、肤色等体貌特征及马匹的数量、印记、年齿、身高等，所谓"津关谨阅，出入之""津关谨以藉（籍）、久案阅，出""津关案阅，津关谨以传案出入之"、"津关谨案实籍书出入"等，即指此而言。《津关令》还规定，凡是没有传信（或称符传）而"阑出入塞之津关，黥为城旦舂"（四八八）；将符传借给他人使用者，与阑出入关津者同罪；若擅自给不符合条件者签发出入关津的符传，则"以传令、阑令论"（四八九—四九〇）。② 由此看来，上述《均输律》中"传送出津关"的"传"，也是指出入津关的传信。其后面"而有传啬夫、吏"句中的"有"通"又"，"传"通"转"，意即持传出入津关时，要将其转呈给津关的啬夫、吏查验，也就是《津关令》中的"津关谨阅""津关案阅"等环节。此外，《均输律》中"而有传啬夫吏"的句式，与前引睡虎地秦简《法律答问》中"复封传它县，它县亦传其县次"相似，其中的"传"字都不是名词，而作动词解，是"传递""转呈"的意思。也就是说，传不是代指某一机构，"传啬夫"也不是"传"的啬夫。这也说明，秦汉的传并不是具体的邮驿机构，只是一种泛指而已。

——原载张德芳主编《甘肃省第二届简牍学国际学术研讨会论文集》，上海古籍出版社2012年版

---

① 张家山二四七号汉墓竹简整理小组：《张家山汉墓竹简（二四七号墓）（释文修订本）》，第84—86页。
② 张家山二四七号汉墓竹简整理小组：《张家山汉墓竹简（二四七号墓）（释文修订本）》，第83页。

论秦汉的传舍

传舍是为公务往来者提供食宿和交通便利的场所,但传舍不是邮驿组织,因而不一定设在交通干线上。在某些偏僻的县和远离县城的置,也设有传舍,故一县之内未必只有一处传舍。传舍有房屋以供止宿,又有厨厩车马以供饮食交通。传舍的接待对象是执行公务的官吏、使者及其随从(包括罪徒和戍守期满的士兵等)和某些达官贵人。因官秩、爵位不同,其所享受的待遇也有别。

一

传舍之制,源于先秦时期的庐、宿、候馆之类。至迟在西周时,就在道路沿线间隔一定距离设置了供使者、宾客休息的"庐""宿"等。《周礼·地官司徒下·遗人》云:"凡国野之道,十里有庐,庐有饮食;三十里有宿,宿有路室,路室有委;五十里有市,市有候馆,候馆有积。"郑玄注云:"庐若今野候,徒有庌也。宿可止宿,若今亭有室矣。候馆,楼可以观望者也。"孙诒让认为,庐无房舍,略与廊同,故只可昼止而不可夜宿;但"宿有路室,其制视庐加详,具有房室,可以夜宿"。候馆的设施和功能更为详备,"不徒有室,又有高楼明榭,足供候望观眺"[①]。《国语》卷二《周语中》云:"周制有之曰:……国有郊牧,疆

---

① 孙诒让著,王文锦、陈玉霞点校:《周礼正义》卷二十七,中华书局1987年版,第2631—2633、990—991页。

有寓望。"① 所谓"疆有寓望",据《太平御览》卷一九四引《风俗通》云:"谓金亭也,民所安定也。亭有楼,从高省,丁声也。汉家因秦,大率十里一亭。亭,留也。今语有亭留、亭待,盖行旅宿食之所馆也。"② 这些庐、宿、候馆等,虽俭奢有别,但都是官府设置的供宾客、行人止宿的屋舍。尽管传递公文者也可入住,但并不是专门的邮驿组织。

春秋战国以来,随着各地政治、经济联系的不断加强,人员往来更加密切,原来的庐、宿、寓望渐被邮舍、亭舍等取代,而候馆则演变成了传舍。传舍既有官方为国事而设者,也有私人为家事而置者③,其职能均在于接待宾客。显示战国时的客舍,不论官营、私营均可称传舍。但当时普遍推行重农抑商政策,经营客舍者与商贾、赘婿一样受到歧视打击④。甚至认为"废逆旅,则奸伪、躁心、私交、疑农之民不行,逆旅之民无所於食,则必农。农则草必垦矣"⑤。秦统一后,力行"上农除末"政策,以吏为师,禁办私学,更不得私养门客,故私营传舍亦不复存在。睡虎地秦墓竹简《法律答问》中,有"舍公官(馆)"者因房屋失火而使官物、车马等受损的规定⑥。所谓"公馆",就是传舍一类的官营客舍。及至汉代,传舍则专指大型官营客舍。但唐人对其性质已模糊不清,颜师古就有两种解释:"传舍者,人所止息,前人已去,后人复来,转相传也。一音张恋反,谓传置之舍也,其义两通。它皆类此。"⑦ 前者是就传舍接待往来宾客的功能而言,后者则专指设在邮驿机构的房舍。

但是,并不是所有的邮驿组织都有传舍,除了都城和郡县治所及最

---

① 徐元诰撰,王树民、沈长云点校:《国语集解》卷1《周语中》,中华书局2002年版,第66页。

② 李昉编纂,夏剑钦校点:《太平御览》卷194《居处部二十二》,河北教育出版社1994年版,第816页。

③ 如赵国的邯郸传舍和齐国孟尝君私设的传舍。《史记》卷76《平原君虞卿列传》、卷75《孟尝君列传》,中华书局1959年版,第236、2359—2360页。

④ 这在睡虎地秦墓竹简《为吏之道》转录的《魏户律》和《魏奔命律》中均有反映。参阅睡虎地秦墓竹简整理小组:《睡虎地秦墓竹简》,文物出版社1978年版,第292—295页。

⑤ 蒋礼鸿:《商君书锥指》,中华书局1986年版,第11—12页。

⑥ 睡虎地秦墓竹简整理小组:《睡虎地秦墓竹简》,第219页。

⑦ 《汉书》卷43《郦食其传》,第2107页。

高级别的邮驿机构——置以外，在邮、驿、亭等处并无传舍。传舍主要设在各郡县治所，《汉书》卷七十七《盖宽饶传》载，平恩侯许伯大宴宾客，"坐皆大笑。宽饶不说，卬视屋而叹曰：'美哉。然富贵无常，忽则易人，此如传舍，所阅多矣。'"颜师古注云："言如客舍行客，辄过之，故多所经历也。"① 此就某一传舍而言；若就某个（或一批）过往者来说，则是从甲舍而乙舍而丙舍……直到目的地。因此，所谓"转相传也"，并不是入传舍者前后相继或某一传舍的迎来送往，而是过往者在不同传舍间辗转流动。②《汉书》卷六十八《金日磾传》："（金）日磾得抱何罗，因传曰：'马何罗反！'"颜师古注云："传谓传声而唱之。"③ 所谓"传声"，即传达声音，意即用声音和言语传达或传递信息。故"凡展转引申之称皆曰传"④。凡与人员往来有关者，皆可与传连称为亭传、驿传、邮传、置传和传信、符传、传车、传马、传食、传舍等。但传舍不同于"邮亭传置之舍"，其服务对象不是一般的邮书递送者，而是持有传信的公务人员或朝廷特许的名士，当然也包括往来各地的使者、官员，但传舍本身并不承担邮书传递任务。

长期以来，学术界大多将传视为邮驿组织，认为传之所在就有传舍⑤；有的学者虽强调传舍完备的旅舍功能，但又认为传舍是信息传递机构⑥；还有的则将设在县城和交通线上供客止宿的房舍均视为传舍。认为传舍是"乘传系统的专设机构"，"汉代的传舍、邮亭、亭传均属同义"，故"邮舍、亭舍、置舍等，可通称传舍"⑦。其论据主要有三：一

---

① 《汉书》卷77《盖宽饶传》，第3245页。
② 杨鸿年：《汉魏制度丛考》，武汉大学出版社1985年版，第414—415页。
③ 《汉书》卷68《金日磾传》，第2961页。
④ 段玉裁：《说文解字注·人部》，成都古籍书店1981年版，第399页。
⑤ 高敏：《秦汉邮传制度考略》，《历史研究》1985年第3期；林剑鸣：《秦汉史》（下册），上海人民出版社1989年版，第468页；张积：《汉代旅舍探析（下）》，《北京联合大学学报》（人文社会科学版）2008年第2期。
⑥ 彭卫：《汉代旅舍蠡说》，王子今、白建钢、彭卫主编：《纪念林剑鸣教授史学论文集》，中国社会科学出版社2002年版，第292、297页。
⑦ 梁锡锋：《汉代乘传制度探讨》，《河南师范大学学报》（哲学社会科学版）2004年第2期；赵克尧：《汉代的"传"，乘传与传舍》，《江汉论坛》1984年第12期；朱慈恩：《汉代传舍考述》，《南都学坛》2008年第3期。

· 249 ·

是《史记》卷十九《外戚世家》司马贞"索隐":"传舍谓邮亭传置之舍";二是《汉书》卷四十三《郦食其传》颜师古注:传舍"谓传置之舍";三是《后汉书》卷六十七《范滂传》李贤注:"传,驿舍也。"①但这些都只是唐人的理解,难免有偏差。有研究表明,司马贞之说就"扩大了'传舍'的外延,并不确切"②。至于颜师古给出"其义两通"的解释,说明其对汉代传舍已不甚清楚了;而李贤注文明显是用唐制比附汉制。实际上,秦汉邮亭驿置之舍与传舍并不互称混用。如尹湾六号汉墓所出《元延二年日记》记东海郡功曹史师饶出行,既有"宿某某传舍",也有"宿山邮""宿博望置""宿某某亭"等记载。③ 师饶把宿于传舍和宿于邮、亭、置等处严格区别开来,足见传舍与设在邮、亭、置等处的宿舍是不同的。

传舍也简称为传。故《释名》云:"传,传也;人所止息而去,后人复来,转相传,无常人也。"④《汉书》卷八《宣帝纪》元康二年(前64)夏五月诏云:"吏务平法。或擅兴徭役,饰厨传,称过使客。"颜师古注引韦昭曰:"厨谓饮食,传谓传舍。"⑤ 同书卷七十四《魏相传》载:"御史大夫桑弘羊客诈称御史止传。"颜师古云:"传谓县之传舍。"⑥《后汉书》卷七十八《宦者孙程传》载,奉车都尉孙程卒,"侍御史持节监护丧事,乘舆幸北部尉传,瞻望车骑"。李贤认为北部尉传即"北部尉之传舍也"⑦。这些传舍,都与邮书和信息传递无直接关联。

总之,传舍的设立,为各类公务人员往来提供了食宿和交通便利,为保证政令畅通和帝国统治的正常运转发挥了重要作用。但传舍不同于各地的邮舍、亭舍,也不是邮驿组织和信息传递机构,传舍本身并不承

---

① 《汉书》卷49《外戚》,第1974页;《汉书》卷43《郦食其传》第2107页;《后汉书》卷67《范滂传》,第2207页。
② 侯旭东:《传舍使用与汉帝国的日常统治》,《中国史研究》2008年第1期。
③ 连云港市博物馆、中国社会科学院简帛研究中心、东海县博物馆、中国文物研究所编:《尹湾汉墓简牍》,中华书局1997年版,第138—144页。
④ 《太平御览》卷194《居处部二十二》,第815页。
⑤ 《汉书》卷8《宣帝纪》,第265页。
⑥ 《汉书》77《魏相传》,第3133页。
⑦ 《后汉书》卷78《宦者孙程传》,第2517页。

担公文递送任务。

二

对于传舍的布局,向来有很大分歧。孙毓棠先生等认为传舍设在各县县城[1];杨鸿年先生主张一县设一传舍,均位于城外不远处[2];彭卫先生指出,除了交通便利的县城所在地,在偏远地区也有传舍[3];侯旭东先生综合各家之说,认为传舍设在县或县以上的治所,或在城内,或在城外[4]。

文献记载和简牍材料似乎为第一种观点提供了充分有力的论据:一是传舍的确大多设在县以上官府所在的城内。如蔺相如出使秦国,秦王许以斋戒五日,"舍相如广成传"[5]。秦王欲得和氏璧,对蔺相如礼遇有加,故此广成传舍或即设于秦国都城的"国宾馆"。《汉书》卷三十五《吴王刘濞传》载,下邳人周丘因"沽酒无行"而不为吴王所用。为显示其才能,乃自求汉节,"夜驰入下邳。下邳时闻吴反,皆城守。至传舍,召令入户,使从者以罪斩令"[6]。周丘所持"汉节"并非朝廷而是吴王所授,故其趁夜始得进入下邳县城。他以"汉节"入住传舍,并召县令前来,说明此传舍应在下邳城内。《后汉书》卷十八《吴汉传》记吴汉在邺城击杀更始尚书令谢躬并收降其众事,李贤注引《续汉书》曰:"时岑彭已在(邺)城中,将躬诣传舍,驰白汉。汉至……遂杀之。"[7]

---

[1] 孙毓棠:《孙毓棠学术论文集》,中华书局1995年版,第361页;刘广生、赵梅庄编著:《中国古代邮驿史》(修订版),人民邮电出版社1999年版,第162—165页;大庭脩:《秦汉法制史研究》,林剑鸣等译,上海人民出版社1991年版,第406页。王子今认为,传舍是交通干道上县级以上行政单位设置的交通通信机构。参见王子今《秦汉交通史稿》,中共中央党校出版社1994年版,第459页。

[2] 杨鸿年:《汉魏制度丛考》,武汉大学出版社1985年版,第417页。

[3] 彭卫:《汉代旅舍蠡说》,王子今等主编:《纪念林剑鸣教授史学论文集》,中国社会科学出版社2002年版。

[4] 侯旭东:《传舍使用与汉帝国的日常统治》,《中国史研究》2008年第1期。

[5] 《史记》卷81《廉颇蔺相如列传》,第2441页。

[6] 《汉书》卷35《吴王刘濞传》,第1914页。

[7] 《后汉书》卷18《吴汉传》,第678页。

谢躬所至之传舍显然也在邺县城内。更始二年（24）春，任光等独守信都孤城，"闻世祖至，大喜……即时开门，与李忠、万修率官属迎谒。世祖入传舍"①。任光等打开城门迎接刘秀入传舍，则此传舍就在信都城内。二是见于记载的传舍大都以县命名，如高阳传舍、平阳传舍、陈留传舍、元氏传舍、晋阳传舍、轮氏传舍、武阳传舍、居延传舍、显美传舍等；② 尹湾汉简记东海郡功曹史师饶元延二年（前11）出行所住彭城、兰陵、建阳、襄贲、武原、葍丘、梧、临沂、东武、吕、莒、诸和良（成）等传舍，也都是以县或侯国命名的；传世文献中也极少一县设有两个或两个以上传舍的例证③。而且，凡是上文已出现县名或可断定为某县者，则只称传舍而不著其名④；谢承《后汉书》则称"本县传舍"⑤。张家山汉简《二年律令·传食律》称传舍为"县舍"；悬泉汉简所见张掖郡氏池县长为本县传舍吏签发的传文书中，更省去了传舍名称而径称其为"传舍佐"⑥。凡此诸例，似乎均可为每个县城内置一传舍之佐证。

---

① 《后汉书》卷21《任光传》，第751页。
② 《汉书》卷43《郦食其传》、卷68《霍光传》、卷90《酷吏田广明传》，第2106、2931、3664页、《后汉书》卷4《章帝纪》、卷29《鲍永传》、卷62《陈寔传》，第155、1018、2065页；李衍垣：《汉代武阳传舍铁炉》，《文物》1979年第4期；谢桂华、李均明、朱国炤：《居延汉简释文合校》，文物出版社1987年版，第137、15页。
③ 《后汉书》卷78《宦者孙程传》载，东汉洛阳县除"北部尉传"外，还另有传舍。但洛阳为京师所在地，其他郡国属县并未有两个或两个以上传舍的记载。
④ 如《汉书》卷34《韩信传》载："四年，汉王出成皋，度河，独与滕公从张耳军修武。至，宿传舍。"此传舍即修武县之传舍。《汉书》卷35《吴王刘濞传》载周丘"持节"所至之传舍即下邳县之传舍。《三国志》卷26《满宠传》载，满宠守高平令，"县人张苞为郡督邮，贪秽受取，干乱吏政。宠因其来在传舍，率吏卒出收之"。此为高平县之传舍。《后汉书》卷1上《光武帝纪》载刘秀诈称邯郸使者所入之传舍即饶阳县传舍，等等。见《汉书》卷34《韩信传》、卷35《吴王刘濞传》，第1872、1914页；《三国志》卷26《满宠传》，第721页；《后汉书》卷1上《光武帝纪》，第12页。
⑤ 欧阳询：《艺文类聚》卷50《职官部六》引谢承《后汉书》记青州刺史李寿，"发玺书于本县传舍"。欧阳询：《艺文类聚》卷50《职官部六》，文渊阁《四库全书》，台北商务印书馆1986年版，子部，第888册，第205页。
⑥ 张家山二四七号汉墓竹简整理小组：《张家山汉墓竹简［二四七号墓］》（释文修订本），文物出版社2006年版，第40页；胡平生、张德芳编撰：《敦煌悬泉汉简释粹》，上海古籍出版社2001年版，第42页。以下凡出该书简文，均在简文序号前加X表示，不另注页码。

· 252 ·

论秦汉的传舍

然而，传舍不仅限于城内。杨鸿年先生持传舍城外说，但所举下邳、真定传舍都在城内。前者言周丘"夜驰入下邳"；后者记刘扬"闭城门不内"陈副等人，及耿纯"持节"前往，才与陈副等止宿真定传舍。彭卫先生关于偏远地区设传舍，主要是基于敦煌悬泉置遗址发掘简报立论的，但文中所举简文，似不能说明悬泉置一定设有传舍。不过，在远离敦煌县城的悬泉置，的确设有传舍。如下简：

☐年正月乙未朔甲辰，县泉传舍啬夫☐　Ⅱ90DXT0214③：266①

本简上下均残，明确记载有"县泉传舍啬夫"，背面有"元康五年"和"元康三年"字样。该简出土于悬泉置第214探方第三层位，属西汉时期堆积②。查陈垣《二十史朔闰表》，宣帝元康三年（前63）正月乙未朔，恰与简背所记时间吻合，故本简应属元康三年所记③。是则悬泉置自设置初期就有传舍。不仅悬泉置，其它各置也都如此，如下简：

五凤五年二月丁酉朔庚申，敦煌太守少、长史奉熹、库丞捐之兼行丞事谓过所置，龙勒左尉张义为郡逐材酒泉郡中，乘用马二匹，当舍传舍，从者如律令。卩七月乙卯一食，东

Ⅵ92DXT1222②：2④

本简出土于悬泉置遗址，其上有受付标记符号"卩"，据此可断定

---

① 郝树声、张德芳：《悬泉汉简研究》，甘肃文化出版社2009年版，第44页。下简出处同此，不另注。
② 甘肃省文物考古研究所：《甘肃敦煌汉代悬泉置遗址发掘简报》，《文物》2000年第5期。
③ 张德芳先生将本简系于元康五年。但正如张先生所云，本简"书写较零乱，可能有习字内容"。尤其是简背三行文字，文意不能连贯。对照简牍正面内容和简背文字的书写位置来看，除了中间一行上部的"元康三年"字样外，其下部的"青故长"三字及左右两行文字，可能都是后来随意涂划而成。相比之下，正面内容不仅有准确的月朔，而且行文规范，文意明了，似非事后追记，更不是信手写就，应是元康三年正月甲辰（初十）日以悬泉传舍啬夫名义而写的上呈文书。
④ 郝树声、张德芳：《悬泉汉简研究》，第46页。

· 253 ·

为悬泉置抄写的五凤五年（五凤共四年，五凤五年即甘露元年，前53年）二月二十四日，敦煌太守府给因公务前往酒泉郡的龙勒县左尉张义发放的传信文书副本及其供食记录。该传信文书要求沿途各置按有关律令规定，为张义一行提供"舍传舍"等服务，足见这些置都有传舍。既为"如律令"，显然不是敦煌一郡或河西区域性条例，而是各地普遍遵从的全国性法规。换言之，在远离县城的置也设有传舍。

受自然环境、人口多少、各地交通状况和经济发展水平等因素的影响，各郡县和置的分布不可能是等齐划一的，因此传舍间的距离也不尽一致①。汉简资料显示，不论是京畿地区还是河西边郡，置间里程都各不相同。相邻两县、置间距离最长者为玉门至沙头99里，最短者为茂陵至觻置35里，绝大多数间距都在60里以上②。而且置间里程已精确到个位数，尤其是简中出现了诸如54里、58里、62里、61里、67里、87里和99里这样的具体数字，而非"四舍五入"取五或十的倍数，显然不是按"统一标准"而设的。县置如此，传舍的间距自然也不可能是统一的。

三

传舍可为过往者免费提供食宿和交通便利，故对入住传舍者也有一

---

① 此点彭卫、侯旭东都有论及。参阅彭卫：《汉代旅舍蠡说》，《纪念林剑鸣教授史学论文集》，第293—294页；侯旭东：《传舍使用与汉帝国的日常统治》，《中国史研究》2008年第1期。
② E. P. T59∶582和X六〇等简。简文如下：
长安至茂陵七十里，茂陵至觻置卅五里，觻置至好止七十五里，好止至义置七十五里
月氏至乌氏五十里，乌氏至泾阳五十里，泾阳至平林置六十里，平林置至高平八十里
媪围至居延置九十里，居延置至觻里九十里，觻里至揟次九十里，揟次至小张掖六十里
删丹至日勒八十七里，日勒至钧著置五十里，钧著置至屋兰五十里，屋兰至氐池五十里
　　　　　　　　　　　　　　　　　　　　　　　　　　　　　　　　E. P. T59∶582
仓松去鸾鸟六十五里，鸾鸟去小张掖六十里，小张掖去姑臧六十七里，姑臧去显美七十五里。
氐池去觻得五十四里，觻得去昭武六十二里府下，昭武去祁连置六十一里，祁连置去表是七十里
玉门去沙头九十九里，沙头去乾齐八十五里，乾齐去渊泉五十八里·右酒泉郡县置十一·六百九十四里
　　　　　　　　　　　　　　　　　　　　　　　　　　　Ⅱ90DXT0214①∶130
甘肃省文物考古研究所等：《居延新简》，文物出版社1990年版，第395—396页。

定的限制。《墨子·号令篇》就有"有符传者善舍官府"之说；张家山汉简《二年律令·置吏律》则对官吏乘传有明文规定：

> 郡守二千石官、县道官言边变事急者，及吏迁徙、新为官，属、尉、佐以上毋乘马者，皆得为驾传。①

张家山汉简《二年律令·传食律》又云：

> 丞相、御史及诸二千石官使人，若遣吏、新为官及属、尉、佐以上征若迁徙者，及军吏、县道有尤急言变事，皆得为传食……县各署食尽日，前县以谁（推）续食。
>
> 诸吏乘车以上及宦皇帝者，归休若罢官而有传者，县舍食人马如令。②

律令规定：丞相、御史及中央和地方二千石官派出的使者、属吏、新上任者，征召或调任的属、尉、佐以上吏，军吏及县道上言紧急事务者，以及因罢官或休沐归家而有传信的官员，均由沿途各县传舍按规定供给饮食。对于超过规定员额或因私出行者，均不得供给饮食。否则，按贪污、盗窃罪论处③。

入住传舍和享受传食均以传信为凭，其上多有"以次为驾，当舍传舍，从者如律令"之类的习用语。传舍根据过往者所持符传（即传信）的级别，为其提供不同的服务。入传舍者可分为以下几类④：

---

① 张家山二四七号汉墓竹简整理小组：《张家山汉墓竹简［二四七号墓］》（释文修订本）》，第37页。
② 张家山二四七号汉墓竹简整理小组：《张家山汉墓竹简［二四七号墓］》（释文修订本）》，第40页。
③ 张家山二四七号汉墓竹简整理小组《张家山汉墓竹简［二四七号墓］》（释文修订本）》，第39—40页。
④ 王树金：《秦汉邮传制度考》（西北大学2005年硕士学位论文，第21—22页）曾论及"乘传人身份"，并将其分为14种类型。但是，"乘传"是指乘传车，与"舍传舍"者不同。"乘传车"者未必"舍传舍"，而"舍传舍"者也不一定"乘传车"。本文主要论述"舍传舍"者。

（一）中央大员和朝廷使者

汉代中央大员和朝廷使者出行各地，均在传舍止宿。《汉书》卷九十《酷吏田广明传》载，故城父令公孙勇客胡倩诈称光禄大夫，止陈留传舍；《后汉书》卷二十九《鲍永列传》有"矫称侍中止传舍者"①。此外，又有刘秀诈称邯郸使者、桑弘羊客诈称御史大夫及周丘诈称朝廷使者入传舍等②。他们诈称使者、官员，都是为了入住传舍，享受相应的食宿和车马便利。

《汉书》卷九十七上《外戚窦皇后传》载，窦皇后弟广国，少时家贫，姐弟分别时"决传舍中"③。但这并不意味着平民亦可入住传舍，而是窦后作为被选中的民女，以使者随员身份入住传舍。

敦煌悬泉汉简中有御史大夫分别为到弘农、张掖等郡执行公务的丞相史李尊、廷尉史刑（邢）寿出具的传信。传信要求渭城、高陵等沿途各县按规定为其提供驾乘和传舍服务，即所谓"以次为驾，当舍传舍，如律令"（Ⅹ三一、Ⅹ四〇）。既称"如律令"，说明平时朝廷使者和中央大员出行，都在沿途传舍止宿。《汉书》卷八十四《翟义传》"丞相史在传舍"的记载，可与简牍传信互证。

（二）宗室诸侯王

《风俗通义》有"诸侯及使者有传信，乃得舍于传"之说④。史籍中也有诸侯王入宿传舍的例证。如汉昭帝死后，昌邑王在赴长安途中，行为放纵，饮食不节，甚至"使从官略女子载衣车，内所居传舍"⑤。可见诸侯王出行，是在传舍住宿的。汉王刘邦入宿修武县传舍之例⑥，也可

---

① 《后汉书》卷29《鲍永列传》，第1017页。
② 《后汉书》卷1上《光武帝纪上》，第12页；《汉书》卷74《魏相传》，第3133页；《汉书》卷35《吴王濞传》，第1914页。
③ 《汉书》卷97上《外戚窦皇后传》，第3944页。
④ 应劭撰，王利器校注：《风俗通义校注》，中华书局1981年版，第578页。
⑤ 《汉书》卷68《霍光传》，第2940页。
⑥ 《史记》卷92《淮阴侯列传》，第2619页；《汉书》卷34《韩信传》，第1872页。

为佐证。

(三) 郡守、刺史和县长吏

史载，左冯翊韩延寿"行县至高陵，民有昆弟相与讼田自言，延寿大伤之……因入卧传舍，闭阁思过"；翟义以南阳都尉行太守事，行县至宛，径入传舍①。足见郡守行县期间，止宿、"听事"均在传舍。

《汉书》卷八十六《何武传》载，扬州刺史何武"行部必先即学官见诸生，试其诵论，问以得失，然后入传舍……已，乃见二千石，以为常"②。何武先到学官巡视，然后入传舍，说明刺史行部，一般是先入传舍，然后再至学官看望诸生，或会见当地二千石官。不仅如此，刺史行部期间处理公务，也在传舍进行。如荆州刺史谢夷吾"行部始到南阳县，遇孝章皇帝巡狩，驾幸鲁阳，有诏敕荆州刺史入传录见囚徒，诫长吏'勿废旧仪，朕将览焉'。上临西厢南面，夷吾处东厢，分帷隔中央"③。既称"旧仪"，足见平时刺史行部决事就是在传舍进行的。

官员赴任途中入住传舍。如颍川太守高伦被征为尚书，"郡中士大夫送至轮氏传舍"④。建平四年（前3）五月初八，御史大夫府要求长安等沿途各县，按规定为赴任的敦煌玉门都尉忠提供驾乘和传舍服务等（X三三），均为其例。

县长吏到其他郡县执行公务，也在当地传舍止宿。敦煌悬泉简中就有建始四年（前29）闰十月初五，金城太守府为前往河西各郡办理公务的榆中守长、允街县尉和守丞贺等人出具的传信残简。该传信称，榆中守长等人及其随从可按有关律令规定，在沿途各县"舍传舍"（X四二）。

(四) 外交使节

入住秦国广成传舍的蔺相如，就是赵国外交使节。汉简显示，不论

---

① 《汉书》卷76《韩延寿传》、卷84《翟义传》，第3213、3425页。
② 《汉书》卷86《何武传》，第3483页。
③ 《后汉书》卷82上《方术列传·谢夷吾》，第2714页。
④ 《后汉书》卷62《陈寔传》，第2065页。

是汉朝派出还是其他国家派来的使者，均在传舍食宿。如汉宣帝时，出使乌孙的长罗侯常惠遣使向皇帝上书，敦煌太守府乃令本郡各县按规定为其提供驾乘和传舍止宿的便利（Ⅹ二〇一）。在御史大夫府为护送车师王和乌孙公主及西域诸国使者的丞相属王彭、云中太守安国等人发放的传信文书中，也要求沿途各县"以次为驾，当舍传舍，如律令"（Ⅹ一九五、Ⅹ二一五）。王彭和安国一行均按律令"当舍传舍"，则受其护送的西域诸国国王、公主和使者也宿于传舍。

（五）各州郡国县道属吏

1. 州属吏

《后汉书》卷六十四《史弼传》载：因未向朝廷上奏本辖区内"党人"，青州从事遂在传舍责问平原国相；《后汉书》卷八十二上《任文公传》又载：汉哀帝时，传闻越嶲太守谋反，益州刺史乃派任文公等五从事"检行郡界……共止传舍"以刺探虚实。①

2. 郡属吏

督邮为郡属吏，常分部循行。因无固定治所，故所到之处皆就近宿于传舍②。《三国志》卷三十二《先主传》注引《典略》载，刘备为安喜尉，"闻督邮在传舍，备欲求见督邮，督邮称疾不肯见备，备恨之，因还治，将吏卒更诣传舍，突入门……遂就床缚之"③。同书卷二十六《满宠传》记山阳郡督邮张苞"贪秽受取，干乱吏政""因其来在传舍"④，守高平令满宠遂率吏卒收捕之。

据尹湾汉墓所出《元延二年日记》载，东海郡功曹史师饶在出差期间，有37天入宿传舍。⑤悬泉简中又有为郡司马丞和郡守属等开具的传信，其上均有"当舍传舍，从者如律令"之类的习用语（Ⅹ三六、Ⅹ一

---

① 《后汉书》卷64《史弼传》，第2110页；《后汉书》卷82上《任文公传》，第2707页。
② 高荣：《论汉代的督邮》，《中山大学学报》1999年第3期。
③ 《三国志》卷32《先主传》，第872页。
④ 《三国志》卷26《满宠传》，第721页。
⑤ 连云港市博物馆、中国社会科学院简帛研究中心、东海县博物馆、中国文物研究所编：《尹湾汉墓简牍》，第138—144页。

四三、Ⅹ二一六、Ⅹ二三四）。可见，郡国属吏公务出行，均在传舍住宿。

3. 县属吏

县属吏因公出行，也在沿途各县传舍住宿。建始四年（前29）秋，因黄河在东郡决口，大量百姓流离失所。敦煌郡乃于次年八月派广至县司空啬夫尹猛一行前往东海、泰山等郡招徕流民。在为其发放的传信中，同样有"当舍传舍，从者如律令"的习语（Ⅹ三九）。其他如奉命到敦煌郡追捕杀人罪犯的泺涫县□佐和押送徒民的氏池县传舍佐等人，也都如此（Ⅹ三七、Ⅹ三八）。

（六）朝廷征召之人

汉昭帝时，以德行征召入京的韩福返归乡里，朝廷诏令"行道舍传舍，县次具酒肉，食从者及马"[1]。龚胜拒绝王莽邀请，王莽使者乃劝其两子及门人进言："朝廷虚心待君以茅土之封，虽疾病，宜动移至传舍，示有行意。"[2] 为表示"有行意"而要"动移至传舍"，可知为朝廷尊崇礼遇者出行，也在传舍止宿。

此外，某些达官贵人也可入住传舍。《后汉书》卷三十七《桓荣传附桓晔传》载，桓晔父鸾卒，其姑母"归宁赴哀，将至，至于传舍"[3]。桓晔姑母为司空杨赐夫人，故其为兄奔丧可与官员"归宁"一样，入住传舍。

"当舍传舍，如律令"作为传信文书中的习用语出现，说明入住传舍已有律令规定。新莽时，"吏民出入，持布钱以副符传，不持者，厨传勿舍，关津苛留"。颜师古注云："旧法，行者持符传，即不稽留。今更令持布钱，与符相副，乃得过也。"[4] 若非朝廷特诏或有相关传信（或称符传），普通百姓不得入住传舍。即所谓"非官事不得舍传舍，非诏书

---

[1] 《汉书》卷72《龚胜传》，第3083页。
[2] 《汉书》卷72《龚胜传》，第3083—3085页。
[3] 《后汉书》卷37《桓荣传附桓晔传》，第1259页。
[4] 《汉书》卷99中《王莽传中》，第4122页。

特许，亦不得舍传舍，是传舍固尊严矣"①。这与可接待平民入住的亭明显不同②。

四

秦汉传舍规模庞大，设备齐全，远非接待普通信使和平民百姓的邮舍、亭舍所能比。刘秀诈称使者入饶阳传舍，"传中人遥语门者闭之"③。奉命收捕刘扬的耿纯与其随从百余骑共止传舍，"乃闭阁悉诛之"④。"传中人遥语门者"和一行百余人共"止传舍"的事例说明，传舍规模很大，具有相当的接待能力，而且有围墙和门院等设施。

因入宿者身份地位不同，传舍提供的房舍规格与服务也有很大差别，如：

> 右使者到，县置其舍，递传大县，更传舍如式：龟兹王、王夫人舍次使者传＝堂上置八尺床卧一张，皂若青帷，堂内□上四卧□□□，皆张帷，传舍门内张帷，有为贵人坐者，以二人道

I90DXT0114①：112⑤

简中个别文字漫漶不清，文意不甚连贯，其大意是：若有使者到，先在传舍止宿。抵达大县后，要按如下标准在传舍安置：龟兹王、王夫人在使者级别的房舍安置，房间内配备大床及卧具，悬挂皂色或青色帷幕，传舍门内也要有帷幕。长沙走马楼汉简又有传舍其他附属设施的记载：

---

① 陈槃：《汉晋遗简识小七种》，《"中央研究院"历史语言研究所专刊之六十三》，1975年，第42页。
② 吕思勉：《汉世亭传之制》，《吕思勉读史札记》（增订本），上海古籍出版社2005年版，第606—612页。吕先生以亭传代指传舍虽不可取，但他关于汉代传舍徒供士大夫而不供平民入宿之说，则是非常精到的见解。
③ 《后汉书》卷1上《光武帝纪上》，第11—12页。
④ 《后汉书》卷21《耿纯列传》，第763—764页。
⑤ 甘肃省文物考古研究所：《敦煌悬泉汉简内容概述》，《文物》2000年第5期。

案传舍二千石舍西南向，马庑二所，并袤丈五尺、广八尺。杜（牡）朼（牝）瓦各十九枚，竹马仰四。井鹿车一具不见，磨坏败。①

简中特别指出"二千石舍西南向"，说明该房舍是专门用来接待二千石官员的。该西南向的房舍是一个相对独立的建筑，并配有两处马棚和其它设施。这些设施或存或废，其中用于加工粮食的磨已经坏败，取水辘辘则已丢失。如不能及时维修设施，传舍吏将受到弹劾，这在另一枚走马楼汉简中也有反映：

牒书：传舍屋檽垣坏败，门内户扇见，竹不见者十三。牒吏主者不智，数遣行，稍缮治，使坏败物不见，无辩护不胜任。②

如果说，文献记载和简牍反映的只是零散而不甚完整的信息；那么，敦煌悬泉置遗址的发掘，则为我们提供了传舍布局结构的形象图景。该遗址占地面积22500平方米，由坞院、马厩、房屋及附属建筑构成。坞院门向东开，院内沿坞墙四周有27间不同规格的房屋，且多有套间。坞院南墙外侧，还有大型马棚③。该遗址出土了大量生活用品，应是悬泉置传舍备用或过往宾客消费所致；不同规格的房屋，当是为不同身份的公务往来者准备的。遗址所出简牍文书中，有诸如"传车亶舆簿""过长罗侯费用簿""元康四年鸡出入簿"之类为过往使者、官员提供车马和食宿服务的记载。悬泉置传舍如此，其他各地传舍亦然。换言之，传舍作为最高级别的集住宿、饮食和交通服务于一体的官营旅舍，不仅有供宾客居住的房舍，还有围墙、院门、灶厨和马厩等附属设施。

过往者持传信在沿途传舍就餐。其饮食标准因官秩、爵位高低而有

---

① 长沙简牍博物馆、长沙市文物考古研究所联合发掘组：《2003年长沙走马楼西汉简牍重大考古发现》，中国文物研究所编：《出土文献研究》（第7辑），上海古籍出版社2005年版，第63页。
② 长沙简牍博物馆、长沙市文物考古研究所联合发掘组：《2003年长沙走马楼西汉简牍重大考古发现》，中国文物研究所编：《出土文献研究》（第7辑），第63页。
③ 甘肃省文物考古研究所：《甘肃敦煌汉代悬泉置遗址发掘简报》，《文物》2000年第5期。

别,这在秦汉《传食律》中都有明确规定。① 传舍要严格按照传信和律令规定,不得随意提高饮食标准或扩大服务范围;发放传信的各级官府和吏员要照章办事,如果违反规定发放传信将被治罪,即张家山汉简《传食律》所谓:"非当发传所也,毋敢发传食焉。为传过员,及私使人而敢为食传者,皆坐食臧(赃)为盗(二三〇)。"②

五

综上所述,可将本文的结论概括如下:

(一)秦汉的传舍是由先秦时期的庐、宿、候馆等发展而来的,它是为公务往来者提供食宿和交通便利的官方组织。传舍本身不承担公文或信息传递任务,不属于邮驿系统,不是一级邮驿组织或信息传递机构。

(二)传舍不仅设在郡县治所,在远离县城的置也设有传舍,故一县之内未必只有一处传舍。受自然环境、人口多少、交通状况和经济发展不平衡等因素的影响,传舍的规模不尽一致,相互间的距离也不是等齐划一的。

(三)传舍主要接待因公务往来的各级官吏、使者及其随员,某些达官贵人或朝廷征召者也可入住;但平民百姓,则不得入住传舍。

(四)入住传舍须持有传信(或符传)。因过往者身份不同,其所持传信的的级别及其所享受的服务标准(如传舍的房屋结构、大小、位置和内部设施等)也有差别。

——原载中共金塔县委、金塔县人民政府、酒泉市文物管理局、甘肃简牍博物馆、甘肃敦煌学学会编《居延遗址与丝绸之路历史文化研究》,甘肃教育出版社2014年版

---

① 参阅睡虎地秦墓竹简整理小组:《睡虎地秦墓竹简》,第101—103页;张家山二四七号汉墓竹简整理小组《张家山汉墓竹简[二四七号墓](释文修订本)》,第39—40页。

② 张家山二四七号汉墓竹简整理小组:《张家山汉墓竹简[二四七号墓](释文修订本)》,第40页。

汉代甲渠候官邮程考

汉代甲渠候官所辖邮站与邮程问题，一直受到学界关注。从20世纪60年代以来，许多学者都对此问题进行了研究，并列出了各自的邮站和邮程表，这对于研究汉代西北边塞的邮驿制度、军事防御体系和区域历史地理等，无疑都是很有裨益的。但是，由于作者当时所能看到的简牍资料有限，对简文的释读和理解也有一些偏差，因而这些邮站和邮程表本身难免有不足和错误。现结合新旧居延汉简，对此问题略陈管见。

最早研究汉代居延（包括甲渠候官）邮站和邮程的是陈梦家先生。他在《考古学报》1963年第1期发表的《汉简考述》[①]之"第二篇　邮程表与候官所在"中，通过对居延汉简（旧简）邮书课和函检资料的排比研究，分别作了"邮书表""函检表""南书、北书表"和"邮站表"，得出了"邮为传递文书的专门机构，它与亭、传、置、驿并为大道上有关交通的设置，且往往重叠于一处互相通用。……所谓邮站多数为燧，少数为亭、驿、关"的结论，[②]并列出了如下的邮站表（局部）：

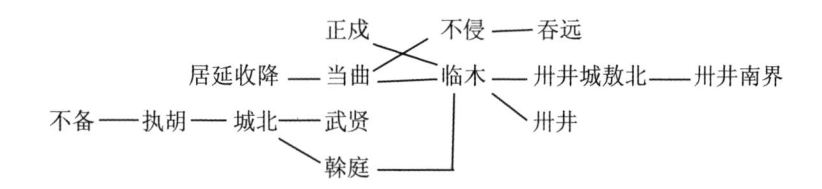

```
              正成     不侵——吞远
                ╲╱
居延收降——当曲——临木    卅井城敖北——卅井南界
                ╱
不备——执胡——城北——武贤    卅井
                ╲
                 骍庭
```

[①] 收入陈梦家《汉简缀述》，中华书局1980年版，第1—36页。
[②] 陈梦家：《汉简缀述》，中华书局1980年版，第28页。

由于简文释读和理解的偏颇，陈先生的邮站表存在一些明显的失误。一是文字释读的问题。如将49.22简中的"不侵"释为"不备"而衍生了出不备——执胡——城北——武贤——临木的邮路；将214.86A简中表示月日干支的"囗戌"释为"正戌"，又将"正戌"视为地名，从而衍生出了正戌——临木的线路；将132.27简中的人名"斡（韩）庭"视为隧名，从而衍生出城北——斡庭——临木的线路。二是将居延都尉府与甲渠候官驻所都推定在破城子，导致邮书传递线路的混乱，而且居延都尉府与相关部隧的空间距离，也与简文记载矛盾。对于这些问题，中外学者如永田英正、李均明及宋会群、李振宏等已在他们的论著中予以指正，并列出了各自的邮站或邮程表：①

1. 永田英正所列邮站与邮程表（局部）：

居延收降——当曲——不侵⟨执胡——诚北⟩武贤——临木——卅井城敖北
　　　　　　　　　　　　⟨吞远⟩

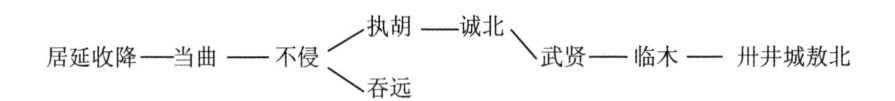

2. 李均明所列邮站与邮程表（局部）：

居延收降——当曲——不侵——吞远……诚北——武贤……临木——城敖北
　　　　　　　　　　　　执胡

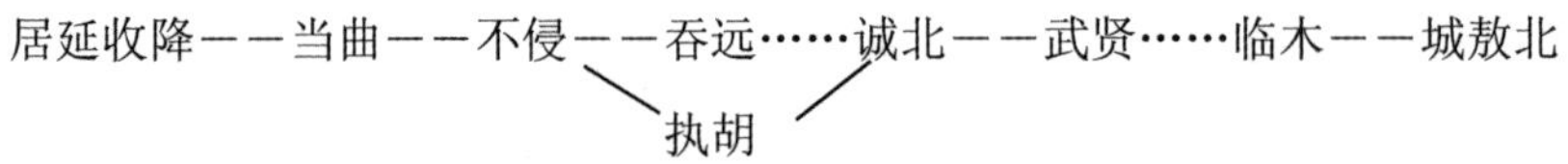

3. 宋会群、李振宏所列邮站与邮程表（局部）：

　　　　　　　　　　　万年——武彊…？…甲渠候官
居延收降——当曲——不侵——吞远——城北——武贤——临木——卅井
　　　　　　　　　　执胡　　　　　　　　　　　木中——卅井城敖北

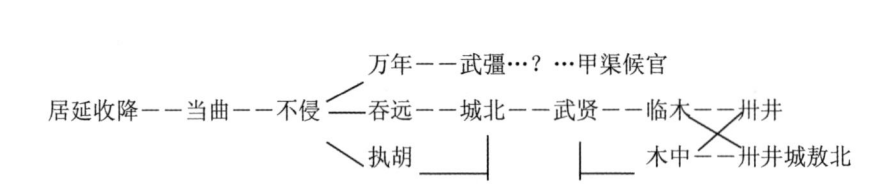

① 参阅［日］永田英正《居延汉简集成之一——破城子出土的定期文书（一）》，中国社会科学院战国秦汉史研究室编《简牍研究译丛》第一辑，中国社会科学出版社1983年版，第39—74页；李均明《汉简所见"行书"文书述略》，甘肃省文物考古研究所编《秦汉简牍论文集》，甘肃人民出版社1989年版，113—135页；宋会群、李振宏《汉代居延邮驿方位考》，《河南大学学报》（社会科学版）1993年第1期，此据李振宏《居延汉简与汉代社会》，中华书局2003年版，第166—180页。

以上三表所列主干邮路基本上是一致的。但由于1、2两表所据材料仅限于居延旧简（当时居延新简尚未公布出版），故在永田英正所列邮站与邮程表中，吞远与诚（城）北间缺乏联系。而李均明所列邮站与邮程表中，吞远与诚北、武贤与临木间均未能直接系连，但他又认为不侵——执胡——诚北当与不侵——吞远……诚北一线重合，这些邮站应在同一条邮路上，只是汉简尚缺乏有关执胡与吞远间位置关系的资料。证诸居延新简，此论可取（详后）。宋会群、李振宏利用居延新、旧简材料所列邮站与邮程表，弥补了上述二表之不足，但就整个邮程表而言，仍有一些缺失。

其一，自居延收降到甲渠临木，除表3所列之"收降——当曲——不侵——吞远——诚北——武贤——临木"和"收降——当曲——不侵——执胡——诚北——武贤——临木"两条邮路外，还有"收降——当曲——临木——卅井/卅井城敖北"的邮路，如下各简：

简1. 书一封，居延都尉章，诣大守府。三月癸卯鸡鸣时，当曲卒便受收降卒文；甲辰下餔时，临木卒得付卅井城敖北卒参。界中九十八里，定行十时，中程。　　　　　　　　　　E.P.T.W1：1[①]

简2. ☑正月戊午夜半，临木卒赏受诚敖卒胜；己未日入，当曲卒□付收降卒海。界中九十八里，定行十二时，过程二时二分。
　　　　　　　　　　　　　　　　　　　　　　E.P.C：26

简3. ☑诣橐它候官正月戊申食时，当曲卒王受收降卒敞；日入，临木卒仆付卅井卒得。界中八十里，定行五时，不及程三时。
　　　　　　　　　　　　　　　　　　　　　　E.P.T51：357

简4. 北书三封，合檄、板檄各一。其三封板檄，张掖大守府章，诣府；合檄，牛骏印，诣张掖大守府牛掾在所。九月庚午下餔七分，临木卒副受卅井卒弘；鸡鸣时，当曲卒昌付收降卒福。界中

[①] 甘肃省文物考古研究所等编：《居延新简》，文物出版社1990年版，本文凡此种简号均出此书，不另注。

九十五里，定行八时三分，□行一时二分。　　　　　H157.14①

关于这条邮路，还见于 E. P. T51：351、E. P. T51：609、E. P. T59：156 和 H56.37、H203.2、H317.27、H270.2 及 H224.23＋188.3、188.21 等简。可知其亦为主干邮路之一。由于居延邮程简一般只记某一（候官）路段间最初承接前一候官邮站和最后交付下一候官邮站间的邮书（件）受付时间和交接者，故上引各简所记邮程与所经路径未必完全一致或重合。如1、2两简邮程区间相同，前者是收降——当曲——临木——卅井城敖北，后者为（卅井）城敖——临木——当曲——收降，一为南下，一为北上，二者受付邮站正好相反，而邮程均为98里，可见其路径完全一致；3、4两简所记邮书运行区间相同，但运行方向相反，邮程不同，一为80里，一为95里。其中简3所记收降——当曲——临木——卅井的邮程为80里，与其他三简所记邮程差距较大。虽然简3的收文者为橐它候官，其他则是张掖大守府或居延都尉府，但承担区间邮书递送的邮站（隧）名并无不同。对此，还无法给出合理的解释，暂且存疑。

其二，属于临木部的木中燧还分别与卅井城敖北燧和甲渠诚北燧相通，构成卅井城敖北——木中——诚北——吞远的邮路，如下简：

简5. 谨案：乡啬夫丁宫入关檄不过界中，男子郭长入关檄十一月十八日乙未食坐五分，木中燧长张勋受卅井城敖北燧长岑，餔时勋付城北燧助吏王明，下餔八分明付吞远燧助吏□□，皆中程，留迟不在界中。敢言之　　　　　　　　　E. P. F22：324＋464

简6. 谨推辟验问：临木候长上官武、燧长张勋等辞：今月十八日乙未食坐五分，木中燧长张勋受卅井诚敖北燧长房岑，餔时勋付诚北助燧长王明，下餔八分明付吞远助燧长董习。习留不以时

---

① 谢桂华、李均明、朱国炤：《居延汉简释文合校》，文物出版社1987年版。凡此种简文均在原简号前加 H 表示，不另注。

行…… E. P. F22：140－144

此二简出于同一探方，书写笔迹及所记内容基本相同，相关人员和时间一致，当为同一册书。大意是都乡啬夫丁宫、男子郭长入关檄书没有及时送达。经调查核实，从卅井城敖北经木中燧，再由城北隧交付吞远燧，均在规定时限送达，在此区间内没有延误，但吞远燧长董习在接到檄书后没有及时递送，存在稽留问题。将简中所记的檄书受付节点连接起来，就构成了甲渠河南道之临木、城北、吞远等部与卅井候官之间的邮路。另据 E. P. T68：81－92 诸简的记载，自诚（城）北燧可望见木中燧燃放的烽烟，可知二燧相邻且距离不远，亦可佐证上述卅井城敖北——木中——诚北——吞远邮路的存在。

此外，诚（城）北与临木间也可直接系连，形成吞远——诚北——临木的邮路：

简7. 南书一封板檄一，第十二，一封居延都☐尉章诣张掖大守府，板檄一，居☐☐令印诣张掖大守府　（以上为第一栏）

二月辛丑夜半时，诚北卒朐受吞远卒寿，鸡前鸣七分付临木卒常　（以上为第二栏）　　　　　　E. P. T52：169＋52

本简出土于甲渠候官遗址破城子，邮书自北而南经甲渠候官发往张掖太守府，发文者分别为居延都尉和居延令，文书由甲渠候官所属的吞远、诚北、临木诸燧依次向南传递。足见甲渠候官辖区还有一条吞远——诚北——临木间的邮路。

其三，位于甲渠河北塞第四部所辖临桐燧也是甲渠候官的重要邮站之一。汉简显示，由居延都尉府和居延县发往广地候官、张掖太守府和屋兰县的"南书"，可不经甲渠候官河南道邮路而取道甲渠河北塞的临桐燧，再交付卅井候官所辖邮站传递：

简8. 南书三封　十七﹨其一封居延都尉章诣张掖☐☐☐，一封

居延丞印诣广地候官，一封居延塞尉印诣屋兰。五月戊辰临桐卒
□□□受□□卒明餔时付卅井卒□　　　　　　　　　H127.25

不仅如此，由居延都尉府、居延县发往甲渠候官的邮件也多由临桐卒送达：

简9. 印曰居延都尉印

甲渠候官

四月丙子临桐卒禹以来　　　　　　　　　E.P.T53：55

简10. 章曰居延都尉章

甲渠

五月甲戌临桐卒冯泓以来　　　　　　　　E.P.T51：190B

简11. 居延丞印

甲渠候官

十月壬子临桐卒延以来　　　　　　　　　E.P.T51：169

简12. 薛章印

甲渠候官

四月戊戌临桐卒临以来　　　　　　　　　E.P.T51：127

简13. 甲渠候官行者走☒　　　　　　　　E.P.T59：378A

九月壬寅临桐卒辟彊以来　　　　　　　　E.P.T59：378B

简14. 甲渠鄣候以邮行

十二月辛亥临桐卒同来·三事　　　　　　E.P.T59：681

以上各简均为邮书封检，其中第一栏的"印曰居延都尉印""章曰居延都尉章""居延丞印"和"薛章印"等，都是收件者抄录的发文者封泥印文，第二栏的"甲渠候官""甲渠""甲渠候官行者走"和"甲渠候官以邮行"等，是指收件者和文书传递方式，第三栏的"某月某日（干支）临桐卒某以来"，则是文书的送达日期和递送者职、名。上述各简收文者均为甲渠候官并均由临桐卒送达，其中第9、10、11三简的发

· 268 ·

文者分别是居延都尉和居延县丞，简 12 的发文者薛章没有职名，或为甲渠候官所辖某候长。虽然第 13、14 两简发文者不详，文书传递方式不同，但均由临桐卒送达。可见，由居延都尉府或居延县发往甲渠候官或经甲渠候官继续南下的邮书（件），都有临桐卒参与递送，临桐燧无疑是由甲渠河北塞北上、南下的重要邮站。

但是，除临桐燧外，甲渠河北塞还有第一、三、四、七、八、十、廿九等燧也都有参与文书传递，居延所出邮书封检显示，很多由居延都尉府或居延县发往甲渠候官发的文书，是由不同燧卒送达的，故甲渠河北塞诸燧间当有邮路相通，如下简：

简 15. 居延都尉章　即日起府
甲渠
九月辛未第七卒便以来　　　　　　　　　　E. P. T50∶16B

简 16. 居延仓长
甲渠候官以亭行
九月辛未第七卒欣以来　　　　　　　　　　E. P. T51∶140

简 17. 居延农□印
甲渠官亭次行甲渠官以
十二月丁酉第七卒□以来　　愿□□　　　　E. P. T50∶207A

简 18. 张肩塞尉
甲渠候官以邮行
□□□□第七卒通以来　　　　　　　　　　E. P. T51∶143

简 19. 东门辅
甲渠官闰月乙亥第七卒以来
诚北部迹簿　　　　　　　　　　　　　　　E. P. T51∶129

以上各简显示，由居延都尉、居延仓长、居延农□（当为"令""长"或"丞"字）、肩水塞尉和无职名的东门辅发往甲渠候官的文书都是由第七卒送达的。其中简 19 为诚北部日迹簿送达甲渠候官后的封检记录，此日迹簿由无官印的东门辅签发，东门辅当即诚北候长，这从居延简中"诚北候长辅"（E. P. T52∶18）和"诚北候长东门辅"（259.1）的记载，可得到印证。

然而，递送本候官辖区以内或自居延南下文书的甲渠河北塞序数燧并非仅有第七燧，其他序数燧也有传递此类文书的记录，见于记载的有第一隧长（E. P. T56∶47）、第三卒（E. P. T51∶130）、第四卒（58.1）、第八卒（E. P. T50∶24、E. P. T51∶135、E. P. T51∶195、E. P. T51∶334、E. P. T52∶16、E. P. T52∶258、E. P. T52∶389、E. P. T52∶625、38.7、58.30、178.1、264.22等）、第十卒（28.2、44.24、214.3、258.19、259.4、279.10、E. P. T51∶410等）、第十四卒（E. P. T59∶376）等简。而且很多都是类似简19这种由无官印的候长签发的文书，如秦忠发往甲渠候官的文书分别由第十隧长和第八卒送达（262.30、264.22简），但另有简文显示秦忠为第十候长（262.31）。由此可见，甲渠河北塞序数燧实际上参与了外来文书和本候官辖区内各类公文的递送，而且，甲渠河南道上燧与甲渠河北塞诸燧间有邮路相通，但其具体递送路径不详。

由甲渠候官南下卅井候官或北上居延候官，至少有四条主干邮路，即：

1. 居延——临桐——卅井

2. 居延收降——当曲——临木——卅井

3. 居延收降——当曲——不侵——吞远——诚北——临木

4. 居延收降——当曲——不侵——吞远（或执胡）——诚北——木中——卅井城敖北

其中，第1条邮路居延与临桐之间应当还有其他邮站（如前述序数燧）中转，而且甲渠河北塞很可能还有其他邮路，其中第七燧、第八燧或与临桐燧一样，承担了甲渠河北塞诸多邮书的递送任务；第2条当曲与临木间也可能还有其他中转邮站，但与第3条邮路的中转邮站不同，即2、3两条邮路不会重合，前述3、4两简所记"界中"里程不同亦可为其佐证。此外，不侵——执胡——诚北——临木和诚北——武贤——

临木与第3条邮路路径接近，或为其分支而非主干邮路。

从上述邮路所经邮站来看，位居甲渠候官南、北两端的临木、当曲二燧，是由甲渠河南道出入南北的必经之地，其为中枢邮站无疑。虽然不侵——万年——武疆间的邮路尚未有与临木相连的记载，但武疆为诚北部所辖，其与诚北间必有邮路相通，因而不侵——万年——武疆邮路亦可与临木相连。

综上所述，汉代甲渠候官辖区内已形成四通八达的邮驿交通网络，不论是甲渠河南道上燧，还是甲渠河北塞诸燧，都有相关邮站（即燧）承担南来北往的邮书（件）递送任务，甲渠候官主干邮路至少有四条，只是由于资料所限，目前尚不能完整勾划和系连其具体路径而已。汉王朝正是依靠遍布各地纵横交错的邮驿通讯网络，有效地保证了中央和地方政令及边塞军情的传递。包括甲渠候官在内的许多亭燧，既是边塞防御设施，同时又是邮驿机构，故有"汉时邮亭之制，即寓于亭燧之中"之说。[1]

——原载《史学论丛》第9辑，甘肃文化出版社2000年版

---

[1] 参阅王国维《观堂集林》卷7《敦煌汉简跋十一》，中华书局1959年版，第855页；贺昌群《烽燧考》，原载中央大学《文史哲》季刊，1940年第2期，后收入《贺昌群史学论著选》，中国社会科学出版社1985年版，第58页。

汉简所见的"候史"

新出居延汉简中有一枚形状特异的简——"候史广德坐罪行罚檄"。[1] 该简显示,候史广德因未能循行部内、对下属进行检查督促,致使所辖各燧防务松弛、守御器破损短缺、军粮不足,又未及时上报等失职行为而被都吏弹劾,并被杖责五十。但是,作为该部长官的候长却未见有与候史同时受罚的记录。日本学者永田英正认为:"候史广德之所以被问罪和受处罚,是北部候长不在或空缺由他代任候长,否则就是与候长一起受连坐。如果属后者,则还应有一支与候史广德同样的处罚候长的简牍存在。"[2] 为此,我们查阅了居延和敦煌所出的 260 多枚"候史"简,现就候史的身份及其与候长的关系略陈管见。

一

候史是汉代边塞防御组织中的低级小吏。一般设在候官之下的部,有时在部的上级组织候官和部之下的基层组织燧,也设有候史。如:"肩

---

[1] 其简文如下:"候史广德坐不循行部、涂亭,趣具诸当所具者,各如府都吏所举。部糒不毕,又省官檄书不会会日,督五十。"(简背面文字省略)见甘肃省文物考古研究所、甘肃省博物馆、文化部古文献研究室、中国社会科学院历史研究所编《居延新简》,文物出版社 1990 年版。其简号为 E. P. T57:108A。以下凡引该书材料,均只标简号,不再注书名。

[2] 永田英正:《"候史广德坐罪行罚"檄考》,李学勤主编:《简帛研究》第 1 辑,法律出版社 1993 年版。

水候史莫当"（H117.1①）、"肩水候官候史大夫尹□……"（H306.19）、"广汉燧候史效谷得玉里卫□□"（D1261②）等。但是，与全部260多枚"候史"简相比，此类例证毕竟是个别的。因此，本文主要讨论设在各部的候史。

候史与候长同为部吏。候长是一部之长，秩比二百石，月俸1200—1800钱；候史则属百石以下的佐吏，月俸600—900钱。③ 其职责主要是协助候长处理部内事务，其中包括起草部内各种文书、日迹、循行、检查守御器和监督管理吏卒等。请看下简：

简1. 元康元年十二月辛丑朔，壬寅，东部候长长生敢言之候官，官移大守府所移河南都尉书曰（下略） H20.12A
候史齐∨遂昌 H20.12B

简2. 五凤五年二月丁酉朔乙丑，甲渠候长福敢言之，谨移日迹簿一编，敢言之。/候史定 H267.15A/B

1、2两简都是候长给上级组织的汇报材料，候史则是这些文书的起草者，实际上是候长的秘书，同类简还有很多。因此，把候史视为候长属吏也未尝不可。很多学者则把候史称为部的书记、候或燧的高级文职人员。④ 但是，候史与候长之间并不是一般的属吏与主官的关系。在很

---

① 谢桂华等：《居延汉简释文合校》上、下册，文物出版社1987年版。以下凡引该书简文，均在简号前加H表示。

② 吴礽骧等释校：《敦煌汉简释文》，甘肃人民出版社1991年版。以下凡引该书简文，均在简号前加D表示。

③ 关于候长秩别有比二百石和百石两种意见。前说可参阅陈梦家《汉简所见奉例》，见《汉简缀述》，中华书局1980年版，第135—147页；后说可参阅[日]佐原康夫《居延汉简月俸考》，见《日本中青年学者论中国史》上古秦汉卷，上海古籍出版社1995年版，第536—571页。本文采用前说。

④ 参阅[日]森鹿三著，姜镇庆译《关于令史弘的文书》，[日]藤枝晃著，孙言诚译《汉简职官表》，二文均见中国社会科学院历史研究所战国秦汉史研究室编《简牍研究译丛》第1辑，中国社会科学出版社1983年版；[日]永田英正《"候史广德坐罪行罚"椠考》及[英]鲁惟一著，孙晓、卜宪群译《西北新近发现的汉代行政文书》，二文均见李学勤主编《简帛研究》第1辑，法律出版社1993年版。

多时候，候史所从事的并非秘书或书记等一般属吏所能承担的工作。在上级下发的文书中也往往将候长、候史并列：

简3. ☑□明烽火，尉、士吏、候长、候史惊戒、便兵，如诏书法律。　　　　　　　　　　　　　　　　　　　　H206.26

简4. 十二月辛未，甲渠候长安、候史佴人敢言之：蚤食时临木燧卒□□□□□□□□□□举蓬，燔一积薪，虏即西北去，毋所失亡，敢言之／十二月辛未，将兵护民田官、居延都尉谓城仓长禹兼行［丞事］（觚）（第一面）

广田以次传行至望远止回　（第二面上端）

写移疑虏有大众不去欲并入为寇。檄到，循行部界中，严教吏卒惊烽火、明天田、谨迹候、候望，禁止往来行者。定蓬火辈送便兵战斗具，毋为虏所萃椠。已先闻知，失亡重事，毋忽，如律令／十二月壬申殄北、甲［渠］（第二面）　　　　　H278.7A

候长護∨未央、候史包、燧长畸等，疑虏有大众，欲并入为寇。檄到，護等各循行部界中，严教吏卒，定蓬火辈送便兵战斗具，毋为虏所萃椠。已先闻知，失亡重事，毋忽，如律令。（第三面）
　　　　　　　　　　　　　　　　　　　　H278.7B

简5. 五月癸巳，甲渠鄣候喜告尉谓第七部士吏、候长等写移檄到，士吏、候长、候史循行。　　　H159.17＋283.46

简6. 亭燧第远，昼不见烟，夜不见火，士吏、候长、候史驰相告，□燔薪，以急疾为故　　　　　　　　　　　　D2079

此4简均为发给各部的下行文书。简3出土于甲渠候官遗址破城子，应是甲渠候官转发的要求边塞将吏加强警戒的朝廷诏书；简4反映了居延都尉在十二月辛未日接到甲渠候长安、候史佴人提供的敌情报告后，立即对其下属发布命令，要求从广田燧到望远燧一线的有关将吏务必恪尽职守、加强巡逻警戒，严密注视敌人动向。本简是殄北、甲渠候官于次日（壬申）接到居延都尉府命令后向其属部进行传达、部署的文书；

· 274 ·

简5是甲渠鄣候喜给甲渠塞尉和第七部吏下达的檄书，要求他们在接到此命令后在部内循行检查；简6也是上级给某部士吏、候长、候史的下行文书。虽然内容不尽相同，但均将候长、候史同时并列。

部作为汉代西北边塞军事防御体系的基层组织之一（其下还设有燧），虽然事务繁杂，但又不像候官和都尉府那样，吏员众多，分工明细。候长全面负责所部各项事务，但决不是单纯的发号施令，部内很多事务如日迹、循行，甚至到候官领取部吏俸钱等事都须候长身体力行，如下简：

  简7. 餅庭候长□诣官受部禄，八月□☑　　　　　　H312.18

简中"诣官"之"官"当即甲渠候官，同类简还可参阅H174.9。但是，诣官领取部吏俸禄未必由候长专理，候史也可办理。如居延简中就有诸如"第廿三候史良诣官受部吏奉，三月乙酉平旦入"（H168.5＋H224.13）、"第廿三候史良诣廷受部吏奉，十一月庚子平旦入"（H174.6＋H174.10）之类的记载。此外，部内许多重大事务也是由候长、候史共同处理的：

  简8. □采捕验亡人所依倚匿处，必得。得，诣如书；毋有，令吏民相牵证任爰书，以书言。谨杂与候史廉、骍北亭长欧等八人，戍卒孟阳等十人搜索部界中，□亡人所依匿处，爰书相牵。

                   H255.27

  简9. 建始元年四月甲午朔乙未，临木候长宪敢言之，爰书杂与候史辅验问燧长忠等七人……　　　　　　E.P.T51∶228

  简10. 第十四燧卒氾赛不在署，谨验问第十一守候长士吏襃、候史襃，辞曰：十二月五日遣赛☑　　　　E.P.T59∶68

  简11. 吞远燧卒贾良不在署，谨验问吞远候长谭、兼候史吞北燧长襃，辞曰十二月五日良　　　　　　E.P.T59∶69

  简12. 候长武光、候史拓，闰月辛亥尽己卯积廿九日日迹，从

·275·

第卅燧北尽鉼庭燧北界毋兰越塞天田出入迹　　　　E. P. T52∶82

简 13. 鄣北候长邢、候史广德，三月庚午迹尽戊戌积廿九日，毋越塞兰渡天田出入迹　　　　E. P. T57∶89

上述 6 简涉及内容不尽相同，或为在部内搜索亡人，或者就吏卒有关问题进行调查询问，或在部内日迹等，但都是由候长、候史共同参与的。

不仅如此，各部向上级的汇报文书，有时也由候长、候史联名上报。如简 4 中的甲渠部向上级汇报临木燧发现敌情的文书就是以候长安和候史佣人的名义写成的。由此可见，候史并不仅是候长的秘书，很多时候还主持部内方面事务，或者以候长副贰的身份协助候长工作。这从候长、候史的日迹可得到证实。日迹即每天巡视检查部内有无敌人兵马或境内人员偷越塞天田的痕迹，这是候长、候史的基本职责之一。如简 12、13 所示，候史日迹，大多与候长同行。但有时也单独日迹，或与候长分别在不同时间、从不同方向巡视天田：

简 14. 候史安世七月甲戌迹尽壬寅，积廿九日，无越塞渡天田出入迹　　　　E. P. T58∶35

简 15. 吞远候史李赦之

三月辛亥尽丁丑积廿七日，从万年燧北界南尽次吞燧南界，毋人马兰越塞天田出入迹。三月戊寅，送府君至卅井县索关，因送御史李卿居延，庚辰积三日不迹　　　　H206.2

简 16. 候长□闰月……积□□日日迹，从第廿三燧南界尽第廿九燧北界毋兰越塞天田出入迹

候史□……丁未积□□日□□，从第廿九燧□□尽第廿三燧南界毋兰越塞天田出入迹　　　　E. P. T56∶32

14、15 二简记候史单独日迹，简 16 则是候长、候史分别日迹，候长由南往北、候史由北向南。不论何种方式的日迹，都要详细记录日迹的

起止日期和累计天数。至于日迹区域，可能由于辖区固定，可省略不写，13、14二简可为佐证。候史与候长共同日迹，其日迹簿也与候长合编为一册；如果候史单独日迹，其日迹簿就要分别另造：

简17. ☐甲渠候长遂昌、候史道得日迹簿　　　　　E. P. T58：76

简18. 甲渠候史公乘徐惠倩日迹簿

神爵四年二月丙申视事，初迹尽晦廿九日；三月廿九日；四月甲午迹尽丁未，十四日；四月戊申疾尽五月丙子，廿九日不迹；五月丁丑有瘳，视事，迹尽晦，十六日；六月卅日；七月廿九日；八月卅日；九月廿九日；凡迹积二百六日。　　E. P. T53：38

简17相当于甲渠候长、候史共同日迹的合编簿封面，虽未见正文，但从简18所记甲渠候史徐惠倩的日迹簿内容来看，当时的日迹管理是相当严格的，连何时因病"不迹"，何时病愈"视事"，都有详尽的记录。据陈垣《二十史朔闰表》（中华书局1962年7月新1版），神爵四年二月丙申（初二）至本月晦日（甲子），恰为29日；三月为小月，共29天；四月甲午（初一）日迹到丁未（14日）共14天，四月戊申（15日）至五月丙子（13日）共29天因病不迹；五月丁丑（14日）病愈视事并日迹，到五月晦日（壬辰）共16天。此后，直到9月29日，甲渠候史徐惠倩均为全勤。这样，从神爵四年（前58年）2月2日到9月29日，甲渠候史徐惠倩除因病不迹29天，实际出勤206天。此为因病不迹之例，还有因公"不迹"者，也要记录在册，简15即为其例。因"诣官不迹"，也要说明。如居延汉简有云：

简19. 候长尊、候史长秋，丁未诣官，不迹。闰月己卯从当曲燧北界迹，南尽不侵燧南界，尽丁未积廿九日，毋城塞出入迹。

E. P. T56：28

日迹簿内容如此详尽严密，反映出日迹本身的重要；而候史单独日

· 277 ·

迹，既是权力，也是责任。至于独自向候官上报本部吏卒日迹簿，则更非一般属吏所能为。请看下简：

简20. 河平三年十月丙戌朔癸丑，诚北候史章敢言之，谨移十月吏卒日籍簿一编，敢言之。　　　　　　　　　　E. P. T51：207

如简2所示，各部吏卒日迹簿一般是候史书写而由候长逐月向候官上报。但本简则由诚北候史章直接上报，显然是代行候长职权。同类情况又见于以下两简：

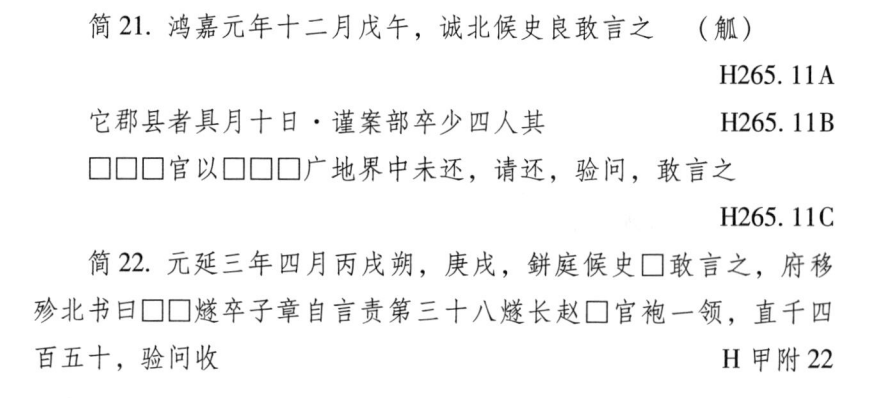

简21. 鸿嘉元年十二月戊午，诚北候史良敢言之　　（觚）
　　　　　　　　　　　　　　　　　　　　　　　　H265. 11A
它郡县者具月十日·谨案部卒少四人其　　　　　　H265. 11B
□□□官以□□□广地界中未还，请还，验问，敢言之
　　　　　　　　　　　　　　　　　　　　　　　　H265. 11C
简22. 元延三年四月丙戌朔，庚戌，鉼庭候史□敢言之，府移殄北书曰□□燧卒子章自言责第三十八燧长赵□官袍一领，直千四百五十，验问收　　　　　　　　　　　　　　　H 甲附22

此二简都是候史就部内有关事务直接向上级汇报的文书。其中简22是鉼庭候史某就居延都尉府下发的殄北候官关于某燧卒子章自称借给鉼庭部所辖第三十八燧长赵某官袍一领，价值1450钱一事进行调查验问的汇报文书。按惯例，此类文书应由候长、候史联名上报或由候长单独汇报；本简以鉼庭候史名义单独上报，就是他代行候长职权之明证。这从敦煌汉简的有关记载可得到进一步证实：

简23. 候史德在所，以亭次行　回　　　　　　　　D2035A
令敢告卒人／九月癸巳檄□　　　　　　　　　　D2035B

本简原物为一四棱觚，但A、B两面的文字不是一次书写的，因此不能将其视为同一件文书。不过，该简正面有封泥孔的痕迹（回），并规定"以亭次行"，应是公文（非私人信件）的封检。值得注意的是，此文书的收件人不是候长，而是特别注明送到"候史德在所"，即候史德所在的地方。按常规，候长在任时，有关文书理应先发给候长，然后再由候长向下属传达。如果是发自非边塞防御系统的文书，更应如此。该文书直接送交候史，可能是候长不在而由候史代理其职。收件者位置不是直接写"候史德"而是注明"候史德在所"，说明该候史德不与候长同驻一地，有自己的辖区。

二

一般认为，汉代边塞防御系统中的部设有候长、候史各1人。但是，简1却显示东部候长长生给肩水候官的文书是由候史齐和遂昌共同起草的。另一枚敦煌简也有一部设有两个候史的记录：

简24. 玉门部士吏五人、候长七人、候史八人、燧长二十九人、候令史三人。　　　　　　　　　　　　　　　　　　　　D806

此当为玉门部吏名籍。候长为一部之长，各部皆有。玉门部有候长7人、候史8人，就如同简1那样，其中必有1部设有两个候史，这是显而易见的。候史不一定与候长一起驻在各部治所，很多时候是驻在基层组织——燧，主理一燧或数燧事务。

简25. 甲渠第廿六燧北到第廿七燧二里百八十一步。候史一人，燧长一人，卒三人，凡吏卒五人。铁铠五，铁鞮瞀五，六石具弩三，五石具弩一……　　　　　　　　　　　　　　　　　　E.P.T5：17

简26. 甲渠武贤燧北到诚北燧四里。候史一人，燧长一人，卒四人，凡吏卒六人。六石具弩二，弩楯二，槀矢百，茧矢五百五十，

服三，兰、兰冠各一，纟承弦十，枭长弦五，革甲鞮瞀各四，靳干幡各四　　　　　　　　　　　　　　　　　　　　H99.1

简27. 甲渠第廿三燧南到第廿二燧□□□□□□□□。候长一人，燧长一人，铁铠五，铁鞮瞀五，枭长弦四，稾矢铜鍭二百五十，兰冠四，服二，盾一，有方一

简28. 第三燧长见，卒一人见，候史见。天田皆画县索完，枪柱完□　　　　　　　　　　　　　　　　　　E. P. T59：23

简29. 出临木部吏九月奉钱六千

候长吕宪奉钱千二百，临木燧长徐忠奉钱六百，穷虏燧长张武奉钱六百，木中燧长徐忠奉钱六百，终古燧长东郭昌奉钱六百，□□燧长六禹奉钱六百，候史徐辅奉钱六百，武贤燧长陈通奉钱六百，望虏燧长晏望奉钱六百，凡吏九人，钱六千。建昭五年十月丙寅，甲渠尉史彊付终古燧长昌，守阁卒建知付状　E. P. T51：409

25、26、27 三简分别记载了第廿六燧和武贤燧北到相邻的廿七燧和诚北燧以及第廿三燧南到相邻的第廿二燧的里程、吏卒人数和守御器情况，实际上是此三燧的人员和武器装备统计簿。只是前二简记候史和所在燧长、燧卒，后一简记候长与所在燧长。简 28 与前三简不尽相同，应是上级部门对第三燧吏卒值勤和天田锄治及其他设施状况进行检查或自查后的上报记录。居延边塞燧的吏员配置一般是燧长 1 人，燧卒 2—4 人。此四简反映甲渠部第廿六燧、武贤燧、第廿三燧和第三燧除燧长、燧卒外，还另有候史或候长 1 人。其中记有候史的三燧均非该部治所，而记有候长的第廿三燧也正是该部驻地所在。简 28 中的"候史见"即指候史在岗。换言之，此候史不是驻在部候长治所，而是常驻第三燧。第三燧候史如此，25、26 两简中的候史及简 27 中的候长亦然。候长作为一部之长，理应对该部各燧负责，但简 27 中的候长似乎与第廿三燧有着特殊联系；如果考虑到该燧同时又是第廿三部所在地和候长驻所，该简中的候长与第 25、26、28 三简中的候史一样，都是所在各燧的常驻人员。因此，分别将候长、候史列为所在各燧的吏员统计对象就是自然之事了。

汉简所见的"候史"

第29简是临木部建昭五年九月的吏俸簿。本简显示，身为部吏的候史，在吏俸簿中既不在候长姓名之后，也不是居于名册末尾，而是名列最后二燧长之前。对照25、26、27、28四简的情况，第29简中候史徐辅的排名就不是偶然的，而是他主理武贤、望虏二燧的反映。这从简26中候史常驻武贤燧的情况可得到印证。简中候史与燧长虽然俸钱相等，均为六百，但就实际地位而言，候史要略高于燧长，请看以下二简：

简30. 居延击胡燧长孤山里公乘乐熹年卅，徙补甲渠候史代张赦囗　　　　　　　　　　　　　　　　　　　　　H3.19

简31. 第廿三燧长褒调守临木候史，诣官，正月辛巳下铺入。

H286.24

燧长调任候史称为"补""守"，实即"代理"，二者地位高下有别显然可见。此外，就二者的俸钱来看，似乎极少有燧长超过600钱或高于候史的情况，但候史月俸900钱者却屡见不鲜。如：

简32. 第四候史郅囗，十二月奉钱九百　　　　　　H286.5
简33. 临木候史靳望，十月奉钱九百　　　　　　E.P.T6：1
简34. 出二月三月奉钱八千囗百　　候长囗囗三月千二百，候史囗囗三月九百，不侵燧长囗囗二月三月六百，当曲燧长囗囗二月三月千二百；　止害燧长赦之二月三月千，驷望燧长囗二月三月千二百，止北燧长革二月三月千二百，察微燧长破奴二月三月千二百。
建昭三年五月丁亥朔己丑尉史弘付不侵候长政／　候君临

E.P.T51：234

此三简显示，候史月俸为900钱，比该部（即不侵部）6位燧长的月俸额都要高（简34自"候长"以后未释出的字均为相应的候长、候史和燧长名，其中候长、候史均为一个月即三月份的俸钱，不侵燧长和止害燧长的俸钱均低于其他燧长600钱的月俸标准，可能与其出勤多少有关）。这

· 281 ·

也说明，候史地位要高于燧长。既如此，由候史主理一燧或数燧事务就不足为怪了，这可能就是一部设有两个或两个以上候史的原因所在。

候史在部内主理一燧或数燧事务在有关称谓上也有反映。如下简：

简 35. 出钱三千六百

万岁燧刑齐自取，第一燧长王万年自取，却适燧长寿自取，第三燧长愿之自取，临之燧长王纹自取，候史李奉自取。

初元年三月乙卯，令史延年付第三部吏六人二月奉钱三千六百

E. P. T51：193

从简中所列燧名来看，应是万岁部初元某年二月的吏俸簿。简中不云万岁部，而称第三部，或许是该部在不同时期称谓有别，也可能另有原因。但此吏俸簿仅有燧长、候史而不及候长，说明候长空缺或不在岗。值得注意的是，在新旧居延汉简中虽未见有第三部士吏、候长之类的称谓，但居延一带却发现有第三置（E. P. F22：12）、第三候史（E. P. T50：25）。对照前引简28关于第三燧吏卒的执勤记录，很可能万岁部候史就常驻第三燧。而候史常驻该地，则与其地处邮驿交通要道，地位重要、事务繁杂有关。万岁部设有第三候史，就如同25、26、27、29四简反映第廿三部和临木部又有驻在第廿六燧和武贤燧的候史一样（第廿六燧和武贤燧分别隶属于第廿三部和临木部，他们或许也可以分别称为第廿六候史和武贤候史），都是常驻该燧的缘故。而当候长空缺时，由候史代理其职，其部也以候史常驻之燧命名，故有第三部之称谓。果如此，则候史就不只是候长的一般属吏，而应是候长副贰。

严耕望先生在论及两汉郡国属吏制度时指出："西汉中叶以后至东汉，碑传所见多曰掾、曰史；……考之汉碑题名，颇多同郡同时同碑同曹之吏，有称掾有称史者。如《史晨碑》有户曹掾、史各一人，《华山亭碑》有户曹、供曹、将作，皆掾、史各一人。是二名迥别，不可通假也。又汉碑所见，有同曹掾、史并列，史恒次于掾；诸曹掾、史尽列，则先列诸曹掾，然后因已列曹掾之次序历举诸史；且或掾仅一人，史分

左、右、中者。"他又以中平五年《巴郡太守张纳碑》为证，进一步指出："吏分诸曹治事，掾为曹长，史之地位在掾之下，副掾理事者。其或有史无掾、有掾无史者，或事简兼假，或当时缺员，或此碑失载耳。"[1] 候长、候史虽有别于郡府属吏，但汉代郡府属吏中的掾史之制，不能不对西北边塞军事防御系统的基层吏制产生影响。而且，自都尉府以下的候官、部、燧组织并未独立于郡府，而是受郡府管理和节制的。因此，候长、候史之设，很可能发端于郡府属吏的掾史之制。在二者的排名次序中，总是候长在前，候史在后；在员额配备上，一般是候长、候史各一人，有时则候长一人、候史二人或多人。这与"史恒次于掾""或掾仅一人，史分左、右、中者"，也是相符的。所不同者，只是一称长，一称掾。这或许是候长身居边防前线，主理军事又独当一面，拥有较多的自主权；而掾为郡府属吏，只是按惯例或遵主官之命行事，较少自主理事的缘故。因此，边塞各部之候长与候史，正如郡府诸曹之掾与史，乃是长官与副贰的关系。只因地处边防前沿，庶务繁杂，吏员有限，候史不免要身兼二任甚至多任，既充候长副贰，又承担各种杂务；但就总体而言，前者仍然是主要的。因此，候史就具有比与己同秩的燧长更大的权力和更高的地位。与候长一样，候史也必须每日巡视天田、检查庶务，对所部各项事务包括各燧守御器的完损缺失、吏卒的执勤和整个辖区防务，都负有领导责任。尤其是当候长"不在署"时，更是如此。

由于休假、取宁等原因，候长或候史"不在署"的情况并不是个别的。如下简：

简36. 五凤四年八月奉禄簿

　　候一人六千，尉一人二千，士吏三人三千六百，令史三人二千七百，尉史四人二千四百，候史九人，其一人候史拓有劾，五千四百，凡□……☑

　　　　　　　　　　　　　　　　　　　　　　　E. P. T5：47

---

[1] 严耕望：《中国地方行政制度史甲部·秦汉地方行政制度》，北京联合出版公司2020年版，第112—113页。

简 37. 士吏冯匡　　　候长赵孟
　　　☐士吏孙习　　候长☐宪卩　　☐
　　　候长王宏卩　候长☐直卩
　　　候长☐☐　　　☐　　　　　E. P. T48∶58

简 36 是某候官部以上官吏的月俸簿。其中部一级的官吏只有候史九人，而未见有候长，这与 35 简反映只有候史、燧长而无候长的情况极为相似。作为一部之长，各部候长之职当不至同时长时间空缺。但本简显示，该候官所属各部候长至少在当月均不在岗。出现这种情况的原因可能有两种：候长休假或取宁。但是，各部候长同时服丧取宁几乎是不可能的，而极有可能是候长休假。简 37 上下均残，内容不甚清楚。其中三位候长的名字后面都有"卩"符号，可能是某候官所属各部吏员签到或领取物品的记录。就现有的材料来看，士吏主要设在候官一级，其下各部未必都有士吏；但候长、候史则是每部必设。本简所记只有士吏、候长而不见候史，恰与简 36 对应，或可视为候史轮休的反映。

关于汉代官吏的休假，文献中多记五日一休沐，也有十日一休者。[①]虽然在全部居延和敦煌汉简中尚未发现五日一休的例证，但却有十日一休的规定：

简 37. ·告尊省卒作十日辄休一日，于独不休，尊何解☐☐
　　　　　　　　　　　　　　　　　　　E. P. T59∶357

本简是上级就省卒于未能按规定休假一事而向某吏尊提出的质

[①] 《汉书》卷 66《杨恽传》载，郎官"移病尽一日，辄偿一沐，或至岁余不得沐。"其注引"晋灼曰：五日一洗沐也"，第 2890 页；《汉书》卷 46《万石君石奋传》云："长子建为郎中令，少子庆为内史。建老白首，万石君尚无恙，每五日洗沐归谒亲。"其注引文颖曰："郎官五日一下。"第 2195 页；《资治通鉴》卷 23 汉昭帝始元三年冬十一月条注云："汉制，中朝官五日一下里舍休沐，三署诸郎亦然。"《太平御览》卷 634"急假"条引《汉书》："汉律：吏五日得一下沐，言休息以洗沐也。"此为"五日一休沐"说。另据《资治通鉴》卷 28 汉元帝初元二年春正月条注云："汉制，自三署郎以上，入直禁中者，十日一出休沐。"此为十日一休说。

询。这虽然是关于省卒休假的规定，但很可能其他类的卒、吏也都是如此。① 如此则候长、候史每月当有 3 天休假。但是，十日一休只是一个大致的规定，在实际执行中未必严格执行，而是会有所变通。一般是在连续工作较长一段时间后，把应休假天数累计起来。如：

简 38. 第二十八燧长张骏，休二十日。　　　　　　E. P. T65∶136
简 39. 第二十五燧卒鲍永〻休三十日。　　　　　　E. P. T65∶323

燧长张骏、燧卒鲍永一次休假分别长达 20 日、30 日之久，如以十日一休计算，他们应连续执勤 6 个月和 9 个月。边塞吏卒连续执勤半年以上的情况在汉简中屡有反映，如前引简 18 所记，甲渠候史徐惠倩从神爵四年二月到九月，除四月戊申（15 日）至五月丙子（13 日）因病不迹 29 天外，其余时间均在岗执勤并有日迹记录。其他关于吏卒每月日迹"积廿九日"或"积三十日"的记载还有很多。这说明，候长、候史的休假也是在连续工作较长时间后累积计算的。根据"候长、候史日迹及将军吏劳二日皆当三日"（H10.28）的规定，他们每工作 1 月就可有 5 天的休假；如果像甲渠候史徐惠倩那样"积二百六日"，就可得到 30 多天的休假，更何况还有"积三百廿一日"者：

简 40. 五凤三年十月甲辰朔甲辰，居延都尉德、丞延寿敢言之：甲渠候汉彊书言，候长贤日迹积三百廿一日，以令赐贤劳百六十日半日。谨移赐劳名籍一编敢言之。　　　　　　　　　　　　H159.14

可见，候长、候史一次休假 1 月甚至更长时间的情况确非个别现象。换言之，某部候长、候史不在署也可能长达 1 月以上。为了保证部、燧各种事务不致因吏、卒的休假而瘫痪或无人过问，候长和候史就必须时

---

① 邢义田：《汉代边塞军队的给假、休沐与功劳制——读〈居延新简〉札记之二》，载李学勤主编《简帛研究》第 1 辑，法律出版社 1993 年版，第 192—205 页。

常保持至少有 1 人坚守岗位。因此，他们的休假就只能先后轮换而不能同时。那么，当候长离署休假时由候史代行职权，并对所部各项事务负全部责任，就是顺理成章的。简 1 反映的很可能就是候长休假期间的情况。如此，则候史广德单独受罚也就不难理解了。

综上所述，作为汉代边塞防御组织的基层官吏，候史与候长之间不是一般的主官与属吏的关系。候史往往是以候长副贰的身份处理部内事务；候史不一定与候长一起驻在各部治所，很多时候是驻在所属某燧，主理一燧或数燧事务；在候长空缺或休假、取宁不在署时，则由候史代理其职。

——本文与张荣芳教授合作，原载《中国史研究》2004 年第 2 期

论汉代的督邮

汉代督邮又称都吏，是郡国守相自辟的属吏之一。作为郡守的亲信耳目，督邮分部循行，地位虽低，权力却不小。举凡所部各县的政令、赋税、民俗、治安，乃至边塞戍务，均为督邮的监察范围。督邮通过循行各地，"观览民俗""分明善恶"，对部内各县长吏和地方豪右进行监督刺举，因而被誉为"郡之极位"。[1] 督邮的贤与不肖，对区域性吏治和社会治安的好坏都具有很大的影响。

一

《续汉书·百官志（五）》郡守条注云："其监属县，有五部督邮。"[2] 是则督邮职责在于监察属县。具体而言，包括以下几个方面：

（一）"分明善恶""考长吏治迹"

汉代郡守对县令、长治迹的考察，主要有三种方式。一是属县长吏一年一度的述职报告，即"上计"[3]；二是郡守亲自"行县"巡视；三是

---

[1] 《后汉书》卷45《张酺传》注引《汉官仪》，第1530页。
[2] 汉代督邮之设，不尽五部，见于载籍者有二部、三部、四部或五部督邮。严耕望先生指出，西汉时每郡分两部以上，各置督邮；东汉时每郡分为三部、四部或五部，并无一定规定。因其"分部置督，故其职名亦冠中、东、西、南、北为称"。参阅严耕望《中国地方行政制度史甲部·秦汉地方行政制度》，北京联合出版公司2020年版，第144页。
[3] 汉代属县向郡国上计，由县令、长、丞、尉亲行；东汉以后，令、长不再亲行，只遣丞、尉以下代行。参阅安作璋、熊铁基《秦汉官制史稿》下册，齐鲁书社1985年版，第395—397页。

督邮的监察。上计的内容很广，其结果直接关系到县令、长的黜陟赏罚，难免有虚报作假、文过是非之弊，因而不一定能完全反映实情。汉宣帝黄龙元年（前49）的一份诏书中就指责"上計簿具文而已，務為欺谩"①。郡守亲自巡视，亦可考察属县长吏的善恶能否，但因"常以春行所主县"②，其巡行时间和范围都是有限的，所了解的情况也不一定真实，甚至带有很大的偶然性和片面性。因此，有必要派遣专职的监察官吏常态化巡行属县，于是就有了郡守派遣督邮分部巡行属县的制度。汉文帝时下诏优抚高年者，令"二千石遣都吏循行，不称者督之"。如淳云："律说，都吏，今督邮是也。闲惠晓事，即为文无害都吏。"③ 是则督邮行县，汉文帝时已有。

然而，督邮最初的职责并非循行属县。"督邮原为督邮掾或督邮书掾的简称，原来司职督送邮书，因为掌管送递属县的文书，成为郡守了解属县的耳目，便兼督察属县之责。"④ 按惯例，郡守要在每年春天循行属县，但有些郡守却不亲自"行县"，而是委诸督邮。如韩延寿为左冯翊，"岁余，不肯出行县。丞、掾数白：'宜循行郡中，观览民俗，考长吏治迹。'延寿曰：'县皆有贤令、长，督邮分明善恶于外，行县恐无所益，重为烦扰。'丞、掾皆以为方春月，可壹出劝耕桑。延寿不得已，行县至高陵"⑤。督邮奉郡守之命在秋冬循行，其"分明善恶于外"，自然负有"考长吏治迹"的使命。因此，对所在各县长吏的善恶能否，要及时上报郡守。一旦发现县令、长不能很好地履行职责，贯彻朝廷和郡府的政令，可以直接督促过问。如汉明帝时，上蔡长宋均因不执行太守府关于"民葬不得过制"的禁令，而受到督邮指责⑥。居延汉简云：

---

① 《汉书》卷8《宣帝纪》，第273页。
② 《后汉书》卷128《百官志》，第3621页。
③ 《汉书》卷4《文帝纪》，第113页。
④ 杨宽：《战国秦汉的监察和视察地方制度》，《社会科学战线》1982年第2期。关于督邮督送邮书，严耕望先生已有论述；"督送邮书为其本职，后虽以监察属县为主要职务，而……邮书本职不废也。"参阅前引严耕望先生文，第144页。
⑤ 《汉书》卷76《韩延寿传》，第3213页。
⑥ 参阅《后汉书》卷41《宋均传》，第1412页；袁宏撰，张烈点校：《后汉纪》卷9《孝明皇帝纪上》，中华书局2002年版，第178页。

谨以文理遇士卒，毋令冤失职，务称令意。且遣都吏循行，廉察不如护大守府书致案，毋忽，如律令。　　　　　　　　　10.40

可见，督邮循行，不仅监察县令长，而且监察太守所辖的边塞将吏。对老病"弱"，不胜其职的县长吏，督邮可上章弹劾。如黄霸为颍川太守，"许丞老，病聋，督邮白欲逐之"①；王堂"为汝南太守，属城多暗弱，堂简选四部督邮，奏免四十余人"②。

督邮还可主动或奉郡守之命对骄横不法的县长吏进行调查，并予收捕。如汉元帝时，冯野王为左冯翊，"池阳令并素行贪汙，轻野王外戚年少，治行不改。野王部督邮掾栒赵都案验，得其主守盗十金罪，收捕。并不首吏，都格杀"③。苏谦为右扶风督邮，美阳令李暠"与中常侍具瑷交通，贪暴为民患，前后监司畏其势援，莫敢纠问，及谦至部，案得其赃，论输左校"④。谢夷吾为会稽西部督邮，"乌程长有罪，太守第五伦使夷吾往收之"⑤。伍孚"为郡门下书佐，其本邑长有罪，太守使孚出教，敕曹下督邮收之"⑥。凡此，皆为督邮"分明善恶"之例证。

（二）逐捕盗贼，押送囚徒

《华阳国志·巴志》载，巴郡守但望疏言："时有贼发，督邮追案，十日乃到，贼已远逃，纵迹绝灭。"居延汉简中就有督邮与相关县长吏共同搜捕逃犯的记载：

> 匿界中，书到，遣都吏与县令以下逐捕搜索部界中，听亡人所

---

① 《汉书》卷89《黄霸传》，第3631页。
② 《太平御览》卷262《船官部六十》，河北教育出版社1994年版，第444页。
③ 《汉书》卷79《冯奉世传》，第3302页。
④ 《后汉书》卷31《苏不韦传》，第1107页。袁山松《后汉书》云："苏谦字仲让，为郡督邮。李暠为美阳令，贪暴，谦案得其赃。"参阅汪文台辑，周天游校《七家后汉书》之袁山松《后汉书·苏谦》，河北人民出版社1987年版，第398页。
⑤ 汪文台辑，周天游校：《七家后汉书》之谢承《后汉书》卷6《谢夷吾》，第104—105页。
⑥ 《三国志》卷6《魏书·董卓传》注引谢承《后汉书》，第175页。

隐匿处，以必得为故。　　　　　　　　　　　　　　179.9

可见，督邮不仅负有搜捕盗贼亡人的责任，在必要时还须同县令、长互相配合，协调行动。汉宣帝时，为搜捕大婢外人（又名丽戎），令"二千石遣毋害都吏，严教属县官令以下，啬夫、吏、正、父老杂验问乡里吏民"有无年龄、相貌等"类丽戎者"①。

但是，由于县令、长与督邮之间并不存在上下级隶属关系；相反，县令、长还是督邮的监察对象。因此，县、令长一般并不参与，更不能干涉督邮的行动。加之逐捕盗贼不限于一县之地，有时要跨越数县，流动性很大。县令、长只负责本县事务，不便跨县行事，而督邮行部区域多则十余县，少亦有数县，平时循行各地，熟悉情况，在逐捕盗贼亡人时具有比县令、长更多的优势和便利。因而，督邮大多直接受命于郡，单独行动，而作为一县首脑的令、长反而不得与闻。如汉桓帝就曾直接下诏，令"中都官及郡部督邮，捕诸赵尺儿以上，及（赵）仲台皆杀之，有臧者与同罪"②。汉灵帝时，诏令急捕范滂，"诏书至汝南，督邮吴道（范晔《后汉书》作"吴导"）悲泣不忍出，县中不知所为"③。山阳东部督邮张俭因擅杀侯览母及其家属宾客而亡命在外，督邮毛钦奉命追捕，也是单独行动，并无县令长参与。④

督邮职在监察县政，只可向郡守建议，而不能临事决断，更无权处治罪犯，故须将罪犯押送至府。如果擅自越权打杀囚犯，就要受到制裁，前述山阳郡督邮张俭就是如此。

---

① 参阅《甘露二年御史书》（74E.J.T1：1—3），见甘肃省文物考古研究所编，薛英群、何双全、李永良注：《居延新简释粹》，兰州大学出版社 1988 年版，第 99—101 页。本简册还见于《考古》1980 年第 2 期、《考古与文物》1981 年第 1 期及《社会科学》（甘肃）1986 年第 4 期，惟标题略有不同。
② 《三国志》卷 18《阎温传》注引《魏略》，第 552 页。
③ 参阅袁宏撰，张烈点校《后汉纪》卷 23《孝灵皇帝纪上》，中华书局 2002 年版，第 449 页；《后汉书》卷 67《范滂传》，第 2207 页。
④ 袁宏撰，张烈点校：《后汉纪》卷 22《孝桓皇帝纪下》，中华书局 2002 年版，第 430 页；《后汉书》卷 67《张俭传》则云，毛钦为外黄令，第 2210 页。

（三）"顺天气取奸恶"，监察地方豪强

汉朝建国初期，即推行"无为"政治，对地主阶级采取纵容和扶植政策，遂使宗法地主势力迅速膨胀。汉武帝时，为加强对地方的控制，设立了十三州部刺史，监察郡国二千石墨绶长吏和地方强宗豪右；对千石以下的黄绶县丞、尉和地方基层官吏及豪强，则由郡守派督邮"分部循行"。凡在督邮部内，上自王侯权宦，下至亭长小吏，均为督邮的监察对象。如汉成帝时，京兆尹孙宝以侯文为东部督邮，"入见，敕曰：'今日鹰隼始出，当顺天气取奸恶，以成严霜之诛，掾部渠有其人乎？'文曰：'无其人不敢空受职。'"[1] 汉桓帝时，山阳郡东部督邮张俭"举劾中常侍侯览前后请夺民田三百余万顷，第舍十六区，……及虏掠良人妻妇女，皆应没入"[2]；《太平御览》卷二五三引《广州先贤传》载，苍梧荔浦人徐征为郡中部督邮，"时唐衡恃豪贵，京师号为唐独语。遣宾客至苍梧郡市发，颇不循法度，征便收客郡市髡笞"。可见，监察地方豪强已成为督邮的日常事务了。

（四）存抚良善，"明政化之本"

《后汉书·钟离意传》云：钟离意少为郡督邮，"部县亭长有受人酒礼者，府下记案考之。意封还记，入言于太守曰：'《春秋》先内后外，《诗》云，刑于寡妻，以御于家邦。明政化之本，由近及远。今宜先清府内，且阔略远细微之愆'，太守甚贤之，遂任以县事"[3]。是则督邮行县，还在于率厉风俗，布宣教令。为此，有些郡守上任后，总是先向督邮询问所部各县的风俗民情和"贞妇孝子"的事迹。如朱穆20岁为郡督邮，新任太守为察其能否，责令他将部内"贞妇孝子，隐暗未彰，言于府"，朱穆答曰："方令圣化大行，文武未坠于地。家有贞妇，户有孝

---

[1] 《汉书》卷77《孙宝传》，第3259页。
[2] 袁宏撰，张烈点校：《后汉纪》卷22《孝桓皇帝纪》，中华书局2002年版，第429—430页。
[3] 《后汉书》卷41《钟离义列传》，第1406页。

子，比屋连栋，不可胜记。"①

督邮也视存抚良善、教化百姓为己任，如汝南郑敬"隐处于蚁陂精舍。同郡邓敬公为督邮，过存敬"②；"山阴冯敷为督邮，到县，（施）延持帚往。敷知其贤者，下车谢，使入亭，请与饮食，脱衣与之，饷钱不受。"③

（五）催督租赋

史载，东汉末孔融为北海相，"租赋少稽，一朝杀五部督邮"④。虽然史籍中再未见有类似记载，但汉简材料却为此提供了有力的佐证：

　　各遣都吏督赋，课畜积，少不☐
　　七月丙申，张掖肩水司马章以☐　　　　　　　　213.43

这两条材料分别见于史籍和汉简，反映不同时期，不同地区的情况，说明督邮催督租赋已非临时性的个别现象，而是具有一定的普遍性。

（六）"行塞""警戒"，检查边郡戍务

在边郡地区，督邮还奉命"行塞"，对边塞戍务进行检查监督，并将有关情况上报太守：

　　☐都吏当行塞，言候长建☐　　　　　　　　E. P. T52：384⑤
　　・万岁部四月都吏☐卿行塞举　　　　　　　E. P. T50：44

---

① 汪文台辑，周天游校：《七家后汉书》之张璠《汉纪·朱穆》，河北人民出版社1987年版，第405页。谢承《后汉书》作"（太守）更问风俗人物。"第30页。
② 汪文台辑，周天游校：《七家后汉书》之谢承《后汉书》卷7《郑敬》，河北人民出版社1987年版，第142页。
③ 《后汉书》卷46《陈忠传》注引谢承《后汉书》，第1558页。
④ 《三国志》卷12《魏书·崔琰传》注引司马彪《九州春秋》，第371页。
⑤ 甘肃省文物考古研究所编：《居延新简》，文物出版社1990年版。以下凡此种简号均出此书。

入粟，给都吏壮卿橥戒塞上　　　　　　　　　　　155.15

太守府就都吏举书内容，向有关当事人或其上级进行调查，如情况属实，有关责任者将受到惩处：

告肩水候官，候官所移卒责不与都吏口卿所举，籍不相应，解何？　　　　　　　　　　　　　　　　　　　183.15B

候史广德坐不循行部、涂亭，趣具诸当所具者，各如府都吏举，部糒不毕，又省官檄书不会会日，督五十　　　E.P.T57：108A

永光元年六月丙申朔，甲渠鄣候喜敢言之，府移大守府都吏书曰，如县觻得仰府所失亡　　　　　　　　　　　甲附36A

可见，"行塞"是边郡督邮的经常性工作之一。因其奉郡守之命行塞，太守府下发的调查验问文书就是根据督邮举书起草的，故称为"太守府都吏书"。

二

督邮虽为郡守属吏，秩次卑下，却能以小制大，以卑临尊，故有"郡之极位"之称。不仅令同列刮目相看，且深为郡守所器重，被视为亲信"耳目"。史载："蒋崇为北海相，督邮阙，更选功曹吏徐蒙曰：'无可为者，惟功曹耳。'崇遂署蒙，遣行县，谓曰：'相以督邮为耳目也。'"[①] 部内各县令长僚佐的黜陟赏罚虽不完全取决于督邮的抑誉贬褒，但他们的意见也并非无足轻重。上引简中的候史广德就因都吏检举而受到处罚。因而，尽管督邮位卑职小，但各县长吏却都不敢怠慢，而是极力讨好奉迎，生怕得罪督邮。督邮循行所至，各县均派专人迎送。如范

---

① 汪文台辑，周天游校：《七家后汉书》之谢承《后汉书》卷7《蒋崇》，河北人民出版社1987年版，第139页。

冉"少为县小吏,年十八,奉檄迎督邮"①;"赵晔少尝为县吏,奉檄送督邮。晔心耻于厮役,遂弃车马去。"② 有的县长吏还亲自主持对督邮的迎来送往,如南阳冯良"少为县吏,从尉迎督邮。良耻厮役,因毁其车马,坏其衣冠,绝迹远遁"③。

与县长吏恭敬备至的态度相反,督邮对县长吏却表现得傲慢狂放,以致连县尉求见,都被拒之门外,曾任安喜尉的刘备就有此遭遇。④

小小的督邮,竟能受到县吏"奉檄"迎送的礼遇而又如此傲慢,足见其职任之重。当其循行属县时,更是威风十足。史载山阳东部督邮张俭"行部至平陵,逢(侯)览母乘轩,道从盈衢。俭官属呵,不避路。俭按剑怒曰:'何等女子干督邮,此非贼耶!'使吏卒收览母,杀之。……上以俭郡吏,不先请奏,擅杀无辜,征付廷尉。"⑤ 张俭以督邮身份杀侯览之母,当然是越权行为,但他却以"不避路""干督邮"为辞,说明一般吏民是不能妨碍督邮行部的。

督邮职位特殊,既需要有一定的胆略和魄力,还要有相当的学识和智谋。因此,对督邮的选拔非常严格。大凡被署为督邮者,多为"闲惠晓事"或文武兼备之人。如会稽太守第五伦"行部见(郑)弘,问民得失,弘对甚明,伦甚奇之,擢为督邮"⑥。《太平御览》卷二五三引《广州先贤传》载,苍梧徐征"少有方直之行、不挠之节,颇览书传,尤明律令,延熹五年征为中部督邮"。朱穆"少有英才,学明五经",二十岁

---

① 《后汉书》卷81《范冉传》,第2688页。
② 汪文台辑,周天游校:《七家后汉书》之谢承《后汉书》卷5《赵晔》,河北人民出版社1987年版,第92页。
③ 参阅袁宏撰,张烈点校《后汉纪》卷17《孝安皇帝纪下》,中华书局2002年版,第328页;《后汉书》卷53《周燮传附冯良传》,第1743页。
④ 《三国志》卷32《蜀书·先主传》载,刘备为安喜尉,"督邮以公事到县,先主求谒,不通"。注引《典略》云:"闻督邮在传舍,备欲求见督邮,督邮称疾不肯见备。"第872页。
⑤ 袁宏撰,张烈点校:《后汉纪》卷22《孝桓皇帝纪下》,中华书局2002年版,第430页。《后汉书》卷67《张俭传》则云:"俭举劾览及其母罪恶,请诛之。",第2210页。
⑥ 参阅袁宏撰,张烈点校:《后汉纪》卷12《孝章皇帝纪下》,中华书局2002年版,第235页;《后汉书》卷33《郑弘传》,第1154页。

就被擢为郡督邮。①南阳赵勤以"明达好学，介然特立"而为督邮；②而河东郡督邮尹翁归更是"文武兼备"③。

就郡府众多的属吏而言，督邮之职无疑是显赫的。但他毕竟秩卑俸薄，故又为人所不齿，以致有些"奉檄"迎送督邮的县吏，如前述赵晔、冯良等都"耻于厮役"而坏其衣冠、弃其车马，绝迹远遁。官僚贵族、富豪之家的子弟，凭借各自家庭的政治背景和经济地位，大都通过任子、訾选或举孝廉等方式担任了极易升迁的郎官。他们不屑于为郡属吏，故担任督邮者大多家境贫寒。如闻人统"为郡督邮。家贫无马，行则负担，卧则无被，连鏖皮以覆"；许庆"家贫，为郡督邮，乘牛车，乡里号曰'轺车督邮'"；④颍川督邮陈寔"出于单微"⑤。

督邮为郡国守、相自辟之属吏，故均为本郡（国）人，但一般不能自督本部。对此，严耕望先生在《秦汉地方行政制度》中论之甚详，兹不赘言。

三

汉代督邮作为郡国属吏，其职责由督送邮书而监察属县，地位随之大为提高，成为"郡之极位"。这种变化是与汉代中央集权政治的不断加强相适应的。

汉初，中央与地方的矛盾主要表现为王国问题。汉武帝即位后，诸侯王势力已大为削弱，失去了与中央抗衡的政治经济基础，而地方豪强势力却与日俱增。为此，汉武帝分置十三州部刺史作为专职监察官，分部巡行，直接向皇帝奏事。汉文帝时督邮虽已循行属县，但只是奉诏

---

① 《汉书》卷43《朱穆传》注引谢承《后汉书》，第1463页。
② 刘珍等撰，吴树平校注：《东观汉纪校注》，中华书局2008年版，第510页。
③ 《汉书》卷76《尹翁归传》，第3206页。
④ 汪文台辑，周天游校：《七家后汉书》之谢承《后汉书》卷7《闻人统》、卷6《许庆》，河北人民出版社1987年版，第135、111页。
⑤ 《后汉书》卷62《陈寔传》，第2065页。

"循行有不如诏意者"①，并未形成制度。诚如严耕望先生所论："都吏即大吏，循行即巡行。盖秦及西汉初，有事但遣大吏巡行属县，中叶以后始形成督邮察县之制。"②

随着汉代中央集权的日益强化，邮驿、交通的组织管理也更加完善。不仅有邮、亭、驿、置等邮驿组织和专职吏卒，还对邮书的运行管理有详尽严格的规定。因而督邮无需再专司督送邮书，转而以监察属县为主要职责。

由于督邮位殊权重，凡部内之人和事，均可过问。故其善恶能否，对局部地区的吏治好坏和社会秩序的稳定也具有很大影响。

一方面，督邮出身贫寒，对下层百姓生活的艰辛有切身体验。他们来自本郡国，对基层官吏的贪婪腐败和豪强地主的骄横不法都有较多了解；他们同情下层百姓的悲惨遭遇，又对官吏豪强的专横贪暴极为不满，因而在监察地方官吏和豪强势力时，表现得坚决果断、无所畏惧，且多能击中要害。如河东郡汾南督邮尹翁归，"所举应法，得其罪辜，属县长吏虽中伤，莫有怨者"③。京兆督邮书掾朱博，"所部职办，郡中称之"④。南阳太守桓虞称督邮赵勤："善吏如良鹰矣，下鞲即中。"⑤ 督邮在监察部内县长吏和地方豪强的同时，对郡守的错误行为也多有谏言。如陈球为繁阳令，"时魏郡太守讽县求纳货赂，球不与之，太守怒而挝督邮，欲令逐球。督邮不肯，曰：'魏郡十五城，独繁阳有异政，今受命逐之，将致议于天下矣。'太守乃止"⑥。汉阳姜岐不欲应召为郡吏，"（太守桥）玄怒，敕督邮尹益逼致之。曰：岐若不至，趣嫁其母。益固争不能得，……郡内士大夫亦竟往谏，玄乃止"⑦。可见，正直廉洁、恪尽职守

---

① 《汉书》卷4《文帝纪》，第113页。
② 严耕望：《中国地方行政制度史甲部·秦汉地方行政制度》，北京联合出版公司2020年版，第144、358页。
③ 《汉书》卷76《尹翁归传》，第3207页。
④ 《汉书》卷83《朱博传》，第3398页。
⑤ 刘珍等撰，吴树平校注：《东观汉纪校注》，中华书局2008年版，第510页。
⑥ 《后汉书》卷46《陈球传》，第1831页。
⑦ 《后汉书》卷51《桥玄传》，第1695页。

的督邮,对打击贪官污吏和豪强势力的嚣张气焰,抑制他们的不法行为、整顿吏治,减轻百姓负担,缓和社会矛盾,维护地方秩序,都产生了积极作用。

另一方面,督邮作为郡守属吏,由郡守自辟,在一定程度上依附于郡守,甚至在郡守与督邮之间形成一种君臣关系,以至他们被迫屈事郡守。[①] 汉代虽不乏像侯文、尹益那样忠于职守、敢言直谏的督邮,但很多人却都慑于郡守权威而不敢有所忤逆。为了取悦于上司,往往极力迎合郡守。史载:"长沙太守程徐二月行县,敕诸县治道,(临湘令周)规以方春向农,民多剧务,不欲夺人良时",程徐即派督邮行县督促,周规无奈,只好"委而去"[②]。这样,督邮实际上成了郡守贪赃枉法、侵渔百姓的走狗和帮凶。郡守引督邮为爪牙,督邮以郡守为靠山,二者互相勾结,狼狈为奸,甚至颠倒是非,"以恶为善"。如汝南西部督邮繇延"质性贪邪,所在荒乱,虐而不治,冤慝并作,百姓怨之"。但太守欧阳歙却歪曲事实,"以恶为善",称其"天资忠贞,禀性公方,典部折冲,摧破奸雄"。欲"与众儒共论延功,显之于朝"。虽因功曹郅恽等人当众反驳而暂时罢黜了繇延,但数月后又再次召回。[③]

郡守公开为其亲信属吏掩覆罪责,甚至以恶为善,以罪为功,退而复进,并不一定是普遍现象,但郡守与督邮相互勾结却是显而易见的。正是倚仗着郡守的恩宠和袒护,督邮往往有恃无恐,恣意妄为,"贪秽受取,干乱吏政"[④],被人们视为各种灾祸的根源。《后汉书·方术传》载,汉明帝时,汝南久旱不雨,太守鲍昱问方士高获,何以致雨?高获答曰:"急罢三部督邮,……可致也。"[⑤] 同书又云,戴封"迁西华令,时汝、颍有蝗灾,独不入西华界。时督邮行县,蝗忽大至。督邮其日即去,蝗

[①] 杨鸿年:《汉魏制度丛考》,武汉大学出版社1985年版,第325—328页。
[②] (清)汪文台辑,周天游校:《七家后汉书》之华峤《后汉书》卷2《周规》,河北人民出版社1987年版,第357页。
[③] 参阅(东晋)袁宏撰,张烈点校:《后汉纪》卷7《光武皇帝纪》,中华书局2002年版,第131—132页;《后汉书》卷29《郅恽传》,第1028页。
[④] 《三国志》卷26《魏书·满宠传》,第721页。
[⑤] 《后汉书》卷82《高获传》,第2711页。

亦顿除。"①

东汉时期，谶纬迷信流行，人们总是把自然界的灾异变化与社会治乱安危联系在一起。上述引文中把旱蝗灾害归因于督邮行县，虽不足为信，但从中不难看出督邮贪暴扰民是何等严重！为此，有的太守常在春耕季节召督邮还府，以免扰民。《居延汉简》中就有"太守不遣都吏循行"（273.15）的记载，至于文献记载则更详。如汉明帝时，九江太守宋均在春正月"悉省掾史，闭督邮府内，属县无事，百姓安业"。胡三省注云："郡有五部督邮，监属县。闭之府内者，恐以司察为功能，侵扰属县，适以多事故也。"② 汉和帝时，汝南太守何敞"常疾俗吏苛刻以要名誉，为政务崇宽和。立春日，乃召督邮还府，复遣吏案行属县，显孝行，举仁义。由是郡中翕然，百姓化之"③。在东汉统治比较稳定，吏治较为清明的明、和二帝时期，督邮"侵扰属县"就已如此严重，东汉中期以后，吏治败坏，督邮"贪秽受取，干乱吏政"之事就更普遍了。

四

综上所述，可以得到以下几点认识：

1. 汉代督邮作为郡国属吏，最初只是督送邮书，并无监察县政之责。随着汉朝封建专制主义中央集权政治的发展，中央对地方的监察制度日趋成熟完善，督邮始成为专司监察事务的郡吏。其监察对象和权限虽有渐趋扩大之势，但始终仅限于监察。督邮可就某事向郡国守相陈述己见，但至多是建议罢了，并无临事决断之权。

2. 督邮监察县长吏，但不受其约束。督邮秩不过百石，而其所监察的县令、长，位尊者可为千石，低者亦至三百石；与督邮相比，可谓位尊秩显了。以秩次低微的督邮监察位尊职显的县长吏，正是汉朝监察制度以小制大，以卑临尊特点的反映。督邮与县令长同听命于郡守，但前

---

① 《后汉书》卷81《戴封传》，第2684页。
② 《资治通鉴》卷45，汉明帝永平七年（64年）正月条，第1445页。
③ 袁宏撰，张烈点校：《后汉纪》卷13《孝和皇帝纪上》，中华书局2002年版，第254页。

者为郡守自辟，后者由朝廷任命。二者之间既不是平行并列的同僚，也不存在上下隶属关系。因此，督邮行县不受当地县令、长约束；即使督邮不遵法度，县令、长亦无权干涉、拘捕，否则即为越权，以致有的县令在"诘责"考案督邮的同时，已作好了弃官不仕的准备。①

3. 督邮循行各地，无固定治所。督邮也像刺史那样分部循行，却不像刺吏那样治有定所。他们所到之处，皆就近宿于传舍，或被郡守"闭之府内"。有的甚至"行则负担，卧则无被，连麋皮以自覆"。

4. 督邮的设置，对于整饬吏治，稳定社会秩序确实具有一定的积极意义。但是，督邮毕竟位卑职小，其监察地方的成效不仅与自身品质好坏和能力高下有关，更重要的是取决于郡守的态度。如果没有郡守的支持或与其意见相左，纵然督邮正直无私，言辞恳切，也难以如愿。一旦与郡守互相勾结，就会为害一方，造成极为恶劣的影响。尤其是在汉朝政治黑暗、吏治败坏之时，督邮监察地方的积极作用就日渐淡化，而其消极影响却更为明显。

——原载《中山大学学报》1999 年第 3 期

---

① 《三国志》卷 26《魏书·满宠传》载，满宠"守高平令。县人张苞为郡督邮，贪秽受取，干乱吏政。宠因其来在传舍，率吏卒出收之，诘责所犯，即日考竟，遂弃官归"。第 721 页。

敦煌悬泉汉简所见河西的羌人

羌族是我国西部地区的古老民族。甲骨文和金文中就有从羊、从人（或从女）的"羌"字，《说文》云："羌，西方牧羊人也。"其活动范围很广，以青海河湟地区为中心，北自塔里木盆地南缘，南到巴蜀，都有羌人活动。《后汉书》卷八十七《西羌传》称其地"滨于赐支，至乎河首，绵地千里。……南接蜀、汉徼外蛮夷，西北接鄯善、车师诸国"[①]。秦末汉初，随着匈奴的崛起，羌族的发展受到很大影响，被迫依附于匈奴。河西的羌族部落则从走廊腹地退居南山（即今祁连山），称为南山羌。元狩二年（前121）汉朝据有河西后，将当地的匈奴部众迁到陇西、北地等五郡塞外，设"五属国"以处之，一时出现了"河西地空"的局面。但是，仍有一部分羌人继续留居河西南山。有的羌族部落已接受汉朝统治，他们被称为"归义羌"。敦煌悬泉汉简有很多归义羌人的记载，反映了汉代河西归义羌人的活动情况。

一 河西"归义"羌人的部落组织

河西的"归义羌"人虽归附汉朝，但仍保持了原有的部落组织。见于悬泉汉简记载的羌人部落种号有：刘危种、藏耶芘种、龙耶种、渠归种、槛良种、甫种、卜芘种、卑为芘种和敦隗种等。简文如下：

---

① 《后汉书》卷87《西羌传》，第2869页。

敦煌悬泉汉简所见河西的羌人

1. 移护羌使者移刘危种南归责藏耶芘种零虞马一匹、黄金耳（珥）县青碧一，会月十五日，已言决。

　　　　　　　　　　　　Ⅱ0122①B：63　X二二八①

2. 酒泉归义垒羌龙耶种男子䫂芒自言，今年九月中□☐

　　　　　　　　　　　　Ⅱ0214②：195　X二四二②

3. 归义垒渠归种羌男子奴葛③　　Ⅱ0114②：180　X二四〇

归义聊楷良种羌男子芒东　　　Ⅱ0114②：181　X二四〇

归义垒甬种羌男子潘朐　　　　Ⅱ0114③：423　X二四〇

归义垒卜芘种羌男子狼颠（张释作"仁芘种羌"）

　　　　　　　　　　　　Ⅱ0114③：459　X二四〇

归义聊藏耶芘种羌男子东怜（张释作"臧耶芘种"）Ⅱ0214①：1 X二四〇

归义聊卑为芘种羌男子唐尧　　Ⅱ0214①：2 X二四〇

归义聊卑为芘种羌男子䫂当（张释作"卑显芘种羌男子□当"）

　　　　　　　　　　　　Ⅱ0214①：3 X二四〇

归义垒卜芘种羌男子封芒　　　Ⅱ0214①：4 X二四〇

归义楷良种羌男子落䫂　　　　Ⅱ0214①：5 X二四〇

■右楷良种五人。　　　　　　Ⅱ0214①：6 X二四〇

4. □良种同犁盗余芒马八匹同犁与□□□□　ⅡT0313S：61

5. □归义聊羌王使者男子　　　　　初元五年七月□

---

① 见胡平生、张德芳编撰《敦煌悬泉汉简释粹》，上海古籍出版社2001年版。为查阅方便，本文凡征引该书简文均标注原简编号和该书序号，并在序号前加 X 表示。凡未有 X 序号的悬泉汉简，分别出自张德芳《悬泉汉简羌族资料辑考》（原载中国社会科学院简帛研究中心《简帛研究二〇〇一》，广西师范大学出版社2001年版，后收入田澍主编《中国古代史论萃》甘肃人民出版社2004年版）和张德芳《悬泉汉简中若干"时称"问题的考察》（载中国文物研究所编《出土文献研究》第六辑，上海古籍出版社2004年版）二文，恕不一一注明。

② "酒泉"原释作"渊泉"，张德芳先生《悬泉汉简羌族资料辑考》一文中已改释为"酒泉"，今从。

③ 本简在张德芳《悬泉汉简羌族资料辑考》和张俊民《敦煌悬泉出土汉简所见人名综述（二）——以少数民族人名为中心的考察》一文（载《西域研究》2006年第4期，下称张释）中释作："归义垒渠䫂种羌。"其中"奴葛"二字张释作"□当"。"归"与"䫂"在汉简中字形相近，今从胡平生、张德芳先生释文。

· 301 ·

☐余输皆奉献诣　　仁行长史事　　☐
　　☐乘传　　　　　当舍传舍☐　　　　　ⅤT1210④∶3
6.・归义敦陒种留良等辞曰以诏书冬十月入徼就草常居广至☐
　　　　　　　　　　　　　　　　　　　　ⅡT0114②∶194

　　对以上各简所记羌人种号，学者多将"归义"与"垒""聊"等断开而与其后的"某某种羌"连读，分别作"垒渠归种""聊槛良种""垒甬种""垒卜㢓种""聊藏耶㢓种""垒卑为㢓种"等。① 但是，这种断读似与文意不符。如果将各简对照来看，第3简（即"归义羌人名籍"册）中的"垒""聊"都应与其前面的"归义"连读为"归义垒某某种""归义聊某某种"等。这种断读，与1、2、5三简中"藏耶㢓种""归义垒羌龙耶种"和"归义聊羌王"的句式正相吻合。《后汉书》卷八十七《西羌传》载，羌人自无弋爰剑曾孙忍以后，"子孙各自为种，任随所之"。其中"忍生九子为九种，（其弟）舞生十七子为十七种"。到忍之子研时最豪健，"故羌中号其后为研种"。自爰剑"十三世至烧当，复豪健，其子孙更以烧当为种号"。可见羌人种号是以"豪健"者命名的。每个种号可能是一个部落，也可能有若干个部落。如汉桓帝延熹二年（159），"烧当八种寇陇右"，被护羌校尉段颎所败。这里的烧当种羌，至少有八个部落组成。每个部落自成一个分支，故称"烧当八种"。同一种姓的各部落首领均可称为"大豪"。汉明帝永平初年，烧当羌诸部先后降汉，护羌校尉窦林在未明真相的情况下，先是奏称滇岸为烧当大豪，接着又奏滇岸之兄滇吾为第一豪。汉明帝怀疑"一种两豪"失实，在查明真相后，"怒而免林官"。黄烈先生据此认为，其最高首领"大豪"只有一个，其下又有若干家支首豪，故其部落民有相对的稳定性。② 但有资料证

---

　　① 参阅胡平生、张德芳编撰《敦煌悬泉汉简释粹》第166—168页相关注释；初世宾《悬泉汉简羌人资料补述》，载中国文物研究所编《出土文献研究》（第六辑），上海古籍出版社2004年版，第167—189页；张俊民《敦煌悬泉出土汉简所见人名综述（二）——以少数民族人名为中心的考察》。张俊民先生虽未明确指出羌人种号，但基本认同初世宾等先生的观点，也认为简3中除小计简外，"共出现九个人名，分属七个羌种"。
　　② 参阅黄烈《中国古代民族史研究》，人民出版社1987年版，第81—82页。

明,同一种羌可有多个大豪。如《汉书》卷六十九《赵充国传》载,汉宣帝时义渠安国行视诸羌,"召先零诸豪三十余人,以尤桀黠,皆斩之。"至神爵二年(前60)秋,"羌若零、离留、且种、儿库共斩先零大豪犹非、杨玉首",于是诸羌悉平。《后汉书》卷六十五《皇甫规传》载,延熹五年(162)"沈氏大豪滇昌、饥恬等十余万口"向皇甫规投降。其中同时被杀的犹非、杨玉则均为"先零大豪",归降汉朝的滇昌、饥恬也都是"沈氏大豪",足见其大豪不止一人。同书卷八十七《西羌传》又载,汉安帝永宁元年(120)夏,"当煎种大豪饥[五]等,以(马)贤兵在张掖,乃乘虚寇金城……初,饥五同种大豪卢忽、忍良等千余户别留允街,而首施两端。建光元年(121)春,马贤率兵召卢忽斩之……忍良等皆亡出塞"。据此,当煎种羌至少有三个"大豪"。在饥五进攻金城之际,驻在金城允街县的卢忽、忍良"首施两端",可见他们虽属"同种",相互间并无上下隶属关系。换言之,"大豪"未必是某种羌的最高首领,各部落的首领亦可称为"大豪"。如汉安帝永初二年(108),西域副校尉梁慬"至姑臧,羌大豪三百余人诣慬降"。这些"大豪"显然是指部落首领而非某种羌酋豪。上列简文所谓"归义垒""归义聊"等,应是指其较大的种号而言,其下的"渠归种""樏良种""甬种""卜㫄种""藏耶㫄种"和"卑为㫄种"等则为其分支。其中"归义"是指该部羌人已归附汉朝,"垒""聊"则为其名号。简中"归义垒(聊)某某种羌"的称谓,与文献所记"先零沈氏羌"之类的说法也是一致的。而后者既可作"先零羌沈氏种",也可省去种姓而称为"沈氏(种)羌"。因为其种号各异,即使省去种姓或归义名号,也不致出现混乱。故简3《归义羌人名籍》第二简中的"归义聊樏良种羌",在第九简中省称为"归义樏良种羌",最后一枚小计简则省去了归义名号而径称"樏良种";至于"归义聊藏耶㫄种",在简1中则省去了"归义聊"而作"藏耶㫄种"。如此,简6中的"归义敦隗种"可有两种解释:一是像"归义垒(聊)某某种"一样,其名号为"敦",种号为"隗";二是仿"归义樏良种"之例,省去了归义名号,其种号为"敦隗"。由于羌人种姓、名号中既有像"先零""烧当""藏耶㫄种"这样的复合词,

· 303 ·

也有诸如"研种""罕种"和"甬种"之类的单字名称,因此尚难以确定"归义敦隗种"的解释应以何者为是。但是,河西一带的羌人在归附汉朝后仍继续保留其原来的部落组织,则是可以肯定的。肩水金关汉简中有很多聊姓人员的记载,如"戍卒觻得成汉里公乘聊广德年卅六"(73EJT14:1)"☐☐期里女子聊蘩年卅"(73EJT25:25)"茂陵精期里女子聊碧年廿七,轺车一乘马一匹,三月癸亥入"(73EJT37:1505)等,其中的"广德"和"碧"显然都是汉名。因此,这些聊姓人员应为纳入郡县乡里管辖的归义羌人①,从而进一步印证了"聊"确为归义羌人部落名号。

二　河西"归义"羌人的父子联名制

敦煌悬泉汉简不仅记载了羌人的归义名号和部落组织,而且还有很多羌人姓名,这对于了解其名姓制度提供了新的材料。现将见于敦煌悬泉简的羌人人名列表如下:

姓名	原简编号	姓名	原简编号
归	Ⅰ0114①:11	唐尧	Ⅱ0214①:2 Ⅹ二四〇
归何	Ⅱ0214①:124 Ⅹ二四一	唐调	Ⅱ0216②:80
南归	Ⅱ0113①B:63 Ⅹ二二八	屈调	Ⅱ0114④:83 Ⅹ二五一
告归	Ⅰ0112①:10	奴葛	Ⅱ0114①:180 Ⅹ二四〇
忘归	Ⅰ0112②:39AB	狼颠	Ⅱ0114③:459 Ⅹ二四〇
芒封	Ⅱ0214①:124 Ⅹ二四一	狼阳	Ⅱ0113③:3 Ⅹ二四九
封芒	Ⅱ0214①:4 Ⅹ二四〇	狼对	Ⅰ0112②:39②
封唐	Ⅱ0214①:124 Ⅹ二四一	莫狼	Ⅳ0617③:21
封调	Ⅱ0111①:174 Ⅹ二五七	蹑当	Ⅱ0214①:3 Ⅹ二四〇

---

① 高荣、贾小军、濮仲远:《汉化与羌化:汉唐时期河西的民族融合》,中国社会科学出版社2018年版,第91页。

② 本简所标出土编号与Ⅹ二二五简相同。比较两简文字,所叙各为一事,并非同一简内容。故二者所列出土编号,必有一误。

续表

姓名	原简编号	姓名	原简编号
留良	Ⅱ0114②：194	蹴戎	Ⅱ0114②：216A
嘉良	Ⅱ0214①：26 X 二四一	落蹴	Ⅱ0214①：5 X 二四〇
良输	Ⅱ0215②：349	牛羌	ⅥF13C①：5
余输	Ⅴ1210④：3	樊羌	Ⅱ0214③：46
余芒	Ⅱ0313S：61	王羌	Ⅱ0113①：37
榦芒	Ⅱ0214②：195、X 二四二	赵羌	91DXF13C②：22
芒东	Ⅱ0114②：181 X 二四〇	同犁	Ⅱ0313S：61
东怜	Ⅱ0214①：1 X 二四〇	傅迷	Ⅳ0617③：21
掌乐	Ⅱ0114②：284	零虞	Ⅱ0113①B：63 X 二二八
驴掌	Ⅱ0214①：124 X 二四一	虞临	Ⅱ0214③：185、Ⅱ0114③：519
掌臧	Ⅲ0909④：17	离吉	Ⅱ0111②：21、X 二四四
掌子真	Ⅱ0114③：439	潘朐	Ⅱ0114③：423 X 二四〇
索卢	Ⅱ0113①：4X 二四三	妾男	Ⅴ1511⑤：2A
大目	Ⅲ0909④：30	弥藏	Ⅰ0210③：6

上表所列羌人人名共46个。其中除"奴葛""索卢""大目""弥藏""潘朐""傅迷""离吉""同犁"和"妾男"外，其他人名间都有一定关联。如：

归——归何——南归——告归——忘归

芒封——芒东——东怜

封唐——封芒——封调

唐尧——唐调——屈调

嘉良——留良——良输——余输——余芒

驴掌——掌乐——掌臧——掌子真

狼颠——狼阳——狼对——莫狼

蹴当——蹴戎——落蹴

零虞——虞临

据《后汉书》卷八十七《西羌传》载，西羌"氏族无定，或以父名母姓为种号。……不立君臣，无相长一，强则分种为酋豪，弱则为人附落”①。如烧当羌自无弋爰剑十三世孙烧当“豪健”，遂以烧当为种号。烧当玄孙为滇良，滇良之子名滇吾、滇岸，滇吾之子名东吾、迷吾、号吾，东吾之子东号，迷吾之子迷唐，东号之子麻奴，麻奴之弟犀苦。其中，从滇良到迷唐共历四代，可图示如下：

烧当 — 滇良 ┬ 滇吾 ┬ 东吾 — 东号
　　　　　　│　　　├ 迷吾 — 迷唐
　　　　　　└ 滇岸　└ 号吾

这种命名方式，黄烈先生称之为“父子联名制”。上列简牍记载的9组姓名与烧当羌的父子联名制非常吻合。但在其中可以确定为父子、兄弟关系的人名之间，却并未实行父子联名制。如驴掌之子芒封，其弟名嘉良，归何弟名封唐。从驴掌家族十余人抢夺归何马廿匹（张释作“卌匹”）、羊四百头的事件来看，他们虽有一定的经济实力但并非“酋豪”之类的头面人物。如果考虑到“父子联名制只在强大的种族中出现”②的特点，在驴掌等人父子兄弟姓名间缺乏关联，也在情理之中；但在羌王唐调与西罕侯封调、羌豪良输与男子余输以及同属于“归义垒羌”的“榦芒”与“封芒”和同属于“归义聊羌”的“踱当”与“落踱”之间，则很可能与这种父子联名制有关。而“掌乐”与“掌子真”同住于效谷县广大里，后者又与“掌臧”同在悬泉置当差，他们三人显然已编入了汉朝地方乡里组织体系中。“掌子真”简的纪年为“河平二年”（前27），比简册所谓“驴掌谋反”的时间神爵元年③（前61）晚了30多年，他们很可能属于同一种羌。

关于简中出现的诸如“牛羌”“赵羌”“樊羌”“王羌”等姓名，一种意见认为是已经汉化的羌名；另一种意见则认为，不能把所有带

① 《后汉书》卷87《西羌传》，第2869页。

② 黄烈：《中国古代民族史研究》，人民出版社1987年版，第81页。

③ 此为初世宾先生推定的时间，参阅初世宾《悬泉汉简羌人资料补述》，中国文物研究所编：《出土文献研究》（第六辑），第184—185页。

"羌"字的都当作羌人。① 从敦煌悬泉简中"门下义从赵羌"的记载（91DXF13C②：22）来看，此"赵羌"当属归附汉朝的"归义羌"人无疑。至于"大穰里不更王羌"和奉命案事郡中的"助府佐樊羌"，当与前述"掌乐""掌子真""聊广德""聊蘩""聊碧"等一样，都是编入地方乡里组织的羌人。他们在归附汉朝后，也拥有了一般编户的身份和待遇，获得了较低的爵位（不更、公乘分别是秦汉二十等爵的第四级和第八级）和职务。

简3中"奴葛"的身份是"归义垒渠归种羌男子"，则"奴葛"应是羌人无疑，而"奴"或为其姓氏。此外，在敦煌悬泉置所出的邮书课简中，还见有"奴万""奴铁柱""奴益有""奴李通""奴来臣""奴便"等称谓。② 由于这些邮书课简的内容详略各异，书写格式也不完全一致。有的除了记收付文书的年月日时，还详细记载了经办者所属部门及其身份、姓名等；有的则仅记文书收付者名，而省去了其身份和姓氏。如下简：

7. 出绿纬书一封，西域都护上诣行在所公车司马以闻……元始五年三月丁卯日入时，遮要马医王竟、奴铁柱付县泉佐马赏

Ⅱ0114②：206

8. 元始五年四月丁酉日蚕桑榆时，县泉佐赏受遮要奴李通，即时遣狗奴行

Ⅱ0214①：27

9. 建平三年四月癸卯定昏时，遮要驿吏并受甘井驿音

Ⅱ0214②：266

10. 出东合檄一，鲍掾印，诣东道平水史杜卿，元始五年四月庚戌晨时，县泉置佐忠受遮要铁柱□☒

Ⅱ0214①：13

---

① 参阅初世宾《悬泉汉简羌人资料补述》，张俊民《敦煌悬泉出土汉简所见人名综述（二）——以少数民族人名为中心的考察》。
② 简文见张德芳《悬泉汉简中若干"时称"问题的考察》，中国文物研究所编《出土文献研究》第六辑，上海古籍出版社2004年版，第190—216页。

对于7、8二简中出现的"奴"字,还不能确定到底是指其身份还是姓氏。从简8所记的"奴李通"来看,似乎是指其身份而非姓氏。另一枚悬泉简中又有"元始四年十月庚午夜半时,县泉置奴付鱼离置佐左骏"(Ⅱ0114③∶444)的记载,这里的"奴",似也是指其身份而言。但7、8、10三简所记文书受付时间分别是元始五年(5)三月三日、四月三日和四月十六日,前后相距不过一个半月,故简7中的"县泉佐马赏"和"奴铁柱",就是简8中的"县泉佐赏"和简10的"铁柱"。其区别在于前者有姓有名,后者则省去了姓氏而只书其名。若果如此,这里的"奴"就应是姓氏而非身份,则简7的王竟、奴铁柱二人的身份均为马医,不仅与本简后面接受文书的"县泉佐马赏"的书写格式(身份+姓名)正相吻合,而且可与简3的归义羌男子"奴葛"互证。在《后汉书》卷八十七《西羌传》中,就有羌人以"奴"为名的例证,如"麻奴""狐奴"等。至于多次出现的"狗奴",则应是在悬泉置当差羌人的名字。

此外,简中出现的"离吉""潘胸""妾南""索卢""弥藏""傅迷""同犁"等人名,从字面上看不出相互间有何关联,但在文献中却有一些类似的例证。如带"离"字的有离留、离湳、那离,当煎羌大豪又有名卢忽者,等等。由此可见,在河西的归义羌人部落中,仍继续保留和实行了羌人传统的父子联名制。

三 对河西"归义羌"人的管理

由于"羌人逐水草移徙"的特点,河西的"归义羌"人一般居于"徼外",只有到冬季才可"入徼就草"。简6所记归义敦槐种羌留良等自称"以诏书冬十月入徼就草",就是明证。如果将简6与同出于敦煌悬泉置遗址第二发掘区的《案归何诬言驴掌谋反册》(Ⅹ二四一)中的"使者条"对照来看,简6提及的诏书显然不是专门针对归义敦槐种羌,更不是专指留良等人,而应是适用于所有归义羌人部落的,很可能是专为赴河西处理归义羌人事务的某"使者"而颁行的,故称"使者条"。特别规定在"冬十月入徼就草",应与归义羌人平时所处的"徼外"之地高寒气候有关。《案归何诬言驴掌谋反册》显示，羌人驴掌于某年八月迁居博望候官万年亭徼外的归蔽谷，其东面与归何邻近。去年九月，驴掌之子芒封与归何之弟封唐因斗殴冲突引发了财产纠纷。封唐用刀刺伤芒封，驴掌即与其弟嘉良等十多人夺走了归何的二十（或作"卅"）匹马和四百只羊，归何遂将此事"自言官"。这里的"官"，应即博望候官。候官是隶属于都尉府的军事防御组织，但属国之下也设有候官①。据《后汉书》卷八十八《西域传》载，东汉有酒泉属国建制，虽然其始设时间不详，但当地羌人部落众多，汉宣帝时又屡"欲为酒泉、敦煌寇"②，为安置酒泉南山和敦煌南塞"徼外"的"归义"羌人，设立"主蛮夷降者"的酒泉属国是非常必要的，也是完全可能的，简2"酒泉归义叟羌"的记载可为佐证③。故《案归何诬言驴掌谋反册》中处理羌人冲突和纠纷的博望候官或即隶属于酒泉属国。由于双方纠纷发生在边塞"徼外"，且在某赦令（很可能是对"归义"羌人的赦令）发布以前，根据"使者条"的有关规定，对其"归义"前发生的冲突可以赦免，不予追究。敦煌悬泉汉简中就有"赦前有罪，后发觉勿治"的令文（Ⅹ一一），故博望候官只追回了廿匹马和五十九头羊，并将此案处理意见上呈属国都尉府。文书称："疑归何怨恚，诬言驴掌等谋反"，就是候官对归何告发驴掌等谋反之事进行调查分析基础上形成的初步判断。值得注意的是，驴掌与归何双方"相犯徼外"的时间是"去年九月中"；而简2中酒泉归义叟羌龙耶种男子榦芒"自言"之事，则是"今年九月中"发生的。他们特别强调事件发生在"九月中"，当与"十月入徼就草"的诏令精神有关。在"九月中"，他们尚在"徼外"，汉朝对他们的控制约束相对比较宽松，甚至可免予承担责任；但在"十月入徼就草"以后，就要接受当地郡县或属国的管理。因此，他们"自言"某事在"今（去）年

---

① 据《续汉书·郡国五》载，张掖属国辖有候官、左骑、千人、司马官和千人官，第3521页。
② 参阅《汉书》卷69《赵充国传》，第2979页。
③ 本简出自敦煌郡效谷县境内的悬泉置遗址，故简中的"酒泉"不可能是酒泉郡，而应是酒泉属国。

九月中",意在说明当时尚在"徼外",以便充分利用诏令所留的"空间",使自己在处理纠纷时处于更有利的地位,进而逃避或减免责任。

不论是博望候官万年亭"徼外"羌人归何诬言驴掌等谋反,还是酒泉归义夆龙耶种羌男子𢃇芒"自言"有关情况,都说明这些羌族部众平时均受当地属国管辖,简3的"归义羌人名籍册"就是明证。正因为如此,当他们发生各种纠纷时,也求助于郡县或属国官吏解决。如悬泉汉简有云:

11. 定汉里女子王张子自言:河平二年八月中卖黄丸方领一直九百广大里掌子真所,数责不可得。子真为县泉厩佐

ⅡT0114③:439

简中某县(或为悬泉置所在的效谷县)定汉里女子王张子自称,家住广大里的县(悬)泉厩佐掌子真欠其900钱,多次索要未果,遂请求官府帮助解决。当然,也有的羌民往往将其财产或债务纠纷直接诉诸巡视该地的"护羌使者"(即护羌校尉,详下),但护羌使者并不直接处理这类案件,而是将其移交当地郡县或属国。简1反映的情况正是如此。简文显示,护羌使者将归义羌刘危种南归与藏耶䟦种羌零虞的马匹纠纷案件转交某部门,该部门又责成其下属处理。鉴于该文书为层层转发、逐级下达,故接受护羌使者文书者应是敦煌郡或酒泉属国,而郡(属国)又将其转发给案件当事人所在的县(候官)。在案件处理完毕后,郡县属国要将结果登记上报。敦煌悬泉简中"护羌使者莫府移羌男子狼对责忘归马已毕·第廿☐"(ⅠT0112②:39)和县廷逐捕因某事获罪的羌人莫狼、傅迷等(参阅ⅣT0617③:21)的记载,可为佐证。

汉代"归义"羌人被广泛用于军事、邮驿和其他各种劳作,敦煌悬泉简中就有很多以羌人为御者或从事其他劳作的记载(参阅Ⅹ二四四、Ⅹ二四五、Ⅹ二五六等简)。他们均受所在郡县(或属国)管理,这些郡县也都设有专司羌族事务的机构和官吏。如下简:

12. 建昭二年二月甲子朔辛卯,敦煌太守疆、守部候修仁行丞

事告督邮史众欣、主羌史江曾、主水史众迁，谓县，闻往者府掾、史、书佐往来餟案事，公与宾客所知善饮酒传舍，请寄长、丞食或数…… Ⅹ二三二

13. 七月十一日庚申，主羌史李卿过西，从吏一人，用米六升，肉一斤 Ⅹ二三三

此二简中的"主羌史"一职不见于文献记载。从简文内容看，前者为汉元帝建昭二年（前37）二月二十八日敦煌太守府给其属吏和属县的下行文书，故其中的"督邮史""主羌史""主水史"等均为敦煌郡属吏。汉简中对各级属吏往往称卿而不名①，简13中的"主羌史李卿"即属此类。根据汉代郡县属吏"分诸曹治事，掾为曹长，史之地位在掾之下，副掾理事"的惯例②，简中的"主羌史"即"主羌掾"之副贰，其职责应是协助处理羌族事务。

敦煌郡专设"主羌"掾、史，负责归义羌人的日常管理，说明敦煌一带羌族势力还是很大的。敦煌如此，河西其他各郡也不例外。如汉武帝时为安置"蛮夷降者"而在张掖郡南部黑河上游地区设立的张掖属国，其所辖人口中就有相当数量的羌人③。因此，东汉建武初年司徒掾

---

① 参阅陈梦家《汉简缀述》，中华书局1980年版，第119页。
② 严耕望：《中国地方行政制度史甲部·秦汉地方行政制度》，北京联合出版社2020年版，第112—113页。
③ 关于张掖属国的民族构成，肖化、吴礽骧、余尧、李并成等均主张以匈奴部众为主，同时还包括秦胡和卢水胡等。说详肖化《略谈卢水胡的族源》，《西北师院学报》1983年第2期；吴礽骧、余尧《居延新获建武秦胡册再析》，《西北师院学报》1984年第4期；李并成《汉张掖属国考》，《西北民族研究》1995年第2期。我们认为，张掖属国所辖主要并不是匈奴部众，而是羌族和已经羌化了的小月氏、义从胡等。依据有三：其一，元狩二年（前121）浑邪王降汉后，原住河西的匈奴部众被汉武帝安置在陇西、北地等边五郡塞外的"五属国"，以致出现了自"金城、河西并南山至盐泽，空无匈奴"的局面。因此，即使河西仍有匈奴部众留居，其数量也是非常有限的，恐不足以成为张掖属国的主要部民；其二，汉朝在河西设郡置县的目的在于"隔绝羌胡，使南北不得交关"。据《汉书》卷69《赵充国传》载，自汉武帝以来，匈奴始终不甘心其失败，千方百计欲联合羌人，试图重新夺取河西。因此一再煽动诸羌，声言："羌人为汉事苦。张掖、酒泉本我地，地肥美，可共击居之。"甚至汉宣帝时，匈奴仍在鼓动、支持羌候狼何等，"欲击鄯善、敦煌，以绝汉道"。正如后将军赵充国所云："匈奴欲与羌合，非一世也。"在这种形势下，汉朝显然不可能把大量匈奴部众安置在与西羌（转下页）

班彪所谓"凉州部皆有降羌"① 之说,并非虚言。

　　汉朝管理羌族事务的官吏还有"护羌校尉"和"护羌使者"。学者多认为"护羌使者"在敦煌悬泉汉简中凡十见,且从宣帝时一直延续到西汉末,因而不是临时性增设的官职;其秩比二千石,不是护羌校尉所派使者或其属官,而是"随事而设"并配合护羌校尉行动的独立官职②。但是,在同一地区(特别是民族地区)常设两名职责相仿、地位和权力相当的官吏,不仅无助于加强统治,反而会因权力交叉、职责重叠而导致政出多门、号令不一,甚至出现内争和混乱,进而削弱统治。就其职责而言,护羌校尉"持节统领"诸羌,虽自有治所,但并不像郡守、县令长那样拥有辖地治民之权,而是以朝廷使者的身份巡行各地,笼络和安抚羌族部众,防止各部结盟或与匈奴交通以反叛汉朝。即《后汉书》卷八十七《西羌传》所谓"持节领护,理其怨结,岁时循行,问所疾苦。又数遣使驿通动静,使塞外羌夷为吏耳目,州郡因此可得警备。"简牍和文献所见护羌使者的职责也大体如此。如汉宣帝元康三年(前63)先零与诸羌种豪解仇交质盟诅,赵充国建议:"宜遣使者行边,兵豫为备,敕视诸羌,毋令解仇,以发觉其谋。"可见使者巡行,旨在监视诸羌动向,阻止诸羌结盟,"以发觉其谋"。这与护羌校尉的职责是一致的。自汉武帝设护羌校尉后,史籍中再未有护羌校尉的记载,直到汉宣帝神爵二年始"诏举可护羌校尉者";简牍所见的"护羌使者",又出现于宣帝至西汉末年,且"护羌校尉"与"护羌使者"不见于同一简册。因此,我们认为二者并不是平行并列的关系,不过是同一官职的不同称谓而已。因护羌校尉"持节"治事,故又称为"护羌使者";而其全称应

(接上页)部落毗邻的张掖郡南部地区。其三,河西南部本来就有大量为匈奴所役属的"南山羌"和"依诸羌居止"并与其通婚,"被服饮食言语略与羌同"的小月氏、义从胡等部众。张掖属国就是在匈奴部众迁出河西后,为笼络安抚这些与"匈奴同俗"的"羌胡"部众而设立的。从建武八年(32)光武帝西征隗嚣时,河西五郡大将军、张掖属国都尉窦融"率五郡太守及羌虏小月氏等步骑数万"至高平以响应的事实来看,张掖属国的主要部众也应是"羌虏小月氏"等。

① 《后汉书》卷87《西羌传》,第2878页。
② 参阅胡平生、张德芳《敦煌悬泉汉简释粹》,第156—157页注;初世宾《悬泉汉简羌人资料补述》,中国文物研究所编《出土文献研究》(第六辑),第184—185页。

为"护羌使者校尉"。这与昭、宣之世设使者校尉处理西域事务[①]是同样的道理。论其职掌、官阶称护羌校尉，论其身份、职责（朝廷所派、持节治事）则称护羌使者。

为了进一步笼络和招抚羌族各部，汉朝还对羌族部众实行"捬循和辑"的政策，将归附汉朝的各部落首领，按其原有地位和力量强弱分别封为王、侯、君、长等。如先零大豪杨玉就曾被封为"归义羌侯"，后因行视诸羌的义渠安国措置失当，致使杨玉等"恐怒，亡所信乡"而胁迫其他小种"背畔犯塞"。后来赵充国欲以威信招降诸羌，乃释放了此前被扣留作人质的罕、开豪靡当儿之弟雕库，使之归告诸羌："大兵诛有罪者，明白自别，毋取并灭。天子告诸羌人，犯法者能相捕斩，除罪。斩大豪有罪者一人，赐钱四十万，中豪十五万，下豪二万，大男三千，女子及老小千钱，又以其所捕妻子财物尽与之。"从而争得了罕、开等部的归附。神爵二年（前60）秋平定西羌叛乱后，乃"封若零、弟泽二人为帅众王，离留、且种二人为侯，儿库为君，阳雕为言兵侯，良儿为君，靡忘为献牛君"[②]。敦煌悬泉汉简中有"囗归义聊羌王"（ⅤT1210④：3）"羌王唐调"（Ⅹ二三五）"西罕侯封调"（Ⅹ二五七）"琅何羌囗君弥藏"（ⅣT0617③：21）"羌王索卢"（Ⅹ二四三）等，足见西汉"捬循和辑"的对羌民族政策，在河西归义羌人中的也得以贯彻执行。

汉朝对河西的归义羌人实行护羌校尉（护羌使者）与郡县属国并行的双轨制管理体制，并辅之以较为温和宽松的民族政策，既适应专制主义中央集权统治的需要，又与边疆民族地区的实际相结合，对于维护边疆地区的社会稳定，促进经济发展，发挥了重要作用。西汉后期数十年间，"四夷宾服，边塞无事"局面的出现，与其推行"捬循和辑"的民族政策和因地制宜的双轨制管理体制，是密不可分的。

——原载《社会科学战线》2010年第10期

[①] 参阅薛宗正《西汉的使者校尉与屯田校尉》，《新疆社会科学》2007年第5期，第105—110页。

[②] 参阅《汉书》卷69《赵充国传》，第2993页。

简牍所见秦代刑徒的生活及服役范围

秦代刑罚繁密严苛，除各种死刑和肉刑外，还有徒刑。徒刑的种类很多，根据服刑者所犯罪行轻重和刑期长短，有城旦舂、鬼薪、白粲、隶臣妾、司寇、侯（候）等区别。这些既是刑名，也是刑徒的称谓。刑徒在封建国家的严密控制之下，被迫从事各种劳役，有时还被驱使从军，直接参与作战。他们地位低下，处境悲惨，"常衣牛马之衣，而食犬彘之食"，虽终日劳作，却常有冻馁之虞。认识秦代刑徒的日常生活，对秦代社会历史问题的研究无疑是大有裨益的。本文试据简牍材料，对秦代刑徒的衣、食及服役范围等问题作初步探讨。

一　秦代刑徒的衣服

秦代刑徒所穿衣服与常人有别，为红褐色的赭衣。《汉书·刑法志》就以"赭衣塞路，囹圄成市"形容秦代刑徒数量之多。《汉书·食货志》则称"赭衣半道，断狱岁以千万数。"《太平御览》卷六四九引应劭《风俗通义》云："秦始皇遣蒙恬筑长城，徒士犯罪亡依鲜卑山，后遂繁息。今皆髡头衣赭，亡徒之明效也。"这在秦简中也多有反映，如《秦律十八种·司空》规定："鬼薪、白粲、群下吏毋耐者，人奴妾居赎赀责（债）于城旦，皆赤其衣"，"城旦舂衣赤衣，冒赤氊（毡）"[①]。但公士

---

① 见睡虎地秦墓竹简整理小组《睡虎地秦墓竹简》，文物出版社1978年版，第84页。本文所引睡虎地秦墓竹简材料均出此书，以下凡引秦简材料均只注篇名，不再注书名。

以下因赎罪而服城旦舂者，可不穿囚衣。可见，秦代刑徒一般均须穿特制的囚衣。

刑徒的囚衣一般由官府发放。在都城咸阳服役者，凭券向大内领取；在地方郡县服役者，凭券向所在的县领取。囚衣分夏装与冬装两种，夏装的发放时间为四至六月，冬衣为九至十一月，过此期限即不再发给。即《金布律》所谓"授衣者，夏衣以四月尽六月禀之，冬衣以九月尽十一月禀之，过时者勿禀"。如刑徒到另一官府服役，应按距离远近至迟在八月或九月底以前将其所领衣服的数量通告原计账官府。①

但是，并非所有刑徒的衣服均由官府发给。而且，官府对刑徒的衣服也不是无偿的给予。睡虎地秦简《司空律》规定：

> 凡不能自衣者公衣之，令居其衣如律然。其日未备而被入钱者，许之。以日当刑而不能自衣食者，亦衣食而令居之。②

也就是说，凡是不能自备衣服的，才由官府发放，但他们必须以加劳役作为补偿。如果增加劳役的天数未满，可以折纳现金；至于那些以服役代替受刑而又无力自备衣服者，也由官发放，但他们照例也必须额外增加劳役作为对衣价的补偿。因此，真正由官府提供衣服的就只有那些生活贫困，无妻又无力自备衣服的隶臣、府隶和刑期较长的城旦舂等，故《司空律》又规定：

> 隶臣妾、城旦舂之司寇，居赀赎责（债）掇（繫）城旦舂者，勿责其衣；其与城旦舂作者，衣食之如城旦舂。隶臣有妻，妻更及有外妻者，责衣。人奴妾掇（繫）城旦舂，货（贷）衣食公，日未备而死者，出其衣食。③

---

① 《司空律》规定："官人生居赀赎债而远其计所官者，尽八月各以其作日及衣数告计所官，毋过九月而毕到其官；官相近者，尽九月而告计所官，计之其作年。"
② 睡虎地秦墓竹简整理小组：《睡虎地秦墓竹简》，第85页。
③ 睡虎地秦墓竹简整理小组：《睡虎地秦墓竹简》，第87页。

《属邦律》还规定：

> 道官相输隶臣妾、收人，必署其已禀年日月，受衣未受，有妻毋（无）有。受者以律续食衣之。①

可见，秦代对刑徒是否受衣是有严格规定的，隶臣有妻、妻是更隶妾及自由人的，均不在受衣者之列。而"由（贷）衣食公"，则形象地说明，秦代给刑徒发放衣服实质上只是一种有偿借予而已，并不是不加任何条件的给予。

研究表明，秦汉人的日常服装大体分为长袍和短衣两大类。长袍类服装源于先秦的深衣，即上衣下裳（裙）缝合到一起的衣服。根据季节变化，袍服又有禅衣（单层薄料制成）氎褕（厚料制成并可加皮毛装饰）和袍（有里有面并填以绵絮）之分；短衣则有衫（单内衣）襦（夹内衣）襦（一种及上膝之上绵夹衣）袭（没有著绵絮的短上衣）和袴（裤子）之别②。据《金布律》，秦代刑徒衣服只有夏装和冬装，似无春秋服。夏装的情况不得而知，官府发放的冬装主要有褐衣和倾布（即头巾，秦代刑行徒无冠饰，故用轻布裹头），均用粗麻布织成，并以用麻多少而各有所值。《金布律》规定：

> 为㡒布一，用枲三斤。为褐以禀衣：大褐一，用枲十八斤，直（值）六十钱；中褐一，用枲十四斤，直（值）卌六钱；小褐一，用枲十一斤，直（值）卌六钱。③

据此，则每用枲（即粗麻）三斤约值十钱，每条㡒布用枲三斤，大约亦值十钱。然而，刑徒为领取官府发放的衣服时所缴纳的现金却远高于其值。对此，《金布律》也有规定：

---

① 睡虎地秦墓竹简整理小组：《睡虎地秦墓竹简》，第110页。
② 参阅林剑鸣等《秦汉社会文明》，西北大学出版社1985年版，第173—180页。
③ 睡虎地秦墓竹简整理小组：《睡虎地秦墓竹简》，第66页。

简牍所见秦代刑徒的生活及服役范围

> 禀衣者，隶臣、府隶之毋（无）妻者及城旦，冬人百十一钱，夏五十五钱；其小者冬七十七钱，夏卌四钱。春冬人五十五钱，夏卌四钱；其小者冬卌四钱，夏卅三钱。隶臣妾之老及小不能自衣者，如春衣。·亡、不仁其主及官者，衣如隶臣妾。①

每件大、小褐衣约值 60 钱和 36 钱，但刑徒却要分别缴纳 110 钱和 77 钱，约比实际价值高出一倍。此外，官府还常以各种借口克扣和减发刑徒衣食，如《金布律》规定：

> 隶臣妾有亡公器、畜生者，以其日月减其衣食，毋过三分之一，其所亡众，计之，终岁衣食不赘以稍赏（偿），令居之。②

法律明文规定，"以其日月减其衣食"，说明刑徒因丢失公物或牲畜走失等被减发衣食当非个别现象。总之，由官府发放的冬衣是无法防御寒冷侵袭的。对刑徒而言，也"只能达到不裸其体的程度"而已。③

二 秦代刑徒的饮食

就食物来源而言，秦代刑徒有公食与自食两类。《司空律》规定：

> 有罪以赀赎及有责（债）于公，以其令日问之，其弗能入及赏（偿），以令日居之，日居八钱；公食者，日居六钱。④

同为以劳役抵偿债务，公食者日居六钱，而非公食者日居八钱，二

---

① 睡虎地秦墓竹简整理小组：《睡虎地秦墓竹简》，第 67—68 页。
② 睡虎地秦墓竹简整理小组：《睡虎地秦墓竹简》，第 60 页。
③ 参阅吴树平《云梦秦简所反映的秦代社会阶级状况》，载中华书局编辑部编《云梦秦简研究》，中华书局 1981 年版，第 123 页。
④ 睡虎地秦墓竹简整理小组：《睡虎地秦墓竹简》，第 84 页。

· 317 ·

者之别显然可见。从前引《司空律》中"以日当刑而不能自衣食者，亦衣食而令居之"的规定来看，所谓"公食者"，依然是指那些无力自供食物者。官府供应刑徒的食物主要是禾（即粟），根据刑徒的年龄、性别及其所服役的时间长短和强度大小，所供食物的数量也有别，《仓律》规定：

> 隶臣妾其从事公，隶臣月禾二石，隶妾一石半；其不从事，勿禀。小城旦、隶臣作者，月禾一石半石；未能作者，月禾一石。小妾、舂作者，月禾一石二斗半斗；未能作者，月禾一石。婴儿之毋（无）母者各半石；虽有母而与其母冗居公者，亦禀之，禾日半石。隶臣田者，以二月月禀二石半石，到九月尽而止其半石。春，月一石半石。隶臣、城旦高不盈六尺五寸，隶妾、舂高不盈六尺二寸，皆为小；高五尺二寸，皆作之。①

由此可见，秦代对刑徒是否为"小"是以身高划分的，男子六尺五寸（约为1.5米）以下，女子六尺二寸（约为1.4米）以下，均为小。但凡身高五尺二寸（约今1.2米）以上者都要服劳役。一般隶臣月食禾二石，隶妾、舂及服役的小城旦、小隶臣均为月食一石半，服役的小隶妾、舂为月食一石二斗半，不能服劳役的男、女刑徒即小城旦、小隶臣和小隶妾、舂则均为月食一石，但从二月到九月底，从事农业劳作的隶臣，每月增粟半石，这可能与此期比十月到正月刑徒的劳动时间更长，强度更大有关"。

古代从事农业劳动，基本上是日出而作、日落而息。从春分到秋分，白昼较夜晚长，在此期间从事农作的刑徒，其劳动时间也当比其他时候更长；加之这段时间正是从耕耘播种到管理收获的农忙时节，农事更多，劳动强度更大，《仓律》中专门为从事农作的"隶臣田者"每月增加半石的口粮，当即为此。这从秦律的其他条文亦可得到印证。如《仓律》

---

① 睡虎地秦墓竹简整理小组：《睡虎地秦墓竹简》，第49页。

规定："小隶臣妾以八月傅为大隶臣妾，以十月益食。"小隶臣妾成年，虽在八月登记为大隶臣妾，但其加发口粮却不自九月始，而从十月起，显然与"到九月尽而止其半石"禾的规定有关。① 此外，《工人程》又规定：

  隶臣、下吏、城旦与工从事者冬作，为矢程，赋之三日而当夏二日。②

隶臣、城旦和有罪而"下吏"者在冬季劳动时放宽标准，劳动三天仅收取相当于夏季两天的产品，正是由于夏季劳动时间较冬季更长的缘故。

《仓律》还规定从事较轻劳役的城旦不得增加口粮，否则主管官吏要受处罚：

  城旦为安事而益其食，以犯令律论吏主者。③

以劳动强度的大小决定口粮的多少，在《仓律》中也屡有反映：

  城旦之垣及它事而劳与垣等者，旦半夕参；其守署及为它事者，参食之。其病者，称议食之，令吏主。城旦舂、舂司寇、白粲操土攻（功），参食之；不操土攻（功），以律食之。

  免隶臣妾、隶臣妾垣及为它事与垣等者，食男子旦半夕参，女子参。④

《司空律》规定：

---

① 睡虎地秦墓竹简整理小组：《睡虎地秦墓竹简》，第49、50页。
② 睡虎地秦墓竹简整理小组：《睡虎地秦墓竹简》，第73页。
③ 睡虎地秦墓竹简整理小组：《睡虎地秦墓竹简》，第52页。
④ 睡虎地秦墓竹简整理小组：《睡虎地秦墓竹简》，第51、53页。

居官府公食者，男子参，女子驷（四）。①

修筑城垣为重体力劳动，相比之下，"守署""居官府"则为较轻的"安事"，因而在口粮供应上也有区别。如按一般情况，隶臣月食二石，隶妾及舂一石半，则隶臣日食2/3斗，隶妾及舂日食1/2斗。所谓"守署及为它事者，参食之"即早、晚餐各1/3斗，与隶臣日食2/3斗之律合；而不操土攻（功）的女徒则"以律食之"，即仍为日食1/2斗。但凡是从事筑垣等重体力劳动者，不论男女和是否达到免老的年龄，口粮均有增加。故"男子旦半夕参"，即早餐务斗，晚餐1/3斗，合为日食5/6斗，较通常的日食2/3斗为多；而操土攻（功）的城旦舂、舂司寇、白粲和从事筑垣"及为它事与垣等"的隶臣妾、免隶臣妾均"参食之"，即早、晚餐各1/3斗，合为日食2/3斗。亦较通常隶臣妾及舂日食1/2斗为多。可见，性别和劳动时间、劳动强度的大小是决定口粮多少的重要因素，而后者的影响尤为明显。

根据"贵（贷）衣食公"的原则，给刑徒发放口粮照例要有一定的补偿。前引《司空律》中关于以劳役抵偿债务或代替受刑，"以令日居之，日居八钱；公食者，日居六钱"的规定即为明证。此外，《司空律》还规定：

掇（繋）城旦舂，公食当责者，石卅钱。②

以城旦舂日食1/2斗的常例与"石卅钱"的规定相对比，则城旦舂每日应缴纳1.5钱的口粮补偿。但据上引《司空律》"公食者日居六钱"，自食者日居八钱的规定来看，官府每日折扣的口粮补偿实际为2钱，比应纳额多0.5钱。

然而，官府对刑徒口粮的克扣远不止此。《金布律》规定，隶臣妾

---

① 睡虎地秦墓竹简整理小组：《睡虎地秦墓竹简》，第84页。
② 睡虎地秦墓竹简整理小组：《睡虎地秦墓竹简》，第87页。

丢失官物和牲畜，即从丢失之日起按月减其衣食。由于官府供应刑徒的衣服仅能维持最低生产和生活需求，所谓"减其衣食"主要当指"食"而言。《仓律》中就有"食饱囚，日少半斗"的规定，即以饥饿作为对刑徒的惩罚，他们每天只能得到1/3斗的食粮，仅为男性刑徒正常日食量的一半，甚至比女徒日食1/2斗的量亦少。这可能就是《金布律》中"月减其衣食"的反映。

此外，《仓律》还规定，如果刑徒服役不足一月，也要扣除其食粮。又规定："日食城旦，尽月而以其余益为后九月稟所"，即将城旦到月底时剩余的口粮移作闰九月的口粮。筑城为强度很大的重体力劳动，按"隶臣田者"二月到九月月食二石半的最高额计算，平均日食量也不足一斗。但据《传食律》，自第二级爵的上造以下到官府中没有爵位的佐、史以及卜、史、司御、侍和掌管府藏的府等，每餐即供粝米①一斗，另有菜羹和盐；第三、四级爵的谋人（即簪袅）、不更，则每餐粺米一斗、酱半升，另加菜羹；出差的御史卒人，每餐粺米半斗、酱四分之一升，另有菜羹、韭葱等，就连其随从和驾车的仆人，每餐亦分别有粝米半斗或三分之一斗。相比之下，刑徒的口粮不论质与量，都是极其有限的。尽管如此，到月底仍有"剩余"，足见官府对刑徒口粮克扣之甚！

三 秦代刑徒的服役范围

秦代刑徒所服劳役的范围极其广泛，几乎被用于社会生活的各个领域。仅就刑徒名称来看，就有筑城、舂米、伐薪、择米等。《汉旧仪》记秦制云：

> 凡有罪，男髡钳为城旦，城旦者，治城也；女为舂，舂者，治米也，皆作五岁。完四岁，鬼薪三岁。鬼薪者，男当为祠祀鬼神，

---

① 秦代食米有糲米、繫（繫）米和毇（毇）米之别，其中糲米最粗、繫米次之，毇（毇）米最精。参阅《仓律》。

伐山之薪蒸也；女为白粲者，以为祠祀择米也，皆作三岁。罪为司寇，司寇男备守，女为作，如司寇，皆作二岁。①

但是，秦代刑徒从事的工作并不仅限于上述几种，而是涉及许多方面。

（一）从事农业劳动和放牧

秦代虽以封建土地私有制为主体，但国家仍掌握有大量土地，这些官田除用于奖励军功的赏赐外，很大部分是由众多的刑徒耕种的。这些刑徒如城旦、舂、隶臣妾等实际上是国家的官奴隶，他们被广泛用于农业生产，《仓律》中的"隶臣田者"就是从事田作的刑徒。从耕种到收获的所有农事都由他们承担。因农忙时节，劳作时间长、强度大，故自二月到九月，每月增加半石口粮，已如上述。秦《厩苑律》又规定：

> 将牧公马牛，马〔牛〕死者，亟谒死所县，县亟诊而入之，其入之其弗亟而令败者，令以其未败直（值）赏（偿）之。其小隶臣疾死者，告其□□之；其非疾死者，以其诊书告官论之。②

将小隶臣死亡系于"将牧公马牛"律文之下，说明小隶臣即从事放牧官有马牛的劳役，前引《金布律》中隶臣妾丢失牲畜，"以其日月减其衣食"的规定，亦可为刑徒从事放牧之佐证。

（二）从事各种手工业生产

秦律中有许多刑徒从事手工业生产的条文，《军爵律》规定：

> 工隶臣斩首及人为斩首以免者，皆令为工。③

---

① 孙星衍等辑，周天游点校：《汉官六种·汉旧仪卷下》，中华书局1990年版，第85页。
② 睡虎地秦墓竹简整理小组：《睡虎地秦墓竹简》，第33页。
③ 睡虎地秦墓竹简整理小组：《睡虎地秦墓竹简》，第93页。

· 322 ·

《工人程》规定,与工匠一起生产的隶臣、下吏、城旦,在冬季劳动三天只收取相当于夏季两天的产品;从事杂务的"冗隶妾"两人相当于工匠一人;轮番服役的"更隶妾"四人及小隶臣妾五人均当工匠一人。

《秦律杂抄》云:

城旦为工殿者,治(笞)人百。大车殿,赀司空啬夫一盾,徒治(笞)五十。①

《司空律》规定:

城旦舂毁折瓦器、铁器、木器,为大车折輮,辄治(笞)之。②

可见,秦代刑徒被广泛用于瓦器、铁器、木器等各种手工业生产,而制造大车则是刑徒经常性的工作。对那些掌握某种手工技艺的刑徒,一般都使其从事他所擅长的手工业劳动,而不安排其他杂役。如《均工律》规定:

隶臣有巧可以为工者,勿以为人仆、养。③

对擅长刺绣、制衣的女刑徒,也使其从事相应的手工制作,如《仓律》规定:"女子操敃红及服者,不得赎。"《工人程》云:"隶妾及女子用箴(针)为缗绣它物,女子一人当男子一人。"④考古发现秦代上郡铜戈铭文中,有"工城旦□""工鬼薪散""工隶臣积""□隶臣庚"等字样,⑤

---

① 睡虎地秦墓竹简整理小组:《睡虎地秦墓竹简》,第137页。
② 睡虎地秦墓竹简整理小组:《睡虎地秦墓竹简》,第90页。
③ 睡虎地秦墓竹简整理小组:《睡虎地秦墓竹简》,第76页。
④ 睡虎地秦墓竹简整理小组:《睡虎地秦墓竹简》,第74—75页。
⑤ 参阅李学勤《战国时代秦国的青铜器》,《文物参考资料》1957年第8期;张政烺《秦汉刑徒的考古资料》,《北京大学学报》1958年第5期。

进一步说明秦代刑徒还直接从事铸造兵器等手工业生产。

（三）"守署"等较轻的劳役

《仓律》云："（城旦）守署及为它事者，参食之。""城旦为安事而益其食，以犯令律论吏主者"。《司空律》又云："司寇勿以为仆、养、守官府及除有为殹（也）。有上令除之，必复请之。"① 前引《均工律》中也有"隶臣有巧可以为工者，勿以为人仆、养"的规定。"守署""守官府"即看守官府，仆、养即赶车、做饭，均为较轻的劳役，故又称"安事"。所谓"守署及为它事"之"它事"，当即指仆、养一类的"安事"，故《司空律》将仆、养与"守官府"并称。据此，则仆、养、守官府等"安事"亦为秦代刑徒的服役范围。

（四）运送官物与传递公文

《法律答问》云："餽遗亡鬼薪于外，一以上，论可（何）殹（也）？毋论。"意即鬼薪在运送食物途中逃亡一人以上，主管鬼薪者可不承担罪责。《行书律》又云："行传书、受书，必书其起及到日月夙莫（暮），以辄相报殹（也）。书有亡者，亟告官。隶臣妾老弱及不可诚仁者勿令。"② 据此，则非老弱而又诚实可靠的隶臣妾可以用于传送公文。换言之，秦代刑徒被用于运送官物和传递公文。

（五）从军

秦代刑徒被驱使从军在史籍中多有反映。秦始皇三十三年，"徙適，实之初县"。《索隐》云："徙有罪而谪之，以实初县。"③ 汉人晁错言："臣闻秦时北攻胡貉，筑塞河上，南攻杨粤，置戍卒焉。……因以谪发之，名曰谪戍。先发吏有谪及赘婿、贾人，后以尝有市籍者，又后以大

---

① 睡虎地秦墓竹简整理小组：《睡虎地秦墓竹简》，第91页。
② 睡虎地秦墓竹简整理小组：《睡虎地秦墓竹简》，第104页。
③ 《史记》卷6《秦始皇本纪》，第253—254页。

父母、父母尝有市籍者。"① 秦二世在农民军进逼咸阳之时，也曾令章邯率数十万武装起来的刑徒向农民军反扑。刑徒从军亦见于睡虎地所出秦《军爵律》：

> 隶臣斩首为公士，谒归公士而免故妻隶妾一人者，许之，免以为庶人。工隶臣斩首及人为斩首以免者，皆令为工。②

由此可见，秦代刑徒不仅从军、参与作战，而且还可因军功使自身或其妻子获得自由民身分。

（六）修筑城垣，建造陵墓、长城

秦代刑徒修筑城垣屡见于史籍和秦简，已如上述。至于建造陵墓和长城，在文献中，屡见不鲜。秦始皇即曾驱使数十万刑徒和奴产子为其修筑骊山陵和阿房宫。《史记》卷六《秦始皇本纪》载："始皇初即位，穿治郦山，及并天下，天下徒送诣七十余万人。"秦始皇三十四年，"適治狱吏不直者，筑长城及南越地"。丞相李斯上书始皇帝，请"（焚书）令下三十日不烧，黥为城旦"。《集解》引如淳曰："《律说》：论决为髡钳，输边筑长城，昼日伺寇虏，夜暮筑长城。"三十五年，发"隐宫③徒

---

① 《汉书》卷49《晁错传》，第2283—2284页。
② 睡虎地秦墓竹简整理小组：《睡虎地秦墓竹简》，第93页。
③ 《史记·秦始皇本纪》之"正义"云："余刑见于市朝。宫刑，一百日隐于荫室养之乃可，故曰隐宫，下蚕室是。"《史记》卷88《蒙恬列传》："赵高昆弟数人，皆生隐宫"。《索隐》："谓隐宫者，宦之谓也。"把"隐宫"释为宫刑。睡虎地秦墓所出《秦律十八种·军爵律》云："工隶臣斩首及人为斩首以免者，皆令为工。其不完者，以为隐官工。"整理小组注释云："隐官工，据简文应为在不易被人看见的处所工作的工匠。……《史记·秦始皇本纪》及《蒙恬列传》有"隐官"，正义释为宫刑，恐与此无关。"睡虎地秦简《法律答问》："'将司人而亡，能自捕及亲所知为捕，除毋罪；已刑者处隐官。'何罪得'处隐官'？·群盗赦为庶人，将盗械囚刑罪以上，亡，以故罪论，斩左止为城旦，后自捕所亡，是谓'处隐官'。·它罪比群盗者皆如此。"参阅睡虎地秦墓竹简整理小组编《睡虎地秦墓竹简》，文物出版社1978年版，第93页注释⑥、第205页。则"隐官"是对"已刑者"的一种处罚。由此看来，《史记》的"隐宫"应为"隐官"之误。

刑者七十余万人，乃分作阿房宫，或作丽山"①。是则秦代刑徒不仅从事修城建陵和筑长城等劳役，而且数量还相当巨大。

秦代用刑徒修建陵墓，不但有大量文献记载，而且为大量考古资料所证实。在秦始皇陵西北角郑庄村南的打石场遗址内，曾出土铁刑具十件。其中有铁钳九件、铁钛一件。这说明打石场内用的人是戴着铁刑具的刑徒。②另外，在秦始皇陵西南角的赵家背户村西，发现刑徒墓地两处。一处于解放前已被破坏，便仍可见密密麻麻地埋着白骨。另一处保存较完整，曾探出秦墓一百零三座。已清理的32座墓内共出人骨架100具，经初步鉴定，女性3人，其余为男性；6—12岁的儿童2人，其余都是二三十岁的青壮年。有的骨架完整，有的肢体残断，有的头骨上有刀伤痕迹，有的身首异处，四肢骨与躯干骨分离叠压。这些人显然是死于非命。③有的尸骨上放置着刻有文字的残瓦片，共18件，有一件残瓦上刻着两人的名字，合计19人。瓦文写明了死者的籍贯和姓名，有的还注明了爵位和服劳役的名称——居赀。"居赀"一名见于《睡虎地秦墓竹简》，是以劳役形式来抵偿因有罪被罚缴纳钱财的一种刑名。瓦文记载他们的籍贯，属于东武者六人，馈榆和博昌各二人，杨民三人，平阳、平阴、兰陵、邹、訾各一人。东武，在今山东武城西北，战国时赵地。平阳，故城在今河北临漳西，战国属韩，后属赵。平阴，故城在今河南孟津东。博昌，在今山东博兴县南，战国时齐邑。兰陵，故城在今山东苍山县西南至陵镇，本楚县。赣榆，故城在今江苏赣榆县东北。杨民，故城在今河北宁晋附近。訾卜，故城在今山东邹县东南。曾，故城在今河南巩县西南。上述地名均属于原山东六国地区。这些刑徒墓地的发现及其出土的瓦文，说明秦代从原山东六国地区诏调大批刑徒来修筑陵墓的古代文献记载是真实可信的。文献、实物相印证，雄辩地说明秦代用刑

---

① 参阅《史记》卷6《秦始皇本纪》，第265、253、255—256页。
② 秦俑考古队：《临潼郑庄秦石料加工场遗址简报》，《考古与文物》1981年第1期。
③ 参阅袁仲一《秦始皇陵兵马俑研究》，文物出版社1990年版，第40—46页；秦俑考古队《秦始皇陵西侧赵背户村秦刑徒墓钻探清理简报》，《文物》1982年第3期。

徒修筑陵墓。①

(七) 备守候望

据《汉旧仪》，"男备守，女为作"，为服役两年的刑徒，较城旦舂、鬼薪、白粲为轻，故在劳作时往往以城旦司寇监率城旦一类的刑徒。《司空律》规定：

> 毋令居赀赎责（债）将城旦舂。城旦司寇不足以将，令隶臣妾将。居赀赎责（债）当与城旦舂作者，及城旦傅坚、城旦舂当将司者，廿人，城旦司寇一人将。司寇不跂，免城旦劳三岁以上者，以为城旦司寇。②

以劳役抵偿债务和赎刑者及城旦舂、城旦傅坚均由城旦司寇监率，只有在城旦司寇不足时，才可以隶臣妾监率，或者把已服三年以上劳役的城旦减刑为城旦司寇。据此则《司空律》中之"城旦舂之司寇"当即城旦舂减刑为司寇者。③

司寇与城旦傅坚、城旦舂、隶臣妾及"居赀赎责（债）"者等刑徒一起劳作，并对他们进行监督管理，一般不再充当其他职役，即使有上级命令，也须重新请示，即前引《司空律》所谓："司寇勿以为仆、养、守官府及除有为殹（也）。有上令除之，必复请之。"

秦代还有一种伺望敌情的刑徒，称为侯（候）。《内史杂》云："侯（候）、司寇及群下吏毋敢为官府佐、史及禁苑宪盗。"《秦律杂抄》规定："为（伪）听命书，法（废）弗行，耐为侯（候）。""当除弟子籍不得，置任不审，皆耐为侯（候）。"《法律答问》："当耐为侯（候）罪诬人，可（何）论？当耐为司寇。"据此，侯（候）确为秦代刑徒之一

---

① 袁仲一、程学华：《秦始皇陵西侧刑徒墓地出土的瓦文》，《中国考古学会第二次年会论文集》，文物出版社 1982 年版。
② 睡虎地秦墓竹简整理小组：《睡虎地秦墓竹简》，文物出版社 1978 年版，第 89 页。
③ 参阅《睡虎地秦墓竹简》，文物出版社 1978 年版，89 页注释①。

种。侯（候）之本义为伺望，也含有备守之意。但因其"在备守中与司寇的分工有所不同，因之劳役的轻重也有所分别"，"候是秦律中最轻的刑徒。"[1] 从司寇监率刑徒和西周设候人于王畿四周的情况看[2]，秦代司寇大约重在备守内部，即监率刑徒；而候则以伺望外部敌情为主。

（八）临时差遣及各种杂役

秦代杂役名目繁多，《仓律》中就有随其母为官府服各种零散杂役的"冗居公者"。《仓律》还规定："更隶妾节（即）有急事，总冗，以律禀食；不急勿总。"即如有紧急差役，就将服杂役的隶臣妾集合起来，平时则无需集合。《徭律》规定，各县应负责维修所在县的禁苑及牧养官有牛马苑囿的堑壕、墙垣和藩篱。这些事务一般由在苑囿附近有田者按其田地多少分担，但不算作徭役。各县不得擅自拆除或扩建官有房舍和衙署，但"欲以城旦舂益为公舍官府及补缮之，为之，勿讞"。即如果用城旦舂扩建或维修官有房舍衙署，则无须上报请示。故官府各种临时性杂役，多由刑徒承担。

综观秦代刑徒的衣、食及劳作情况，可见其生活是极为悲惨的。他们"衣赤衣，冒赤氊（毡）"，戴着木械、黑索和胫钳等各种刑具，在官府的严密监视下被迫从事各种劳役，稍不如意，就会遭到严厉的斥责和毒打，动辄被扣发衣粮，延长刑期，额外增加劳动量。如此服役期间损坏器物，折断大车轮圈等，都会招致笞打等惩罚，且所损器物每值一钱，即笞打十下；20钱以上则要重打。如果做工被评为下等，每人要受到笞打100的惩罚。[3]

---

[1] 刘海年：《秦律刑罚考析》，中华书局编辑部编：《云梦秦简研究》，中华书局1981年版，第186页。

[2] 《周礼·夏官司马第四》："候人。各掌其方之道治与其禁令，以设候人。若有方治，则帅而致于朝，及归，送之于竟。"《国语·周说中·单襄公论陈必亡》有"火朝觌矣，道弗不可行，候不在疆，司空不视途"等语，可证候为设于边地以伺望敌情、接待宾客之人。秦代之候可能即源于西周的候人和春秋时之候。

[3] 参阅睡虎地秦墓竹简整理小组：《睡虎地秦墓竹简》，文物出版社1978年版，第90、221页。

刑徒的行动也受到严格的限制，《司空律》规定："春城旦出繇（徭）者，毋敢之市及留舍阓外；当行市中者，回，勿行。"① 即春城旦外出服役，不得进入市场和在市场门外停留休息；如果路经市场，要绕道远行，不得从市场中间通过。

刑徒辛勤劳动，除了得到维持最基本生活所需的衣、食之物外，就无他获。不仅受到饥饿和寒冷的折磨，还受到野蛮的奴役，不论是精神和肉体均承受了极大伤害。虽然秦代刑徒的刑期从一年到五六年，并不很长，"但由于当时刑徒的生活极其艰苦，劳役十分繁重，鞭挞、重罚、疾病和饥馑，往往使许多人刑期未尽而身先亡。所以秦被判徒刑的人们的下场是非常悲惨的"②。

——本文与张荣芳教授合作，高荣为第二作者。
原载《秦文化论丛》第7辑，西北大学出版社1999年版，
收入张荣芳著《秦汉史与岭南文化论稿》，中华书局2005年版

---

① 睡虎地秦墓竹简整理小组：《睡虎地秦墓竹简》，第90页。
② 刘海年：《秦律刑罚考析》，中华书局编辑部编：《云梦秦简研究》，中华书局1981年版，第189页。

汉代武威郡治考辨

武威是汉代"河西四郡"之一，也是河西走廊东部门户和丝绸之路重镇，在汉匈关系和中西经济文化交流中具有极为重要的地位和作用。但是，对于西汉武威设郡及其治所等问题，迄今仍存在分歧。本文拟在学习借鉴学界已有研究成果的基础上，对武威郡治所及相关问题作简要梳理和探讨，不妥之处，敬请指正。

一　武威郡初治武威县

关于武威郡设置时间，由于诸书记载各异，甚至连《汉书》之《武帝纪》与《地理志》所记年代也不一致，后之学者对武威郡始设年代也众说纷纭。但是，如果我们将《史记》《汉书》等文献记载进行排比分析，并与居延汉简的相关内容进行对照比较，基本可以断定：在汉代河西四郡中，酒泉郡最先置，其次为张掖郡和敦煌郡，武威郡最后置；武威设郡既不在汉武帝时，也不是汉昭帝末年，而是汉宣帝地节三年（前67年）。对此，周振鹤先生论之甚详，[①] 故不再赘言。

许协《镇番县志》载，汉武帝元鼎六年（前111）"武威郡置武威、宣威二县"。《水经注》卷四十《禹贡山水泽地所在》载："汉武帝太初四年（前101）匈奴浑邪王杀休屠王，以其众置武威县，武威郡治，王

[①] 参阅周振鹤《西汉河西四郡设置年代考》，《西北史地》1985年第1期；周振鹤《西汉政区地理》，商务印书馆2017年版，第171—183页；周振鹤《汉书地理志汇释》，安徽教育出版社2006年版，第355页。

莽更名张掖。"① 据此，则汉武帝太初四年时就设置了武威县，后来的武威郡治所就在武威县。但《汉书》卷二十八下《地理志下》记西汉武威郡辖有姑臧、张掖、武威、休屠、揟次、鸾鸟、扑䑋、媪围、苍松、宣威等十县。根据"凡县名先书者，郡所治"②之义例，武威郡治所应在姑臧县，而不是与其同名的武威县（今民勤县连城古城）。《大清一统志·凉州府·武威县》亦云："汉置姑臧县，为武威郡治，后汉因之，三国魏兼为凉州治，晋因之。"清人周寿昌在其《汉书注校补》卷二十四中，还以汉昭帝时设立的金城郡治首县允吾，与郡同名的金城县仅列第五为例，说明西汉武威郡治亦不在与其同名的武威县，而在其首县姑臧。后之学者也大多认为西汉武威郡治在姑臧。③ 若就《汉书·地理志》的叙事"义例"来看，此说固然不误。然而，《地理志》所载以汉平帝元始二年（2）版籍为准，但"西汉二百余年，郡国疆域种种变迁甚剧，治所亦常有迁移，至有一徙再徙乃至三四徙者"，对于此间的种种变化，只能择其最要者如郡国增设废省等略加说明，其他则一概从略。像武威、张掖等郡县同名但郡治在他县者，正是郡治曾经迁徙变化的缘故，只不过《地理志》略而未论罢了。故上引《水经注》对武威郡初置时治武威县的记载是可信的，但并没有反映后来的变化，因而"不足以概哀平之世。"④

匈奴浑邪王杀休屠王降汉之事发生在汉武帝元狩二年（前121），但《水经注》云"汉武帝太初四年"，应本于《汉书·地理志》关于"武威郡，故匈奴休屠王地，武帝太初四年开，莽曰张掖"的记载。虽然武威郡始设并非武帝太初四年，但其所辖区域确为匈奴休屠王故地，因其最初为张掖郡辖区，新莽时为恢复以往的"故制""旧规"，遂将武威郡更名为张掖。至于郦道元以武威县为武威郡治，亦必有所依本。也有学

---

① 陈桥驿：《水经注校释》，杭州大学出版社1999年版，第706页。
② 《后汉书》志第一九《郡国一》，第3385页。
③ 李鼎文先生就认为西汉武威郡治姑臧县（今武威市），《水经注》关于"武威县，为武威郡治"之说则不可信。说见李鼎文《西汉武威郡治为武威说质疑》，原载《丝绸之路》1993年第6期，收入《陇上学人文存》第3辑《李鼎文卷》，甘肃人民出版社2014年版，第32—34页。
④ 参阅严耕望《严耕望史学论文集（中）》，上海古籍出版社2009年版，第594、603页。

· 331 ·

者认为，《水经注》版本很多，"以其众置武威县，武威郡治"的记载来自清代赵一清、戴震、王先谦、杨守敬、熊会贞等的校释本，但更早的明代朱谋㙔校释本作"以其众置武威县，武威郡"，其中并无"治"字。其中将"县、郡并列，意思是武威县属于武威郡，并非说武威县即是武威郡治。清代注家徒增一'治'字，清初经学家阎若璩亦曾认为武威县为郡治，均系臆测，不足为据，而应以较早的明代注释本为是"①。《水经注》的确有很多版本，但除《永乐大典》本外，"明刊其他版本没有什么可取的。他们的底本大多是宋朝流行的坊刻本"。虽然明代朱谋㙔《水经注笺》在校勘和笺注方面颇有成就，但清人赵一清更胜一筹，尤其是赵氏致力郦学研究数十年，其《水经注释》参校版本多达29种，而且也与朱氏笺相参证，取其所长补其所短，不论是区分经注、注释疑难，还是订正错漏、辑录缺佚等方面，都取得了前所未有的新成就，可谓后来居上。② 就连《四库全书总目》也称赞其"旁征博引，颇为淹贯。订疑辨讹，是正良多。自官校宋本以来，外间诸刻固不能不以是为首矣"③。因此，仅以赵一清注释本和清代其他学者论述晚出，就断定其说不足为据，并转而采信底本较差的明刊本，就显得草率而不可取了。对此，《水经注疏》考证云：

  朱脱治字。赵增云：阎若璩曰，汉武帝太初四年，以休屠王地置武威县，为武威郡治。县居班《志》之第二，戴增同。赵又云：齐召南曰，《本纪》元狩二年置武威、酒泉郡。《志》云武威郡太初四年开，则不同时矣。疑当以《纪》为是。按《功臣表》昆邪以元狩二年封，则《志》误也。善长又误仍之。守敬按：《注》匈奴浑邪王杀休屠王以其众云云，此明明引《武纪》之文。疑郦氏本作元

---

① 李并成：《河西走廊历史地理》，甘肃人民出版社1995年版，第37页。
② 陈桥驿：《论〈水经注〉的版本》，原载《中华文史论丛》1979年第3辑，收入陈桥驿：《水经注研究》，天津古籍出版社1985年版，第366—381页。
③ 四库全书研究所整理：《钦定四库全书总目》（整理本）上册，中华书局1997年版，第947页。

狩二年，后人据《汉志》改之。①

由此可见，今本《水经注》对武威县设置时间的记载虽经后人改动，但武威郡最初的治所就在武威县（今民勤县连城古城）则是可信的。

根据汉语行文习惯，一般是大地名在前、小地名在后，即按郡县乡里的次序排列。在居延、敦煌汉简中，往往省去乡名，而记其"名县爵里"。如"戍卒上党郡屯留畅石里公乘赵柱"（敦2077）、"酒泉禄福广汉里"（73EJT37：1004）。对于被通缉的逃亡者，则要详细说明其"郡县里名姓年长物色所衣服赍操"（303.15，513.17）等，如为本郡则仅列县（乡）里名，如"姑臧北乡西夜里""觻得成汉里"等。《汉书》中并列的行政区皆为同一级别，没有郡县混列者，如"收河南地，置朔方、五原郡""以其地为武威、酒泉郡""乃分武威、酒泉地置张掖、敦煌郡""以其地为乐浪、临屯、玄菟、真番郡"②。其中并列的朔方、五原等都是郡名。史书又有"益发戍甲卒十八万，酒泉、张掖北，置居延、休屠以卫酒泉"之说。③ 其中酒泉、张掖为郡名，其后并列的居延、休屠则均为县名。虽然在汉简中常见有"张掖居延界中"这样郡县并列的表述，但都是郡在县前，绝无县名置于郡前者。前引《水经注》"以其众置武威县，武威郡治"句中，"武威郡治"是对"武威县"的注释和说明，并不存在发生误解的问题。如果真如明人朱谋㙔《水经注笺》所记作"以其众置武威县武威郡"，既与行文惯例不符，其文意也显得堆砌重复、扞格难通。尤其《水经注》"记载县名，往往上溯先秦，下及当代，历史沿革，一览无余"④。对于郡治所在的县，往往注明其为某郡治并简述其沿革变化情况，如在狄道下云："汉陇西郡治，秦昭王二十八年置。……王莽更郡县之名，郡曰厌戎，县曰操虏也。"记允吾县云：

---

① 郦道元注，杨守敬、熊会贞疏，段熙仲点校，陈桥驿复校：《水经注疏》卷40，江苏古籍出版社1989年版，第3356—3576页。按：其中"班《志》之第二"应为"第三"。
② 《汉书》卷6《武帝纪》，第170、177、189、194页。
③ 参阅《史记》卷110《大宛列传》，第3176页；《汉书》卷61《李广利传》，第2699页。
④ 陈桥驿：《水经注研究》，天津古籍出版社1985年版，第157页。

· 333 ·

"金城郡治也。汉昭帝始元六年置，王莽之西海也。莽又更允吾为修远县。"记高平县云："汉武帝元鼎三年置，安定郡治也。王莽更名其县曰铺睦。"记姑臧城则云："武威郡、凉州治。《地理风俗记》曰：汉武帝元朔三年，改雍为凉州……迁于冀，晋徙治此。"即使是一度曾为郡治的县，也都简要注明。如金城郡属县临羌，一度曾为西海郡治，故在其县下云："王莽纳西零之献，以为西海郡，治此城。"[1] 对于非郡治所在的县，一般只记本县山川地理而不言郡，如安故、安夷、令居、枝阳、休屠等县，都是如此。[2] 武威县与临羌县一样，都曾一度为郡治，故云"武威县，武威郡治。"这种县、郡并列，并不意味着县属于郡，而是指县为郡治。如果武威县只是一般的属县而未曾为郡治，在叙述武威置县后就无需再提及武威郡了。正因为武威县曾为郡治，故在其后简述其历史沿革，并特别注明王莽改武威郡为张掖之事，就是顺理成章的。由于武威设郡时已有武威县存在，遂因县设郡、郡从县名。正如严耕望先生所论，《汉书·地理志》中郡"因县受名，即治本县，……在郡县同名之情形下，盖可推知郡国建置之初大抵治同名之县也。"[3] 由此可见，武威郡最初的治所就在汉武威县城（今民勤县连城古城），而不是姑臧城（今武威三摞城）。

二　武威郡移治姑臧

汉代武威县地处石羊河下游，与河西地区大多数位于走廊腹地平原的县相比，不仅位置偏远，而且其地正"当北塞"[4]，又远离河西走廊东西交通主干道上，[5] 难以有效发挥郡治的枢纽作用，也不利于同其他各

---

[1] 陈桥驿：《水经注校释》，杭州大学出版社1999年版，第29页。
[2] 参阅陈桥驿《水经注校释》，杭州大学出版社1999年版，第28—33、706页。
[3] 严耕望：《严耕望史学论文集（中）》，上海古籍出版社2009年版，第594页。
[4] 《汉书》卷69《赵充国传》，第2978页。
[5] 关于汉代河西走廊交通线，在居延汉简（E. P. T59：582）和敦煌悬泉汉简（Ⅹ六〇、Ⅹ六一）中均有记载，基本上是在走廊腹地沿姑臧——觻得——酒泉——敦煌一线展开。位居汉姑臧城北三百里的武威县城，不在河西走廊交通干线上。

郡联系。为加强对辖区的管理，更好地服务于"通西域，以断匈奴右臂，隔绝南羌、月氏"①的战略，遂溯石羊河而上，将郡治迁到交通和自然条件都更为优越的姑臧。至于移治姑臧的时间，应在武威设郡不久。

据《汉书》卷二十八下《地理志》载，武威郡"北部都尉治休屠城。"既称"北部都尉"，其驻地地应在武威郡治以北。但考古发现表明，汉休屠城（今凉州区四坝镇三岔故城）遗址在汉武威县城以南很远，而在汉姑臧县北约60里处，故所谓"北部"，显然是就武威郡治姑臧而言的。"若郡治仍在武威，则北部都尉决不当治此，是西汉末郡治不在武威而在姑臧必矣。"②由于《汉书·地理志》以汉平帝元始二年（2）版籍为准，且以姑臧为武威郡首县，故武威郡移治姑臧的时间应在元始二年以前。③如果从汉匈双方实力的消长和武威置郡前后河西走廊南北部的防御形势来看，其移治姑臧的时间或在元康三年（前63）义渠安国行视诸羌前后。

武威设郡是汉宣帝时河西政治军事形势变化的客观要求。河西四郡的设立，是汉朝为实现"隔绝羌胡，断匈奴右臂"战略的重要举措。河西走廊的得失，对汉匈双方都有着至关重要的影响。故匈奴始终不甘心失败，试图重新夺回河西。如汉昭帝元凤三年（前78），"单于使犁汙王窥边，言酒泉、张掖兵益弱，出兵试击，冀可复得其地"。匈奴右贤王、犁汙王乃以四千骑分路进攻日勒、屋兰、番和三县，但惨遭大败，几乎全军覆没。"自是后，匈奴不敢入张掖。"加之这一时期"汉边郡烽火候望精明，匈奴为边寇者少利，希复犯塞。"④匈奴既无力与汉朝正面交锋，夺取河西的希望也彻底破灭，遂将兵锋转向西域，派兵在车师屯田，并与车师"共侵乌孙"。汉朝本欲发兵击匈奴，但因昭帝去世而罢。宣帝继位后，"匈奴复连发大兵侵击乌孙，取车延、恶师地，收人民去……

---

① 《汉书》卷96上《西域传上》，第3928页。
② 严耕望：《严耕望史学论文集（中）》，上海古籍出版社2009年版，第603页。
③ 梁新民先生也认为："元始二年以前，即西汉末年，武威郡治所由武威县迁至姑臧县。"说见梁新民：《武威史地综述》，兰州大学出版社1997年版，第45页。
④ 《汉书》卷94上《匈奴传上》，第3783—3784页。

欲隔绝汉",乌孙王上书愿发国半精兵五万骑,配合汉朝尽力击匈奴。① 汉朝遂于本始二年(前72)秋,派御史大夫田广明等五将军率十多万骑,从西河、张掖、酒泉、云中、五原等郡分道并出,与乌孙兵共击匈奴。此后,"匈奴遂衰耗,怨乌孙……于是丁零乘弱攻其北,乌桓入其东,乌孙击其西……匈奴大虚弱,诸国羁属者皆瓦解,攻盗不能理……兹欲乡和亲,而边境少事矣"②。据《肃镇华夷志》《重修肃州新志》等载,在高台县镇夷所北一百八十里处,有一座汉代赵姓将军墓,墓主人"本涿郡人,秦赵高之后,汉广汉之子,名通。宣帝本始四年拜宣武将领,与乌孙同攻匈奴,累有实效,留镇边庭,竟死于西军之手,精英未散"③。该墓所在的镇夷城(今高台县正义峡一带)北一带,在汉代属张掖郡肩水都尉防区。赵通奉命参与对匈奴作战,应是汉五将军分道并出时,从张掖郡出发的度辽将军范明友所部,足见张掖、酒泉等河西各郡确已加入到大规模征讨西域匈奴的行列。在汉朝的一再打击下,匈奴实力大为削弱,已"不能为边寇"④,故有"北边自敦煌至辽东万一千五百余里,乘塞列隧有吏卒数千人,虏数大众攻之而不能害"之说⑤。汉朝遂于地节二年(前68),罢废了光禄塞、受降城和遮虏障等塞外诸城,以休百姓,同时设立武威郡,以加强对河西东部和石羊河下游地区的控制。因此,匈奴势力的西移与汉朝北部边防压力的减轻,实际上使得河西走廊边塞防御形势更加严峻。武威郡的设立,从某种程度上说,也是汉朝在这一形势下的必然选择。

随着匈奴势力的西移,汉朝也将其战略重心转到西域。尤其是经过汉军五路出击,"匈奴车师田者惊去,车师复通于汉"⑥。汉宣帝遂"欲

---

① 《汉书》卷96下《西域传下》,第3905页。
② 《汉书》卷94上《匈奴传上》,第3786—3787页。
③ 参阅李应魁撰,高启安、邰惠莉点校《〈肃镇华夷志〉校注》,甘肃人民出版社2006年版,第161页;黄文炜撰,吴生贵、王世雄等校注《重修肃州新志校注·高台县》,中华书局2006年版,第321页。
④ 《汉书》卷94上《匈奴传上》,第3787页。
⑤ 《汉书》卷69《赵充国传》,第2989页。
⑥ 《汉书》卷96下《西域传下》,第3922页。

因匈奴衰弱，出兵击其右地，使不敢复扰西域"①。虽未付诸实施，但于地节二年派侍郎郑吉等将免刑罪人屯田渠犁。进而又令已行至酒泉入朝奏事的郑吉，"还田渠犁及车师，益积谷以安西国，侵匈奴"。将西域屯田由渠犁扩大到千余里外的车师，是汉朝为应对匈奴势力西移作出的重大决策，反映出其西北经营重心已由河西移至西域。但因车师地近匈奴，汉兵少不足以相救，乃派长罗侯常惠"将张掖、酒泉出车师北千余里，扬威武车师旁"②。这样，河西走廊实际上已由防御和出击匈奴的军事前沿，转变为汉朝经营西域的后勤基地。因此，进一步加强河西各郡间的联系、保证丝绸之路畅通，就显得尤为重要。武威郡治南迁至交通便利的姑臧，就是势所必然了。

　　河西走廊南北部局势的变化也是武威郡治迁移的重要因素。与西羌结盟一直是匈奴与西汉争锋的重要筹码。自汉武帝以来，为了阻止汉朝势力向西推进，稳固其对西域的控制，匈奴时常派人经盐泽到羌中进行煽动宣传，声称："羌人为汉事苦。张掖、酒泉本我地，地肥美，可共击居之。"③汉宣帝元康三年（前63），在匈奴的威逼利诱下，"羌侯狼何果遣使至匈奴藉兵，欲击鄯善、敦煌以绝汉道"④。由于奉命处理此事的光禄大夫义渠安国措置失当，激起西羌各部反叛，汉朝只得于神爵元年（前61）调发三辅、金城等十二郡兵马，"与武威、张掖、酒泉太守各屯其郡者，合六万人"，由老将赵充国统帅前往平叛。当时，西羌先零、罕、开等部"已远其妻子，精兵万人欲为酒泉、敦煌寇"，汉朝则因"边兵少，民守保不得田作"，屯驻武威、张掖、酒泉三郡的一万多骑兵，多为羸弱之士，战斗力不强，而且"郡兵皆屯备南山，北边空虚"⑤。换言之，河西各郡由于军队数量有限，只得将兵力集中到走廊南部，以应对羌人反叛，实际上已将防御重心由走廊北部的石羊河、黑河

---

① 《汉书》卷74《魏相传》，第3136页。
② 《汉书》卷96下《西域传下》，第3923页。
③ 《汉书》卷69《赵充国传》，第2973页。
④ 《汉书》卷69《赵充国传》，第2973页。
⑤ 《汉书》卷69《赵充国传》，第2977—2979页。

下游地区转移到南部的祁连山区。由于军事防御重心的转移，武威郡治所也随之南迁，如果继续留驻石羊河下游，显然无法适应"屯备南山"的需要。赵充国在神爵元年给朝廷的奏疏中云："武威县、张掖日勒皆当北塞，有通谷水草。"① 他将武威县与张掖日勒县并列，可见当时武威郡治已不在武威县。鉴于元康二三年（前64—前63）间，匈奴已使先零羌与各部解仇交质结盟，甚至"欲击鄯善、敦煌以绝汉道"的局面，赵充国建议朝廷防患于未然，"遣使者行边兵豫为备，敕视诸羌"，于是始有义渠安国第二次行视诸羌之举。由于河西走廊南北部军事形势的急剧变化，武威郡移治姑臧或即汉朝"宜及未然为之备""遣使者行边兵豫为备"② 的具体内容之一。果如此，则武威郡移治姑臧的时间大致在元康二三年间。此时，上距武威设郡不过五六年的时间。

三　姑臧县初治不在今武威城

关于姑臧城的位置，由于文献记载缺失，人们已经难知其详了。如武威人张玿美于清乾隆年间主持撰修的《武威县志》中就认为："府城武威置自汉武，城郭基址不可考。"③ 学界对汉姑臧城的位置主要有今武威城内说④、今武威东北说⑤和今武威西北说⑥三种观点。持武威城内说者，主要是依据当地的澄华井（碑）、大云寺和罗什寺等三处不可移动文物古迹及一通前凉墓表，但这三处文物建筑时间都较晚，其中澄华井碑约在东汉桓帝延熹五六年间（162—163），大云寺始建于前凉张天锡升平年间（363—376），罗什寺建于前秦苻坚建元十八年（382）。即使是

---

① 《汉书》卷69《赵充国传》，第2978页。
② 《汉书》卷69《赵充国传》，第2973页。
③ 张克复等校注：《五凉全志校注·武威县志·建置志》，甘肃人民出版社1999年版，第40页。
④ 参阅梁新民《姑臧故城地理位置初探》，《敦煌学辑刊》1987年第1期；梁新民《武威史地综述》，兰州大学出版社1997年版，第124页；郝树声《敦煌悬泉里程简地理考述》，《敦煌研究》2000年第3期。
⑤ 王乃昂、蔡为民：《凉都姑臧城址及茂区变适初探》，《西北史地》1997年第4期。
⑥ 李并成：《河西走廊历史地理》，甘肃人民出版社1995年版，第20—23页。

年代最早的澄华井碑，也比汉宣帝地节二三年间（前68—前67）武威建郡晚了230年。因此，用这些后出的文物不能说明此前200多年的沿革变迁，更何况姑臧设县还要早于武威建郡。至于前凉梁舒（应为宋华）墓表，只能说明"前凉、前秦之际的姑臧城即在今武威城这块地方"①，并不意味着汉魏时期也如此。

值得注意的是，20世纪80年代以来，先后在今武威市中心发现多处汉代砖室墓，表明武威城内说不能成立，因为人们一般不大可能将墓地建在城内。虽然在一些汉代城址中也曾经发现有墓葬，但基本都在城址外围或其边缘，如在洛阳西郊金谷园村和七里河村曾发现二百多座汉墓，前者多为西汉墓，距洛阳旧城约3千米、南距汉河南县城北墙1.5千米；后者主要是东汉墓，距洛阳旧城约5千米、隔涧河与河南县城西墙相邻。②在辽宁凌源安杖子古城（即西汉右北平郡石城县城遗址）之东，也曾发现大面积古墓地，距城址50—150米不等，其中已发掘的4座均为西汉墓葬；至于在该城内发现的27个人头骨（多为青壮年男子），则"很可能是故城废弃时，社会发生大变革过程中造成的悲剧。"③这些墓葬均不在城内，故有研究者认为："城墙内不再有墓地，死人都葬在城外"，是汉代城市不同于以往的重要特点之一。④墓志、文献记载和考古发掘也证明："至少从汉代以来，汉人都是将死者葬于生者当时聚居的邑落、城池之外的特定区域"，近几十年来考古发掘数以万计的汉代以来墓葬，"均位于同时代的城址之外"⑤。在今武威市中心发现多处汉墓，正可说明其地不在汉武威郡城内。

持武威东北说者，其论据基本都是明清地理文献，其中最主要的是

---

① 梁新民：《武威史地综述》，兰州大学出版社1997年版，第130页。
② 中国科学院考古研究所洛阳发掘队：《洛阳西郊汉墓发掘报告》，《考古学报》1963年第2期。
③ 辽宁省文物考古研究所：《辽宁凌远安杖子古城址发掘报告》，《考古学报》1996年第2期。
④ 张继海：《汉代城市社会》，社会科学文献出版社2006年版，第205页。
⑤ 侯旭东：《北朝村民的生活世界——朝廷、州县与村里》，商务印书馆2005年版，第143—144页。

明代陈循等《寰宇通志》卷一〇一《陕西行都指挥使司·古迹》关于"姑臧县城，在凉州卫城东北二里，汉置县，遗址尚存"的记载。顺治《重刊凉镇志·凉州卫·古迹》所记略同："姑臧城，（凉州卫）城东北二里，汉置县…遗址尚存。"乾隆《五凉全志·武威县志·地理志·古迹》亦云："姑臧，县东北二里。汉制（置）县，属武威郡治，又名龙城。"但是，由于缺乏考古资料和早期文献的支撑，相关论述又多处曲解材料，因而不能令人信服。如有的学者一方面认为，李贤关于武威郡"故城在今姑臧县西北"说只是笼统的泛指，并无确切里程和方位概念，故不能视为"姑臧城西北"；另一方面又认为，"武威郡，故城在今凉州姑臧县西北"句与《水经注》关于武威"县在姑臧城北三百里"的记述，"表达的意思可能是相同的"。为了证成"武威东北说"，甚至认为宋华墓表出土地太平滩（在今武威城西北 7.5 千米处）在姑臧故城（即三摞城）正西 15 里的引指有误。① 实际上，在各种地志文献（包括简牍材料）中，表示地理方位和道里远近时，都是以郡县或其他机构名称代指其所在的城或驻所，而不是泛指其所辖区域。如《续汉书》"武威郡"下注"洛阳西三千五百里"，就是指武威郡城在洛阳城西三千五百里；悬泉里程简中"小张掖去姑臧六十七里"，意即西汉张掖县城（小张掖）到姑臧县城间的距离为 67 里；"金城允吾二千八百八十里，东南"，则表示金城郡允吾县城在悬泉置东南 2880 里。因此，上引李贤注文中"姑臧县西北"无疑就是指"姑臧城西北"，其与武威"县在姑臧城北三百里"的表达方式是相同的。而宋华墓表出于武威市西北 7.5 千米处，墓表关于"葬城西十七里"的记载，正与武威西北说吻合，恰为"武威东北说"提供了反证。因此，"把姑臧城（汉及前凉两处）定在今武威城，是不符合其古今自然环境的"②。文献记载的凉州卫城"东北"很可能是"西北"之误。③

清代武威著名学者张澍也持武威西北说。他在辑录《汉书·地理

---

① 王乃昂、蔡为民：《凉都姑臧城址及茂区变适初探》，《西北史地》1997 年第 4 期。
② 王宝元：《凉城沧桑——历史名城武威地名概要》，甘肃人民出版社 1992 年版，第 16 页。
③ 李并成：《河西走廊历史地理》，甘肃人民出版社 1995 年版，第 22 页。

志》《续汉书·郡国志》《西河旧事》《读史方舆纪要》等书的相关记载后指出："姑臧县在今武威县之西北，汉时姑臧为郡治，又有武威县。"①《水经注》卷四十《禹贡山水泽地所在》"猪野泽"条云："其水上承武始泽，泽水二源，东北流为一水，迳姑臧县故城西，东北流，水侧有灵渊池。"既称"姑臧县故城"，则必另有新城，而其中的"故城"，显然是相对于北魏时的姑臧城而言的，说明姑臧县城确曾迁徙过。《后汉书》卷一下《光武帝纪下》载，建武二十七年（51），"北匈奴遣使诣武威乞和亲"。李贤注云："武威，郡，故城在今凉州姑臧县西北，故凉城是也。"这里的汉武威郡故城当即《水经注》所记"姑臧县故城"（亦即故凉城），其地在北魏隋唐时的姑臧县城西北。也就是说，姑臧城迁址以前就曾是武威郡治所在。在今武威市西北2千米的金羊镇赵家磨村南，恰有一处古城遗址，俗称锁阳城，又名三摞城。从其遗迹遗存和发现大量汉砖及汉代灰陶片等物判断，该城即匈奴盖臧城，亦即西汉最初的姑臧县城。②不过，由于姑臧故城一带低洼潮湿（这里在20世纪60年代仍为碱地和芦苇塘，到70年代才开垦为耕地③），不利于城市的进一步发展。相比之下，故城东南方即今武威城一带地势较高，自然和交通条件也更优越，是理想的建城之地。在锁阳城（三摞城）遗址东南、今武威市西2.5千米处发现的皇娘娘台齐家文化遗址，面积约37万平方米，文化层0.6—3.7米，说明该遗址定居时间很长。尤其是该遗址发现9座有白灰面或红烧土的住室和56个窖穴，还发现了汉代及以后的砖、瓦片等物，④也为武威西北说提供了有力的佐证。我们认为，汉姑臧城在今武威西北说既有文献记载为据，也有大量考古资料佐证，是值得采

---

① 张澍辑录，周鹏飞、段宪文点校：《凉州府志备考·地理卷二·武威县》，三秦出版社1988年版，第24页。
② 国家文物局主编：《中国文物地图集·甘肃分册（下）》（测绘出版社2011年版）也认为："该城即匈奴盖臧城，西汉姑臧县故址。西汉末至东汉初姑臧县城迁至今武威市区，该城废弃。"第190页。
③ 王宝元：《凉城沧桑——历史名城武威地名概要》，甘肃人民出版社1992年版，第13页。
④ 参阅甘肃省博物馆《甘肃武威皇娘娘台遗址发掘报告》，《考古学报》1960年第2期；甘肃省博物馆《武威皇娘娘台遗址第四次发掘》，《考古学报》1978年第4期。

信的。

由"故城"迁往新址,既是城市自身发展的必然要求,也与西汉末"河西四郡"的布局和丝路交通的繁荣有关。由于地理环境及政治经济等因素的影响,历史上的故城与现在的新址不在一地的例证比比皆是,史念海先生曾以殷墟、咸阳和汉唐长安城为例说明古都的兴废,如殷墟在今河南安阳市,但安阳市并不是建在殷墟之上,其间还有一段距离;秦都咸阳与现在的咸阳市、汉唐长安城等,都不是重叠在一些的。"如果因为古都和现在城市不在一起,甚至还有较远的距离,而不认可其为古都,那是厚诬古人了。"① 因此,姑臧故城与今武威市区不完全重叠,丝毫不影响古都武威在历史上的重要地位和作用。

那么,汉姑臧县是何时迁到今武威城内的呢？有学者根据武威市东大街原武威地区行署院内发现东汉张芝书写的"澄华井"碑判断,"至迟在东汉延熹五六年姑臧已位于今武威城了。因而应该更准确地说:东汉延熹五六年以后的姑臧县城一直在今武威城内。姑臧由古城搬迁新城的时间大约应在西汉后期至东汉前期。"② 如果考虑到姑臧故城与新址相隔不远,其城址变迁也未必是某个具体时间,可能是在某个阶段逐步发展演变而来的。

——原载中国秦汉史研究会、中国魏晋南北朝史学会、武威市凉州文化研究院编《凉州文化与丝绸之路国际学术研讨会论文集》,中国社会科学出版社2019年8月版

---

① 史念海:《河山集》九集,陕西师范大学出版社2006年版,第72页。
② 李并成:《河西走廊历史地理》,甘肃人民出版社1995年版,第21—23、35—37页。

西汉居延郡县建置考

关于西汉居延的行政建置，一般皆从《汉书·地理志》，认为当地设有居延县（王莽改为居成），隶属于张掖郡，居延都尉驻此。但从汉简资料来看，从宣帝至新莽时期，居延地区的行政建置曾有过较大变化。居延不仅有居延县，而且还曾设居延郡；在居延南部肩水都尉府辖区，还一度设有肩水县和肩水郡。虽然学界对此曾有论及，但并未引起人们的重视。近读居延汉简和肩水金关汉简，又有一些新材料可为佐证，以下就相关问题略陈管见。

一 居延郡

关于汉代居延设郡问题，陈邦怀先生在论及汉简所见之"小居延"时曾有如下推测："盖西汉末年，居延曾置为郡，而原属张掖郡之居延县，仍存而未废，小居延当即指此。"[①] 但是，陈先生只列举了《居延汉简甲编》1918B简中"居延郡"的记载，以及西汉既有张掖郡、又在武威郡下设有张掖县之事例作为佐证，并未对此进行详细论证。而且，陈先生据以立论的"居延郡"，实为"居延部"之误释，故其关于西汉末年曾置居延郡的推断仍需补充完善。裘锡圭先生虽未明确提出居延置郡

---

① 陈邦怀：《居延汉简考略》，《中华文史论丛》1980年第2期，又见作者《一得集》上卷，齐鲁书社1989年版，第167页。

说，但认为"居延是都尉一级的行政区域"。① 后来，饶宗颐、李均明先生根据居延所出新莽简中"行延亭连率事偏将军"（EPT52：490②）、"延亭连率府行事""延亭城司马官"（EPT59：655AB）和"居成大夫史"（EPT52：121）等记载，结合文献中关于新莽天凤元年（14）"置卒正、连率、大尹，职如太守"和地皇元年（20）"赐诸州牧号为大将军，郡卒正、连率、大尹为偏将军"③以及改"居延"为"居成"等材料的综合研究，进一步提出了新莽时居延一带曾有"延亭""居成"等郡级建置的论断。④ 但后晓荣先生对此提出了质疑，他认为延亭并非新莽时在居延县基础上新设之郡，而是从千乘郡分设的；居成隶属于辅平郡，并未单独设郡。⑤ 但就简牍和文献记载来看，西汉后期至新莽时期，的确有居延（居成、延亭）郡的建置。

（一）新莽时居延确有郡级建置

王莽当政后，为"应符命文"，对郡县辖区进行了调整拆分，并频繁更改地方机构和职官名称，有的郡甚至被一分为五，至于地名则"岁复变更，一郡至五易名，而还复其故"，以致"吏民不能纪"。⑥ 河西的很多地名就是如此。据《汉书·地理志》载，王莽改武威郡为张掖、改张掖郡为设屏、改酒泉郡为辅平、改居延县为居成，但在居延所出的新莽简中往往新旧地名混用。如"居成"见于天凤三年（16）至地皇三年（22）的纪年简中，⑦ 但在天凤六年（19）和地皇（20—23）某年的纪

---

① 裘锡圭：《汉简零拾》，中华书局编辑部编《文史》第12辑，中华书局1981年版，第14页。
② 见甘肃省文物考古研究所等编《居延新简》，文物出版社1990年版，第260页。以下凡征引本书材料均只注简号，不再标页码。
③ 参阅《汉书》卷99《王莽传》，第4136、4158页。
④ 参阅饶宗颐、李均明《新莽简辑证》，《饶宗颐二十世纪学术文集》卷三，台北新文丰出版股份有限公司2003年版，第887—889页。
⑤ 后晓荣：《新莽置郡考》，《中国史研究》2013年第2期。
⑥ 参阅《汉书》卷99中《王莽传中》，第4136—4137页。
⑦ 如简225.11："居成甲沟第三隧长间田万岁里上造冯匡年二十一，始建国天凤三年闰月乙亥除补止北隧长"；EPT65：23A："新始建国地皇上戊三年五月丙辰朔乙巳裨将军辅平居成尉"。

年简中，又有"居延"之名①，甚至在同一枚新莽简中也有"张掖""设屏"和"居延""延亭"之名并见的现象。② 这种新旧地名混用的现象，应即频繁更名所致。若就辖区而言，张掖堪称"大郡"，特别是居延一带孤悬北部，是南下河西和北进匈奴的必经之地，对于阻遏匈奴势力南下，保障张掖、酒泉安全意义重大，在其地独立设郡是完全可能的。在肩水金关汉简中也屡见有"延亭连率"（73EJF3：345A③）、"延亭大尹府"（73EJF3：311）等记载：

1. ☐月乙丑朔壬申延亭行连率事将屯偏将军车骑都尉元以故张掖右大尉印　　　　　　　　　　　　　　　　　73EJF3：300
2. 南书一封延亭连率后大尉印诣酒泉大尹府十月甲寅☐☐日入时付沙头卒☐☐邮书　　　　　　　　　　　73EJF3：345A

简1中的"延亭行连率事将屯偏将军车骑都尉元"所用印章为"故张掖右大尉印"，故该"延亭"无疑是指王莽改名后的"居延"；简2是"延亭连率"南下寄往"酒泉大尹府"的文书，该文书由肩水金关转交沙头卒继续南下递送，也说明该"延亭"应在肩水金关以北额济纳河下游一带的居延地区。王莽时连率、大尹皆"职如太守"，故1、2两简中的"延亭"无疑都是郡名；从前引金关汉简"延亭居延甲沟守候萧迁"（73EJF3：400）的行文格式来看，"延亭"也是郡级机构，这与"延亭郡"（73EJF3：328A）的记载正相吻合。因此，新莽时居延地区曾有郡的建置是毋庸置疑的。

---

① 如EPT68：4："甲渠塞百石士吏居延安国里公乘冯匡年卅二岁始建国天凤上戊六年"；简231.106："第十六燧长居延利上里上造郑阳年卅七始建国地☐"。
② 如简288.30："二合檄张掖城司马毋起日诣设屏右大尉府……右三封居延丞印八月辛卯起"；73EJF3：400："延亭居延甲沟守候萧迁"。
③ 甘肃简牍博物馆、甘肃省文物考古研究所、甘肃省博物馆、中国文化遗产研究院古文献研究室、中国社会科学院简帛研究中心编：《肩水金关汉简（伍）》，中西书局2016年版。以下征引肩水金关汉简均出此书，只标简号，不再注书名。

（二）居延郡存在于汉成帝至新莽时期

居延设郡并不始于新莽，至迟在汉成帝时已有"居延郡"。金关汉简的记载可为佐证：

3. ☐张掖居延郡　　　　　　　　　　　　　　73EJT23：724
4. 装张掖居延郡界中津☐　　　　　　　　　　73EJF3：519
5. 绥和二年十二月甲子朔己丑宛邑市丞华移过所县……
   诸责人亡贼处自如弘农三辅张掖居延郡界中当舍传舍……☐
   　　　　　　　　　　　　　　　　　　　　73EJT37：1454
6. ☐守令史段武葆之武威金城张掖居延酒泉郡界中河津
   　　　　　　　　　　　　　　　　　　　　73EJT37：1132

3、4两简均残缺，时间亦不详，但其上所书"居延郡"则清晰无误；简5下半残缺，大致是汉成帝绥和二年（前7）十二月二十六日宛邑市丞华为前往弘农、三辅、张掖、居延等郡辖区执行公务的某人出具的传信文书，文书要求沿途各郡传舍按有关规定为其提供服务；简6文意不甚明了，但可断定是为守令史段武担保的到武威、金城、张掖、居延、酒泉等郡辖区的某人出具的符信类文书。5、6两简均将居延与张掖等郡并列，而简6则将居延置于张掖、酒泉二郡中间，足见居延是与武威、金城、张掖、酒泉等郡平行并列的行政建制。换言之，5、6两简中的"居延"均为郡名，这与3、4两简"居延郡"的记载可相互印证。

在居延地区布肯托尼一带，还发现有某年三月己酉（二十八日）居延县丞为该县令史李子威一行到"金城武威张掖居延界中"执行公务出具的传信文书残简（81.4A）。其中将居延与金城、武威、张掖等河西诸郡并列，说明简中的"居延"是与之平行的郡级建制。虽然该简上部残缺，但有三月壬午朔的记载。查陈垣《二十史朔闰表》，自汉武帝至新莽末年，三月壬午朔者只有汉成帝建始三年（前30）和汉哀帝建平三年（前4）。因与其同出的有建平三年（前4）纪年简，则该简纪年或亦为建平三年。这个时间与简 5 的绥和二年（前 7）非常接近，正可印证在成、哀帝之间确曾有居延郡的建制。根据前引饶宗颐、李均明先生的研究和金关汉简"延亭郡"的记载，直到新莽时期，一直有居延郡建制。

当然，并不是与郡并列的地名一定都是郡级机构。在河西汉简中，还有很多"张掖居延"之类的例证，但基本可以断定二者之间是上下隶属关系。以下略举数例：

7. 甘露四年正月庚辰朔乙酉南乡啬夫胡敢告尉史临利里大夫陈同自言为家私市张掖居延界中谨案同毋官狱征事当得传……／西鄂守丞印　　　　　　　　　　　　　　　　73EJT10：120A/B

8. 五凤四年六月庚子朔甲寅中乡啬夫广佐敢言之嚚陵里男子习万自言欲取传为家私使张掖居延界中谨案万年五十一毋官狱征事当得为传……六月己未长安守右丞世移过所县邑毋苛留如律令　掾令史奉／章曰长安右丞印　　　　　　　　　　73EJT37：1076A/B

7、8 两简完好无损，书写内容亦完整无缺（省略号后的内容为笔者所删），分别是西鄂侯国和长安县为欲因私前往"张掖居延界中"从事买卖活动的辖区男子出具的通行证明。虽然简中均将张掖与居延并列，但居延实际是指居延县，其与张掖之间是上下隶属关系，"张掖郡居延县界中"（73EJT25：53、73EJT31：55A）之类的表述可为佐证。可见，在甘露四年（前 50）至五凤四年（前 54）间，居延为张掖郡辖县而非郡级建制。另外，在许多列举金城、武威、张掖、酒泉、敦煌等河西诸郡的纪年简中，从五凤四年（前 54）到建始四年（前 29），均没有提到居延郡（参阅 EJT9：104、73EJT31：66、73EJT10：313A、72EBS7C：1A、X 四二[①]等简）。足见西汉宣、元时期（前 73—前 33 年）只有隶属于张掖郡的居延县，并无居延郡的建制。更始年间（23—24）窦融保据河

---

① 胡平生、张德芳编撰：《敦煌悬泉汉简释粹》，上海古籍出版社 2001 年版，第 47 页。以下凡出该书简文，均在其序号前加 X 表示，不另注。

西，被推举行河西五郡大将军事，居延亦不在"河西五郡"之列。因此，居延郡存在的上限应在汉成帝建始四年（前29）以后、绥和二年（前7）以前，其下限应在新莽时期。

二 居延县与小居延候官

据《汉书》卷二十八下《地理志下》载，西汉张掖郡设有居延县，县东北有居延泽。居延县同时为居延都尉治所，王莽更名为居成。关于居延县的设置时间，由于史书记载语焉不详，学界也众说纷纭。大多根据"益发戍甲卒十八万酒泉、张掖北，置居延、休屠以卫酒泉"的记载和如淳关于"立二县以卫边也。或曰置二部都尉以卫酒泉"的注文①，判定居延设县的时间为汉武帝太初三年（前102）。② 陈梦家先生认为居延塞筑于太初三年，故当时用以"卫酒泉"的"居延"是居延部都尉而非居延县，居延县的设立应在元狩二年（前121）霍去病进兵河西以后、太初元年（前100）路博德屯居延以前。③ 张春树先生则认为，"居延之立县必在本始元康间"④。为此，有必要对居延县的始设时间略作考证。

（一）居延县设于元狩二年（前121）

"居延"之名并不始于汉，早在汉朝势力进入河西之前，就已有"居延"之名。《汉书》卷二十八下《地理志下》"张掖郡"条注云："居延泽在（居延）东北，古文以为流沙。"《水经注》卷四十《禹贡山水泽地所在》更明确指出："流沙地在张掖居延县东北，居延泽在其县故城东北，《尚书》所谓流沙者也。"⑤ 元狩二年（前121）夏，骠骑将军霍去病等率部出北地两千余里击匈奴，经居延、小月氏而至祁连山，

---

① 参阅《史记》卷120《大宛列传》，第3176页；《汉书》卷61《李广利传》，第2700页。
② 李并成：《河西走廊历史地理》，甘肃人民出版社1995年版，第76页。
③ 陈梦家：《汉简缀述》，中华书局1980年版，第223页。
④ 张春树：《汉代河西四郡的建置年代与开拓过程的推测——兼论汉初向西扩张的原始与发展》，《"中央研究院"历史语言研究所集刊》第37本下册，1967年6月，第90页。
⑤ 陈桥驿：《水经注校释》，杭州大学出版社1999年版，第707页。

并最终大败匈奴。当时，包括额济纳河流域在内的整个河西地区均为匈奴势力范围，霍去病军所"过"之"居延"显然并非汉人命名。唐人李贤就认为，居延"本匈奴地名也，武帝因以名县，属张掖郡。"① 颜师古在《汉书·武帝纪》元狩二年条注云："居延，匈奴中地名也，韦昭以为张掖县，失之。张掖所置居延县者，以安处所获居延人而置此县。"② 他认为居延县是武帝元狩二年为安置俘获的居延人而设。值得注意的是，胡三省在元狩二年（前121）霍去病"踰居延，过小月氏，至祁连山"大破匈奴条下注云："居延泽，古文以为流沙，帝开置居延县，属张掖郡，使路博德筑遮虏障于其北。"③ 实际也是将居延设县系于元狩二年。

居延绿洲地处大漠之中，既是古代从阴山山脉南北麓通往天山南北之"居延道路"的必经之地，也是北上匈奴龙城和南下河西走廊的咽喉要冲。其地正处于上述东西南北交通大道的十字路口，更是北通龙城、南下酒泉的门户，对于屏卫南部的酒泉、张掖，保障河西走廊安全，具有极为重要的战略意义。④ 汉朝能否牢固地控制居延地区，对于有效阻止匈奴反扑、切实巩固对河西的统治，有着举足轻重甚至是生死攸关的地位和作用。因此，汉朝率先在居延设县既是非常必要的，也是完全可能的。由于当时河西仅设有酒泉一郡，故居延县在行政上自然也归酒泉郡管辖。肩水金关所出建始三年（前30）纪年简中有"酒泉居延仓丞"的记载（73EJC：617），居延所出新莽简中屡见有"辅平居成尉"（EPT65.23A）、"辅平居成甲沟候官"（EPT26.25、156.4）、"辅平属居成三十井候官"和"辅平居成殄北候官"（156.4）等的记载，也从一个侧面印证了居延县最初隶属于酒泉郡的史实。由于王莽不仅大量更改官名、地名，而且醉心于恢复古制旧规。河西为汉朝新开之地，其"旧规"实际就是"初置酒泉郡"时的格局。新莽将居成（居延）隶属于辅平（酒泉），与改武威郡为张掖一样，都是其恢复以往旧制的反映。至

---

① 《后汉书》卷2《明帝纪》，永平十六年春二月条注，第120页。
② 《汉书》卷6《武帝纪》，第176页。
③ 《资治通鉴》卷19，汉武帝元狩二年夏条，第631页。
④ 王北辰：《古代居延道路》，《历史研究》1980年第3期。

于居延县的设置时间，很可能与酒泉设郡同时或稍后。

关于酒泉置郡的时间，《汉书·武帝本纪》系于匈奴昆邪王杀休屠王降汉的元狩二年（前121）秋，《资治通鉴》系于"乌孙既不肯东还"之后的元鼎二年（前115），而《史记·大宛列传》和《汉书·张骞传》则置于"始筑令居以西塞"之后的元鼎六年（前111）。[①] 就当时汉匈争夺的形势而言，居延设县应在元狩二年（前121）或其后不久。是年，汉朝两次出击河西，大败匈奴，迫使驻牧河西的匈奴昆（浑）邪王率部降汉。于是，"金城、河西西并南山至盐泽空无匈奴。匈奴时有候者到，而希矣"[②]。在此形势下，汉朝绝不会对控扼南北的居延弃而不顾，而匈奴既不甘心失去水草丰美的河西走廊，更不可能对近在咫尺且汉朝毫不设防的居延地区无动于衷。正如劳榦先生所论："昆邪降后，汉即有河西之地……若汉人徙昆邪而空其地，岂不虞匈奴南下据之？夫昆邪降人尚不置信而使居其地，况空其地而弃之敌乎？……故昆邪降汉，汉即于昆邪之故地设酒泉郡。"[③] 汉朝只有一鼓作气，牢牢控制居延和河西，才能巩固战果、掌握主动。否则，来之不易的大好形势就将瞬间逆转，更不会有"匈奴时有候者到而希矣"和汉朝"减陇西、北地、上郡戍卒半"的局面。[④] 在居延设县，既便于就近安置居延降众，也有利于巩固和加强对当地的统治，可谓一举两得。因此，颜师古、胡三省等将居延设县系于元狩二年是值得采信的。

（二）居延县与小居延候官

关于汉代居延县治，学界多有论述。清人何秋涛认为，汉代居延城

[①] 参阅《汉书》卷6《武帝纪》，第176—177页；《资治通鉴》卷20，汉武帝元鼎二年夏条，第658页；《史记》卷123《大宛列传》，第3170页；《汉书》卷61《张骞传》，第2694页；《汉书》卷96上《西域传·序》，第3873页。

[②] 参阅《史记》卷123《大宛列传》，第3167页；《汉书》卷61《张骞传》，第2691页；《资治通鉴》卷19，第634页。

[③] 参阅劳榦《居延汉简考证》，见《劳榦学术论文集甲编》，台北艺文印书馆1976年版，第320页。

[④] 参阅《史记》卷123《大宛列传》，第3167页；《汉书》卷61《张骞传》，第2691页；《汉书》卷6《武帝纪》，第177页。

即张掖郡所属的居延县，亦即霍去病、路博德、李陵等所出之居延遮虏障。劳榦肯定了何氏的论断，并进一步指出黑城遗址即汉居延故城。①但后来的考古发掘表明，黑城遗址实为夏元时期所筑，②故黑城说不能成立。陈梦家认为何秋涛、劳榦等将居延泽、居延塞、遮虏障和居延县四者混而为一是错误的，黑城遗址东北的K710故城即汉居延城，薛英群、景爱等均持此说；但这一认识存在明显纰漏，永田英正已有论述，不赘。③后来，吴礽骧也对K710故城说提出质疑，他认为K688城遗址是居延地区规模最大的建筑，又位处居延邮驿道上，防卫严密，通讯交通便利，周围村落密布，该城似为汉居延县治；城西侧25米处的障则为居延都尉府治所。④但李并成先生认为，若就防御而言，K710和K688城均偏处居延古绿洲北部，适合布设军防而不宜立县，且两座城址规模均偏小，仅及一般汉代县城城址的1/4左右；位于K710西南十多千米的绿城遗址，周长1205米，始建于汉而延续至夏、元时期，符合西汉县城的通常规模，又恰好处于古居延绿洲腹地最大的一块垦区内，其周围密布渠道遗迹，是农垦生产的精华之域，其城址应是汉居延县城所在。⑤

汉简中又有"小居延候官守士吏"（173.29）的记载。陈梦家认为

---

① 参阅劳榦《居延汉简考证》，见《劳榦学术论文集甲编》，台北艺文印书馆1976年版，第333—339页。

② 参阅内蒙古文物考古研究所、阿拉善盟文物工作站《内蒙古黑城考古发掘纪要》，《文物》1987年第7期；吴礽骧《河西汉塞调查与研究》，文物出版社2005年版，第154—155页。

③ 参阅陈梦家《汉简缀述》，中华书局1980年版，第32—34页、第221—224页；薛英群《居延汉简通论》，甘肃教育出版社1991年版，第34—37页；景爱《额济纳河下游环境变迁的考察》，《中国历史地理论丛》1994年第1期；［日］永田英正著，余太山译《居延汉简集成之一——破城子出土的定期文书（一）》，中国社会科学院历史研究所战国秦汉史研究室编：《简牍研究译丛》第一辑，中国社会科学出版社1983年版，第39—74页。

④ 吴礽骧：《河西汉塞调查与研究》，文物出版社2005年版，第149—152页。宋会群、李振宏认为居延县治在K710，居延都尉府在K688，参阅《汉代居延地区邮驿方位考》，《河南大学学报》（社会科学版）1993年第1期；李振宏《居延汉简与汉代社会》，中华书局2003年版，第164页。

⑤ 李并成：《河西走廊历史地理》，甘肃人民出版社1995年版，第81—82页；李并成：《汉居延县城新考》，《考古》1998年第5期。

居延都尉所在的破城子（A8）为居延城，故破城子东北居延候官所在的居延城就被称为小居延。① 如果参照"高祖本泗水郡沛县人。及得天下，改泗水为沛郡"，遂称沛县为小沛②和张掖郡治觻得县，故称原张掖县为小张掖③之例，则汉简中的"小居延"也应是相对于地位更高的郡而言的。但是，在居延县升格为郡后，虽然郡、县同名，但因二者同驻一地，并不存在地名混乱；相比之下，居延候官则另有驻所，为避免有两个"居延"，遂将居延候官驻地称为"小居延"，驻在该地的居延候官就被称为"小居延候官"。

（三）居延候官与甲渠候官为同官异名

破城子出土简中有"居延□候，六月辛卯第八卒同以来，行事候长吉发"（EPT51：195B）的记载。这是一枚发往"居延□候"的邮书封检，该简于六月辛卯日由第八卒同送达，由代行候事的候长吉拆封，说明破城子即文书收件者"居延□候"的驻地，亦即该文书的目的地。根据汉代西北边塞防御建置及相关简例，简中未释出的"□"非"守"即"鄣"，故破城子即居延候官驻地。而且，在居延汉简中，除了居延候官定居隧长报告"载肩水吏逐亡卒"之事的41.35简出自肩水候官所在的地湾外，其它反映"居延候官"信息的简均出自破城子遗址，足见居延候官驻地确在破城子。

众所周知，破城子为甲渠候官驻地，而候官作为边塞地区都尉府与前线各部隧之间联系的桥梁和纽带，也是当地经济生活的中心。④ 不仅各有防区，而且有各自的管辖范围，不大可能两个候官同驻一地。因此，颇疑居延候官与甲渠候官为同"官"异名。

将甲渠候官命名为与都尉府同名的"居延候官"是完全可能的。首

---

① 陈梦家：《汉简缀述》，中华书局1980年版，第47页。
② 《后汉书》卷75，《吕布传》李贤注，第2447页。
③ 劳榦：《居延汉简考证》，见《劳榦学术论文集甲编》，台北艺文印书馆1976年版，第331页。
④ ［日］永田英正著，张学锋译：《居延汉简研究（下）》，广西师范大学出版社2007年版，第394—395页。

先，仅就名称来看，"居延候官"应是居延都尉府所辖各候官中规模最大也最重要者，但居延汉简中关于"居延候官"的记载却非常少见，其所辖也不过居延一部（71.33，135.26，507.4和甲附6等简）和击胡（3.19）、定居（41.35）、收降（56.37、270.2）等数燧，远不能与甲渠候官管辖20部、80隧（或更多）的规模[1]相比。其次，居延候官与甲渠候官所辖部、隧多有交叉重合。汉简中屡见有"居延甲渠候长"（135.26，甲附6，EPT52：507，EPT59：53-54）、"居延甲渠候史"（71.33，507.4，EPT51：9，EPT53：22，EPT56：99）、"居延甲渠士吏"（EPT52：204）、"居延不侵候长"（EPT4：109）、"居延临木候长"（EPT59：755）和"居延甲渠隧"（485.64）之类的记载，根据汉简中常见的在部、隧名之前冠以候官名以示该部、隧隶属于某候官的表述方式，[2] 居延候官下辖有甲渠部、不侵部、临木部和甲渠隧等；但像"甲渠部"和"甲渠隧"不隶于同名的甲渠候官而由"居延候官"管辖，显然不合常理；汉简资料及相关研究确证，甲渠（第四）部、不侵部、临木部等均为甲渠候官所属部。[3] 如果确实存在"居延候官"的话，那就意味着这些部同时隶属于两个不同的候官，这是不可想象的，现有材料中也没有两个候官各自辖有同名部的例证。因此，最合理的解释就是"甲渠"与"居延"为同一候官的不同称谓，"甲渠候官"是就其驻地而言，"居延候官"则是从其地位而论。正因为二者为同官异名，而居延县与居延候官驻地不同，在居延升格为郡后，后者就被称为"小居

---

[1] 学界对甲渠候官的规模有不同看法。陈梦家认为有20部80隧（或更多），但不排除专名隧与序数隧相互代用的可能；李均明主张有约10部70隧，永田英正认为至少有20部81隧，李振宏、宋会群认为有11部、74—80隧。参见陈梦家《汉简缀述》，中华书局1980年版，第63页；李均明《汉代甲渠候官规模考（下）》，《文史》第35辑；[日] 永田英正著，张学锋译《居延汉简研究（下）》，广西师范大学出版社2007年版，第346—349页；李振宏《居延汉简与汉代社会》，中华书局2003年版，第149—165页。

[2] 陈梦家：《汉简缀述》，中华书局1980年版，第59页。

[3] 陈梦家：《汉简缀述》，中华书局1980年版，第75—88页；李均明《汉代甲渠候官规模考（下）》，《文史》第三十五辑；[日] 永田英正著，张学锋译：《居延汉简研究（下）》，广西师范大学出版社2007年版，第346—347页；李振宏：《居延汉简与汉代社会》，中华书局2003年版，第162—165页。

延候官"。

三 肩水县与肩水郡

（一）肩水县

居延汉简的有关记载表明，西汉居延地区曾设有肩水县。如下简：

9. ☐肩水守县尉赏移肩水金关居延县索关☐   140.5A
   ☐啬夫党、佐忠   140.5B

陈梦家先生据此认为西汉曾设有肩水县，但并未展开论述，也没有说明肩水县的置废时间。① 纪安诺援引贝格曼遗稿整理者索马斯特罗姆的观点，认为肩水县的存在时间在前65—前12年间。②

简9出土于肩水候官所在的地湾，虽然上端残缺，但可以断定是肩水守县尉赏等发出的文书。该简背面署名的啬夫党和佐忠作为文书的起草者，无疑也都是肩水县属吏。另一枚肩水金关简中有"甘露二年正月辛卯朔丙午肩水啬☐☐"（37.51）的记载，其中未释出的一字应是"夫"字无疑，则此"肩水啬夫"即肩水县啬夫。汉简中又有如下的记载：

10. 甲渠第十四燧请顿卿言之户关椎各二不事用房肩水令里正
    伏地执   E.P.T51：21A
11. 肩水骑士☐里大夫☐   77.42

简10出于甲渠候官遗址破城子，其中"肩水令里"的书写格式，与

---

① 陈梦家：《汉简缀述》，中华书局1980年版，第25页。陈先生没有明确肩水县置于何时，但认为汉昭帝始元六年前已有肩水都尉，《地理志》似采用较晚所行之制，故没有记载肩水县。

② 纪安诺：《汉代张掖都尉考》，西北师范大学文学院历史系、甘肃省文物考古研究所编：《简牍学研究》第三辑，甘肃人民出版社2002年版，第148—149页。

· 354 ·

居延汉简习见的"居延昌里"(137.2、EPT4∶5、EPT52∶137)、"居延阳里"(73EJT9∶50)、"觻得成汉里"(13.7)和"觻得千秋里"(37.57)之类"县名＋里名"的表述方式是一致的,故"肩水令里正"即指家住肩水县令里名正者。当然也可释为肩水县令里的里正,但不论作何解释,均不能否定肩水县的存在。对照"觻得骑士常利里乙昌"(560.28)、"居延骑士广都里李宗"(88.5)之类"某县骑士某里某某"的书写格式,简11虽在骑士里名后增加了爵名,但"肩水"显然也是县名。肩水金关汉简中有两枚"肩水廷隧次行"(73EJT23∶67,73EJC∶364)的邮书封检,其中的"肩水廷"即肩水县廷,这两封"隧次行"的文书都是发往肩水县的。由此可见,汉代曾设有肩水县应是毋庸置疑的,只不过《汉书》卷二十八《地理志》失载而已。

(二)肩水与肩水官

肩水都尉所在的大湾发现有一枚某年十二月三日的北行邮书受付记录,简文如下:

> 12. 十二月三日北书七封 其四封皆张掖大守章诏书一封书一封皆十一月丙午起诏书一封十一月甲辰起一封十一月戊戌起皆诣居延都尉府 二封河东大守章皆诣居延都尉一封十月甲子起一十月丁卯起一封府君章诣肩水十二月乙卯日入时卒宪受不令卒恭夜昏时沙头卒忠付驿北卒护　　　　　　　　　　502.9＋505.22

该简中最后一封由"府君"发往"肩水"的文书,在经肩水都尉府驻地大湾中转后继续北行,故这里的"肩水"显然不是肩水都尉府,而只能是郡县或候官名。以下两份"诣肩水"的北行邮书记录,有助于我们对"肩水"的判定:

> 13. 月六日北书七封 三封张掖大守章诣居延府其二封诏书六月□□辛丑起 二枚角得塞尉诣广地肩水 一枚杨成掾□诣肩水 一封都

尉诣肩水七月辛亥东中时永受沙头吏赵卿八分付莫当

　　　　　　　　　　　　　　　　　　　　73EJT23：804B

14. ☐居延都尉五月壬子起一封昆蹏令印诣肩水五月辛亥起一封氏池长印诣广地……☐

☐武长印诣橐他官一封屋兰长印诣肩水官五封䚡得丞印三封……　☐

☐☐☐☐……　　　　　　　　　　　　　　73EJT23：862

此二简均出自地湾以北数百米的肩水金关遗址。前者是某年七月六日经由该地的北行邮书记录。简文显示，这批北行邮书共有7件，其中有3件发往肩水，均由金关交付其北部的莫当燧卒。由于肩水都尉府和肩水候官所在的大湾（A35）和地湾（A33）均在肩水金关（A32）以南，故该简中的"肩水"不可能是肩水候官。简14所记过往邮书有两件文书值得注意：一件由昆蹏令发往肩水，另一件由屋兰长发往肩水官。在同一批过往邮书记录中，一称"肩水"，一称"肩水官"，表明二者是不同的机构。昆蹏令是中央掌管马政的太仆属官，从其职权范围而言，其公文不大可能直接发给边郡基层防御组织候官，而更可能是地方郡县政府；太守府可简称为府或郡府，县衙则称为廷或县廷，也可以县名代指县廷。由于该简为北行文书记录，肩水候官所在的地湾在金关之南，但由屋兰长发给肩水候官的文书却送达金关，似乎难以解释。而且在汉简中，这种从张掖等地发往肩水候官的北行文书由金关转送的情况是普遍存在的，很多邮书封检还明确标注，肩水候官的文书是由金关卒送达的。[①] 但是，如果考虑到金关与肩水候官所在的地湾相距仅有约550米，[②] 同一批次文书集中送达金关后再进行分检转递就是很自然的。因此，简中"肩水官"无疑即肩水候官，"肩水"则应是郡县名。

[①] 参阅73EJT2：23、73EJT23：300、73EJT23：804B、73EJT31：114B及5.19、10.34AB、20.1、332.1、403.7、562.14等简。

[②] 邢义田：《地不爱宝：汉代的简牍》，中华书局2011年版，第247页。

(三) 肩水郡

居延汉简中有很多"肩水府"的记载,如"南书五封,一封诣肩水府,十一月丙午起;一封张掖肩候诣肩水府"(503.3)、"南书七封……居延丞印……十月己未起延,橄一囊他候印肩水府"(73EJT23:292)等。由于居延地区处于边防前沿,故简牍所见的"府"大多是指都尉府,也有个别指郡府,如"张掖府""酒泉府"(72ECC:11)等。上述二简中的南行文书由候官发出,则收文的"肩水府"应该是肩水都尉府。然而,金关汉简中又有"☐☐☐☐肩水守府所移☐"(73EJT3:27A)的残简,该简背面残存有"☐毋六畜☐"等字样。"守"是指代理某种职务,"守府"应即代理太守职务,代理都尉职务一般称"守尉"。[①] 如果将本简正、背两面的文字相对照,则简中的"肩水守府"应即肩水太守府。73EJT3:13简中又有"守府都吏","都吏"即督邮,是郡府监察属县的官吏。简中的"守府都吏"或即肩水郡的督邮。

居延汉简又中"肩水北部都尉"的记载:

15. 十二月乙巳张掖肩水都尉☐兼行丞事☐肩水北部都尉☐☐
　　　　　　　　　　　　　　　　　　　　　502.10A
16. ☐居延肩水北部都尉卒☐　　　　73EJT22:29

此二简显示,居延地区还有"肩水北部都尉",但学界对此解释各异。陈梦家认为是从肩水都尉分设的,或即地湾简中的"上都尉"(242.36);市川任三认为很可能是汉哀帝时在极特殊情况下的权宜之计,其辖区在居延都尉和肩水都尉之间;纪安诺则认为是郡中某一特定地区北部的都尉,或者应将"肩水北部"与"都尉"断开,但其隶属关系仍

---

① 肩水金关汉简中就有"肩水守尉田卿戍卒宗☐"(73EJD:130)、"守尉周重"(73EJF3:438)等记载。

难以确定。① 上述各家之说似乎都忽略了边塞部都尉仅设于郡一级的史实，也没有在郡都尉之下分设二级都尉之例。根据汉制，都尉是郡太守之下的最高军事长官，一般一郡设一都尉，秩比二千石，但边郡则有属国都尉、农都尉和若干部都尉（包括关都尉）。郡以下的县及边塞地区的候官也设有尉，前者称县尉，一般小县设一尉，大县设左、右尉；后者称塞尉或鄣尉，秩皆二百石。15、16两简中的"肩水北部都尉"显然是郡一级的部都尉而非县或候官的尉。对照上引"肩水守府"的记载，则此肩水北部都尉很可能是肩水郡的北部都尉。虽然与"肩水守府"简（73EJT3：27A）同一探方的纪年简主要集中在宣帝本始四年至哀帝建平三年（前70—前4），与15、16两简同出的纪年简则基本在昭帝始元六年至哀帝建平元年（前81—前6），也有个别具有新莽特征的简，但如上所述，在汉宣、元二帝及窦融保据河西时期，并无肩水郡建置，故肩水郡的存在时间应在汉成帝至新莽时期，与居延郡大致相当。

（四）肩水县约存在于汉宣帝元康二年（前62）至新莽时期

关于肩水县的存在时间，吉安诺等认为在前65—前12年间，主要依据以下二简：

17. ☑□矢卅　　元康元年六月甲辰朔癸丑肩水令☑　　　538.2
18. 元延元年十月甲午朔戊午橐佗守候护移肩水城官吏自言责啬夫莘晏如牒书到验问收责报如律令　　　　　506.9A
　　　水肩塞尉印　十月壬戌卒周平以来　　即日啬夫□发尉前佐相　　　　　506.9B

简17上下均残，其中的"肩水令☑"未必是肩水县令，也可能是"肩水令史"；至于简18中的"肩水城"，吉安诺认为啬夫乃县的属吏，

---

① 陈梦家：《汉简缀述》，中华书局1980年版，第42页；［日］市川任三著，吕宗力译：《论西汉的张掖郡都尉》，《简牍研究译丛》第2辑，中国社会科学出版社1987年版，第236页；纪安诺：《汉代张掖都尉考》，《简牍学研究》第3辑，甘肃人民出版社2002年版，第152页。

简文中"责啬夫……"之事，应归县廷处理而与都尉无关，故而判断其为肩水县城。从该简"橐佗守候护移肩水城官吏"的行文格式来看，二者应是平级官员，故该"肩水城官吏"就只能是肩水塞或肩水县吏，简背的"啬夫□"也可能是县的啬夫。但是，既然由橐佗守候移书肩水城官吏，为何封检用"肩水塞尉"印章？而且当事人啬夫□怎么可能在发文者"尉前"启封呢？是否存在橐佗守候与肩水塞尉由一人兼任的可能呢？为了说明肩水县的设置时间，就必须回答这些疑问。

汉简中确有很多肩水守候兼任橐佗塞尉或橐佗守候兼任肩水城尉的例证：

19. □朔壬子肩水守候橐他塞尉举敢言之谨移谷

□言之　　　　　　　　　　　　　　　　536.5A

啬夫去疾　　　　　　　　　　　　　　　536.5B

20. 元始四年五月庚午朔丁丑肩水守候橐他塞尉业敢□

　　　　　　　　　　　　　　　　　　73EJT23：278

21. 橐他守候肩水城尉敦煌常安里公□　73EJT6：124

上述各简中的肩水守候（城尉）与橐佗守候（塞尉）均为一人兼任，① 简18中的橐佗守候护与肩水塞尉实际也是同一人。由于护是以肩水塞尉兼橐佗候之职，故其虽以橐佗守候身份发文，但仍用本职肩水塞尉官印；至于该简中的"啬夫□"，却未必是县的啬夫。因为从简19中"啬夫去疾"的署名来看，肩水候官也设有啬夫一职，而且其职责也与

---

① 汉代官员在多地兼职者不乏其人。据袁宏《后汉纪》卷1《光武帝纪》载："公孙述字子阳，茂陵人，成帝时为清水长，兼治五县，奸不得发，郡中谓为神。"《后汉书》卷13《公孙述列传》称其"兼摄五县，政事修理，奸盗不发，郡中谓有鬼神"。居延一带候官、部、隧官吏兼职现象更是屡见不鲜，如"第廿三隧长儿政兼部，相去城远"（EPT65：40）、"兼第四第七隧长庄建召诣官"（EPT65：198）、"第廿一隧长兼第廿隧"（EPT50：19）、"兼仓曹塞曹史并再再拜言肩水都尉府"（155.14B）、"候护兼领殄北□☑"（225.29）、"廷告西部候史临前乘南部今罢，守左后候长有/教记绥和二年三月乙卯起廷"（73EJT3：118A/B）等。袁宏《后汉纪》卷1《光武帝纪》，中华书局2002年版，《后汉书》卷13《公孙述列传》，第533页。

· 359 ·

钱谷事务有关；简 18 中启封文书的"啬夫□"应如简 19 的"啬夫去疾"一样，也是候官啬夫而非县啬夫。如此看来，17、18 两简中的"肩水"均不是指县而言，因而，基于此二简纪年的肩水县存在时间也就难以令人信服。不过，与前引"肩水骑士"（77.42）"肩水守县尉"（140.5）和"肩水令里正"（E.P.T51：21A）等同出的纪年简，基本都集中在宣帝元康四年（前 62）至成帝绥和二年（前 7）间，亦即汉宣、元、成帝时期，肩水县的建立当在此期间，其撤并或与肩水郡同时。换言之，纪安诺以"肩水城"为肩水县城说虽未必成立，但其对肩水县设置时间的判断则大致可取。

综上所述，西汉后期居延地区不仅设有居延县，还曾有过居延郡、肩水郡和肩水县的建制。居延县的设立约在元狩二年（前 121）或其后不久，肩水县的设立约在宣帝元康四年至成帝绥和二年间（前 62—前 7），设置居延、肩水二郡则大致同时，约在汉成帝建始四年（前 29）以后、绥和二年（前 7）以前，并一直延续到新莽时期。

本文承蒙何茂活教授提出修改意见，谨致谢忱！

——原载张德芳主编《甘肃省第三届简牍学国际学术研讨会论文集》，上海辞书出版社 2017 年版

后　　记

本书所收论文,主要是利用简牍材料探讨秦汉邮驿制度相关问题,故取名为《简牍与秦汉邮驿制度研究》。文章大部分是我在中山大学历史学系攻读硕士和博士学位期间完成的,其中关于秦汉邮驿制度的研究,基本上来自我的博士学位论文。

1996年9月,我负笈岭南,到中山大学历史学系跟随张荣芳先生攻读秦汉史方向硕士研究生。进校之初,张老师就为我制定了详细的培养计划,他一再强调,研究秦汉史必须注重运用简牍等考古新材料,并专门为我开设了"秦汉史籍研读""秦汉史与简牍研究"等课程,还推荐我到人类学系和中文系修读了"战国秦汉考古"和"古文字学"等课程。

1998年春学期,经张老师多方奔走联系,我来到母校西北师范大学,与简牍学专业研究生一起,每周两次到甘肃省文物考古研究所研习汉简。在这里,我第一次接触了大量汉简实物,对汉简（大多为木牍,有少量竹简）的材料、形制、封泥槽、编绳印迹、觚、两行、削衣、刻齿、简面文字和各种标识符号,以及断茬拼接等都有了直观的认识,这对于正确理解简文内容帮助很大。我在硕士和博士学位论文写作中,能够大量运用简牍材料,都得益于这次为期半年的简牍学习。2006年6月,我以"秦汉邮驿制度研究"为题,顺利通过了博士论文答辩。

博士毕业回河西学院工作后,张老师一再鼓励我修改完善学位论文,争取正式出版。我因先后主持其他项目研究,博士论文修改工作进展缓慢,实在有负导师的悉心培养和殷切关怀!对此,我深感歉疚!

2021年5月，我的母校西北师范大学成立了简牍研究院，我受聘担任简牍研究院学术委员会委员。后来，田澍教授、何玉红教授提出将编撰"简牍学与丝路文明研究"丛书，并邀请我为"丛书"撰稿，何玉红教授还为我拟定了书名——《简牍与秦汉邮驿制度研究》。他们如此厚爱，我心存感激，更没有理由推辞，就对以往在博士学位论文基础上完成的文章进行选编修订。尽管很多新材料、新成果都应补充、借鉴，某些问题还需要进一步深入研究，但因时间和精力有限，只对个别地方作了修改，大部分都一仍其旧。

在本书出版之际，特别感谢我的导师张荣芳先生！先生不仅在我求学中大期间给予悉心指导和无私帮助，而且直到现在，仍时常关心我的学习、工作和生活。先生教我治学的方法，也教我做人的道理，对先生的培养教育之恩，我将终身铭记！

本书能够结集出版，端赖西北师范大学田澍教授和何玉红教授鼎力襄助，在此谨向他们表示由衷的敬意和谢忱！在书稿编校过程中，得到了西北师范大学金玉博士、我的同事王红成博士和武鑫博士的热情帮助，中国社会科学出版社宋燕鹏编审付出了辛勤劳动，谨向他们表示感谢！

高 荣
2022年8月于张掖